Réformes économiques et financières en Afrique centrale

Bilan et perspectives

Michel-Cyr DJIENA WEMBOU
et Etienne Bienvenu AKONO

Réformes économiques et financières en Afrique centrale

Bilan et perspectives

Préface de S.E. Jean-Baptiste ONDAYE

Avant-Propos de S.E. Baltazar ENGONGA EDJO'O

L'Harmattan

5-7, rue de l'Ecole-Polytechnique - 75005 Paris
http://www.editions-harmattan.fr
ISBN : 978-2-336-54866-1
EAN : 9782336548661

Du même auteur

Ouvrages du Professeur DJIENA WEMBOU

Économie internationale et Développement, CEPII/ Vuibert, Paris, 1989, 217 pages.

Manuel d'économie internationale, Berger-Levrault International, Paris, 1990, 272 pages.

L'ONU et le développement du droit international, Berger-Levrault International, Paris, 1991, 250 pages.

The law of the sea: practice of states at the time of entry into force of the United Nations convention on the law of the sea, United Nations, 1994, (Collective work).

L'OUA à l'aube du XXIe siècle : Bilan, diagnostic et perspectives, LGDJ, Paris, 1995, 411 pages.

Analyse économique et évaluation technique des projets d'investissements, Unitar, New York et Paris,1998, 263 pages.

Droit international humanitaire, Théorie générale et réalités africaines, L'Harmattan, Paris, 2000 (en collaboration avec Pr. Daouda FALL), 431 pages.

Le droit international dans un monde en mutation, essais écrits au fil des ans, L'Harmattan, Paris, 2003, 400 pages.

Relations internationales contemporaines, Mythes, Manipulations et Réalités, L'Harmattan, Paris, 2017 (en collaboration avec Pr. Daouda FALL), 465 pages.

Ouvrages du Professeur AKONO

Manuel de statistique descriptive, L'Harmattan, Paris, 2023 (en collaboration avec OUM MBOGBA), 222 pages

Manuel de probabilité, L'Harmattan, Paris, 2023 (en collaboration avec OUM MBOGBA), 136 pages

À nos familles

SOMMAIRE

PRÉFACE

« *Moi, fils d'Afrique, ma tâche est d'éveiller mon peuple aux futurs flamboyants* ». Les Professeurs Michel-Cyr Djiena Wembou et Etienne Bienvenu Akono ont entendu le grand poète Léopold Sédar Senghor. Ils viennent d'unir leurs efforts pour offrir un manuel de qualité à l'utilité incontestable pour tous ceux qui s'intéressent à la promotion d'une croissance forte, inclusive, verte, tirée par le secteur privé et créatrice d'emplois en Afrique centrale.

Cet ouvrage présente les principales réalisations du Programme des Réformes Économiques et Financières de la CEMAC depuis sa mise en œuvre en 2017 jusqu'en fin 2023. Il précise les écarts par rapport aux cibles prévues, les difficultés rencontrées et les nouvelles mesures et réformes qui devront être mises en œuvre par les six États membres et les institutions communautaires afin d'accélérer les réformes structurelles et la diversification économique, de développer l'intégration régionale et de renforcer l'efficacité de la politique monétaire et les systèmes financiers dans la zone CEMAC.

L'incidence des politiques et réformes mises en œuvre dans le cadre du PREF- CEMAC commence donc à produire des résultats encourageants en rendant notre sous-région plus résiliente aux différents chocs (pétrolier, sanitaire, sécuritaire) ; ce qui a permis une amélioration des conditions de vie des populations. Mais la situation macroéconomique demeure tendue et instable, nécessitant des remèdes à la hauteur des challenges qu'imposent les particularités de nos économies aussi riches en ressources naturelles qu'enveloppées d'une informalité toujours croissante. Cette préoccupation montre que ce Manuel d'Économie de développement rédigé par les Professeurs Michel-Cyr Djiena Wembou et Etienne Bienvenu Akono vient à propos pour proposer des solutions concrètes et réalistes, fondées sur une analyse minutieuse des résultats des politiques économiques et budgétaires menées par les six États membres de la CEMAC, de l'efficacité des systèmes financiers, de la gestion de la monnaie, de la mise en œuvre des réformes structurelles, de l'adaptation au changement climatique et du niveau de développement social de nos populations.

Le réalisme des préconisations des Professeurs Michel-Cyr Djiena Wembou et Etienne Bienvenu Akono nous arrache, le temps de la lecture, du monde philosophique pour ne pas y voir le caractère éphémère des propositions humaines ou l'illusion des solutions aux problèmes de l'humanité. Il s'agit donc d'une construction intellectuelle de bonne facture étayée par une argumentation convaincante, qui ne peut que susciter le respect et l'estime.

À cet égard, j'invite les décideurs politiques, les acteurs économiques, les professionnels de la finance et des banques, les enseignants-chercheurs et les étudiants à faire l'exploration des contenus de cet ouvrage afin d'en tirer chacun, j'en suis convaincu, la substance nécessaire à la compréhension des défis et du quotidien de nos États et de leur devenir.

S.E. Jean-Baptiste ONDAYE

Ancien ministre de l'Économie et des Finances de la République du Congo et Président du Comité de Pilotage du PREF-CEMAC

AVANT-PROPOS

Le dynamisme économique de l'Afrique subsaharienne continue de surprendre positivement les observateurs et les analystes du monde entier. Avec une croissance annuelle moyenne de 5,9% sur la dernière décennie, l'Afrique suscite un intérêt enthousiaste des acteurs économiques, qui ne se dément pas ces dernières années. Selon les récentes projections du Fonds Monétaire international, cette région du monde, souvent confrontée à de nombreux défis structurels et à des chocs externes, devrait voir son Produit intérieur brut (PIB) croitre de manière significative dans les années à venir, avec une augmentation de 3,8 % en 2024 et une prévision encore plus optimiste de 4,0% pour l'année suivante[1].

Même avec l'impact indirect de la crise de 2008 sur les économies africaines, les taux de croissance élevés continuent d'attirer les investisseurs et les États industrialisés, qui sont à la recherche de débouchés et de matières premières pour leurs économies. Les risques inhérents à l'investissement sur le continent demeurent, mais dans un environnement international instable, les entreprises qui y interviennent y recherchent un couple rentabilité-risque important et ont désormais une appétence plus élevée au risque. Elles les intègrent dans leur évaluation ex ante et les pèsent au regard des bénéfices attendus. Par ailleurs, le secteur bancaire et financier sur le continent africain est en pleine mutation et se transforme rapidement, afin de mieux contribuer au financement des économies locales[2].

Certes, de bonnes nouvelles arrivent aujourd'hui de l'Afrique : nouvelle terre de croissance, d'évolutions démographiques favorables, d'émergence d'entreprises à fort potentiel de croissance, d'intégration de nouvelles technologies plus rapidement que dans le reste du monde, de renforcement du contrôle de sa position géographique et de ses richesses naturelles. Mais malgré ces perspectives encourageantes, la réalité du terrain nous montre également un continent hétérogène, insuffisamment doté en infrastructures de base et peu industrialisé, où il est difficile de trouver des financements et où l'état de droit n'est pas facile à garantir. Il apparait donc urgent, pour les États africains, de poursuivre les efforts engagés et les réformes entreprises afin de faire face aux nombreux défis qui persistent et pourraient freiner leur élan.

---

[1] FMI : Rapport annuel 2023

[2] Voir Brack (E). – Les mutations du secteur bancaire et financier africain, L'Harmattan, Paris 2016 p.15 et sv.

Conscients de la nécessité de bâtir une communauté de destin, les Chefs d'État de la CEMAC se sont donnés pour vision, de faire de la zone CEMAC « un espace économique intégré, émergent où règnent la sécurité et la solidarité au service du développement humain ».

C'est ainsi que la résilience de nos économies, la mise en œuvre des réformes structurelles, le respect de la discipline budgétaire et des critères de convergence ainsi que la promotion de l'intégration physique et commerciale par la mise en œuvre de projets intégrateurs prioritaires sont devenus les priorités majeures des Chefs d'État de la CEMAC.

C'est dans le but de mettre fin aux effets néfastes des chocs économiques, sécuritaires et financiers par une approche régionale que les Chefs d'État ont décidé, d'instituer, lors de leur sommet tenu à Malabo le 30 juillet 2016, le Programme des Réformes économiques et financières de la CEMAC dont l'objectif principal est de « concevoir et de mettre en œuvre des actions rapides, vigoureuses et coordonnées, aussi bien au niveau national que sous-régional, pour la stabilisation du cadre macroéconomique et une transformation structurelle et profonde des économies de la sous-région, afin d'en renforcer la résilience et de les placer sur le chemin de l'émergence »

La mise en œuvre aussi bien du Programme économique régional que des réformes du PREF-CEMAC, par les États membres et les institutions communautaires, a permis à ce jour d'inverser la tendance à la dégradation des indicateurs macroéconomiques observée en 2020 et de renforcer la résilience des économies de la CEMAC.

Pour maintenir et amplifier cette dynamique de croissance, il est essentiel que les États membres poursuivent leurs réformes économiques et institutionnelles. Il importe d'évaluer l'état d'avancement des réformes engagées, de tirer les leçons des difficultés rencontrées, d'examiner les défis et les conditions de réussite des réformes économiques et financières en Afrique centrale et d'envisager des solutions idoines et courageuses pour l'amélioration du bien-être de nos populations.

Le grand mérite des Professeurs Djiena Wembou et Akono est d'avoir pu rédiger cet ouvrage d'économie de développement qui met à la disposition de tous, les clés de compréhension des avancées obtenues dans la mise en œuvre des réformes économiques et financières au sein des États membres de la CEMAC, tout en procédant à l'éveil des consciences face aux grands défis globaux du monde contemporain, aux débats d'idées à l'échelle mondiale et dans l'espace communautaire ainsi qu'aux stratégies de puissance et de domination qui déterminent souvent la politique nationale dans chaque pays.

Ce Manuel dresse le bilan du cycle des réformes dans lequel les pays d'Afrique centrale sont entrés depuis 2010, discute et analyse les perspectives permettant de rendre pérennes les résultats satisfaisants obtenus par certaines réformes, afin d'accélérer l'accession des pays de la CEMAC à la prochaine étape de leur émergence : faire que la croissance économique nourrisse un réel développement social en Afrique centrale.

Plus que jamais, le moment est venu d'appuyer les réformes économiques et institutionnelles et d'aider l'Afrique centrale à relever le défi du financement par son secteur privé, étape indispensable pour financer sa croissance à moyen terme sur une base pérenne. La promotion de la bonne gouvernance, l'amélioration du climat des affaires, l'efficacité de l'appareil judiciaire, le développement de l'intégration physique et commerciale et la mise en œuvre de la stratégie communautaire d'import-substitution ainsi que le renforcement des systèmes éducatifs et sanitaires, sont des priorités incontournables, qui figurent du reste dans la matrice des réformes et actions prioritaires du PREF-CEMAC depuis 2017.

L'Afrique subsaharienne se trouve à un carrefour crucial de son développement économique. Les projections économiques du FMI, tablant sur une croissance de 5% pour les prochaines années, témoignent du potentiel immense de cette région. Cependant, la réalisation de ces perspectives dépendra de la capacité des pays membres à surmonter les défis existants et à continuer sur la voie des réformes et des investissements stratégiques.

Dans ce contexte, les publications des enseignants et de hauts cadres africains devraient permettre un débat sain et de haut niveau sur les pistes de recherche et les solutions crédibles et réalistes permettant de faire de l'Afrique non plus un réservoir de matières premières et un déversoir des produits finis fabriqués sous d'autres cieux, mais un acteur majeur et incontournable de l'économie internationale. On ne peut que féliciter et encourager les deux auteurs de cet ouvrage, les Professeurs Michel-Cyr Djiena Wembou et Etienne Bienvenu Akono qui s'affirment, dans cette perspective, comme des exemples.

S.E. Baltazar ENGONGA EDJO'O

Président de la Commission de la CEMAC

INTRODUCTION GÉNÉRALE

Après la crise mondiale des subprimes de 2007, un vent et un désir de réformes ont été observés dans la plupart des pays dans le monde. En effet, réagissant dans l'urgence pour mettre en œuvre des mesures de soutien monétaire, financier et budgétaire, les pouvoirs publics dans les pays développés, émergents et en développement ont élaboré des programmes de réformes pour rétablir les équilibres macroéconomiques. Celles-ci ont consisté principalement, dans les économies avancées, à favoriser l'emploi à plein temps et à accroître le taux d'attractivité, en réduisant les coûts fiscaux tels que cela a été observé en Allemagne, en Corée du Sud ou au Japon. Dans les économies émergentes, telles que la Chine, l'Inde ou le Costa Rica, les réformes ont eu pour objectif de favoriser l'emploi formel, notamment celui des femmes. Les mesures prises dans ce sens ont consisté à améliorer les compétences et la formation, à réduire les coûts fiscaux sur les revenus du travail ou encore à simplifier les grilles des salaires minimums et à améliorer les négociations salariales.

En ce qui concerne les économies en développement, notamment celles de l'Afrique subsaharienne, les réformes se sont traduites par des actions visant à accélérer l'investissement et la croissance tout en réduisant la pauvreté. Ces actions ont consisté à investir dans le capital humain, à accroître l'efficience des systèmes fiscaux, améliorer et développer les infrastructures, consolider les systèmes financiers ou encore renforcer la bonne gouvernance. Ce fut le cas au Rwanda, au Nigéria, en Tanzanie, au Bénin, en Mozambique et dans certaines économies de l'Afrique centrale, en particulier au Cameroun et au Gabon.

§ 1 Les réformes économiques et financières dans la zone CEMAC

La décennie 2010-2020 a été marquée, dans les États membres de la CEMAC, par la mise en œuvre des réformes économiques et financières, après que l'économie mondiale ait été à nouveau touchée par une chute brutale et importante du prix du pétrole en 2014. En effet, ces économies étant pour la plupart fortement tributaires du pétrole, notamment le Congo, le Gabon, la Guinée-Équatoriale, le Tchad et le Cameroun, elles ont été frappées de plein fouet à travers un ralentissement de la croissance économique, une détérioration des comptes des finances publiques et une accentuation des déficits de la balance courante. Face à cette crise pétrolière qui a réduit considérablement les réserves de change de la Banque des États de l'Afrique Centrale (BEAC) et pour éviter la modification de la parité du franc CFA à l'euro, les Chefs d'État de la CEMAC ont mis en place un programme des réformes économiques et financières de la CEMAC (PREF-CEMAC). Ce programme est créé à Malabo au cours de leur sommet extraordinaire du 30 juillet 2016, destiné à stabiliser le cadre macroéconomique et à transformer structurellement les économies de la sous-région aussi bien au niveau national que régional.

Une réforme économique est une action des pouvoirs publics ciblant les instruments de politique économique et visant à introduire des changements dans le comportement des agents économiques publics et/ou privés en vue de l'accroissement de la demande soutenable et non inflationniste adressée à l'économie nationale ou régionale, ou de l'augmentation de leurs investissements productifs, avec pour finalité d'accomplir des progrès vers la réalisation des objectifs nationaux ou régionaux de croissance économique et de création d'emplois (Bakoup, 2013).

Toute réforme économique se caractérise par cinq éléments : l'incidence financière de la réforme, le rôle des actifs corporels ou tangibles et des actifs incorporels dans sa mise en œuvre, la crédibilité, la réversibilité et la durabilité. L'incidence financière traduit un changement dans la structure des avoirs et des engagements financiers des agents économiques à travers leurs changements de comportement. Le rôle des actifs corporels ou tangibles tient au fait que le changement du système d'incitations induit par la réforme peut provenir de la réalisation de certains actifs corporels. Par exemple, la construction d'une route peut avoir un effet catalyseur sur les investissements productifs faisant usage de ladite route grâce à la réduction des coûts de transport. D'un autre côté, pour garantir la réussite d'une réforme, elle doit être crédible, c'est-à-dire que les agents économiques doivent être convaincus que les autorités mettront effectivement en œuvre une telle réforme. Les recherches menées à ce jour ont montré que la cohérence temporelle est un important déterminant de cette crédibilité. La réversibilité, quant à elle, fait appel à la possibilité de revenir sur une réforme après sa mise en œuvre en cas de besoin. Enfin, la durabilité traduit le fait qu'une bonne réforme doit être durable, c'est-à-dire que ses effets doivent perdurer, même si le financement qui a induit le changement initial de comportement est retiré. Pour toute réforme, la durabilité est liée à l'existence d'effets d'hystérésis. Ces effets apparaissent lorsque les effets d'une réforme perdurent au-delà de la mesure initiale. Pour assurer la durabilité des réformes, les responsables en charge de son élaboration et de sa mise en œuvre doivent donc rechercher ou définir les mesures susceptibles de générer d'importants effets d'hystérésis.

Comme on le voit, les réformes économiques et financières se situent au cœur du processus de construction de l'intégration régionale et de renforcement de la croissance et du développement.

L'intégration régionale comprend plusieurs dimensions : commerciale, financière, monétaire, économique par convergence des économies, sectorielle par coopération et politique. Chacune de ces dimensions peut être évaluée par des indicateurs de performance et être analysée par différents corpus théoriques.

Il importe de souligner que, dans les économies en développement, la régionalisation est un processus complexe dont les formes sont diverses[3]. Elle se caractérise par une intensification des mouvements d'échanges avec la suppression des obstacles internes (zone de libre-échange), avec un tarif extérieur commun (union douanière) et une mobilité des facteurs (marché commun), par une coordination des politiques économiques ou sociales (union économique), par des projets intégrateurs et régionaux mis en place dans des délais précis suivant une stratégie économique régionale (coopération régionale) par des interdépendances entre les économies conduisant à des convergences économiques (intégration des marchés financiers et coopération institutionnelle) et , enfin, par la mise en place de règles et directives sur les budgets, la monnaie et les finances. Il s'agit donc d'un processus qui concerne le vivre-ensemble et le devenir de tous les peuples de la région en question.

Or, contrairement à ce que pensent les leaders politiques et certaines élites intellectuelles, les questions régionales et internationales ne sont pas réservées aux spécialistes, aux fonctionnaires internationaux, aux diplomates, aux leaders politiques, aux officiers supérieurs et aux gouvernants qui seuls détiendraient le confort intellectuel et les connaissances nécessaires pour en comprendre les arcanes. Tout citoyen du monde est en droit de rechercher la vérité, de mieux comprendre les affaires mondiales, régionales et sous-régionales qui, de toutes les façons, ont une influence sur le vécu de son peuple. Tout esprit qui n'est pas informé sur les grands défis globaux à relever, sur la place de son pays sur l'échiquier régional, sur la démocratie et les politiques de développement menées dans son pays et sur le rôle de ce pays dans l'espace communautaire devient un agent de sa propre domination, un simple spectateur de sa propre histoire et parfois un observateur silencieux des dérives des hommes politiques manipulés par les puissances étrangères, les firmes multinationales, les régimes néocoloniaux hostiles au changement et les groupes du crime organisé.

§ 2 Objectifs de l'ouvrage et méthodologie

Cet ouvrage poursuit deux ambitions principales. Il propose de mettre à la disposition des enseignants, des étudiants, des chercheurs et du grand public un manuel permettant de dispenser des enseignements portant sur les théories et les pratiques de l'intégration régionale en Afrique centrale. Ce manuel vise également à éveiller les consciences face aux grands défis globaux, aux menaces auxquelles faire face, au débat d'idées à l'échelle mondiale et dans l'espace communautaire, ainsi qu'aux stratégies de puissance et de domination qui déterminent souvent la politique nationale dans chaque pays. Il se propose également de mettre à la portée de tous, les clés de

[3] HUGON (P). – Les économies en développement à l'heure de la régionalisation, Karthala, Paris, 2003, p. 34.

compréhension des avancées obtenues dans la mise en œuvre des réformes économiques et financières dans les États membres de la CEMAC, même si le rythme de ces réformes est parfois freiné par les lenteurs bureaucratiques et un manque inquiétant de patriotisme et de probité.

Depuis 2010, les pays de l'Afrique centrale sont entrés dans un cycle de réformes économiques et financières après celui des décennies 1980-1990 et 1991-2000. Ce manuel dresse ainsi le bilan de ces différentes réformes au cours de la période 2010-2023 tout en discutant et en analysant les conditions de leur réussite ainsi que les perspectives permettant de rendre pérennes les résultats satisfaisants obtenus par certaines de ces réformes.

Comme on le sait, un manuel n'est pas un ouvrage spécialisé ; il n'est pas non plus, un traité théorique consacré aux considérations doctrinales et aux analyses savantes. Sa principale ambition, qui découle de notre souci de vulgarisation et de conscientisation - même si la quête de l'érudition demeure toujours présente – est celle d'enseigner à travers un exposé simple et accessible.

Ces considérations générales nous ont dicté les trois grandes parties de cet ouvrage :

La première partie examine, en quatre chapitres, les différentes stratégies de réformes menées ou en cours de mise en œuvre dans les pays membres de la CEMAC, tant au niveau national que régional. Elle présente et analyse les fondements des deux programmes de réformes mis sur pied par les Chefs d'État de la sous-région au cours de ladite période, notamment le Programme économique régional (PER) et le PREF-CEMAC dont l'évaluation de la première phase est faite et discutée.

La deuxième partie, comportant cinq chapitres, présente et évalue les principales réalisations du Comité ministériel de Pilotage (COPIL) du PREF-CEMAC, notamment l'adoption du Plan de relance économique post-covid-19 des économies de la CEMAC, du Cadre stratégique pour la négociation des Accords de seconde génération des pays de la CEMAC avec les partenaires techniques et financiers (PTFs), de la Stratégie d'import-substitution des produits du cru de la CEMAC et la mise en œuvre des projets intégrateurs prioritaires de la zone CEMAC.

La troisième partie, structurée autour de deux chapitres, examine les défis et les conditions de réussite des programmes de réformes économiques et financières en Afrique centrale dans la perspective de la fusion des deux Communautés qui coexistent actuellement dans cette région, notamment la CEEAC et la CEMAC.

PREMIÈRE PARTIE

LES STRATÉGIES DE RÉFORMES ÉCONOMIQUES ET FINANCIÈRES EN AFRIQUE CENTRALE

Au cours de la décennie 2010-2020, les pays de l'Afrique centrale ont été confrontés à plusieurs chocs majeurs : les déséquilibres du marché financier international induits par la crise des subprimes, la crise pétrolière de 2014, la crise sanitaire de la pandémie du covid-19 de 2020 sans oublier les crises sécuritaire et humanitaire.

Pour faire face à ces chocs, les gouvernements des pays de la CEMAC ont élaboré, adopté et mis en œuvre, tant au niveau national qu'au niveau régional, pendant cette période, une série de stratégies de réformes économiques et financières visant à renforcer la résilience de leurs économies et à créer les conditions d'une croissance robuste et inclusive. Sur le plan régional, il convient tout d'abord de mentionner le PER, adopté en 2011, pour poser les bases structurelles permettant à la CEMAC de retrouver le chemin de l'émergence et de devenir un espace économiquement harmonisé et intégré. Il importe ensuite d'évoquer le PREF-CEMAC, programme mis sur pied pour stabiliser le cadre macroéconomique des pays de la CEMAC et transformer de manière profonde la structure des économies de ladite zone afin d'en renforcer la résilience et de les placer sur le sentier de l'émergence.

Cette première partie est structurée autour de quatre chapitres. Le chapitre1 traite du PER, le chapitre 2 présente le PREF-CEMAC et le chapitre 3 procède à l'évaluation de la mise en œuvre de ce programme institué en 2016. Enfin, le chapitre 4 examine les stratégies nationales de mise en œuvre des réformes économiques et financières des pays membres de la CEMAC.

CHAPITRE 1 :

LE PROGRAMME ÉCONOMIQUE RÉGIONAL (PER)

L'Afrique centrale est parmi les cinq régions que compte le continent africain, celle qui est de loin la moins intégrée avec des échanges commerciaux intracommunautaires qui se situent autour de 3%. En effet, elle se singularise par une insuffisance prononcée en infrastructures et en interconnexion de réseaux nationaux de transport, de télécommunications ou de distribution d'énergie qui rendent difficile la circulation des personnes, des biens et des services ainsi que des capitaux d'un pays à un autre.

Malgré de nombreuses déclarations et protocoles signés par les Chefs d'État de la CEMAC en vue d'accélérer le commerce intracommunautaire, les résultats obtenus sont restés en deçà des attentes. Pour parvenir à inverser la tendance et intensifier le commerce entre les pays de la sous-région, les plus hautes autorités de la Communauté ont adopté en 2011 un Programme économique régional (PER) de transformation économique et sociale. Elles attendent du PER qu'il joue un rôle de catalyseur pour le décollage économique et la transformation structurelle des économies de la CEMAC. Le PER a pour principal objectif de valoriser les principales ressources naturelles de la sous-région et de bâtir une économie compétitive, diversifiée et à forte valeur ajoutée grâce à une intensification de l'intégration physique et commerciale des pays membres de la CEMAC.

Dans le cadre de la mise en œuvre du PER, il est prévu l'élaboration d'un plan opérationnel pour chacune des trois phases quinquennales qui le composent et qui se terminent en 2025. Le premier quinquennat 2011-2015 est la phase de la pose des bases structurelles pour que la Communauté retrouve le chemin de l'émergence. Ainsi, l'atteinte de ce point d'émergence devrait : (i) porter le taux de croissance moyen de la CEMAC à plus de 10% ; (ii) renforcer la compétitivité de son économie dans le cadre d'un marché ouvert et concurrentiel et d'un environnement des affaires plus favorables à l'investissement ; et (iii) permettre à la CEMAC de participer à l'atteinte des objectifs mondiaux de développement à l'horizon 2015. Cette phase est appelée à faire de la CEMAC un espace économique harmonisé et intégré. Les deuxième et troisième quinquennats (2016-2025) visent à long terme à : (i) valoriser les ressources naturelles ; (ii) faire de la CEMAC une puissance énergétique, métallurgique et verte ; (iii) diversifier le tissu économique de la CEMAC ; (iv) accroitre plus de trois fois le PIB par habitant par rapport à son niveau de 2010 ; (v) réduire de moitié le taux de pauvreté et (vi) à faire de la CEMAC un espace économique émergent à l'horizon 2025.

Pour mieux cerner les contours du PER, il convient de présenter tout d'abord sa Vision et ensuite d'analyser ses axes stratégiques de la première phase (2010-2015) ainsi que ceux de la deuxième phase (2017-2021).

I. La vision et les objectifs du PER

Le PER repose sur deux piliers à savoir : sa vision qui est la Vision CEMAC 2025 et ses objectifs stratégiques adoptés par les Chefs d'État de la CEMAC.

A. Vision CEMAC 2025

Les plus hautes autorités de la CEMAC ont pour vision de faire de la CEMAC en 2025 une puissance énergétique, verte et industrielle et un terreau de compétitivité.

1. La CEMAC : une puissance énergétique, verte et industrielle

L'économie de la CEMAC repose essentiellement sur les matières premières. Elles sont peu valorisées, car exportées à l'état brut vers les marchés internationaux dont les prix sont volatils. Face à cette situation, plutôt que de continuer à exporter à l'état brut ses hydrocarbures, la CEMAC vise une valorisation forte de toutes ses matières brutes énergétiques pour devenir autosuffisante et exportatrice d'électricité, de produits pétroliers raffinés et de gaz. Elle a pour objectif aussi de se positionner comme acteur majeur du dynamique marché mondial du gaz naturel liquéfié.

Pour atteindre cet objectif, la CEMAC envisage de disposer en 2025, dans le secteur de l'énergie et celui de la métallurgie, d'entreprises capables de produire de façon compétitive et d'exporter aussi bien sur les marchés régionaux que sur le marché mondial. Plus particulièrement, au niveau du raffinage, au lieu de l'extension de raffineries nationales trop petites et souvent coûteuses en subventions étatiques, les États membres de la CEMAC opteront, dans le cadre du PER, pour la mise en commun de leurs moyens et la création d'une raffinerie régionale moderne, compétitive, et ayant une taille minimale requise pour satisfaire leurs besoins et exporter dans toute la région. La mise en place de cette grande unité régionale de raffinage permettrait ainsi de développer en parallèle la production régionale de gaz de pétrole liquéfié (GPL), avec la mise en place d'une douzaine de nouvelles unités industrielles constituées d'assemblages de bouteilles de gaz domestique et industriel et de conditionnement du GPL. Le pôle régional de raffinage produirait à cet égard des produits pétroliers raffinés et du gaz GPL. Avec cette unité régionale de raffinage, une plateforme de stockage de produits raffinés de pétrole sera mise en place pour l'exportation sur le marché régional.

Par ailleurs, la Vision CEMAC a vocation à faire de l'électricité l'élément moteur de la diversification économique de la sous-région. Pour atteindre cet objectif, l'accélération de la production de l'électricité devrait être un préalable et serait faite grâce au développement des capacités de producteurs indépendants à travers la mise sur pied d'une cinquantaine de centrales de production dans la CEMAC à l'horizon 2025. En outre, les énergies renouvelables devraient également être développées afin de valoriser l'importante biomasse forestière.

Au niveau du secteur minier, l'ambition du PER est de faire de la CEMAC un pôle métallurgique en valorisant mieux ses ressources minières dans une optique de développement durable. À cet effet, le Groupe Rio Tinto prévoit en partenariat avec le Gouvernement camerounais la création au sein de la CEMAC d'une des plus grandes unités de production d'alumine au monde, à travers l'extension de l'usine actuelle d'ALUCAM à Edéa (Cameroun) et le développement d'un nouveau projet aménagé dans le Port de Kribi. De même, le Groupe COMILOG/ERAMET prévoit en partenariat avec le Gouvernement gabonais d'installer une usine de production de manganèse métal et d'alliages de silico-manganèse permettant de mieux valoriser ses ressources de manganèse. Par ailleurs, une première transformation devrait devenir la règle dans les négociations de partenariat avec des sociétés minières chaque fois qu'un pays remplit les conditions adéquates de compétitivité pour l'activité de transformation ciblée.

À l'horizon 2025, une douzaine de ces grands groupes partenaires devraient être présents dans la CEMAC. L'émergence de la CEMAC comme pôle métallurgique se traduirait d'ici 2025 par la création de milliers d'entreprises de tailles diverses. La plupart de ces entreprises opéreraient en aval des industries de transformation métallurgiques, principalement celles transformant le fer et celles produisant de l'aluminium. La CEMAC a une vocation affirmée à rayonner comme fournisseur de matériaux de construction pour le BTP, notamment sur les marchés régionaux. L'émergence de la CEMAC comme pôle métallurgique se traduirait d'ici 2025 par la création d'environ 100 000 entreprises générant 1 à 1,5 million d'emplois directs. Une cinquantaine de PME de production de produits métalliques devraient voir le jour, avec notamment des produits pour le BTP et les infrastructures, des produits de charpente et de revêtement à base d'aluminium, de la fonte pour la fabrication de bonbonnes de gaz ou des ustensiles de cuisine.

Au niveau des filières de l'économie verte (économie forestière, agriculture, élevage et pêche), 1 à 1,2 million d'emplois directs visés en 2025 sont attendus de l'essor de l'économie forestière au regard du rôle attendu de la forêt du bassin du Congo comme puits majeur de carbone et de revenus attendus de la rémunération correspondante. Par ailleurs, les filières élevage et pêche impliqueront une multitude de micro et petites entreprises agricoles, de foresteries, de pêches et d'élevages avec les activités associées de transformation et de commercialisation. Le développement de ces filières de l'économie verte devrait engendrer la création de nombreuses entreprises. À cet effet, l'on estime à environ 50 000 entreprises et très petites entreprises d'éleveurs de tailles diverses qui devraient être créées dans les filières de bétail viande, d'élevage intensif et également dans les activités de transformation et de valorisation de la viande, des activités de transport-manutention-logistique et de nombreuses activités de commerce et de service. En outre, plus de 20 000 exploitants agricoles seraient formés et insérés dans les métiers de production agricole, d'élevage et de production aquacole. En aval, ce sont 80 000 à 100 000 microentreprises qui devraient voir le jour ou être renforcées dans des secteurs comme la transformation artisanale ou les services. De manière globale, l'ambition de la CEMAC est de faire passer la contribution de l'économie verte de 8 à 33% du PIB en 2025. La mise en place d'une telle ambition impliquera l'émergence de pôles nationaux de développement de filières agricoles dans des pays ayant un fort potentiel dans les filières de l'économie verte.

2. La CEMAC : un terreau de compétitivité

Le PER est un instrument de renforcement de la compétitivité des pays qui agirait au niveau des fondements de cette compétitivité, avec notamment des mesures comme la réforme du cadre des affaires, et des actions à mettre en œuvre dans le cadre du Programme régional d'infrastructures modales. La stratégie qui sous-tend ce programme d'infrastructures vise l'amélioration de la compétitivité des économies de la CEMAC en optant pour la spécialisation des infrastructures selon leur vocation avec (i) un chemin de fer orienté vers l'acheminement des produits lourds sur de longues distances, (ii) la route indispensable pour le désenclavement du territoire, l'évacuation des produits et l'acheminement de marchandises, le transport de personnes dont la compétitivité requiert une logistique diligente, (iii) le transport fluvial qui s'imposera comme le moyen le plus adéquat et le moins coûteux de désenclavement économique.

L'ambition du PER n'est pas seulement le développement des filières porteuses dans l'espace CEMAC, mais de façon plus fondamentale, de réussir une transformation économique et sociale en profondeur se traduisant par l'émergence de plusieurs bassins économiques fortement créateurs d'emplois et animés par un tissu diversifié d'entreprises dirigé par de grandes sociétés compétitives et exportatrices, bénéficiant du support d'une multitude d'entreprises de soutien dans la sous-traitance de services et d'une administration performante.

À l'horizon 2025, six pôles de compétitivité régionaux devraient voir le jour au sein de la CEMAC, à savoir : deux pôles dans l'énergie (le pôle raffinage et le pôle GNL), deux pôles dans les mines (le pôle aluminium et le pôle sidérurgique de ferro-alliages) et deux pôles dans l'économie verte (le pôle agro-industriel des savanes et le pôle produit de pêche continentale). En ce qui concerne le pétrole, le développement de l'activité de raffinage et la création de PME dans une diversité d'activités connexes permettraient de constituer dans le moyen et long terme un pôle industriel de raffinage de produits pétroliers incluant un pôle d'emplissage de bouteilles de gaz domestique et industriel. Par ailleurs, avec l'émergence de la base industrielle intégrée (bauxite, électricité), la production d'aluminium permettrait en aval la mise en place d'une plateforme industrielle produisant une panoplie de matériaux de construction pour le BTP. Un tel pôle n'a de chance que si le vaste marché régional de l'Afrique de l'Ouest lui est accessible, avec notamment la négociation d'accords de libre-échange avec les Communautés économiques cibles de ce marché.

B. Les objectifs stratégiques du PER

Grâce à l'abondance et la diversité de ses ressources naturelles, la CEMAC possède un potentiel considérable dans de nombreux secteurs. Elle abrite la deuxième plus grande forêt tropicale au monde après l'Amazonie et son sous-sol est riche en ressources minières de tout ordre. On peut citer à cet effet et sans être exhaustif, le pétrole, le gaz, les métaux (cuivre, zinc, bauxite, fer, cobalt, nickel ...), les non-métaux (potasse, sel, amiante ...), les pierres précieuses (or, diamant ...), les produits des carrières (calcaire, sable ...). Le positionnement géographique et la diversité climatique de la CEMAC ainsi que sa diversité en matière de faune, de flore marine et de forêt d'une beauté exceptionnelle en font une zone propice à une agriculture intensive, à la pratique de l'élevage, de la pêche et une zone attractive au développement d'un écotourisme fortement rémunérateur.

Aujourd'hui, l'économie de la CEMAC repose sur un nombre très limité de ressources que sont le pétrole, les mines, le bois et les cultures de plantations. Ces ressources primaires et non durables représentent les 2/3 du PIB de la CEMAC. De manière générale, en dehors de l'activité pétrolière, gazière et d'exploitation forestière, le secteur privé de la CEMAC est majoritairement composé de microentreprises informelles qui coexistent avec quelques groupes. La CEMAC vit ainsi un véritable paradoxe qui se manifeste par l'existence de ressources naturelles en abondance et diversifiées, une faible valorisation de ce potentiel et une économie fragile, car reposant sur des ressources non pérennes. Pour ces raisons, il est capital pour la CEMAC de définir et de mettre en œuvre une politique de valorisation de son potentiel considérable en ressources naturelles et de tirer profit de tous ces atouts. À cet égard, le PER compte s'appuyer sur une approche nouvelle pour accélérer la croissance dans la zone CEMAC et renforcer les bases de cette croissance à travers les piliers sectoriels plus diversifiés et plus compétitifs. Cinq moteurs potentiels de croissance ont ainsi été identifiés comme piliers de la stratégie du PER-CEMAC : l'énergie, l'agro-industrie, l'économie forestière, l'élevage et la pêche, les mines et la métallurgie.

1. La valorisation et la diversification de la filière énergétique

L'ambition de la CEMAC de devenir une puissance énergétique à l'horizon 2025 se décline à travers cinq objectifs : (i) améliorer la gouvernance du secteur de l'énergie et le cadre des affaires pour attirer les investisseurs, exploiter les possibilités de l'offshore profond et optimiser les revenus d'hydrocarbures ; (ii) produire 25 000 MW d'électricité compétitive et durable à l'horizon 2025 pour accompagner le développement industriel et exporter vers le Nigéria et l'Afrique de l'Ouest ; (iii) devenir un acteur de référence sur le marché mondial du gaz naturel liquéfié (GNL); (iv) produire à partir du gaz les engrais de synthèse et engrais composés (NPK) valorisant les ressources de potasse et de phosphates du Congo ; et, (v) mettre en place une raffinerie régionale compétitive de produits pétroliers adossée à une plateforme de stockage permettant de rayonner sur le marché régional des produits de raffinerie de pétrole.

Dans cette optique, l'objectif de la CEMAC, à travers le PER, est d'atteindre le cap de 25 000 MW de puissance électrique installée à l'horizon 2025 pour couvrir la demande de la sous-région et exporter sur le marché régional de l'Afrique de l'Ouest. Pour atteindre le cap des 25 000 MW de puissance installée en 2025, une production supplémentaire d'environ 18 000 MW serait requise. Elle s'appuierait sur le potentiel hydroélectrique restant (existant), mais également sur la production d'électricité à partir du gaz grâce aux turbines à gaz (TAG) à cycle combiné. Cette production supplémentaire profitera des importantes potentialités qu'offre la production d'électricité à partir des énergies renouvelables, comme le solaire et la biomasse (notamment forestière).

L'ambition régionale dans le secteur de l'électricité baptisée « CEMAC CAP 25 000 » cible trois objectifs stratégiques et spécifiques : (i) un accès universel à l'électricité (100% à l'horizon 2025 contre une moyenne de 17% en 2008) ; (ii) un prix moyen du KW compris entre 30 et 40 FCFA en 2025 (contre 100 FCFA en 2008) ; et (iii) la valorisation de 54% du potentiel hydroélectrique (contre moins de 3% en 2008) et d'au moins 5% du potentiel gazier pour la production d'électricité (contre moins de 1% en 2008). La réussite de cette ambition nécessiterait une approche régionale à mettre en œuvre à travers quatre leviers stratégiques d'actions à savoir : (i) l'interconnexion électrique, (ii) la régulation régionale des échanges d'électricité et les réformes institutionnelles, (iii) le renforcement de la gouvernance des sociétés d'électricité, et (iv) l'environnement des affaires favorables aux partenariats public-privé (PPP).

Le renforcement de la gouvernance des sociétés d'électricité participerait à l'amélioration des ratios de performance du secteur. En effet, les insuffisances de l'offre soulevées dans le diagnostic sont en partie liées à une défaillance de la gouvernance de ces sociétés. Par ailleurs, la mise en place d'un environnement des affaires favorables aux PPP constitue un des leviers incontournables de la stratégie régionale. Cela devrait se traduire par un dispositif juridique, fiscal et conjoncturel attrayant, des règles de gouvernance pour les sociétés d'électricité, une participation des acteurs privés aux conseils d'administration de ces sociétés, la mise aux normes comptables de rentabilité, de solvabilité ainsi que la rémunération des capitaux propres, etc.

Par ailleurs, le pôle de compétitivité « raffinage de produits pétroliers » devrait à terme avoir une configuration à trois niveaux. Le premier niveau du pôle serait constitué des entreprises régionales, notamment la raffinerie régionale, la plateforme de stockage des hydrocarbures, les centres régionaux d'emplissage de gaz GPL en bouteilles de diverses tailles. Le deuxième niveau impliquerait toutes ces activités et entreprises de soutien, notamment la société de cabotage de produits pétroliers (commercialisation vers les pays côtiers et pays limitrophes), les sociétés de commercialisation des produits pétroliers, les services de transport et logistique (transit, manutention), trading, les activités de sous-traitance, les PME métallurgiques pour le formage de bouteilles de gaz et centres d'emplissage de GPL. Le troisième niveau du pôle regrouperait l'infrastructure de base de la grappe constituée par les infrastructures de transport (ports, routes), le dispositif de formation professionnelle aux métiers du pétrole et du gaz.

2. Le développement de l'agriculture, l'élevage et de la pêche

La CEMAC est une des rares régions au monde où existent encore d'importantes superficies de terres arables. Elle abrite également d'importantes ressources en eau ainsi que le deuxième fleuve au monde, le fleuve Congo. Par ailleurs, la région est dotée de conditions climatiques très favorables avec un climat tropical chaud et humide au sud et dans les zones côtières et un climat sahélien dans la partie septentrionale de la sous-région.

La diversité de ces zones climatiques dote la région d'un potentiel agricole extrêmement riche qui peut être regroupé en deux grandes catégories de filières : les filières d'agriculture de plantations (cacao, café, huile de palme, hévéa, canne à sucre…) à vocation d'exportation et les filières des produits vivriers (céréales, tubercules, protéagineux, cultures maraichères…) orientées vers la consommation locale et le commerce régional.

Malgré ces atouts, la zone CEMAC est un acteur marginal du marché agricole mondial. En effet, le secteur agricole est confronté à une urbanisation galopante qui entraine une forte régression de la population agricole. Il y a un déficit généralisé d'infrastructures de transport (pistes aménagées de production, infrastructures de traitement et de stockage post-récolte agricole). À cela s'ajoutent les coûts logistiques élevés amplifiés avec l'enclavement des zones rurales. Par ailleurs, la chaîne de valeur du secteur est peu maîtrisée et la transformation locale est quasi inexistante, ce qui entraine une forte dépendance alimentaire, pénalisant fortement les comptes extérieurs des pays et favorisant la sous-alimentation. La population urbaine grandissante est nourrie grâce à un recours massif de produits alimentaires importés.

La valorisation des atouts de la CEMAC passe par une stratégie volontariste d'aménagement durable de ses espaces agricoles et forestiers, avec la modernisation de l'activité agricole. Ainsi, le PER devrait servir de cadre pour un large partenariat en faveur du développement agricole sur la base d'une stratégie de développement agricole à partager largement avec un bouquet de partenaires allant des partenaires au développement aux grandes fondations caritatives (AGRA…) en passant par les grandes sociétés privées développant une politique de responsabilité sociale de l'entreprise. Par ailleurs, un important effort d'aménagement des terres devrait être fait sur la base de cadastres dans les différents pays membres, dans le cadre d'une démarche d'affectation optimale des terres et de sécurisation foncière. En effet, les droits coutumier et moderne coexistent le plus souvent de manière sous-optimale et constituent un frein à l'investissement privé sans sécuriser les « ayant droits » traditionnels.

Le PER vise à ce que la CEMAC devienne d'ici 2025 « le verger de l'Afrique tropicale », fournisseur de sécurité alimentaire et de diversité de produits d'exportation, permette une exploitation durable et maîtrisée des espaces de plantation et de forêt, et rende ces derniers compétitifs grâce à une maîtrise de la transformation, de la gestion logistique et de la proximité des grands marchés. Pour réaliser cette ambition, des stratégies adéquates de gestion durable devraient être élaborées et mises en œuvre au niveau des différentes filières forestières, agricoles, d'élevage et de pêche.

Pour développer l'agriculture et en faire un moteur de croissance pour la CEMAC, quatre leviers seraient utilisés : (i) l'aménagement des terres, (ii) la modernisation et l'intensification des filières agricoles, (iii) l'investissement et le partenariat avec de grandes sociétés agroalimentaires ayant une excellente maîtrise des grands marchés de produits agricoles, (iv) la mise en place de technopôles comme éléments structurants des chaînes de valeur agricoles.

Une solution permettant de faciliter la mise en place d'un processus transparent d'aménagement et d'affectation des terres arables serait la mise à disposition dans les pays membres d'un plan régional de géo référencement de l'espace CEMAC appelé « géomatisation ». Il s'agit de la mise en place d'un système d'information géospatial (SIG) reposant sur une base de données cartographiques, de données topographiques, de données satellitaires et statistiques concernant l'utilisation des terres. Ces données permettraient aux États de prendre des décisions stratégiques d'orientation de l'exploitation des terres. Les cadastres ruraux interviendraient ensuite et permettraient de disposer de plans cohérents de mise en place des infrastructures rurales nécessaires au développement de l'agriculture.

La modernisation de l'agriculture devrait se faire à travers plusieurs leviers : la mécanisation agricole, le développement de l'agrofourniture moderne, support de l'intensification agricole (semences améliorées, engrais), le respect des itinéraires techniques, l'encadrement des producteurs et organisations paysannes, etc. Cette modernisation reposerait également sur le développement des filières de formation professionnelle agricoles (types lycées agricoles) avec un dispositif de financement et d'insertion pour les diplômés (BTS et baccalauréats professionnels dans les filières agricoles, d'élevage et d'aquaculture) à la fin de leur cursus de formation. Cette démarche serait de nature à favoriser l'émergence d'une classe d'agriculteurs et d'éleveurs professionnels aptes à développer de véritables PME agricoles et d'élevage.

La technopole agroindustrielle de l'agriculture tropicale serait un pôle régional d'excellence et un dispositif de conseil et d'appui au développement des futurs pôles nationaux de développement de filières d'agriculture tropicale, notamment pour la diffusion des meilleures techniques de culture, l'encadrement des pays et services nationaux, les partenariats internationaux (institutions de recherche et de formation, acteurs de rang mondial et la coordination des programmes de recherche et de développement). La CEMAC devrait en outre s'attacher à attirer les investisseurs de rang mondial susceptibles de structurer la chaîne de valeur de la transformation des produits agricoles. Ces investisseurs viendront encadrer et intégrer les producteurs locaux indépendants. Cette démarche devrait être portée par la mise en place d'un cadre adapté de promotion des partenariats techniques et financiers.

Au-delà du développement des chaînes de valeur agricoles, l'accent devrait être aussi mis sur les filières d'élevage avec le développement dans les zones de savane de la filière bétail et viande pour couvrir les besoins de la CEMAC dans les zones urbaines et périurbaines. En effet, la CEMAC dispose d'importantes zones de pâturages qui s'étendent sur une superficie de 1 000 000 km^2. Elle dispose également de ressources en eau de surface et souterraine ainsi que de ressources ligneuses en abondance, propices à la pratique de l'élevage de transhumance. Par ailleurs, la zone sahélienne de la CEMAC, regroupant les régions nord du Cameroun, de la RCA et les régions sud et centre du Tchad, présente sur toute l'étendue de la sous-région des conditions favorables pour le développement de l'élevage transhumant des ruminants, mais également des conditions favorables à l'essor d'élevages intensifs par stabulation. Le poids de l'élevage dans les PIB de pays comme le Tchad et la RCA atteste du potentiel élevé de l'élevage de gros bétail et de petits ruminants dans la partie sahélienne. Pour assurer l'essor des filières intensives d'élevage et leur compétitivité, il serait indispensable d'assurer la disponibilité à coût compétitif des céréales et protéagineux essentiels au développement de ces filières, en particulier le maïs et le soja.

La grande faiblesse, voire l'inexistence d'infrastructures de valorisation du bétail justifie le développement d'un technopôle baptisé « Technopôle agropastoral des savanes », qui permettrait de structurer l'organisation des parcours avec l'aménagement des points d'eau, un système performant d'épidémio-surveillance, l'aménagement des marchés de bétail, la mise en place d'infrastructures d'abattage, de conservation et de transformation de la viande et des sous-produits d'abattage.

Par ailleurs, la zone CEMAC largement irriguée par l'immense bassin versant du fleuve Congo et de ses affluents (Oubangui) dispose de nombreux plans d'eau propices au développement d'une aquaculture productive. Le premier handicap des pêcheries dans la sous-région est la mauvaise gestion du territoire marin et une mauvaise exploitation de ses importantes ressources en eau pour la pêche. En effet, la gestion du territoire marin des pays côtiers reste focalisée sur l'exploitation du pétrole offshore, ce qui livre la zone au pillage intensif de ses ressources halieutiques. Les solutions formulées par le PER en faveur du développement de la pêche dans la zone CEMAC tiennent en trois initiatives : en premier lieu, il s'agit de mutualiser les moyens des pays côtiers et de se doter d'un dispositif régional de surveillance de la zone économique exclusive des pays CEMAC incluant l'utilisation des moyens de satellite, une flotte régionale de patrouille pour contrôler les armements de pêche et procéder aux arraisonnements de bateaux pirates. Dans un deuxième temps, il faudrait harmoniser, voire unifier les politiques de pêche autour des mesures suivantes : (i) négocier à l'échelle de la CEMAC des accords de pêche (avec l'Union européenne) et fixer des conditionnalités favorables aux pays côtiers de la CEMAC (débarquement obligatoire d'une partie des prises, appui à la création de plateformes de valorisation sur place des produits de pêche et leurs exportations) ; (ii) créer un pavillon régional et un armement de la CEMAC avec des procédures d'agrément et des conditions d'exploitation communes ; (iii) aménager deux plateformes de transformation de produits de pêche disposant d'un statut de zone franche exportatrice et respectant des normes internationales d'exportation ; (iv) définir une politique communautaire de protection des lagunes côtières et ajouter au mandat du dispositif de surveillance côtière, la surveillance des zones lagunaires. Enfin, il faudra lancer un vaste programme d'appui au développement de la pêche en eaux continentales en mettant à disposition un dispositif de crédit pour l'acquisition du matériel de pêche et en aménageant à proximité les embarcadères et ports fluviaux, des plateformes de transformation et de conservation des produits de pêche.

3. Le développement de l'économie forestière

L'Afrique Centrale renferme la deuxième forêt au monde et le premier couvert forestier d'Afrique avec une superficie forestière estimée à plus de 230 millions d'hectares, soit 46% de la superficie totale de ce couvert. La zone CEMAC couvre un potentiel d'écotourisme de valeur avec une faune et une flore riches et diversifiées, une végétation abondante et luxuriante, des parcs nationaux classés au patrimoine mondial de l'UNESCO et des aires protégées. Le pilier de croissance de l'économie forestière dans la sous-région est construit autour de quatre filières représentant un potentiel important. Il s'agit du bois, des produits forestiers non ligneux, de l'écotourisme et de la production d'électricité.

Le PER a pour ambition de faire en sorte que la forêt tropicale du bassin du Congo joue un rôle de premier plan à l'horizon 2025 dans l'absorption des gaz à effet de serre, qu'elle soit visitée en tant que patrimoine mondial et que son exploitation durable offre aux populations une source pérenne d'alimentation, de plantes médicinales et d'emplois. À cet effet, un programme régional d'aménagement des exploitations forestières et agricoles devrait être mis en place et il devrait être structuré autour de cinq piliers : (i) le renforcement des capacités pour la gestion des projets à soumettre au Fonds carbone et au mécanisme REDD (Réduction des émissions provenant du déboisement et de la dégradation des forêts) ; (ii) la généralisation de l'aménagement forestier (réserves de biodiversité, aménagement durable des exploitations forestières pour les petits et grands permis) ; (iii) l'aménagement des espaces agricoles (parcellisation, cadastre rural, construction des infrastructures rurales...) ; (iv) le renforcement des capacités des populations riveraines de la forêt et le développement des projets de valorisation des produits forestiers non ligneux ; (v) le reboisement et la régénération des terres agricoles des zones de savane. Ce programme permettra de définir et de choisir les zones de concession qui seront allouées à l'exploitation forestière ou à l'exploitation agricole, aux réserves de biodiversité ou à l'usage des populations.

La mise en place d'un technopôle régional de l'économie forestière aiderait à atteindre cet objectif du PER. Le technopôle sera un centre de référence concernant le renforcement des capacités des États à prendre en charge, à l'échelle de la CEMAC, les problématiques majeures touchant la forêt du bassin dans le cadre de la négociation pour le climat. Ce technopôle sera un dispositif de conseils et d'appui pour la diffusion des meilleures techniques d'aménagement forestier, la formation et l'incubation d'entreprises sur les métiers du bois et l'encadrement des pays membres dans les mécanismes de développement propre.

4. Le développement du secteur minier et métallurgique

Le sous-sol des pays de la CEMAC a la caractéristique d'être riche en ressources minières. Par exemple, le Cameroun possède la sixième réserve mondiale de bauxite (non encore exploitée) ; le Gabon est le deuxième producteur mondial de manganèse avec 30% des réserves mondiales. Au niveau du fer, les réserves du Gabon, du Cameroun et du Congo sont respectivement évaluées à 1 milliard de tonnes, 800 millions et 500 millions de tonnes de minerai avec des teneurs en fer différentes.

Pour faire des mines et de la métallurgie un pilier de croissance dans la sous-région, il faut : (i) mettre en place les préalables indispensables à l'exploitation des ressources minières ; (ii) faire en sorte que la CEMAC devienne un acteur majeur de l'aluminium ; (iii) faire de la Communauté un acteur majeur des ferro-alliages ; (iv) utiliser le BTP comme levier stratégique. Trois facteurs clés de compétitivité détermineraient le développement du secteur minier : une électricité à bas coût, des infrastructures de transport et des codes miniers adaptés. Pour que ces facteurs jouent pleinement, le PER visera une véritable valorisation électrique de la CEMAC avec une production de 25 000 MW en 2025.

Deux pôles métallurgiques ont vocation à émerger dans la sous-région au regard de ses avantages compétitifs. Il s'agit premièrement du pôle autour de l'exploitation de la bauxite et des projets de développement de la production d'aluminium, dont la configuration optimale consiste en une exploitation de la bauxite du Cameroun avec sa transformation à terme sur place. À cet effet, deux projets de Rio Tinto et l'aménagement d'un pôle de production d'aluminium dans le port de Kribi visent ainsi en 2020 une production annuelle de 1 milliard de tonnes. Ensuite, le deuxième pôle est le pôle sidérurgique à bâtir autour de l'exploitation du fer dans la zone transfrontière entre le Cameroun, le Gabon et le Congo, et abritant les importants gisements de fer de Belinga au Gabon, Mbalam au Cameroun avec des gisements de l'ordre de 2,4 milliards de tonnes, mais en teneur très variable, comparativement au 1 milliard de tonnes à haute teneur de 67% au Gabon. Les projets d'infrastructures spécifiques prévus dans le cadre de ce pôle de sidérurgie transfrontalier sont essentiellement (i) l'aménagement du port en eaux profondes de Kribi, (ii) l'aménagement d'une ligne de chemin de fer entre Mbalam et Kribi et d'une bretelle reliant d'autres sites de production vers Mbalam.

L'ambition du PER est de bâtir dans la zone CEMAC une industrie sidérurgique pour valoriser la production de fer, la production d'aluminium adossée à l'exploitation de la bauxite et de positionner une offre d'aluminium, d'acier, d'alliages de fer sur les grands marchés. Autour de cette industrie lourde, un tissu de PME émergerait progressivement pour produire divers matériaux de construction pour le BTP, des articles de vaisselle destinés au marché régional et africain. La stratégie pour atteindre cet objectif est d'identifier et de nouer des partenariats permettant les transferts de technologie adéquats, une vraie dynamique de formation et d'apprentissage. Il s'agit de réunir les conditions d'attrait et de compétitivité pour accueillir d'abord la délocalisation des productions de base, puis progressivement des produits de spécialité plus sophistiqués, comme les matériaux d'infrastructures (rails, armatures spéciales...), des matériaux pour services de carénage et d'entretien des plateformes pétrolières.

La CEMAC dispose d'un potentiel diversifié de solutions lui permettant de développer une infrastructure régionale de transport multimodale, support de compétitivité des exploitations minières. L'objectif du PER est de mettre en place une plateforme d'infrastructures multimodales associant des projets de chemin de fer, de routes, de transport fluvial, de transport et de cabotage maritimes. Cette stratégie pourrait déboucher sur la création de sociétés régionales de transport (sociétés d'investissement en patrimoine) chaque fois qu'il n'existe pas une masse critique d'opérateurs privés ayant le profil et l'expérience adéquate pour investir et gérer le service sur la base d'un cahier des charges. Dans un tel cas, le rôle de la CEMAC serait de s'impliquer dans la création de ces sociétés régionales de transport et ensuite confier la gestion sous forme de concession à des opérateurs spécialisés. Les objectifs sont le positionnement d'une offre CEMAC (i) dans l'aluminium métal sur le marché international de l'aluminium et de matériaux de construction à base d'aluminium pour les BTP sur le marché régional et africain, et (ii) dans l'acier et les alliages de fer sur le marché international de matériaux de construction pour le BTP à base de fer pour le marché régional et africain. Les cibles pour le marché régional sont le marché CEMAC, d'une part, qui serait dopé dans les dix à quinze années à venir par de grands programmes d'infrastructures et d'habitat et dont il faudrait capter une partie de la valeur ajoutée et réduire le poids des importations en matériaux de construction et, d'autre part, les grands marchés de la région (RDC, Angola, Nigéria) et plus globalement les Communautés régionales de l'Afrique de l'Ouest.

La stratégie proposée pour le secteur des mines est, outre une exploitation minière proprement dite, de s'orienter vers la valorisation des matières premières pour lesquelles la CEMAC dispose d'une position compétitive appréciable permettant de capter la délocalisation d'industries sidérurgiques de production d'alliages attirés par la disponibilité de minerais, d'énergie hydroélectrique durable et à bas coût ainsi que par la proximité de grands marchés.

Pour les autres ressources naturelles, l'action de la CEMAC consistera à accompagner les États membres par le renforcement des capacités institutionnelles (code d'exploitation), le développement de capacités de négociation avec des appuis ciblés. Le développement des infrastructures de transport et de production énergétique permettrait d'améliorer l'attractivité et la compétitivité à travers des codes d'exploitation attractifs, une forte réduction des coûts logistiques et la disponibilité d'une énergie compétitive.

II. Les axes stratégiques de la phase I (2010-2015) du PER

La CEMAC à travers le PER dispose d'un cap clair qui est la construction d'un espace émergent en 2025. Cette construction devrait se faire par étape, avec dans la phase I (2010-2015) la mise en place d'un espace harmonisé et intégré grâce à une vision partagée, un environnement des affaires harmonisé et plus attractif, un espace physique intégré et un capital humain renforcé. Cette phase se décline en 5 axes, 12 objectifs stratégiques, 31 programmes et 88 dossiers d'actions.

L'un de ces cinq axes est la vision partagée du PER. Le PER est diffusé à travers deux programmes : (i) le programme de diffusion et de partage du PER vise à assurer sa compréhension et son appropriation par tous les acteurs qui seront impliqués dans sa mise en œuvre, notamment les experts et autorités nationales, le secteur privé et les partenaires de développement ; et (ii) le programme de communication institutionnelle du PER vise à partager les nouvelles ambitions de la CEMAC avec un public plus large, qui comprend les citoyens de la CEMAC, le secteur privé (qui doit les intégrer dans ses propres stratégies de développement), les investisseurs internationaux (qui doivent les prendre en compte dans le choix de leur portefeuille d'investissement), et les partenaires bilatéraux et multilatéraux (institutions publiques ou privées, fondations et ONG).

Les quatre autres axes portent sur la gouvernance et l'environnement des affaires, l'intégration physique et l'aménagement du territoire, le capital humain et le marché commun et l'accès aux marchés d'exportation.

A. Gouvernance et environnement des affaires

L'amélioration de la gouvernance des institutions de la CEMAC et la mise en place d'un environnement des affaires harmonisé et plus attractif constituent un des défis majeurs de la CEMAC. Sans un tel environnement, aucune émergence durable de la zone n'est envisageable. Ce défi peut être relevé à travers la mise en œuvre de trois objectifs stratégiques et dix programmes. Ces objectifs portent sur la consolidation de la bonne gouvernance, l'approfondissement de l'intégration économique et l'amélioration de l'environnement des affaires.

1. La consolidation de la bonne gouvernance

La CEMAC s'est résolument engagée dans la consolidation de la bonne gouvernance en initiant en 2006 le Programme des réformes institutionnelles qui vise à rationaliser le fonctionnement des Institutions spécialisées de la

Communauté, leur mode actuel de prise en charge n'étant pas pérenne. La finalité est d'améliorer significativement la gouvernance dans les Organes et Institutions communautaires (Commission de la CEMAC, BEAC, BDEAC, COBAC, Cours de Justice, Parlement) et de renforcer leurs capacités tout en garantissant la représentation équilibrée des États membres dans les instances de gouvernance. Cela doit se traduire de manière parallèle par une importance accrue accordée au sein de ces organisations à la compétence et à la performance, pour le bien non pas d'un État membre, mais de la Communauté dans son ensemble.

Par ailleurs, ce programme vise à réformer le système de passation, d'exécution et de règlement des marchés publics dans la CEMAC et à mettre en place des procédures plus transparentes qui garantissent une meilleure allocation et gestion des ressources publiques de la Communauté. Les nouvelles procédures de passation des marchés publics conclus dans la CEMAC doivent respecter les principes de libre accès à la commande publique, d'égalité de traitement des candidats, de reconnaissance mutuelle, de non-discrimination et de transparence, et ce, à travers la rationalité, la modernité et la traçabilité des procédures de passation des marchés publics. À ce titre, une cellule de passation des marchés publics devrait être mise en place à la Commission de la CEMAC et chargée de mettre en œuvre toutes les procédures d'exécution et de règlement des marchés.

Enfin, le renforcement de la transparence dans la gestion des matières premières, conformément aux engagements internationaux des États pétroliers de la CEMAC, constitue une composante importante du renforcement de la bonne gouvernance. Les ressources financières provenant de la gestion de ces matières premières représentent une part considérable des revenus de ces États et leur bonne utilisation constituerait un levier clé pour l'émergence de la CEMAC. Dans ce cadre, les pays pétroliers de la CEMAC devraient souscrire à la politique régionale de suivi et d'évaluation de l'Initiative de Transparence des Industries extractives (ITIE) et au renforcement du cadre réglementaire et de transparence des transactions dans le secteur des Matières Premières en Afrique Centrale (REMAP-CEMAC).

2. L'approfondissement de l'intégration économique

L'intégration économique des États membres de la CEMAC est encore faible et doit être accélérée et approfondie pour aboutir à un véritable marché commun. Pour cela, le renforcement du dispositif de surveillance doit se poursuivre. En effet, l'environnement économique de la CEMAC reste caractérisé par des déficits budgétaires importants, un niveau d'endettement élevé et par la circulation d'une importante masse monétaire. Pour remédier à cette situation, les pays de la CEMAC se sont ainsi engagés à mettre en œuvre un dispositif de surveillance multilatérale afin de contrôler leur stabilité macroéconomique et celle de la sous-région en œuvrant pour un niveau d'inflation faible et pour une plus grande maîtrise de leurs dépenses publiques. Compte tenu des conditions spécifiques des différents États, les critères de surveillance multilatérale applicables connaissent quelques faiblesses. En effet, les critères sur le solde budgétaire ne semblent pas en mesure de favoriser une politique fiscale suffisamment contra cyclique, celui sur l'inflation réduit la marge de flexibilité de la politique monétaire alors que le critère sur la dette semblerait peu ambitieux. Ces faiblesses pourraient être surmontées à travers la reformulation de certains de ces critères et indicateurs.

Par ailleurs, la maîtrise du dispositif de surveillance multilatérale pourrait être améliorée en harmonisant les cadres législatifs nationaux, en renforçant les capacités des cellules nationales de suivi et en organisant des rencontres au niveau régional de délégués des États et des Institutions communautaires. La mise en place de la réforme fiscale au sein de la CEMAC apparait aussi cruciale à plusieurs titres. Tout d'abord, il faudrait établir des règles communes entre les États membres de la CEMAC et éviter des distorsions face à l'investissement, coordonner les actions de lutte contre la fraude, élargir la base fiscale pour augmenter la résilience des systèmes fiscaux aux chocs de l'ouverture commerciale et de l'épuisement annoncé des réserves pétrolières dans certains pays. Ensuite, il apparait nécessaire de mettre en place une véritable fiscalité de développement afin de rendre la CEMAC plus attractive et susciter un flux d'investissements privés sans lequel l'émergence ne pourrait être envisagée.

3. L'amélioration de l'environnement des affaires et la promotion des investissements

L'un des défis majeurs pour la mise en place des fondements de l'émergence de la CEMAC concerne sans doute l'amélioration de son environnement des affaires, qui est aujourd'hui peu attrayant. La réforme et l'harmonisation des cadres institutionnel et réglementaire des services financiers et des services publics marchands, d'une part, et la mise en place d'un cadre institutionnel et réglementaire régional pour l'investissement et le partenariat public-privé (PPP), d'autre part, devraient permettre à la CEMAC de rattraper le retard pris dans les infrastructures stratégiques (électricité, télécommunications, transports, distribution d'eau…) par le lancement de grands projets d'infrastructures financés par les PPP. Le secteur public tout seul ne pourrait plus prendre en charge ces investissements. D'importantes ressources privées sont par contre disponibles au niveau mondial pour ce type de projets, mais requièrent un cadre institutionnel, juridique et réglementaire approprié à ces montages relativement complexes.

L'accélération des investissements n'est pas simplement une question de moyens financiers, mais également de cadre institutionnel et réglementaire sur lequel la CEMAC devrait aider les États membres à aller plus rapidement et plus loin dans la mise en œuvre des réformes institutionnelles. Un cadre régional sur les PPP devrait être ainsi élaboré et adopté au niveau régional. Une réflexion régionale sur le cadre institutionnel et réglementaire adéquat dans chacun des secteurs de l'électricité, des transports, des télécommunications ainsi que la mise en place d'une agence régionale de promotion des investissements et des infrastructures représenteraient deux leviers majeurs dans ce sens.

B. Intégration régionale

L'intégration physique et l'aménagement du territoire visent à combler le gap en infrastructures physiques dans la zone CEMAC pour passer d'un espace communautaire cloisonné à un espace intégré.

1. La construction d'un espace CEMAC intégré

Pour accélérer l'intégration physique dans la zone CEMAC, trois programmes devraient être mis en place à cet effet. Il s'agit du programme régional d'interconnexions électriques, le programme régional de développement des infrastructures de transport et le programme CEMAC numérique.

Le programme régional d'interconnexions électriques vise, d'une part, à interconnecter les six États membres de la CEMAC entre eux afin d'optimiser la répartition de la production d'électricité et de garantir une offre suffisante dans chaque État, et d'autre part, à connecter la CEMAC avec le Nigéria afin d'y écouler les excédents de production de la zone. Pour cela, quatre lignes d'interconnexion devraient être mises en place : la ligne d'interconnexion Brazzaville (Congo) –Calabar (Nigéria) déjà prévue dans le cadre du Pool Énergétique de l'Afrique Centrale (PEAC). Cette ligne permettrait de relier quatre pays de la CEMAC (Congo, Gabon, Guinée Équatoriale et Cameroun) ainsi que le vaste marché nigérian, fortement demandeur avec un déficit énergétique de l'ordre de 4 000 MW. Ce vaste marché justifie une deuxième couverture par le nord à travers une interconnexion Cameroun-Nigéria qui renforcerait la rentabilité des deux autres interconnexions à rajouter au sein de la CEMAC, notamment les lignes Cameroun-Tchad et Cameroun-RCA.

Le programme régional de développement des infrastructures de transport vise la mise en place progressive d'une infrastructure multimodale intégrée reliant toutes les capitales de la CEMAC ainsi que les pôles économiques les plus dynamiques et favorisant un aménagement cohérent, coordonné et respectueux de l'environnement et de l'espace territorial de la CEMAC. Ce programme comprend : (i) huit tronçons routiers d'aménagement ou de bitumage identifiés sur les grands corridors régionaux ; (ii) cinq projets ferroviaires d'aménagement ou de construction devant favoriser l'exploitation des ressources minières ; (iii) l'aménagement du réseau fluvial Congo-Oubangui ; (iv) une spécialisation des grands ports de la CEMAC (Kribi, Malabo, Pointe-Noire, Port-Gentil) ; (v) trois ports secs de transbordement

(Ngaoundéré, Bangui et Brazzaville), (vi) un pont-route-rail Brazzaville-Kinshasa ; (vii) deux sociétés de transport (une de cabotage pour le transport des conteneurs et de produits pétroliers raffinés et une société régionale de transport maritime pour le transport des passagers et des marchandises en vrac) ; et, (viii) une compagnie aérienne Air CEMAC.

Le programme CEMAC numérique vise à réduire le fossé numérique dans la CEMAC. La fibre optique est aujourd'hui reconnue, en comparaison avec le satellite, comme le moyen le plus fiable et le moins onéreux pour le support de communications, particulièrement l'internet haut débit et le téléphone. Le Projet CAB (Central African Backbone) permettrait ainsi de relier par fibre optique le Cameroun, la RCA et le Tchad dans sa première phase, puis le Congo, le Gabon et la Guinée Équatoriale dans sa seconde phase, interconnectant ainsi l'ensemble des pays de la CEMAC.

2. La protection de l'environnement

La CEMAC dispose à la fois de sols et sous-sols riches à exploiter et d'un écosystème rare à préserver. À cet effet, cette situation complexe milite pour une politique volontariste et adaptée d'aménagement de l'espace qui vise la protection de l'environnement. Cette politique s'articule autour de deux programmes, notamment le programme de système d'information géospatial de la CEMAC et le programme d'aménagement des espaces forestiers et agricoles.

Le programme de système d'information géospatial de la CEMAC a pour objectif de doter la CEMAC des outils modernes de gestion de l'espace et de l'environnement. Il permet la mise en place d'un système de cartographie supranational reposant sur des normes de géoréférencement communes à tous les acteurs (États membres et CEMAC). Il sera ainsi possible, à partir des mêmes fonds de cartes numérisées, de croiser des analyses pour une meilleure préservation de l'environnement, une surveillance accrue des zones stratégiques ou une gestion optimisée de l'aménagement du territoire.

Le programme d'aménagement des espaces forestiers et agricoles vise à donner au bassin du Congo les moyens de jouer de façon durable un rôle mondial de premier plan dans l'absorption des gaz à effet de serre (GES). La forêt du bassin du Congo devrait ainsi disposer d'un patrimoine mondial valorisé et son exploitation durable pourrait offrir aux populations une source pérenne d'alimentation, de plantes médicinales et d'emplois. Ce programme permettrait notamment de distinguer les zones qui pourront être allouées à l'exploitation forestière ou agricole, aux réserves de biodiversité ou encore à l'usage des populations en vue de renforcer la participation de ces dernières dans l'exploitation forestière et agricole durable. Ce programme prévoit aussi, d'une part, le renforcement des capacités pour la gestion des projets à soumettre au fonds carbone et au mécanisme REDD, la généralisation de l'aménagement forestier (réserves de biodiversité, aménagement durable des exploitations forestières, y compris pour les petits permis), le renforcement des capacités des populations riveraines de la forêt, et d'autre part, le développement du projet de valorisation des produits forestiers non ligneux, la valorisation à 100% du bois tropical CEMAC et le reboisement et la régénération des terres agricoles dégradées des zones de savane.

C. Développement du capital humain

L'émergence de la CEMAC n'est pas envisageable si les secteurs piliers de croissance devant la porter (en particulier l'énergie, l'économie verte, les mines et la métallurgie) ne disposent pas de ressources humaines qualifiées et compétentes, dont les entreprises de ces secteurs ont besoin. L'un des grands défis de la CEMAC est de renforcer et de valoriser son capital humain. Un renforcement structurel de l'offre de formation supérieure technique et technologique et ; de manière générale, le renforcement du capital humain de la Communauté devrait être entrepris dès maintenant pour obtenir des résultats significatifs d'ici une décennie. Le PER, pour développer le capital humain, vise ainsi à accompagner les États membres de la CEMAC à travers deux axes stratégiques que sont le développement des ressources humaines et le renforcement du système de santé.

1. Le développement des ressources humaines

Le renforcement des ressources humaines de la CEMAC en vue de l'émergence sera atteint à travers deux programmes : le programme d'appui à l'émergence des pôles d'excellence régionaux et le programme de développement de la formation professionnelle et des filières d'apprentissage.

Le programme d'appui à l'émergence de pôles d'excellence régionaux dans l'enseignement supérieur vise à favoriser le développement dans la CEMAC de structures de formation supérieure répondant aux normes de qualité internationale et financièrement solide, en particulier dans le domaine du management et dans les grands piliers de croissance. Des fusions, des PPP, des partenariats avec des structures de formation de renommée internationale, une meilleure imbrication entre ces centres de formation et le secteur privé régional seraient sans doute nécessaires pour favoriser l'émergence de ces centres d'excellence. Ce programme vise aussi à mettre en place des appuis pour stimuler cette dynamique en appuyant de façon spécifique et ciblée les centres d'excellence potentiels identifiés. La fusion prévue au niveau des institutions spécialisées de formation de la CEMAC devrait constituer à cet égard une expérience pilote et favoriser la mise en place au sein de la Communauté d'un centre de formation en économie et en management de rang international en direction aussi bien du secteur public que du secteur privé. Cette fusion aiderait à mettre une politique d'excellence à l'échelle régionale et à garantir la pérennité du système ainsi mis en place, notamment en ce qui concerne le financement, en tirant les leçons des échecs du passé.

L'enseignement supérieur des États membres de la CEMAC est confronté à de nombreuses difficultés et l'offre de formation dans les filières porteuses de croissance est très faible. Il est donc nécessaire de créer et de bâtir des pôles de formation qui devraient abriter les centres d'excellence régionaux d'enseignement supérieur dans les filières suscitées qui auront un rayonnement régional. En plus de ces avantages, les centres d'excellence régionaux pourraient jouir d'une autonomie de gestion aussi bien administrative que financière, mais bénéficieraient de subventions de la Communauté et des financements des partenaires internationaux.

Le programme de développement de la formation professionnelle et des filières d'apprentissage est appelé à doter les États membres de cadres moyens et d'ouvriers qualifiés grâce à la mise en place, par le PER, de secteurs tels que le BTP, l'électricité, les télécommunications, le pétrole, le gaz, l'agriculture, les industries agroalimentaires ou la sous-traitance industrielle. Il sera question de combler les besoins d'enseignement technique et de formation professionnelle afin de permettre aux entreprises de disposer des profils requis et de réduire de façon significative le chômage dans tous les États membres, en particulier le chômage des jeunes. Dans ce cadre et sur la base d'une évaluation des besoins des pays de la CEMAC à l'horizon 2025 et des meilleures pratiques internationales en matière de formation professionnelle et d'apprentissage dans ces filières de croissance, la CEMAC élaborerait puis mettrait en œuvre une politique régionale ciblée de formation professionnelle et de développement de l'apprentissage, en appui aux politiques nationales dans ce domaine.

2. Le renforcement du système de santé

Le deuxième objectif stratégique du PER pour développer le capital humain vise à renforcer le système de santé régional à travers le programme régional de lutte contre les grandes endémies (SIDA, paludisme, fièvre Ebola, tuberculose ...). La mise en œuvre de ce programme permettrait à la CEMAC de renforcer la coordination entre les États membres et d'optimiser l'impact de moyens mis en place pour lutter contre les grandes endémies. Dans ce cadre, l'Institution spécialisée de la CEMAC chargée de la lutte contre les grandes endémies, l'Organisation pour la Coordination de la lutte contre les Endémies en Afrique Centrale (OCEAC), sera transformée en Agence de la CEMAC dans le cadre du Programme des réformes institutionnelles en cours. Cette mutation institutionnelle en ferait le bras opérationnel de la Commission de la CEMAC en matière de santé publique, chargé de la mise en œuvre de ce programme.

La mise en place d'un réseau régional de soins spécialisés de haut niveau permettrait une meilleure prise en charge des patients dans les domaines ciblés où il existe un véritable déficit de structures sanitaires et de ressources humaines formées dans la CEMAC, et réduirait considérablement les évacuations sanitaires coûteuses à l'étranger. Les domaines les plus sollicités seraient notamment la cardiologie, la neurologie, les spécialités chirurgicales ou la cancérologie. Il s'agira de favoriser l'émergence d'un réseau régional de soins de santé spécialisés de haut niveau en identifiant sur la base d'un cahier de charges des structures de santé de références éligibles à divers appuis (label communautaire, subventions ponctuelles, facilitations de partenariats techniques internationaux).

D. Édification du marché commun

L'édification d'un marché commun et l'accès aux marchés d'exportation, qui constituent l'un des axes stratégiques du PER, visent à accélérer la mutation de la CEMAC d'un marché intégré de 34 millions d'habitants en un acteur moteur du vaste marché régional de 260 millions d'habitants (comprenant la CEEAC et le Nigéria) ainsi qu'en une plateforme compétitive d'exportation vers l'Europe et le Moyen-Orient. L'accompagnement de cette mutation se fera à travers la poursuite de deux objectifs stratégiques : l'accélération de la mise en œuvre du marché commun et la promotion de la compétitivité et de l'accessibilité aux marchés d'exportation.

1. L'accélération de la mise en œuvre du marché commun

La mise en œuvre accélérée du marché commun de la CEMAC se fera à travers trois programmes : le programme de libéralisation du commerce intracommunautaire et de renforcement de la concurrence, le programme de facilitation des transports et transits et le programme de libre circulation des personnes et de droit d'établissement.

Le programme de libéralisation du commerce intracommunautaire et de renforcement de la concurrence vise à faire du marché de la CEMAC un espace économique ouvert et réellement concurrentiel pour tous les acteurs produisant des biens et services à l'intérieur de ce marché. Pour cela, il est fortement indiqué d'engager la réforme des textes communautaires en matière de commerce, notamment à travers des missions circulaires dans les six États membres. Par ailleurs, les textes sur les règles d'origines devraient également être révisés et appliqués. En outre, la compensation temporaire prévue des pertes de recettes liées à la libéralisation du commerce régional devrait être effective. Enfin, la réglementation régionale sur la concurrence devrait être élaborée et appliquée par une commission assumant de façon plus visible les capacités d'initiative et le rôle d'arbitre communautaire que lui conféreraient ces nouveaux statuts.

Le programme de facilitation des transports et transits vise à lever les entraves au développement du commerce intracommunautaire à travers la mise en place de postes de contrôle juxtaposés aux frontières et l'interconnexion des administrations douanières. Les barrières physiques et non physiques sur les axes routiers de la CEMAC ainsi que les procédures douanières lentes et complexes devraient progressivement cesser. Parallèlement aux modes de financement habituels avec l'appui des partenaires au développement, des modes de financement plus innovants impliquant le secteur privé devraient être envisagés pour accélérer la construction des postes-frontière. Ce programme de facilitation des transports et transits s'inscrit ainsi dans la continuité et la complémentarité du programme en cours de Facilitation et Sécurisation du Transit en Afrique Centrale (Fastrac) qui prévoit l'utilisation de la géolocalisation pour assurer la traçabilité des marchandises, la réduction des délais et la maîtrise des coûts.

Le programme de libre circulation des personnes et de droit d'établissement vise à rendre effectif l'objectif de l'Acte constitutif du 16 mars 1994 d'assurer au sein de la CEMAC une libre circulation des personnes, des biens et des capitaux. La mise en place du passeport communautaire constituerait une première étape dans ce sens. Par ailleurs, la liberté d'établissement devrait être progressivement renforcée. Pour cela, la CEMAC devrait coordonner des rencontres régionales par corps de métier (architecte, médecins, pharmaciens, avocat…) chargées pour chaque corps de lui proposer des modalités requises et la feuille de route pour arriver au droit d'établissement dans l'ensemble de l'espace CEMAC.

2. La promotion de la compétitivité et de l'accessibilité aux marchés d'exportation

La CEMAC envisage de promouvoir la compétitivité de ses entreprises et faciliter leur accès aux marchés d'exportation à travers deux programmes : le programme de renforcement de la compétitivité des filières d'exportation et le programme de renforcement de la coopération et des partenariats régionaux et internationaux.

Le programme de renforcement de la compétitivité des filières d'exportation vise à mettre le tissu économique de la CEMAC aux standards qu'exige la compétitivité internationale dans les filières identifiées dans le PER comme les grandes filières d'exportation de la CEMAC. Il s'agit notamment de l'électricité, du bois, des hydrocarbures (raffinage, pétrole, GNL, pétrochimie, engrais), des filières métallurgiques et des matériaux pour le BTP (aluminium, alliages de fer, manganèse, matériaux de construction), des filières d'élevage et de bétail, des filières agricoles de plantation (café, cacao, coton, palmier à huile, hévéa…) et des filières de produits vivriers (céréales, tubercules, aviculture…), etc. Chaque filière fera l'objet d'un appui spécifique visant à renforcer les capacités des acteurs de ladite filière ou à mieux structurer la chaîne de valeur de la filière au niveau régional. Ces appuis incluront notamment (i) le renforcement des capacités techniques (management, production industrielle), commerciales (suivi des ventes, prévisions des ventes…) et marketing (packaging, relation avec les clients…) des acteurs des filières d'exportation (producteurs industriels, chambres de commerce ...) ; (ii) la recherche d'opportunités pour les marchés et de nouveaux débouchés pour les producteurs et industriels dans une optique de diversification des marchés d'exportation ou de développement de nouvelles activités ; (iii) la mise à disposition d'études de marché sur des filières porteuses et l'identification des marchés porteurs ; (iv) l'appui à la mise aux normes des produits exportés (normes qualité, normes de sécurité des produits, traçabilité...) ; et, (v) la mise en place d'un cadre approprié de suivi et d'optimisation des coûts de production.

Le programme de renforcement de la coopération et des partenariats régionaux et internationaux vise à adapter la diplomatie économique et commerciale de la CEMAC aux exigences de la nouvelle vision d'une CEMAC émergente. La CEMAC ayant désormais comme ambition de se positionner avec force dans le marché régional de 260 millions d'habitants et de devenir une plateforme compétitive d'exportation vers l'Europe et le Moyen-Orient, les accords commerciaux existants et les partenariats stratégiques de la CEMAC devraient être repensés selon cette nouvelle optique. En particulier, les partenariats commerciaux étroits et multiformes devraient progressivement se mettre en place entre la CEMAC, la RDC, l'Angola et le Nigéria. De même, les Accords de Partenariat économique en cours de négociation avec l'Europe devraient contribuer à la mise en place accélérée du PER et d'une CEMAC émergente en 2025. Enfin, une coopération active et des partenariats stratégiques ciblés devraient également être mis en place pour accélérer le développement de certaines filières. C'est le cas notamment des partenariats avec la Chine pour accélérer le développement et l'émergence de la filière métallurgique, l'Inde en vue d'accélérer le développement agricole et la production d'engrais ou encore du Brésil et de l'Europe pour le développement de l'économie forestière.

III. Les axes stratégiques de la deuxième phase du PER (2017-2021)

Face aux nombreuses difficultés rencontrées pour mettre en œuvre la phase I du PER en vue d'atteindre les objectifs fixés dans la Vision CEMAC 2025, la deuxième phase du PER, qui prévoyait initialement la mise en place d'un marché unique et d'un partenariat commercial avec les principaux marchés cibles, s'est fortement orientée sur les projets et leur exécution durant la période 2017-2021, alors qu'elle était initialement prévue être mise en œuvre pour la période 2016-2020. Le nouveau plan d'action est structuré ainsi autour d'un portefeuille de 17 projets phares, la priorité étant accordée aux projets intégrateurs entamés avec une orientation Quick Win et un dispositif de mise en œuvre dépendant du niveau de subsidiarité des projets. La deuxième phase du PER s'articule ainsi dorénavant autour de deux missions principales qui visent à renforcer l'intégration physique et l'intégration commerciale.

A. Renforcement de l'intégration physique

Le renforcement de l'intégration physique de la CEMAC repose sur trois axes stratégiques à savoir : (i) développer les corridors régionaux de transport ; (ii) développer la production et l'interconnexion énergétiques ; et (iii) bâtir un marché unique numérique. Ces trois axes sont portés par 9 projets intégrateurs phares.

1. Le développement des corridors régionaux de transport

Le renforcement de l'intégration physique de la zone CEMAC comme prévu par le PER, passe par la mise en œuvre de quatre projets intégrateurs phares, notamment (i) la construction de 3170 km de tronçons routiers d'intérêt communautaire ; (ii) le bouclage ferroviaire de la CEMAC ; (iii) la construction des ports secs de Douala (Cameroun) et du PK 26 (RCA) et l'harmonisation des taxes applicables aux transits ; et (iv) la réhabilitation de l'axe fluvial Congo-Oubangui.

Le projet de construction de 3170 km d'infrastructures routières a un coût total de réalisation de 754,2 milliards de FCFA. Il a pour objectif de désenclaver le Tchad, la RCA et les zones de production isolées, d'améliorer le transport frontalier et d'accroitre les échanges intracommunautaires ainsi que la circulation des personnes et des biens. Ce projet vise à réduire de 20 % les coûts de transport des marchandises et à accroître de 50 % les échanges commerciaux. Les tronçons couverts par ce projet qui sont au nombre de 10 sont précisés dans le tableau 1 ci-dessous.

Tableau 1 : Les tronçons routiers d'intérêt communautaire

Tronçons	Coût total des projets (milliards de FCFA)	Coût des études (milliards de FCFA)	Sources de financement
1-Route Maroua –Kousseri sur le Corridor1 : Douala-N'Djamena, 272 km, (Cameroun-Tchad)	100		Banque mondiale
2-Route Sangmélima (Cameroun)-Souanké/Ouesso sur le corridor 29: Yaoundé (Cameroun)-Brazzaville (Congo), 607,5km.	391,5		Cameroun, Congo, BAD, JICA, BID, UE, BDEAC, FAD
3-Route Garoua-Boulai (Cameroun)-Baboua(RCA) sur le corridor 2 : Douala (Cameroun)-Bangui (RCA)	19		BAD
4-Route Bata-Kribi sur le corridor 3 : Douala-Bata, 167,5km, (Guinée-Équatoriale-Cameroun)		1	BAD
5-Route Mouila/Ndendé (Gabon)-Dolisie (Congo) sur le corridor 5 : Libreville-Brazzaville, 330km	243,7		Congo, Gabon, BAD
6-Route Libreville/Kougouleu (Gabon)-Médouneu (Gabon) sur le corridor 6 : Bata-Libreville, 170km		1,1	ABG
7-Route Ouesso (Congo)-Mbaiki/Bangui (RCA) sur le corridor 3 : Pointe-Noire-Brazzaville-Bangui-N'Djamena (Congo-RCA-Tchad), 810km		3,4	BAD
8-Route Bossembélé (RCA)-Mbaikoro (Tchad) sur le corridor 13 : Pointe-Noire-Brazzaville-Bangui-N'Djamena (Congo-RCA-Tchad), 456km			
9-Route Bossembélé-Baoro (RCA), 226,5km		1,8	ABG
10-Route Mbaiki-Boda (RCA), 85km		0,5	ABG
Total	**754,2**	**7,8**	

Le bouclage ferroviaire de la CEMAC est un projet d'interconnexion des chemins de fer du Cameroun, du Congo, du Gabon et de construction de nouvelles lignes. Il a pour objectifs d'interconnecter les zones de production et les pôles économiques, d'accroitre les échanges intracommunautaires et de développer les secteurs des mines, du bois et du tourisme. Ce projet vise à exploiter les gisements miniers enclavés et à réduire de 20% le coût du transport d'ici 2025. Ce projet se déroulera en trois phases à savoir : (i) l'harmonisation des standards et la réhabilitation des chemins de fer existants ; (ii) l'interconnexion des chemins de fer existants ; et (iii) le prolongement des chemins de fer. La première phase consiste à réaliser les études de faisabilité de l'harmonisation de l'écartement des rails à la norme de 1435 mm ainsi que les travaux d'harmonisation des lignes de chemin de fer existantes. La deuxième phase consiste à réaliser les études et à démarrer les travaux du projet d'interconnexion des chemins de fer Congo-Gabon ainsi que du projet d'interconnexion des chemins de fer Belinga (Gabon)-Mbalam (Cameroun). La troisième phase est consacrée à la réalisation des études et au démarrage des travaux du projet de construction du chemin de fer Ngaoundéré (Cameroun) et N'Djamena (Tchad) et du projet de construction du chemin de fer Bangui (RCA)-Bélabo (Cameroun).

Le projet de construction de deux ports secs et d'harmonisation des procédures applicables au régime de transit dans la CEMAC a pour objectif de désengorger et de réduire les délais de transit des marchandises dans les ports maritimes et d'améliorer la compétitivité des filières exportatrices. Ce projet vise ainsi à réduire les délais de 30% ainsi que les coûts de transit de marchandises de 20%. Il vise par ailleurs à accroitre de 10% la contribution des filières coton et bois au PIB de la RCA et de la filière gomme arabique au PIB du Tchad.

Le projet de réhabilitation de l'axe fluvial Congo-Oubangui a pour objectif de désenclaver la RCA et de transformer le port fluvial de Bangui en une plateforme logistique régionale compétitive. Ce projet vise à : (i) assurer la navigabilité tout au long de l'année de l'axe fluvial Congo-Oubangui ; (ii) accroitre le trafic du transport fluvial sur cet axe de 50% en 2021 ; et (iii) augmenter de 50% le trafic du port de Bangui.

2. Le développement de la production et de l'interconnexion énergétiques

Le développement de la production et de l'interconnexion énergétique dans la CEMAC à travers le PER passe par la mise en œuvre du projet de développement de 7 axes d'interconnexion électrique transfrontalière. Ce projet vise l'accès des populations aux services énergétiques moderne, l'émergence de pôles économiques industriels, l'exportation de l'électricité et la préservation du patrimoine forestier. Le PER vise à travers ce projet (i) d'accorder l'accès à l'électricité au plus tard en 2030 à plus de 63 millions de personnes ; (ii) d'avoir un prix moyen du kWh entre 30 et 40 FCFA en 2025 contre 100 FCFA en 2008 ; et (iii) de valoriser de 54% le potentiel hydroélectrique d'ici 2030 contre moins de 30% en 2008. Pour atteindre ces objectifs, les 6 projets consignés dans le tableau 2 ci-dessous devraient être mis en œuvre.

Tableau 2 : Projets pour développer la production et l'interconnexion énergétiques à l'horizon 2025

Projets	Km	Pays concernés
1-Interconnexion Liouessou-Mekin	650	Congo (Liouessou), Cameroun (Ndjoum)
2-Interconnexion Grand Poubara-Imboulou	580	Gabon (Franceville), Congo (Imboulou)
3-Interconnexion Loupougar-Boali	400	Cameroun (Bertoua), RCA (Boali)
4-Interconnexion électrique Cameroun-Tchad	720	Cameroun (Moundjel, Ngaoundéré), Tchad (N'Djamena)
5-Interconnexion électrique Cameroun-Guinée-Équatoriale	360	Cameroun (Edéa-Memve'ele-Mekin), Guinée Équatoriale (Djibloho)
6-Interconnexion Oyem-Mongomo	42	Gabon, Guinée-Équatoriale

3. Le développement d'un marché unique numérique

Dans le cadre du PER, le développement d'un marché unique numérique dans la zone CEMAC passe par la mise en œuvre du réseau fibre optique Central African Backbone (CAB), la mise en place d'un satellite Afrique Centrale, la suppression des frais de roaming et la réglementation régionale sur le mobile banking.

Dans le cadre de la mise en place du réseau fibre optique CAB, il est prévu la construction d'une dorsale régionale de télécommunications en fibre optique d'une longueur de 2600 km. Ce projet vise le renforcement de l'intégration régionale, la réduction de la fracture numérique ainsi que le renforcement de l'attractivité de la zone CEMAC. Ce projet a pour objectifs de (i) réduire de 90% le coût d'accès à internet, (ii) augmenter le nombre d'utilisateurs d'internet, qui doit passer de 8% à 40% de la population, et (iii) développer l'administration numérique et les e-services.

La mise en place d'un satellite géostationnaire en Afrique Centrale qui se présente encore sous forme d'idée de projet devrait se faire à travers soit l'achat d'un satellite géostationnaire dans la zone CEMAC, soit la location de bandes passantes auprès d'un fournisseur satellitaire. Ce projet phare a pour objectifs de : (i) diffuser de manière sécurisée et continue les données, (ii) lutter contre la fracture numérique et (iii) développer les applications de télécommunication, d'observation et de navigation. Ce projet vise à fournir à 10 millions d'utilisateurs d'internet un haut débit ainsi que des applications développées à 20 millions d'utilisateurs.

Le projet de suppression des frais de roaming vise à réduire les coûts de communication et développer les services à valeur ajoutée pour les clients du roaming. Ce projet vise à baisser les prix des appels et SMS en roaming, d'homogénéiser les tarifs de télécommunications, de favoriser la portabilité des numéros de téléphone au sein de la zone et d'augmenter de plus de 50% les flux de communications entre les États membres de la CEMAC.

La réglementation régionale sur le mobile banking devra se concrétiser par la mise en œuvre du projet d'élaboration et d'adoption des textes de loi régissant le mobile banking. Ce projet vise à améliorer l'inclusion financière et à renforcer la sécurité des transactions. Ce projet a pour objectifs : (i) d'augmenter de 50% la population active de la CEMAC utilisant le mobile banking soit 10 millions d'utilisateurs en 2021 au plus tard et (ii) de tracer à plus de 50% les transactions du secteur informel. La mise en place de cette réglementation régionale se déroulera en quatre étapes qui consisteront en la redéfinition des normes réglementaires, la régulation de l'allocation et de l'utilisation des dépôts, l'interopérabilité entre les opérateurs et le groupement des opérateurs du mobile banking de la CEMAC.

B. Renforcement de l'intégration commerciale

Dans le cadre du PER, le renforcement de l'intégration commerciale passe par la facilitation de la libre circulation des personnes, des biens et des services ainsi que par l'accélération de la diversification économique et de l'emploi des jeunes.

1. La facilitation de la libre circulation des personnes, des biens et des services

La facilitation de la libre circulation des personnes, des biens et des services repose sur la mise en œuvre de cinq projets intégrateurs phares à savoir : (i) l'interconnexion des administrations douanières de la CEMAC ; (ii) la construction de 12 postes-frontière ; (iii) l'adoption du passeport CEMAC et la mise en place de bornes biométriques ; (iv) l'instauration du droit d'établissement CEMAC (avocats, médecins, dentistes, enseignants) ; et (v) la mise en place d'un Accord de libre-échange CEMAC-UEMOA.

Le projet d'harmonisation et d'interconnexion des administrations douanières de la CEMAC a pour objectif de réduire les délais des opérations douanières et de simplifier les passages aux frontières intérieures de la CEMAC. Ce projet vise à augmenter de 50 % les flux commerciaux au niveau des frontières terrestres d'ici 2021 et à accroître les recettes douanières provenant de ces frontières. Les actions à mener pour atteindre ces objectifs portent sur (i) l'acquisition du matériel informatique, (ii) la validation du nouveau régime de transit communautaire, (iii) la formation des agents des douanes à l'utilisation de SYDONIA World Transit (SWT), (iv) la mise en place d'un cadre favorisant l'appropriation de SWT et (v) le déploiement de SWT sur le corridor Douala-N'Djamena.

Le projet de construction de 12 postes-frontière équipés de pèse-essieux et d'équipements informatiques vise à améliorer la fluidité du transport entre les États membres de la CEMAC et à assurer la sécurité des frontières. Ce projet a pour objectif de réduire de 50% les coûts de transport des marchandises hors carburant à l'horizon 2025 et d'accroitre de plus de 50% les échanges commerciaux intracommunautaires à l'horizon 2021. Les 12 postes-frontière à construire sont répartis comme mentionné dans le tableau 3 ci-dessous.

Tableau 3 : Répartition des 12 postes-frontière entre les différents corridors

Corridor	Nombre de postes-frontière
Douala-Yaoundé-N'Djamena	2
Douala-Yaoundé-Bangui	2
Douala-Yaoundé-Bata	2
Douala-Yaoundé-Libreville	1
Libreville-Brazzaville	1
Bata-Libreville	1
Pointe-Noire-Brazzaville-Bangui-N'Djamena	2
Yaoundé-Brazzaville	1
Total	12

Le projet d'adoption du passeport biométrique CEMAC et de la mise en place de bornes biométriques vise la libre circulation des personnes, des biens et services ainsi que le renforcement de la mise en place du marché commun intégré. Ce projet a pour objectif l'adoption du passeport CEMAC par les six États membres, l'exonération des frais de visas et l'utilisation des infrastructures biométriques à tous les points d'entrée officiels.

Le projet d'instauration du droit d'établissement pour quatre corps de métiers à l'intérieur de la CEMAC a pour objectifs (i) l'intégration communautaire et la mobilité de la main-d'œuvre qualifiée et (ii) l'harmonisation des règles relatives à l'immigration, au marché du travail et aux régimes de protection sociale. Ce projet vise à l'horizon 2020 l'effectivité du droit d'établissement pour les quatre corps de métiers identifiés, notamment les médecins, les dentistes, les avocats et les enseignants.

Le projet d'Accord de libre-échange CEMAC-UEMOA concerne à court terme les produits du secteur primaire et à moyen terme les produits semi-ouvrés et finis. Ce projet vise l'intégration commerciale, productive et financière entre les deux espaces communautaires. Ce projet a pour objectifs à terme (i) d'augmenter de 25% par an les échanges commerciaux entre les deux zones ; (ii) de favoriser l'accès des entreprises de la CEMAC à un marché plus large ; et (iii) de baisser les prix des produits importés de la zone UEMOA.

2. L'accélération de la diversification économique et de l'emploi des jeunes

Dans le cadre de la phase II du PER, le renforcement de l'intégration commerciale passe par l'accélération de la diversification économique et de l'emploi des jeunes à travers la mise en œuvre de 3 projets intégrateurs phares qui portent sur : (i) la création de la bourse des matières premières agricoles et forestières de la CEMAC ; (ii) l'exécution du Programme régional de Mise à Niveau (PRMN) et (iii) la mise en place des centres d'excellence CEMAC.

Le projet de création de la bourse des matières premières agricoles et forestières a pour objectifs (i) la hausse des échanges intracommunautaires, (ii) la réduction des risques liés aux transactions commerciales, (iii) l'accès des producteurs à un marché régional plus large et (iv) le développement des filières de la chaîne d'approvisionnement. Ce projet vise à augmenter de 50% la part du prix revenant aux producteurs, de réduire de 10% les prix des produits agricoles et d'améliorer la qualité des produits.

Le projet de restructuration ou de mise à niveau de 20 entreprises agroindustrielles par pays de la CEMAC vise (i) le renforcement de la compétitivité et le développement des industries génératrices d'emplois, (ii) l'accès des entreprises aux marchés régionaux et internationaux et (iii) la montée sur la chaine de valeur. Ce projet a pour objectif de restructurer 120 entreprises à la fin de la phase pilote et 1000 à l'horizon 2023 et de former 160 consultants et 200 cadres du public et du privé.

Le projet de labélisation des meilleures écoles de la zone CEMAC en centres d'excellence vise à accorder un appui aux écoles performantes de la Communauté et à améliorer le dispositif de fonctionnement des écoles et de la qualité des formations. Ce projet a pour objectifs de : (i) labéliser au moins 5 écoles en centres d'excellence à l'horizon 2019, (ii) former par an 2000 étudiants dans les centres d'excellence à l'horizon 2019 et 20 000 à l'horizon 2021, (iii) augmenter la mobilité des étudiants, des enseignants et des chercheurs, et (iv) d'atteindre un taux d'employabilité de 90% des étudiants formés dans les centres d'excellence.

CHAPITRE 2 :

LE PROGRAMME DES RÉFORMES ÉCONOMIQUES ET FINANCIÈRES DE LA CEMAC (PREF-CEMAC)

En 2014, la zone CEMAC a été frappée de plein fouet par une crise économique et financière profonde causée en majeure partie par une détérioration de ses termes de l'échange du fait de la faiblesse prolongée et substantielle des cours des principales matières premières qu'elle exporte, notamment le pétrole. À ce choc, s'est ajouté un autre de nature sécuritaire caractérisé par la persistance des menaces terroristes récurrentes dans le bassin du Lac Tchad et la poursuite des exactions des groupes armés en Centrafrique. Ce choc sécuritaire a aussi engendré un autre, celui de l'afflux de réfugiés et de personnes déplacées ou rapatriées.

Ce triple choc pétrolier, sécuritaire et humanitaire, s'est traduit sur le plan économique par un ralentissement de la croissance, une détérioration des comptes des finances publiques, une accentuation du déficit de la balance courante et une baisse accrue des avoirs en réserves, mettant ainsi à rude épreuve la stabilité du cadre macroéconomique de la Sous-Région.

Face à cette situation, les Chefs d'État de la CEMAC s'étaient réunis pour examiner les questions relatives au redressement de la situation économique. Ainsi, au cours de leur sommet extraordinaire du 30 juillet 2016 à Malabo, il a été institué le Programme des Réformes économiques et financières de la CEMAC (PREF-CEMAC), qui a pour objectifs de concevoir et de mettre en œuvre des actions rapides, vigoureuses et coordonnées, aussi bien au niveau national que sous-régional, pour la stabilisation du cadre macroéconomique et une transformation structurelle et profonde des économies de la sous-région, afin d'en renforcer la résilience et de les placer sur le sentier de l'émergence.

Le PREF-CEMAC est opérationnel depuis 2017. Il a la particularité d'être à la fois une institution et un programme.

I. Le programme des réformes économiques et financières de la CEMAC (PREF-CEMAC) comme programme

Le PREF-CEMAC est un programme de référence basé sur le principe de subsidiarité dont les modalités de mise en œuvre ont été définies par Décision No.1/17-CEMAC-CCE-PREF-P du 23 janvier 2017. Il contient des mesures et actions d'ensemble, à mettre en œuvre au niveau communautaire, ainsi que d'autres, spécifiques, à conduire par les États membres. Celles-ci sont structurées autour de cinq piliers, à savoir : les politiques budgétaires, la politique monétaire et le système financier, les réformes structurelles, l'intégration régionale et la coopération internationale.

A. Politiques budgétaires

Dans une union monétaire avec un régime de change fixe, comme c'est le cas dans la zone CEMAC, en situation de chocs, le poids de l'ajustement repose sur la politique budgétaire. Dans cette perspective, à la suite des déficits budgétaires induits par la crise économique de 2014, trois objectifs généraux ont été définis aux politiques budgétaires dans la sous-région dans le cadre du PREF-CEMAC pour rétablir les équilibres budgétaires, à savoir : le renforcement de la politique fiscale, la rationalisation et l'amélioration de la dépense publique, l'harmonisation des règles budgétaires et l'amélioration de la coordination des politiques budgétaires.

1. Renforcement de la politique fiscale

En 2016, comparativement à 2015, à l'exception de la République centrafricaine (pays non pétrolier), tous les autres pays de la CEMAC ont connu une baisse de leur pression fiscale. Cette décroissance, observée plusieurs années plutôt au Gabon et au Tchad, a été exacerbée par l'impact de la situation pétrolière sur les ressources non pétrolières dont la contribution au financement des dépenses publiques avait diminué.

Les recettes de TVA ont représenté 2,6% du PIB en moyenne (simple) au sein de la CEMAC en 2015, alors qu'elles se sont établies à 5,4% dans l'UEMOA. En termes de pourcentage de la consommation des ménages, les recettes de TVA se sont élevées à 4,6% dans la CEMAC contre 8,5% dans l'UEMOA. De tels écarts d'efficacité de la TVA entre les deux unions n'étaient pas expliqués par des différences dans la définition de la base ou du taux standard de TVA, qui s'avèrent très proches, mais par des exonérations plus nombreuses des administrations fiscale et douanière moins efficaces et par une partie plus importante du PIB qui ne supporte pas la TVA.

Pour remédier à cette situation, la politique fiscale proposée par les États membres dans le cadre du PREF-CEMAC a consisté à relever le taux de pression effectif de la fiscalité indirecte (TVA et droits d'accises) et à abaisser la fiscalité directe, en particulier celle concernant les bénéfices des sociétés (personnes morales uniquement) afin d'accroître la compétitivité des entreprises. En effet, une augmentation de la pression de la fiscalité indirecte a l'avantage de reposer davantage sur une amélioration de l'efficacité de la TVA qu'un relèvement du taux standard, déjà élevé dans l'Union. Cette amélioration de l'efficacité de la TVA devait passer notamment par la rationalisation des dépenses fiscales, l'usage d'un taux réduit de TVA comme une alternative aux exonérations, l'introduction d'un mécanisme d'autoliquidation de la TVA pour l'importation de certains biens d'équipement, le renforcement de la collaboration et de l'échange d'informations entre les administrations des impôts et celles des douanes, et le renforcement des compétences des administrations fiscales pour mieux appréhender les bénéfices imposables et réduire les risques d'optimisation fiscale des multinationales. En plus, les États dont la pression fiscale était faible devaient prendre des mesures pour converger vers la moyenne de la CEMAC.

Par ailleurs, au-delà de la fiscalité, les pays membres de la CEMAC ont également été exposés à une prolifération de la parafiscalité[4] qui peut s'aggraver avec les difficultés budgétaires. Celle-ci a été particulièrement importante dans la CEMAC. Elle s'expliquait d'une part, par des défaillances au niveau des Trésors des États membres amenant les ministères sectoriels à se financer par ce type de prélèvements et d'autre part, par l'approche de certains bailleurs qui préféraient la création d'agences (autonomes) dotées de ressources propres pouvant prendre la forme de prélèvements obligatoires. Aussi, la solution apportée par les États membres a consisté à renforcer la transparence dans les prélèvements parafiscaux, mais aussi à rationaliser la parafiscalité à travers une centralisation de la collecte des recettes par une administration dédiée au sein du ministère des Finances.

En outre, une réforme de la fiscalité foncière a été entreprise dans les États membres pour élargir l'assiette fiscale. En effet, dans la CEMAC comme dans la plupart des pays en développement, il est impossible d'établir une fiscalité foncière semblable à celle pratiquée dans les pays développés, qui s'appuie sur une valeur locative ou une valeur de marché de l'assiette. Cette impossibilité découle de la défaillance du cadastre, dont la réforme, maintes fois programmée dans le passé, n'a jamais été mise en œuvre. L'existence d'un marché foncier en dehors des centres urbains n'est pas assurée et la question des droits de propriété, notamment en zone rurale, soulève de nombreuses difficultés. Une réforme de la fiscalité foncière dans la CEMAC a consisté à considérer deux modes de calculs distincts de la taxe foncière : un mode assis sur la valeur dans les centres (hypercentres) urbains où un marché immobilier existe et une valeur peut être déduite, et un mode indiciaire de calcul pour les autres zones géographiques. Cette valeur indiciaire peut s'ajuster selon la localisation géographique et certains facteurs. Ces derniers peuvent être le type de bâtiments, la destination économique de la propriété foncière, la proximité de biens ou services publics locaux ou centraux, la connexion au réseau électrique (ou au réseau d'eau), la consommation électrique moyenne dans la zone, le trafic recensé par les antennes de

[4] La parafiscalité représente l'ensemble des prélèvements, droits ou quasi-taxes levés par des administrations publiques ou des agences autres que la Direction Générale des Impôts ou des Douanes.

téléphonie mobile. La détermination de ces critères a nécessité d'associer l'administration centrale (en particulier la DGI) et les élus locaux. Une seconde étape de cette réforme de la fiscalité foncière a consisté à supprimer les exonérations de la taxe foncière, en particulier celles concernant les immeubles occupés par le propriétaire ou des membres de sa famille et les terrains agricoles.

2. Rationalisation et amélioration de la dépense publique

Le second objectif du volet budgétaire a consisté à rationaliser et améliorer la qualité de la dépense publique en conduisant des politiques budgétaires ciblées. Afin de ne pas compromettre le retour à la croissance, les États devaient veiller à ne pas faire porter la réduction des dépenses sur les investissements uniquement. Il était utile de définir une méthode commune d'évaluation de la rentabilité économique et sociale des projets publics, comme ceux financés par l'aide extérieure. Une réduction des subventions des États aux entreprises a également été opérée, en s'appuyant sur une comparaison de leur coût budgétaire et de leur impact économique.

La restructuration des finances publiques a également été une priorité, ce qui a permis à la fois de mieux mobiliser les recettes fiscales, mais aussi de diminuer les dépenses publiques. À cet égard la réaction des gouvernements a différé d'un État à l'autre. Ainsi, un groupe de pays, notamment le Cameroun et la RCA a connu un accroissement de ses recettes, la RCA ayant en outre réduit ses dépenses tandis que le Cameroun les a légèrement augmentées. Ceci a permis à ces deux pays de stabiliser voire d'améliorer leur solde budgétaire global dons compris. Les quatre autres pays, qui sont pétroliers, ont connu une forte décroissance de leurs recettes compensée par une moindre décroissance de leurs dépenses, ce qui a conduit à une dégradation de leurs soldes budgétaires. Dans les pays qui ont réduit leurs dépenses, l'ajustement a porté uniquement sur les dépenses en capital pour le Congo, le Gabon, la Guinée Équatoriale et le Tchad. Les dépenses courantes ont même augmenté au Congo, alors qu'elles ont été stabilisées en Guinée Équatoriale. Le Gabon et le Tchad ont fait porter l'effort budgétaire sur les deux catégories de dépenses. Le Cameroun et la RCA ont accru leurs dépenses d'investissement plus que leurs dépenses courantes. Une autre évolution inquiétante a été l'accroissement des charges d'intérêt pour le Cameroun, le Gabon et le Tchad, confirmant un recours accru aux financements non concessionnels.

En outre, les États se sont engagés à préserver les acquis sociaux dans les mesures d'ajustement. À cet effet, ils ont mis un accent particulier sur les dépenses sociales prioritaires, notamment, les dépenses de santé, d'éducation, de promotion de l'emploi, de sécurité sociale, de la jeunesse, de promotion de la femme et de la famille, des affaires sociales ainsi que celles adressées directement pour l'amélioration des conditions de vie des couches les plus défavorisées. Sur ce dernier point, un accent primordial a été consenti aux filets sociaux.

Un des volets des dépenses courantes qui devait être réduit concerne les subventions aux entreprises, qui ne font pas partie des fonctions régaliennes des États qui devaient quant à elles être protégées d'excessives coupes budgétaires. Les subventions aux entreprises se sont situées en 2016 entre 100 et 350 milliards de francs CFA (hormis la Centrafrique). Toujours dans un souci de rationalisation de la dépense publique, la sélection des subventions qui devaient être maintenues s'est appuyée sur une comparaison de leur coût budgétaire et de leur impact économique.

3. Harmonisation des règles budgétaires et amélioration de la coordination des politiques budgétaires

L'harmonisation des règles budgétaires et l'amélioration de la coordination des politiques budgétaires, essentielles à la cohésion de l'Union Monétaire et à l'intégration financière, ont constitué le troisième objectif des politiques budgétaires. En effet, la CEMAC devait renforcer sa capacité de surveillance de la transposition des textes dans les législations nationales, dont le retard a contribué au manque de transparence des finances publiques. Par ailleurs, le Conseil des ministres de l'Union Économique de l'Afrique Centrale a adopté un nouveau cadre pour la surveillance multilatérale qui est entré en vigueur le 1er janvier 2017. La situation qui prévalait a rendu ce nouveau cadre particulièrement pertinent, puisqu'il vise à adapter la norme budgétaire à la situation conjoncturelle, à éviter une croissance trop rapide de l'endettement et l'accumulation d'arriérés de paiements. Or, l'application de ces nouvelles règles à la situation budgétaire de 2016 a permis de constater l'hétérogénéité des situations des États membres. Les États dont les déficits étaient bien supérieurs à la norme devaient agir vigoureusement pour ajuster leurs finances publiques suite à la baisse du prix du pétrole. De même, les États ne respectant pas le critère de soutenabilité de leur dette devaient réduire leur rythme d'endettement. Enfin, le point le plus préoccupant de l'évolution budgétaire était l'accumulation des arriérés de paiements, qui devaient être progressivement résorbés.

L'harmonisation des procédures budgétaires grâce à la transposition des Directives du Cadre harmonisé de gestion des finances publiques dans la CEMAC est indispensable à la Surveillance multilatérale. Le maintien d'importants déficits budgétaires pouvait conduire à l'épuisement des réserves de change, à leur financement par la création monétaire, par l'endettement extérieur à des taux non concessionnels, par le prépaiement des revenus pétroliers ou par la constitution d'arriérés de paiements. Certes, la question du retour à l'équilibre budgétaire est un objectif de court terme, mais la mise en œuvre des réformes structurelles constitue la condition d'existence d'un équilibre durable des finances publiques grâce à l'accroissement des ressources fiscales non pétrolières. En retour, la bonne gestion des finances publiques est bénéfique à l'intégration financière, elle-même facteur de développement financier et de croissance économique.

Dans une union monétaire, la transparence des situations budgétaires est essentielle. Ainsi, une application efficace de la Surveillance multilatérale conduit à l'amélioration de la fiabilité des données transmises à la Commission de la CEMAC ainsi que leur couverture, notamment en ce qui concerne les arriérés de paiements. Le manque de transparence en matière de finances publiques est lié entre autres au retard de transposition des directives des finances publiques de la CEMAC dans les législations nationales.

B. Politique monétaire et système financier

La diminution des réserves de la BEAC a été l'aspect le plus frappant de la crise économique et financière qu'a subi la CEMAC en 2016. Aussi, il était impératif pour les autorités monétaires de la sous-région de prendre des mesures pour reconstituer les réserves de change, renforcer l'efficacité de la politique monétaire, redynamiser les marchés financiers, mettre en œuvre la réforme de la Banque de Développement des États de l'Afrique Centrale (BDEAC) et renforcer la stabilité et l'inclusion financières ainsi que la lutte contre le blanchiment.

1. La reconstitution des réserves de change

Les réserves de la BEAC ont drastiquement diminué en trois ans, passant de 5,2 mois d'importations en 2014 à 2,7 mois en 2017. Cette situation était préoccupante, même si l'accord de coopération monétaire avec la France autorise un débit du compte d'opérations et garantit aux pays de la CEMAC de ne pas être contraints, comme d'autres pays africains, de restreindre brutalement les importations de biens et de services et de déprécier brutalement leur taux de change. Mais, cet accord implique une politique monétaire de la BEAC visant à maintenir un solde positif du compte d'opérations. En effet, selon les statuts de la BEAC (article 11.2), l'État qui serait à l'origine d'un débit du compte d'opérations doit prendre les mesures nécessaires au redressement. Précisément, si le montant moyen des avoirs extérieurs de la Banque Centrale est inférieur au cours de trois mois consécutifs à 20% à ses engagements, le montant des refinancements doit être automatiquement diminué pour les États à l'origine du déficit et les taux de refinancement relevés. Cette situation, bien que n'étant pas encore arrivée, risquait d'accentuer la récession économique. Une action préventive avant que survienne un débit du compte d'opérations a donc été préférable à une action brutale postérieure qui aggraverait la récession économique.

Aussi, la responsabilité du Comité de politique monétaire était importante pour la gestion des réserves. Ce Comité devait décider « du ratissage des réserves ». En effet, l'article 4 de la convention de compte d'opérations prévoit que si le compte devient débiteur, la BEAC peut exiger une cession à son profit de toutes les disponibilités en devises d'organismes publics et privés (y compris les États). Au-delà de ce ratissage, il est souhaitable que les ministères des Finances, qui sont responsables de l'application de la réglementation commune des changes, contrôlent effectivement les sorties de capitaux, en relation avec l'obligation de domiciliation et de rapatriement des recettes d'exportation.

Quelle que soit la volonté de la BEAC et des gouvernements de consolider les réserves extérieures et d'ajuster leurs finances publiques, un recours coordonné au FMI était impératif. Les prêts du FMI ont l'avantage d'apporter des devises qui viennent alimenter les réserves de la Banque Centrale et permettent simultanément de financer les budgets, puisque la contrepartie en est versée aux États. Ces prêts ont par ailleurs l'avantage de disposer de conditions généralement concessionnelles et de jouer un rôle de levier des fonds en provenance des autres bailleurs. Enfin, ils sont accompagnés d'une expertise dans le domaine de gestion des finances publiques.

La reconstitution des réserves de change a été soutenue par des mesures fortes des États, définies dans les programmes d'ajustement nationaux, ainsi que par des politiques appropriées au niveau régional. La mise en œuvre effective des programmes nationaux et la mobilisation de l'aide financière extérieure prévue ont permis à la BEAC de porter ses réserves de change de 4,6 milliards d'euros (environ 2,4 mois d'importations prévisionnelles de biens et services) à la fin de l'année 2016 à 5,8 milliards d'euros (2,7 mois d'importations) à fin 2017 et à 9,2 milliards d'euros (3,4 mois d'importations) à fin 2019.

2. Renforcement de l'efficacité de la politique monétaire

La diminution des réserves, qui a résulté d'abord de la baisse de la valeur des exportations de pétrole, a été accentuée par une création monétaire accommodante, résultant principalement des avances de la Banque Centrale aux États. Ces avances sont autorisées par les statuts de la BEAC, mais le montant total des créances détenues par la Banque Centrale sur les États (y compris celles résultant d'opérations de refinancement des banques) ne devait pas dépasser 20% des recettes budgétaires ordinaires de l'exercice écoulé. En décembre 2011, il a été décidé de supprimer ces avances et de les rembourser à partir de 2013 sur dix ans. Ainsi se sont reconstituées des marges de manœuvre qui ont été rapidement utilisées de telle sorte que tous les États, à l'exception du Cameroun, ont épuisé la possibilité de tirage. Certains pays en ont même dépassé la limite (Centrafrique et Tchad) (FMI, 2016). De plus, la BEAC a baissé son taux d'intérêt des appels d'offres à plusieurs reprises, et a relevé les plafonds de refinancement des titres publics pour les banques commerciales. Ce n'est qu'en mars 2017 que le Comité de politique monétaire avait décidé de relever le taux d'Intérêt des Appels d'Offres (TIAO) de 50 points de base pour le porter à 2,95 %. En avril 2016, la Banque Centrale a réduit ainsi de moitié le coefficient de réserves obligatoires, libérant l'équivalent d'un cinquième de l'encours des avances statutaires sous forme de nouvelles liquidités bancaires (Rapport FMI 16/277). De nouvelles modalités de calcul des réserves ont été mises en place le 1er juillet 2017. Il était donc important que la BEAC poursuive la réforme engagée de ses instruments de politique monétaire (réformes de la pratique des réserves obligatoires, interventions sur le marché monétaire en adéquation avec les besoins de celui-ci).

Le respect de l'indépendance de la Banque Centrale, qui contrôle les avances aux États et surveille l'application de la réglementation des changes au niveau des États, a été un atout dans l'application effective de ces mesures. Elle a pu ainsi appliquer plus rigoureusement la limitation des avances aux États qui avait été transgressée. Les nouveaux statuts de la BEAC, adoptés en 2010, lui assuraient déjà une relative indépendance vis-à-vis des gouvernements.

3. Renforcement de la stabilité et de l'inclusion financières dans la CEMAC et la lutte contre le blanchiment d'argent

Le secteur financier de la CEMAC est largement dominé par les banques, qui représentent environ 90 % de ses actifs. Les banques étrangères détiennent quant à elles environ 50 % des actifs bancaires de la zone. Dans chaque pays, les trois premières banques contrôlent 50 à 90% de l'actif bancaire, illustrant une forte concentration. Le rôle des banques publiques a augmenté au cours de la dernière décennie et celles-ci représentaient presque 12% de l'actif du secteur bancaire en 2014. Concernant le reste du secteur financier, il convient de noter que le secteur de la microfinance joue un rôle significatif au Cameroun, au Congo et au Tchad et que les services bancaires mobiles se développent. Malgré une croissance récente, le secteur bancaire reste de taille modeste. Un enjeu structurel pour la CEMAC est de mener un processus de développement financier tout en préservant sa stabilité financière.

De manière conjoncturelle, la chute du prix du pétrole de 2014 a entraîné une fragilisation du secteur financier ainsi qu'une réduction du crédit au secteur privé. Les liens entre l'industrie pétrolière et le secteur bancaire n'étant pas tant directs (les entreprises étrangères n'ayant pas, ou peu, recours aux banques présentes) qu'indirects via les recettes pétrolières de l'État et les effets induits de l'exploitation du pétrole sur le reste de l'économie, la réduction des recettes publiques s'est répercutée négativement sur le secteur bancaire soit directement (défaut souverain auprès des banques engagées vis-à-vis de l'État et retrait des dépôts publics), soit indirectement (arriérés de paiement de l'État auprès du secteur productif entraînant des défauts de paiement vis-à-vis des banques et des retraits de dépôts). Il était donc important que le processus de règlement des arriérés de paiement de l'État vis-à-vis des banques et des fournisseurs soit enclenché de manière rapide, en veillant à la bonne domiciliation des règlements. En outre, la réduction des dépenses d'investissement des États a amplifié l'effet indirect décrit ci-dessus. Finalement, les banques devaient faire face à une augmentation de leur portefeuille de prêts improductifs et à des réductions de liquidité susceptibles de réduire le crédit à l'économie, affectant négativement en retour l'ensemble de l'économie.

De plus, même si le secteur financier de la CEMAC semblait globalement en mesure de faire face à la détérioration de l'environnement économique (FMI, 2016), certaines banques, notamment publiques, ont connu des difficultés, qui devaient être traitées dans les meilleurs délais. En effet, en 2015, la rentabilité moyenne du secteur bancaire de la CEMAC est restée à peu près stable par rapport à 2014 et les ratios de solvabilité ont été en moyenne au-dessus des normes requises. En revanche, on a observé une détérioration de la qualité des actifs bancaires qui s'est accélérée en 2016 ainsi qu'une réduction de la liquidité bancaire.

Par ailleurs, en 2015, la croissance du crédit au secteur privé a été négative (-0,8%) pour la première fois depuis une décennie. Dans un tel contexte de ralentissement économique et de hausse des encours de prêts improductifs, les banques ont réduit le crédit à l'économie. Ceci a contribué à propager la crise aux secteurs non directement dépendants du pétrole et de l'État. La croissance du PIB non pétrolier est ainsi passée de 5,3% en 2014 à 2,4% en 2015 et puis 1,3% en 2016. Le renforcement de la surveillance du système financier sous-régional devait donc combiner les dimensions microprudentielle et macroprudentielle. Il s'agissait tout d'abord d'améliorer la mise en œuvre du cadre de supervision microprudentielle. Plus généralement, il était fondamental que le superviseur régional (COBAC) applique de manière effective la réglementation prudentielle (« enforcement ») et puisse intervenir suffisamment tôt pour prendre les mesures correctives nécessaires. La lutte contre le blanchiment des capitaux et le financement du terrorisme devait également être renforcée grâce à la mise en œuvre des mesures prévues par les directives et règlements adoptés en 2016. Le cadre microprudentiel devait être complété par une supervision macroprudentielle. La détérioration de la conjoncture et le risque d'un prix du pétrole durablement bas plaidaient en faveur de l'approfondissement du cadre de supervision macroprudentielle. Il convenait à cet effet de développer des outils d'analyse proposant une identification et une hiérarchisation des risques financiers tout en veillant à l'objectif de développement du secteur financier.

En ce qui concerne l'accès au crédit, l'obstacle principal a été le manque d'informations fiables et de garanties que les emprunteurs potentiels pouvaient produire. L'amélioration de l'accès aux services financiers a reposé ainsi sur la baisse des coûts d'accès à ces services, à travers une combinaison de régulation et d'utilisation d'innovations technologiques (banque mobile).

4. La redynamisation des marchés financiers

Les réformes structurelles qui mettent l'accent sur le renforcement de la diversification économique et le développement du secteur privé doivent trouver leur concrétisation à travers la dynamisation des marchés financiers. De plus, le gel décidé des plafonds des avances statutaires de la BEAC aux États et la migration progressive vers le financement par les marchés de capitaux, en remplacement des financements directs de la banque centrale, ont constitué des mesures de bon sens. Elles visaient le renforcement du marché financier de la CEMAC comme canal d'actions prioritaires à mener pour soutenir le développement économique régional. La dynamisation durable du marché financier requiert en effet une impulsion de départ axée sur un électrochoc favorisé par des mesures ponctuelles fortes des États qui agissent à la fois sur l'offre et la demande des titres. Trois objectifs spécifiques ont été définis pour augmenter le potentiel et la profondeur du marché boursier.

Tout d'abord, le marché financier régional étant le marché domestique des États membres de la CEMAC, de multiples expériences étrangères illustrent le rôle pionnier joué par les États et autres collectivités publiques sur les marchés financiers et la nécessité d'une présence active des acteurs publics comme préalable pour développer un marché financier, car telle est la condition essentielle permettant de susciter la confiance des opérateurs économiques et attirer les entreprises privées en bourse. Aussi, eu égard aux nombreuses expériences étrangères et au rôle crucial des entreprises dans l'économie moderne, l'introduction en bourse d'entreprises de tous les secteurs d'activités permettait d'accéder à des sources de financement complémentaires avec, en définitive, la possibilité de placer les pays de la CEMAC sur une véritable rampe de croissance et de développement économiques.

Par ailleurs, pour répondre aux besoins innombrables de financement des entreprises et des États, il était nécessaire de développer l'épargne longue par le biais de produits tels que l'assurance vie, le plan d'épargne action et l'épargne salariale. La consolidation des investisseurs institutionnels (Banques, Compagnies d'assurance, caisses de prévoyance sociale, etc.) à travers un pacte d'intervention sur le marché financier a constitué également une réponse appropriée qui a créé un écosystème vertueux favorable au financement long de l'économie. De nouveaux instruments de mobilisation de l'épargne, tels que les OPCVM ou les SUKUK devaient être affermis et développés pour permettre d'étoffer la gamme d'instruments offerts par le marché.

Enfin, le bilan des opérations a montré un marché financier embryonnaire à tel point que les deux bourses des valeurs de la zone (Bourse des Valeurs mobilières de l'Afrique Centrale et Douala Stock Exchange) étaient en situation de déficit chronique et n'avaient survécu que grâce à des interventions publiques, traduites par des subventions des États de la CEMAC, compte tenu du risque plusieurs fois relevé de dépôt de bilan. Il semblait donc utile de rationaliser l'activité des deux marchés boursiers à travers leur fusion.

5. La réforme de la BDEAC

La BDEAC est l'institution de financement du développement de la CEMAC. À ce titre, elle participe à la réalisation de programmes ayant pour finalité de renforcer l'intégration régionale en dynamisant la diversification et le rôle du secteur privé. Les financements de la BDEAC sont notamment alloués au secteur des infrastructures : énergie, transport, assainissement et télécommunications. Dans les dernières années, l'environnement de la Banque a été difficile avec une situation financière structurellement sous tension. En effet, en 2015, la BDEAC a été en difficulté dans la levée de fonds sous la forme d'emprunts obligataires auprès des marchés financiers internationaux. Cette démarche n'avait pas eu le succès escompté, à la suite du retrait par le régulateur de son agrément à la société recrutée par la BDEAC pour structurer l'opération. Par les volumes de financements traités, la BDEAC était pourtant largement en retrait de ce que fait la BOAD en UEMOA, dans un contexte institutionnel de zone monétaire très comparable. L'enjeu pour la BDEAC était donc de poursuivre les efforts accomplis dans le nettoyage du portefeuille d'engagements et de renforcer la maîtrise des risques opérationnels et de contrepartie.

De manière plus structurelle et proactive, la promotion de la bonne gouvernance impliquait également de dynamiser les activités tout en respectant les bonnes pratiques de l'évaluation de projets. Des améliorations en matière de gouvernance ont été constatées dans les dernières années avec la création et le fonctionnement effectif du Comité d'Audit, la révision et/ou le renforcement des procédures, des règles et pratiques visant à circonscrire le pouvoir des dirigeants en ce qui concerne l'orientation stratégique de la BDEAC. Ce contrôle de l'action des dirigeants par les organes de contrôle de la Banque (Assemblée générale, Conseil d'Administration, Comité d'Audit) a été renforcé. En effet, ces organes devaient être à la fois autonomes dans leur domaine respectif, condition d'une évaluation responsable et d'une ouverture du capital de la Banque à d'autres partenaires financiers du développement. En adéquation avec cet objectif, la BDEAC devait se doter de critères de gestion et d'efficacité qui devaient permettre ex post l'évaluation de son activité sur la base de standards comparables à ceux en vigueur dans les structures de financement similaires. La logique de ce fonctionnement responsable voulait qu'à terme, la BDEAC soit soumise aux procédures de notation des grandes agences externes. La promotion efficace de l'ensemble de ces objectifs a nécessité préalablement la mise en œuvre d'un plan d'action stratégique.

C. Réformes structurelles

Les activités de la CEMAC sont très concentrées sur l'exportation de matières premières brutes, contribuant faiblement à la création d'emplois, à l'éradication de la pauvreté et à l'industrialisation des économies des pays de la sous-région. Par ailleurs, la majorité des États membres sont fortement tributaires du pétrole. Il n'est donc pas étonnant que la chute drastique du cours du pétrole survenue en 2014 ait causé une récession dans ces pays. Pour relancer la croissance à moyen terme et favoriser un processus de diversification compatible avec les besoins de création d'emplois, la CEMAC devait améliorer sa compétitivité et renforcer le degré d'intégration de ses économies.

Sachant que cette croissance, du côté de l'offre, ne peut être tirée que par les industries extractives et du côté de la demande par la commande publique (du fait de l'insuffisante structuration du secteur privé), la CEMAC avait entrepris des actions axées sur l'industrialisation dans le but de dynamiser la compétitivité des unités de production (du secteur privé notamment), d'accroitre la contribution du secteur secondaire au PIB et d'améliorer l'accessibilité des produits manufacturiers de la CEMAC aux marchés régionaux et internationaux. En outre, la conception et l'application d'une stratégie intégrée de diversification des économies au niveau national étaient indispensables. Il va sans dire que le processus de diversification devait passer également par une amélioration du climat des affaires et le développement des formes alternatives de financement de l'économie. L'expansion des infrastructures de base (transport, télécommunications), le développement des ressources humaines, notamment via l'amélioration des systèmes publics de formation, sont autant de supports au développement de l'activité économique. Par ailleurs, les réformes mises en place devaient permettre de transférer à terme le moteur de la croissance des pays de la zone, du secteur public vers le secteur privé.

1. Le renforcement de la diversification économique et le développement du secteur privé

Les activités de la CEMAC sont très concentrées sur l'exportation de matières premières brutes. Ces spécialisations étroites et capitalistiques ont pour conséquence de contribuer faiblement à la création d'emplois. La diversification apporte la solution au problème sous une forme qui met en avant les différents modes d'intervention des États et de l'Institution CEMAC. À cet effet, la stratégie intégrée de diversification devait permettre d'apporter un soutien direct à des secteurs ayant une dimension structurante sur le long terme, souvent en relation avec les activités amont et aval liées aux matières premières exportées. Elle devait également permettre de créer les conditions d'un environnement économique et d'un cadre réglementaire favorable à l'émergence de plusieurs activités industrielles.

Du fait de la taille des économies de la CEMAC, la stratégie d'exportation est essentielle au processus de diversification. D'une manière assez générale, les interventions publiques par la promotion de la substitution nationale à l'importation ont montré leurs limites, ainsi que le développement par le seul mécanisme du marché. Les voies de la diversification sont multiples. Elles embrassent l'industrie traditionnelle, mais également les activités autour de la transformation agricole ou de la production de services qui sont de plus en plus sujets à des échanges transfrontaliers, et pour lesquelles la présence des femmes va de plus en plus grandissante. Le spectre de la diversification mérite d'être davantage exploré en relation, le cas échéant, avec les études diagnostiques d'intégration du commerce. Il s'agira donc d'esquisser une stratégie de diversification identifiant à la fois les points de blocage à lever et les opportunités d'intensification des échanges dans la CEMAC.

Dans la mise en place d'une politique de compétitivité, le coût du transport et de la logistique est au moins aussi important que celui du travail. Le fait est que le chiffre d'affaires des entreprises est souvent constitué à 50% par des importations qui transitent par un port d'entrée sur le continent et sont ensuite acheminées, par camion, sur une destination finale avec tous les coûts locaux qui en résultent. Le segment d'acheminement depuis le port donne lieu à des surcoûts dont se plaignent régulièrement les entrepreneurs de la CEMAC. Il s'agit bien sûr des coûts de transport, mais également des frais attachés à l'ensemble de la chaine logistique locale à commencer par la gestion portuaire des marchandises.

Le secteur des télécommunications, plus particulièrement l'industrie mobile, joue aussi un rôle clef dans le développement économique par sa contribution à l'émergence et la diffusion des innovations dans les secteurs porteurs de la croissance économique – comme le commerce, l'agriculture, les services financiers, ou le transport –, et à la modernisation des administrations publiques, notamment fiscales. En Afrique, les perspectives de croissance du numérique, comme les besoins d'investissement et de réforme adaptée, sont particulièrement importantes. Le fossé numérique est particulièrement flagrant au niveau régional. La CEMAC paraît en retard par rapport au reste de l'Afrique pour ce qui concerne le déploiement des infrastructures numériques et le développement du marché de l'internet et de la téléphonie mobile. En effet, en 2014, 7.6% de la population régionale avait accès à internet (contre 21.4% en moyenne en Afrique), et 68% possédaient un abonnement à la téléphonie mobile (contre presque 80% en moyenne en Afrique). La fracture numérique est fortement marquée au niveau intrarégional, plus particulièrement pour l'industrie mobile, entre pays côtiers plutôt bien connectés (avec des taux de pénétration du mobile supérieurs à 100% pour le Gabon et le Congo) bénéficiant d'un accès aux infrastructures nationales et internationales de communication, et des pays enclavés à la fois géographiquement et numériquement.

Par ailleurs, la formation n'est pas adaptée à l'offre d'emploi. En effet, la situation à l'époque et même actuellement conjugue l'insatisfaction des entreprises, souvent incapables de saturer leurs besoins d'emplois autrement que par l'appel à des agents étrangers à la CEMAC, et un chômage des diplômés qui touche une frange importante de la population entrant sur le marché du travail. Il convenait donc de travailler sur une meilleure adéquation des offres et demandes d'emplois. Cette adéquation devait par ailleurs aller de pair avec une élévation de la qualité des contenus de l'enseignement d'une part, et la promotion du genre et de la formation des jeunes d'autre part, qui constituent un vivier important de main-d'œuvre.

Enfin, l'augmentation de la productivité du facteur travail passe par une amélioration des systèmes publics de formation. Dans cette perspective, les dépenses d'éducation devaient faire une plus large place à la formation technique et professionnelle. Dans les budgets publics, ces dépenses étaient à la fois faibles et allouées inefficacement. Ce faisant, une réallocation des ressources devait s'effectuer de l'enseignement supérieur vers les formations techniques et professionnelles. Pour la formation initiale, l'offre de places dans les écoles de formation professionnelle devait être davantage en adéquation avec la demande des systèmes productifs, le cas échéant avec l'appui de centres de formation privés dûment évalués.

2. Amélioration du climat des affaires

La publication du rapport *Doing Business* 2017 avait mis en évidence le besoin de réformes en matière de facilitation des affaires dans les pays de la CEMAC. Sur l'ensemble des 190 pays considérés dans ladite publication, le Gabon et la Centrafrique occupaient respectivement la 164e et la 185e place. Ce résultat global a montré la nécessité de l'instauration d'un environnement plus attractif en matière de création d'entreprise, de fiscalité ou de transfert de propriété. La question de l'insécurité sévissait par ailleurs dans plusieurs pays de la CEMAC en grande partie due à des facteurs exogènes. On peut noter, entre autres, les exactions commises par Boko-Haram au Tchad et au Cameroun, ainsi que par Daech dans le nord du Tchad, ou encore la guerre civile en République centrafricaine, qui constituaient une priorité pour les États membres.

Pour faire face à tous ces défis, de nombreuses réformes structurelles devaient être mises en œuvre par les États membres de la CEMAC pour accroître la compétitivité et l'attractivité des pays de la CEMAC ainsi que la diversification des économies. La plupart de ces réformes devaient intervenir dans un cadre régional de manière coordonnée.

Par ailleurs, le développement du système productif devrait reposer pour une part importante sur la capacité à faire éclore des petites et moyennes entreprises (PME) de caractère formel. En la matière, l'appui institutionnel devait consister à apporter les services appropriés à la création d'organisations viables et à susciter un environnement propice à leur croissance ultérieure. La CEMAC devait ainsi être la pierre angulaire d'une démarche qui a pour objectif de rendre plus visible l'ensemble des dispositifs publics en faveur des PME et de réunir en un document unique et cohérent les incitations au service de ces organisations productives. Ces incitations existaient déjà, mais elles étaient dispersées sur différentes Lois thématiques, principalement des Codes, chacun d'eux étant associé à autant de définitions de la PME. La communication publique était de ce fait peu lisible pour organiser efficacement le processus de formalisation. Une telle charte avait donc vocation à être un document de simplification. Elle existe dans les pays développés, notamment aux États-Unis à travers le *Small Business Act*. Les coûts de transaction et les problèmes informationnels auxquels sont confrontées les PME américaines sont pourtant bien moindres que ceux auxquels doivent faire face les entrepreneurs dans l'espace CEMAC. En outre, les dispositifs institutionnels d'embauche et de licenciement devaient être simplifiés, rendus plus flexibles, notamment en matière de gestion des contrats de travail, principalement pour les contrats à durée déterminée dans les petites entreprises qui étaient en phase de formalisation. En effet, les petites entreprises qui se sont engagées dans un processus de formalisation étaient souvent peu concernées par le code des investissements. Elles utilisaient en revanche intensivement le facteur travail. Un allègement des contraintes en matière de renouvellement des contrats à durée déterminée devait ainsi concourir à une réduction des risques de l'activité dans une période post-création. Cette réforme devait parallèlement s'accompagner d'un allègement temporaire des charges patronales, de cotisations sociales assises sur la masse salariale. Ces innovations institutionnelles, qui devaient être définies dans la charte régionale de la PME, devaient permettre de réduire les barrières à l'entrée dans le secteur moderne et d'atténuer la dichotomie entre les secteurs formel et informel des économies.

Dans la perspective d'une relance régionale et d'une diversification de la croissance économique, la CEMAC a convenu de mettre en place un observatoire sous-régional de l'environnement des affaires et des investissements. Cette initiative était d'un intérêt évident pour le suivi-évaluation de la dynamique du système productif. L'idée sous-jacente est que la base de données de cet observatoire devait être alimentée par les réseaux nationaux selon un mode de circulation de l'information de type *bottom-up*. Il est intéressant de renforcer cet observatoire par des données collectées au niveau centralisé de la CEMAC en autorisant des procédures de *benchmarking* internationales. Cette collecte aurait pour avantage de rendre la CEMAC moins dépendante de l'efficacité des transmissions nationales d'informations et des problèmes de qualité et délais d'obtention que l'on peut pressentir. En outre, cet observatoire devait permettre de développer auprès de la

Commission une capacité d'analyse autonome facilitant le suivi de la compétitivité des économies dans l'environnement général de la CEMAC.

3. Le développement des formes alternatives de financement des économies

Dans la CEMAC, le développement économique requiert des investissements importants dans le domaine des infrastructures. La charge de ces investissements a longtemps échu à l'État en raison des ressources à mobiliser et des risques souvent indivisibles à assumer. Le secteur privé, et plus particulièrement sa composante internationale, est maintenant plus enclin à participer à ces financements structurants qu'il y a quelques années. Le succès de cette participation passe toutefois par l'établissement d'un cadre institutionnel en mesure de réduire les risques potentiellement encourus. Les PPP sont donc indiqués dans ce cas et sont considérés comme forme d'implication financière des opérateurs privés dans le processus de développement selon des formes variées.

Par ailleurs, pour faciliter la collecte de l'épargne, il est utile d'offrir aux investisseurs des supports de placement moins risqués que l'achat direct de titres sur les marchés financiers. Les Organismes de placement collectif de valeurs mobilières (OPCVM) répondent à cet objectif, car ils permettent de diversifier les risques à travers le portefeuille constitué par l'OPCVM et de confier sa gestion à des professionnels.

Le développement de ces formes alternatives de financement de l'économie était donc souhaitable à maints égards dans la CEMAC. En effet, il permet d'accélérer des investissements qui ne pouvaient pas être réalisables dans un cadre d'endettement public convenablement maîtrisé, c'est-à-dire soutenable à long terme. Les contraintes financières auxquelles faisaient face les Trésors publics de la zone ont donc été, en elles-mêmes, un facteur de légitimation de cet appel aux financements privés. La prudence s'imposait toutefois dans le choix et le cadencement des investissements financés du fait des implications financières indirectes qui pouvaient en résulter pour l'État. Après la réalisation d'une infrastructure, la gestion privée pouvait en effet connaitre l'échec et conduire à une rupture contractuelle constituant un véritable fardeau pour les finances publiques.

Une bonne gestion des PPP requiert, par conséquent, qu'un cadre institutionnel soit élaboré sous une forme permettant à l'ensemble des parties prenantes, publiques et privées, d'identifier clairement les risques financiers et leur répartition pour chacune des modalités de partenariat envisageables. Compte tenu du rôle que jouent les PPP dans la dynamique d'intégration régionale, la Commission de la CEMAC devait être sans doute fondée à proposer, en la matière, un cadre juridique de référence commun aux différents États de son espace institutionnel.

L'accès au financement devait aussi être amélioré par une diversification des instruments financiers qui permettent de mieux répondre à la diversité des contraintes et des préférences des agents économiques. Dans cet esprit, il était aussi utile de préparer le cadre réglementaire des instruments de la finance islamique.

D. Intégration régionale

Pour juguler les effets néfastes du choc pétrolier qu'ils ont subi en 2014, les États membres de la CEMAC et les institutions communautaires se sont résolus à accélérer l'intégration physique et commerciale dans la sous-région. Cette accélération devait passer par l'accélération de l'édification du marché commun, le renforcement des appareils statistiques nationaux et de l'appareil statistique communautaire et la réalisation du deuxième plan opérationnel du PER couvrant la période 2017-2021.

1. L'accélération de l'édification du marché commun

Le tarif extérieur commun (TEC) est le régime de droit commun appliqué aux importations de marchandises d'origine hors union destinées au marché intérieur. Il n'est pas encore correctement appliqué dans la CEMAC, car il n'est pas strictement retranscrit dans les systèmes informatiques douaniers des pays membres. En effet, la Commission de la CEMAC ne dispose pas des informations suffisantes nécessaires à la surveillance de la bonne application du TEC. Une première mesure permettant d'apporter plus de transparence à cette pratique devait être l'harmonisation de la catégorisation des exonérations douanières utilisées par les différentes administrations des douanes. Ceci devait constituer le point de départ d'un suivi plus rigoureux au niveau des États et de la Commission de la CEMAC, en vue de faciliter l'exercice d'évaluation des dépenses fiscales.

Néanmoins, bien que les droits de douane pour les échanges intracommunautaires aient été supprimés, des obstacles non tarifaires persistent, ce qui nuit au développement du commerce entre États membres. De plus, pour bénéficier de l'entrée en franchise, l'origine intracommunautaire devait être certifiée. Les règles d'origine en vigueur dans la CEMAC sont simples, mais relativement restrictives.

Dans les dernières années, des avancées ont été réalisées dans le cadre de la libre circulation des personnes et des biens. Elles se sont notamment concrétisées à l'occasion de la 13e session ordinaire de la Conférence des chefs d'État qui s'était réunie en février 2017 à Djibloho. La Guinée Équatoriale et le Gabon ont en effet émis un avis favorable pour le principe de la libre circulation dans la CEMAC. Muni d'une pièce d'identité sécurisée ou d'un passeport biométrique délivré par un des pays ou d'un passeport CEMAC biométrique, tout ressortissant de la CEMAC pouvait désormais séjourner dans le pays de l'espace institutionnel de son choix pour une durée maximale de trois mois. Le caractère récent de cette disposition doit toutefois amener, au-delà de l'engagement politique, la Commission de la CEMAC à un suivi particulier des difficultés pratiques de mise en œuvre. Au-delà de cette libre circulation des hommes, il fallait également approfondir la liberté d'installation qui porte en elle la possibilité de développer les échanges intracommunautaires.

2. Renforcement de l'appareil statistique de la sous-région

L'existence d'un dispositif de production, de collecte, de centralisation et de diffusion des informations statistiques est un élément essentiel pour la coordination et la surveillance effective des politiques économiques et budgétaires nationales. En ce sens, la CEMAC a adopté en janvier 2016 un nouveau dispositif de surveillance multilatérale visant à amener ses États membres à la mise en œuvre de politiques budgétaires contracycliques. Cette initiative faisait écho à l'adoption en décembre 2011 des Directives du cadre harmonisé de gestion des finances publiques en zone CEMAC, encadrant entre autres la production des données de finances publiques nécessaires pour l'exercice de la surveillance multilatérale.

Afin de pouvoir alimenter ce nouveau dispositif de surveillance multilatérale en données, la Commission de la CEMAC avait souligné le besoin de renforcer les appareils statistiques nationaux existants en améliorant significativement la disponibilité, la fiabilité et la comparabilité des données et statistiques dans les domaines prioritaires de la comptabilité nationale, de l'indice des prix à la consommation, des finances publiques et du commerce extérieur et intracommunautaire. À ces fins, une assistance technique pour l'amélioration des statistiques dans ces différents domaines a été sollicitée en septembre 2016. La Commission de la CEMAC devait ainsi intervenir, en collaboration avec les instituts nationaux de la statistique (INS), les PTF (par exemple AFRISTAT et AFRITAC Centre), à plusieurs niveaux du dispositif de collecte et d'analyse de l'information statistique communautaire, notamment l'identification des besoins en données et statistiques, l'harmonisation de la production des données statistiques, la remontée des statistiques ; la vérification des statistiques, la centralisation et la diffusion des statistiques, l'analyse et l'amélioration des statistiques. L'action de la Commission de la CEMAC à ces différents niveaux du dispositif statistique devait ainsi contribuer à la production de statistiques fiables, régulières, partagées et évolutives. Cette action devait être prise en compte dans le cadre de l'élaboration de la Directive communautaire encadrant les systèmes d'information financière, budgétaire et comptable.

Afin de disposer d'un appareil statistique communautaire efficace et structuré, il fallait d'abord identifier les besoins statistiques des institutions régionales de la CEMAC et anticiper leurs besoins futurs. Ensuite, on devait pouvoir encadrer la collecte au moyen de listes d'indicateurs, et éventuellement adopter des textes communautaires encadrant le processus et visant à le pérenniser. Au niveau des États membres, les besoins en données et statistiques devaient être clairement identifiés dans leur stratégie nationale de développement de la statistique. Dès lors, la Commission de la CEMAC avait intérêt à s'assurer de la convergence entre les besoins nationaux en statistiques et les besoins communautaires, tels que définis dans le Programme Statistique régional de la CEMAC et la Stratégie régionale de Développement de la Statistique de la CEEAC.

Au niveau des États membres, l'adoption et la mise en œuvre de méthodologies communes permettaient la production de statistiques de qualité et comparables. Dans cette perspective, il était tout d'abord important de s'assurer de la ratification et du respect de la Charte africaine de la Statistique de l'Union africaine. Ensuite, l'élaboration et la diffusion par la Commission de la CEMAC de méthodologies communes pour la production des statistiques, encadrées par des textes communautaires à l'instar de la Directive 05/11 sur l'élaboration du TOFE, favorisaient la coordination des systèmes statistiques nationaux. Enfin, la Commission de la CEMAC devait également avoir intérêt à s'assurer que les stratégies nationales de développement de la statistique étaient en cohérence avec le cadre communautaire de production des données et statistiques. Une attention particulière devait être donnée au renforcement des capacités nationales (financières, matérielles et humaines) en vue de la bonne application des méthodologies communes et d'une mise en œuvre adéquate des systèmes nationaux. L'existence au sein de la CEMAC d'une école communautaire de Statistique, l'Institut sous-régional de Statistique et d'Économie appliquée (ISSEA) basé à Yaoundé, constituait un pas important dans ce sens.

3. Réalisation du Programme économique régionale (PER) phase 2 (tranche opérationnelle 2017-2021)

En matière de transport et de logistique, les États avaient intérêt à réduire les handicaps de compétitivité induits par le dysfonctionnement des corridors de transit. Dans cette perspective, le PER phase 2 prévoyait de densifier le réseau routier régional en appuyant la finalisation de huit tronçons routiers représentant 3170 kilomètres de routes. Des réformes ont certes été menées, mais devaient être poursuivies pour libéraliser le marché et promouvoir la qualité du transport. Les deux pays enclavés, notamment le Tchad et la RCA, sont, par ailleurs, confrontés aux lenteurs de traitement des marchandises au Port de Douala, aux activités informelles le long des corridors qui sont des facteurs augmentant les coûts de transaction et l'enchérissement des marchandises importées. Il y avait donc lieu d'accélérer la fluidification du commerce intracommunautaire, donner plus d'efficacité au fonctionnement des corridors en s'attaquant aux sources de surcoûts observés. Ceux-ci étaient en partie liés à la bureaucratie au port d'arrivée des marchandises, mais aussi aux tracasseries le long des corridors. Réduire les dépenses de logistique et de transport, en faveur notamment des pays enclavés, permettait d'abaisser les coûts des biens importés, qui représentent souvent plus de 50% des coûts de production des entreprises.

Les perspectives de croissance, d'emploi et de diversification des économies de la CEMAC pouvaient être significativement améliorées par une série de mesures visant à favoriser l'essor du secteur des télécommunications, l'interconnexion numérique et l'élaboration d'une politique sectorielle commune. La création du marché unique numérique, axe stratégique du PER phase 2, passe par le déploiement de la fibre optique et l'amélioration de l'interconnexion numérique des États de la CEMAC, la création de synergies entre les différents acteurs du secteur et l'harmonisation des cadres institutionnels et réglementaires. Aussi, la Commission de la CEMAC et les États avaient intérêt à pallier le manque de connectivité transfrontalière entre les États de la CEMAC, à favoriser la création de points d'échange internet nationaux et régionaux dans tous les pays de la sous-région pour permettre un meilleur routage du trafic national, régional et international, pour améliorer l'interopérabilité des communications et pour réduire les coûts des communications. Par ailleurs, le déploiement des infrastructures de télécommunications devait bénéficier de l'harmonisation des réglementations et des politiques nationales de régulations du secteur des télécommunications. La Commission de la CEMAC devait donc s'assurer de la bonne transposition et application au niveau national des directives communautaires. Elle devait aussi sensibiliser les États sur l'importance des réglementations ouvrant le marché à la concurrence et imposant aux opérateurs et fournisseurs d'accès internet de garantir un accès équitable aux capacités nationales et internationales de communication, de fournir un service de colocation et de raccordement, et de proposer des conditions tarifaires transparentes et non discriminatoires, en fonction des coûts.

E. Coopération internationale

En 2016, tous les pays de la CEMAC, sans exception, ont misé sur la coopération internationale pour mobiliser les financements leur permettant de restaurer les équilibres économiques et financiers en vue de remettre leurs économies en selle. Ils ont dû à cet effet avoir recours aux bailleurs de fonds internationaux qui sont des organismes accordant des prêts ou des dons aux États ou aux privés pour le financement des projets de développement économique et social. Les bailleurs de fonds qui travaillent principalement en subventions à l'instar de *US Agency for International Development* (USAID) ou du *Development for International Development* (DFID) ont tendance à favoriser les interventions d'assistance technique, et ceux qui travaillent en prêts œuvrent à corriger les dysfonctionnements du système financier ou bancaire et vont même jusqu'à soutenir les institutions financières pour l'élargissement de leurs gammes de produits. Au niveau institutionnel, les bailleurs, tels que la Banque Mondiale, apportent leur soutien au renforcement du cadre macroprudentiel des secteurs bancaires et financiers.

Les États membres de la CEMAC ont donc à cet effet envisagé de négocier avec les PTF internationaux pour solliciter leur appui en vue de bénéficier de leur assistance technique, de leurs prêts concessionnels et non concessionnels pour mettre sur pied des programmes de redressement économique et des plans de développement leur permettant de financer l'économie et de résorber les déficits budgétaires et extérieurs.

1. Enjeux de la coopération internationale

Dans la CEMAC, le système financier est encore embryonnaire et manque donc de profondeur. Il s'adresse en effet à une frange trop restreinte des ménages et des entreprises et conduit donc à une allocation sous-optimale des financements pour le développement économique.

Les bailleurs de fonds internationaux étant des partenaires de développement, les États membres de la CEMAC doivent donc recourir à ceux-ci pour favoriser l'essor des systèmes financiers et l'orientation des financements vers des objectifs de politiques publiques. Les bailleurs accompagnent en effet les États et les institutions financières dans leurs stratégies de développement et leur adaptation à la réglementation bancaire afin de garantir l'atteinte de ces objectifs, mais aussi la soutenabilité et la résilience de ces organisations.

Dans les pays en développement, pour agir sur le développement et la consolidation du secteur financier, les bailleurs de fonds apportent, d'une part, leur soutien direct aux acteurs, banques et institutions de microfinance et, d'autre part, leur appui au renforcement réglementaire au niveau institutionnel. Par ailleurs, afin d'assurer la solidité du système financier et réduire la probabilité d'occurrence de crises bancaires, les bailleurs amènent souvent les pays africains à transposer dans la réglementation nationale les standards internationaux de Bâle et les règles internationales d'information financière qui imposent des exigences en termes de niveau et de qualité des fonds propres. En outre, les institutions de financement de développement accompagnent très souvent les banques dans les pays sous-développés dans leur internationalisation, car disposant très souvent de ressources très limitées que les grands groupes internationaux. Un accompagnement sur le long terme des bailleurs de fonds pour ces banques est donc très utile, à cet effet.

De plus, sachant que l'accès aux services financiers joue un rôle essentiel dans la réduction de la vulnérabilité face aux aléas de la vie et permet de dynamiser les tissus économiques locaux par le démarrage ou l'accroissement d'activités génératrices de revenus, les bailleurs de fonds mènent des activités qui permettent d'accroitre l'inclusion financière. Par exemple, l'Agence française de Développement (AFD) a mis en place, à Madagascar, un fonds permettant de financer les institutions de microfinance désireuses de proposer une offre de service bancaire mobile ou de développer leur activité dans le domaine. On peut également mentionner dans la même veine la subvention accordée, en Tanzanie, au Centre international de développement et de recherche par l'AFD pour soutenir un réseau de mutuelles de santé autogérées à destination des producteurs de café.

Enfin, au regard du volume important des revenus des migrants reçus par les pays africains (plus de 50 milliards de dollars en 2012, Caupin et al., 2014) qui constituent une source additionnelle d'épargne de long terme, certains bailleurs de fonds soutiennent des institutions financières dans leur offre de produits pour attirer l'épargne des migrants et inciter à l'utilisation productive de ces transferts.

2. Négociations avec les PTF

Pour faire face à la crise économique qui a frappé dès 2014 les pays de la CEMAC, ceux-ci ont choisi en 2016 de procéder à des négociations avec les PTF pour rétablir les équilibres macroéconomiques. Ils ont, à cet effet, pour trouver des solutions harmonisées et coordonnées au sein de la sous-région, engagé des négociations bilatérales avec le FMI, en cohérence avec la matrice du PREF-CEMAC, en vue de conclure chacun un programme de redressement économique. Par ailleurs, ces pays ont entrepris de recourir aux partenaires bilatéraux et multilatéraux, tels que la Banque Mondiale, l'Union européenne, la Banque africaine de Développement et l'AFD en vue d'obtenir un large accès aux financements concessionnels et non concessionnels ainsi qu'aux avantages non financiers, notamment l'assistance technique.

II. Le PREF-CEMAC comme institution

Comme institution, le PREF-CEMAC relève de la Conférence des Chefs d'État de la CEMAC conformément à la décision n° 02/16-CEMAC-CCE-SE du 30 juillet 2016 de la Conférence des Chefs d'État. Sous la Présidence dédiée de Son Excellence, Monsieur Denis SASSOU-N'GUESSO, Président de la République du Congo, le PREF-CEMAC est chargé d'assurer la mise en œuvre des réformes économiques et financières de la CEMAC. La performance de son organisation et de son fonctionnement s'apprécie à la lumière de la fréquence et du volume de ses activités depuis sa mise en œuvre.

A. Organisation et fonctionnement du PREF-CEMAC

L'organisation et le fonctionnement du PREF-CEMAC sont régis par la Décision No.01/16-CEMAC-CCE-PREF-P du 14 novembre 2016. Le cadre institutionnel du PREF-CEMAC découle du contexte et des enjeux de sa création.

1. Contexte et enjeux de la création du PREF-CEMAC

En 2016, à la suite de la baisse drastique des prix du pétrole de 2014, la quasi-totalité des pays de la CEMAC était en récession et les avoirs des réserves étaient à leur plus bas niveau depuis des décennies. Cette situation a mis à mal la stabilité monétaire de la zone CEMAC. La possibilité d'une dévaluation du FCFA a été sérieusement envisagée. Par ailleurs, le problème de l'endettement était préoccupant, certains pays de la sous-région, tels que le Congo, étant menacés de défaut de paiement.

Pour rassurer la communauté internationale et les bailleurs de fonds, les Chefs d'État de la sous-région se sont réunis trois fois en l'espace de six mois pour apporter une réponse coordonnée, solidaire et communautaire de sortie de crise. Celle-ci a consisté pour les Chefs d'État à mettre en place le PREF-CEMAC chargé d'assister les États membres de la CEMAC dans l'élaboration et la mise en œuvre des programmes d'ajustement sur le plan intérieur et extérieur assortis de réformes adéquates pour rétablir les grands équilibres macroéconomiques. Ces réformes visaient à redresser les finances publiques des États membres, à reconstituer les réserves de change, mais aussi à modifier la structure des économies de la sous-région en vue d'accroitre la productivité, l'investissement et l'emploi en réduisant les obstacles à une production efficace des biens et services et en accélérant la diversification des économies de la CEMAC et le développement du secteur privé.

2. Cadre institutionnel du PREF-CEMAC

L'architecture institutionnelle du PREF-CEMAC a été enrichie par le Règlement intérieur du 16 janvier 2017 des organes du PREF-CEMAC et par les conclusions de la réunion tripartite CEMAC-BEAC-BDEAC tenue à Brazzaville le 24 mars 2017. Ces organes comprennent la Présidence dédiée, le Comité de Pilotage, la Cellule de Suivi et le Secrétariat technique.

Le Président dédié oriente et coordonne les activités du PREF-CEMAC. Il rend compte à la Conférence des Chefs d'État de la CEMAC. Il est assisté dans sa mission par le Comité de Pilotage (COPIL).

La principale mission assignée au Comité de Pilotage (COPIL) du PREF-CEMAC est la conduite de l'ensemble du PREF-CEMAC avec notamment (i) l'adoption du programme détaillé et des modalités de sa mise en œuvre ; (ii) le suivi-évaluation de la mise en œuvre dudit programme et (iii) la conception et l'adoption, le cas échéant, des mesures correctives du Programme.

Le COPIL, à travers ses organes, assiste les pays membres de la CEMAC dans l'élaboration, la négociation et le suivi de leurs programmes avec les institutions de Bretton Woods. Il est présidé par le ministre en charge de l'Économie du Congo et comprend deux ministres par État membre, le ministre en charge de l'Économie et le ministre en charge des Finances. Le COPIL comprend également, comme membres, le Président de la

Commission de la CEMAC, le Gouverneur de la BEAC, le Président de la BDEAC, le Président de la Commission de Surveillance du Marché financier (COSUMAF), le Secrétaire général de la Commission bancaire de l'Afrique Centrale (COBAC), le Secrétaire permanent du Groupe d'Action contre le blanchiment d'Argent en Afrique (GABAC) et le représentant de l'Union des patronats d'Afrique centrale (UNIPACE).

Le COPIL se réunit au moins une fois par trimestre en session ordinaire, à l'initiative et sur convocation de son président. Il peut se réunir également en session extraordinaire sur convocation de son Président chaque fois que les circonstances l'exigent et/ou dès lors que les deux tiers (2/3) des membres lui en notifient la demande. Le Président de la Commission de la CEMAC assisté par le Gouverneur de la BEAC rapporte les affaires inscrites à son ordre du jour. Le Secrétariat technique du PREF-CEMAC assure le secrétariat des travaux et la préparation du Communiqué final. Peuvent également participer aux travaux du COPIL, sur invitation de son Président, les représentants des PTF et des Institutions Financières Internationales.

Les décisions et recommandations du COPIL sont adoptées suivant les modalités prescrites dans son Règlement intérieur. Elles sont transmises au Président dédié qui les soumet, le cas échéant, à la sanction de la Conférence des Chefs d'État. Les décisions définitivement approuvées du COPIL sont publiées aux journaux officiels de la CEMAC et des États membres.

La Cellule de Suivi est chargée de l'examen et de la finalisation des dossiers et des documents préparés par le Secrétariat technique à la haute attention du COPIL. Elle comprend : deux représentants par État membre, dont le Président de la Cellule nationale de Surveillance multilatérale, deux délégués de chacun des organes et institutions communautaires représentés au COPIL et le délégué du patronat au sein du COPIL.

La Cellule de Suivi est présidée par le Président de la Cellule nationale de surveillance multilatérale du pays, qui assure la présidence dédiée du PREF-CEMAC. Elle se réunit avant chaque session du COPIL et valide les dossiers des affaires inscrites à l'ordre du jour de ce comité. Le compte-rendu des travaux de la Cellule de Suivi est présenté par son Président, en séance plénière du COPIL. Il fait le point sur l'état d'avancement de la mise en œuvre du PREF-CEMAC.

Le Secrétariat technique est placé sous la responsabilité du COPIL du PREF-CEMAC et dirigé par le Secrétaire permanent. Il comporte des fonctionnaires internationaux et un pool d'experts de la CEMAC, de la BEAC et de la BDEAC pouvant être mobilisés à temps partiel et provisoirement pour les travaux et les réunions du PREF-CEMAC. Dans la conduite de ses activités, le Secrétariat technique peut faire appel à tout organe ou personne, en fonction de la spécificité des matières traitées.

Le Secrétariat technique est chargé du suivi de la mise en œuvre du PREF-CEMAC, de l'élaboration des dossiers à soumettre au COPIL sous la supervision de la Cellule de Suivi, de la préparation des dossiers techniques demandés par le COPIL, de la préparation et de la mise en œuvre du programme de travail et du budget du PREF-CEMAC, de l'organisation des réunions statutaires du PREF-CEMAC ainsi que de l'élaboration des dossiers et rapports de la Cellule du Suivi et du communiqué final du COPIL. Suivant la décision de la Conférence des Chefs d'État portant création du PREF-CEMAC, le siège du Secrétariat technique est établi à Brazzaville, République du Congo.

Le dispositif de suivi des actions du PREF-CEMAC a été complété par la désignation des points focaux en leur sein par la Commission de la CEMAC, la BEAC et la BDEAC. La mission des points focaux est de faire le suivi des actions de mise en œuvre du PREF-CEMAC, en liaison avec tous les départements et directions techniques de leurs institutions respectives.

B. Activités du PREF-CEMAC DE 2019-2023

Les activités du PREF-CEMAC sur la période 2019-2023 ont été marquées par la tenue des sessions du Comité de Pilotage (COPIL) du PREF-CEMAC, mais aussi par des avancées dans sa mise en œuvre.

1. Sessions du PREF-CEMAC de 2019 à 2023

Au cours de la période 2019-2021, le COPIL du PREF-CEMAC a organisé huit sessions ordinaires et trois extraordinaires.

La 8e session ordinaire du 31 mai 2019 : au cours de cette session, des propositions pertinentes ont été formulées pour accélérer la mise en œuvre du PER (2017-2021), et pour élaborer, au niveau de chaque État membre, une stratégie nationale de diversification. Par ailleurs, les membres du COPIL ont noté avec satisfaction le niveau d'exécution globale des actions du PREF-CEMAC qui s'est situé à 61,8% en 2018. Le COPIL a, par ailleurs, demandé à la BEAC et à la COSUMAF de finaliser sans délai la fusion de Douala Stock Exchange (DSX) et de la Bourse des Valeurs mobilières de l'Afrique Centrale (BVMAC).

La 9e session ordinaire du 05 juillet 2019 : au cours de cette session, le COPIL a recommandé de poursuivre la mise en œuvre de ses recommandations, notamment celles portant sur l'exécution du PER, qui devront faire l'objet d'un suivi particulier à chacune de ses sessions. Par ailleurs, le COPIL a félicité la Commission de la CEMAC pour l'organisation d'une concertation régionale sur les projets intégrateurs. Cette concertation devait permettre d'établir un ordre de priorité desdits projets et de préparer les dossiers techniques nécessaires à la mobilisation de leurs financements.

La 2e session extraordinaire du 03 octobre 2019 : au cours des travaux, le COPIL a adopté le rapport du Groupe de travail sur la priorisation des projets intégrateurs et a marqué son accord pour la réalisation des 12 projets intégrateurs sélectionnés. Il a précisé que d'autres projets arrivés à maturité pourraient s'ajouter aux 12 projets prioritaires retenus et mis en œuvre. La stratégie de financement devait être définie avec minutie en tenant compte de toutes les contraintes. Le COPIL a jugé pertinente la délégation de haut niveau des personnalités de la CEMAC qui devait présenter les douze projets sélectionnés aux partenaires techniques et financiers à la table ronde de Bruxelles. Le COPIL a décidé de proposer à la Conférence des Chefs d'État l'organisation d'une table ronde sur le financement des douze projets intégrateurs ainsi qu'une stratégie de mobilisation des fonds auprès des partenaires traditionnels et non traditionnels. Ensuite, le COPIL a adopté une série de mesures urgentes visant à accélérer les réformes structurelles dans la sous-région et le renforcement de l'intégration physique et commerciale. Le COPIL a enfin approuvé la construction des cinq premiers postes-frontière sur les cinq premiers corridors identifiés et a précisé que ces derniers devaient être construits au niveau des points de jonction entre les pays concernés.

La 10e session ordinaire du 21 décembre 2019 : au cours de cette session ordinaire du COPIL, le Rapport sur le suivi de la mise en œuvre des décisions et recommandations antérieures du COPIL a été adopté. Le COPIL a ensuite formulé de nouvelles recommandations portant sur la mise en œuvre par pilier de la matrice du PREF-CEMAC, l'accélération des réformes structurelles et de l'intégration physique et commerciale, le respect de la réglementation des changes et l'opérationnalisation des structures du marché financier unifié.

La 3e session extraordinaire du 28 mars 2020 : au cours de cette session tenue à Brazzaville, un seul point était inscrit à l'ordre du jour : « incidences économiques et financières du COVID-19 sur les économies de la CEMAC et esquisses de solutions ». Après avoir pris connaissance du rapport sur l'impact de la crise de la pandémie de la Covid-19 sur les économies de la sous-région et, compte tenu de la nécessité d'une action concertée, rapide et solidaire des États membres, les ministres ont adopté 19 mesures nouvelles sur les différents piliers du PREF qui devaient permettre de freiner la propagation de la maladie et donner les instruments aux États et institutions sous-régionales au niveau communautaire pour agir efficacement contre la pandémie.

La 11e session ordinaire du 03 août 2020 : au cours de cette session, tenue par visioconférence, le COPIL a recommandé de poursuivre la mise en œuvre de ses recommandations, notamment celles portant sur l'exécution du PER. Par ailleurs, le COPIL a pris connaissance du document sur le cadre stratégique pour les accords de seconde Génération des pays de la CEMAC avec le FMI et a demandé que trois grandes catégories d'objectifs soient ajoutées au document final. Ces objectifs devaient couvrir :

- Les objectifs de développement à caractère social, notamment le développement du capital humain, la réduction substantielle de la pauvreté et l'amélioration générale des conditions de vie des populations ;
- Les objectifs à caractères économiques qui concernent la modification profonde de la structure économique des pays de la CEMAC et devaient impérativement conduire à l'augmentation de la contribution des secteurs, comme l'agriculture et l'industrie dans la formation du PIB ; et enfin,
- Tous les objectifs qui concernent l'équilibre macroéconomique à savoir l'équilibre budgétaire, la stabilité financière et la préservation de la monnaie qui, en général, figurent en premier plan dans les négociations avec le FMI.

Le COPIL a aussi pris acte du rapport sur l'esquisse du plan de relance économique communautaire post COVID-19 et a proposé que des mesures de relance supplémentaires soient envisagées dans trois secteurs à savoir :

- Le secteur industriel, avec une idée d'industrialisation communautaire et des chaines de valeurs qui se fondent sur les matières premières dont regorgent les États de la CEMAC, et la mise en place des segments de ces chaines de valeur dans tous les pays membres ;
- Une initiative communautaire de règlement de la dette intérieure qui doit faire appel à de nouveaux mécanismes de financement ;
- Une grande université de l'Afrique Centrale, avec des hubs de spécialisation dans chaque pays.

Le COPIL a enfin demandé au Secrétariat permanent du PREF de poursuivre les travaux d'estimations du coût de ce plan de relance communautaire en tenant compte des spécificités des économies de la CEMAC, et surtout de prendre en compte l'aspect sécuritaire comme l'une des conditions de succès de ce plan.

La 12e session ordinaire du 18 décembre 2020 : au cours de cette session ordinaire tenue en présentiel et par visioconférence, le Rapport sur le suivi de la mise en œuvre des décisions et des recommandations antérieures du COPIL a été adopté. Le COPIL a ensuite formulé de nouvelles recommandations portant sur la mise en œuvre par pilier de la matrice du PREF-CEMAC, l'accélération des réformes structurelles et de l'intégration physique et commerciale, le respect de la réglementation de changes et l'opérationnalisation des structures du marché financier unifié.

Le COPIL a félicité le Secrétariat permanent, la Commission et toutes les institutions communautaires qui ont participé à l'organisation de la Table ronde sur les financements des projets intégrateurs tenue à Paris les 16 et 17 novembre 2020. Il a exhorté le Secrétariat permanent à mettre en œuvre les recommandations de cette table ronde, notamment la mise en place d'un Comité Ad hoc de suivi des conclusions de ladite Table ronde.

La 13e session ordinaire du 15 avril 2021 : au cours de cette session tenue à Douala, le COPIL a adopté le document de la deuxième phase du Programme des Réformes économiques et financières de la CEMAC (PREF-CEMAC) phase 2 : 2021 – 2025. Il a ensuite formulé de nouvelles recommandations portant sur la mise en œuvre par pilier de la matrice du PREF-CEMAC, l'accélération des réformes structurelles et de l'intégration physique et commerciale, la poursuite de la mise en œuvre de la réglementation de changes et la dynamisation du marché financier unifié.

La 14e session ordinaire du 12 août 2021 : au cours de cette session, le COPIL a demandé à la Commission de la CEMAC et au Secrétariat permanent du PREF-CEMAC de veiller à la mise en œuvre effective et diligente des mesures restantes, notamment : (i) la suppression des frais d'itinérance, au plus tard dans le courant du second semestre 2021 ; (ii) la définition et la mise en œuvre d'une stratégie nationale de diversification économique mettant l'accent sur la formation des ressources humaines, le développement des chaines de valeur et l'approvisionnement du marché sous-régional en fin 2021 ; (iii) la finalisation du processus d'identification des points de construction des postes-frontière en liaison avec les structures nationales et régionales chargées des questions de sécurité ; (iv) la levée de toutes les barrières et entraves au commerce à l'intérieur de la sous-région ; (v) la définition et la mise en œuvre d'une politique communautaire d'industrialisation ; (vi) l'opérationnalisation de l'Observatoire du Climat des Affaires au plus tard en fin 2021 ; (vii) la production effective avant la fin du second semestre 2021, du passeport communautaire CEMAC pour les pays qui ne l'ont pas encore fait et (viii) l'adoption des textes communautaires relatifs au droit d'établissement afin de parvenir à une véritable « citoyenneté communautaire ».

La 4e session extraordinaire du 24 septembre 2021 : à la suite du Sommet extraordinaire des Chefs d'État de la CEMAC, organisé le 18 août 2021 afin de donner une impulsion nouvelle à la mise en œuvre des réformes structurelles, le COPIL a tenu sa quatrième session extraordinaire le 24 septembre 2021 en vue d'examiner les réformes et actions de mise en œuvre dans les États membres et Institutions des 24 décisions et recommandations des Chefs d'État. Cette session a validé la Matrice révisée du PREF-CEMAC et les mesures proposées par la Cellule de Suivi en vue de renforcer l'exécution sur le plan national des réformes prioritaires de deuxième génération.

La 15e session ordinaire du 23 décembre 2021 : au cours de cette session ordinaire tenue en présentiel et par visioconférence, le COPIL a recommandé à la Commission de la CEMAC et au Secrétariat permanent du PREF-

CEMAC (i) de tenir au cours du premier trimestre 2022 une session du Comité régional de l'origine en vue d'identifier les principaux produits du cru pour renforcer le commerce intrarégional ; et (ii) de sélectionner dans l'immédiat, en collaboration avec les États membres et la Banque Centrale, quatre biens produits dans la CEMAC, notamment la viande, le poisson, le riz et les hydrocarbures en vue d'une stratégie sous-régionale d'import-substitution afin d'atténuer l'impact de ces produits sur les réserves de change. À cet effet, le COPIL a instruit le Secrétariat permanent du PREF-CEMAC de formuler, en collaboration avec la Banque Centrale, la Commission de la CEMAC et les États membres, des propositions qui seront examinées lors de sa prochaine session, sur la stratégie sous-régionale d'import-substitution pour les biens sélectionnés produits dans la CEMAC.

En outre, le COPIL a demandé à la Commission de la CEMAC (i) d'accélérer la finalisation du processus de rationalisation des Institutions spécialisées de formation communautaire dans les meilleurs délais pour en faire des centres d'excellence ; (ii) de sélectionner dans l'immédiat les 5 postes-frontière prévus sur les corridors routiers de la sous-région, d'harmoniser la formation des agents affectés auxdits postes et d'élaborer une Directive communautaire sur l'installation et le fonctionnement desdits postes-frontière ; (iii) d'accomplir les diligences nécessaires pour l'entrée en vigueur effective des Protocoles d'itinérance sur la suppression des frais d'itinérance dès janvier 2022, de lui proposer avant la prochaine session un projet de Texte communautaire sur la mise en œuvre des projets en mode PPP.

Enfin, le COPIL a instruit (i) la redynamisation des activités de la Cellule communautaire et du Collège de Surveillance multilatérale ; (ii) l'accélération des diligences nécessaires à l'identification des comptes bancaires à centraliser à la BEAC et, in fine, la signature d'une convention de gestion du Compte unique du Trésor (CUT) ; (iii) le maintien de l'appui des États à la BEAC pour favoriser l'application intégrale et uniforme de la réglementation des changes, conformément aux décisions prises par les Chefs d'État ; (iv) la mise en œuvre des mesures visant à améliorer le climat des affaires et de la diversification de l'économie ; (v) l'accélération de la mise en œuvre des réformes structurelles restantes de la première phase du PREF-CEMAC ainsi que les actions prévues pour 2021 ; (vi) l'application dans les meilleurs délais possibles des Directives relatives au droit d'établissement ; et (vii) le renforcement du plaidoyer auprès des bailleurs pour rehausser le volume des appuis budgétaires, nécessaires pour soutenir l'exécution des programmes.

La 16e session ordinaire du 14 avril 2022 : au cours de cette session, le COPIL a adopté l'étude sur les impacts économiques et financiers de la guerre en Ukraine sur les économies de la CEMAC ainsi que la Stratégie communautaire d'import-substitution des produits du cru de la CEMAC.

Les membres du COPIL ont demandé au Président du COPIL de saisir les plus hautes Autorités des États membres et les Premiers Responsables des Institutions communautaires en vue de la mise en œuvre des mesures urgentes visant à changer de paradigme dans le commerce intracommunautaire, afin de créer les conditions d'un renforcement de la diversification des économies de la CEMAC et de promouvoir la stratégie d'import-substitution de la sous-région, en vue de réduire la sortie importante des devises et renforcer la sécurité alimentaire dans la sous-région.

Le COPIL a également formulé des recommandations portant sur la mise en œuvre de ses décisions antérieures et des actions restantes de la Matrice de la première phase (2017-2020) du PREF-CEMAC, notamment (i) l'accélération des réformes structurelles et de l'intégration physique et commerciale, (ii) la poursuite de la mise en œuvre des projets intégrateurs et (iii) la finalisation des diligences relatives à l'opérationnalisation du marché financier unifié de la CEMAC.

La 17e session ordinaire du 26 août 2022 : au cours de cette session, le COPIL, après avoir pris connaissance de l'état de la mise en œuvre des réformes et actions prioritaires du PREF-CEMAC, a recommandé de manière spécifique : (i) aux États membres de mettre résolument en œuvre les mesures visant à améliorer le climat des affaires et accélérer celles relatives au développement du capital humain dans la sous-région (ii) à la Commission de la CEMAC et aux États membres de commencer la construction des trois postes-frontière déjà identifiés, (iii) à la BEAC d'accélérer le processus de signature d'une convention de gestion du Compte unique du Trésor (CUT), (iv) à la BDEAC de poursuivre le processus de sa notation internationale en vue de renforcer son efficacité dans la mobilisation des ressources nécessaires pour le financement des projets de développement de la sous-région, et (v) au PREF-CEMAC de préparer le plan de financement de la Stratégie communautaire d'import-substitution des produits du cru de la CEMAC.

La 18e session ordinaire du 27 janvier 2023 : au cours de cette session, le COPIL a recommandé aux États membres et à la Commission de la CEMAC (i) d'engager la construction des trois postes-frontière déjà identifiés, (ii) de finaliser le processus d'identification des points de construction des trois postes-frontière avant la fin du premier trimestre 2023, (iii) de former les agents affectés aux postes-frontière dans les domaines de l'intégration régionale, de l'informatique et de la gestion des bases de données, (iv) d'organiser une réunion des ministres en charge des télécommunications et des régulateurs du secteur en vue de lever les goulots d'étranglement observés depuis l'entrée en vigueur des protocoles portant sur la suppression des frais d'itinérance en zone CEMAC, (v) de finaliser le texte communautaire sur la mise en œuvre des projets en mode PPP dans les meilleurs délais avant la fin du premier trimestre 2023, (vi) de favoriser le rapatriement des fonds publics détenus à l'étranger aussi bien par les États que par les entreprises publiques, afin de contribuer à la reconstitution des réserves de change et de soutenir le financement des économies nationales.

La 19e session ordinaire du 27 juillet 2023 : au cours de cette session, le COPIL a recommandé aux États membres et à la Commission de la CEMAC de : (i) démarrer la construction des trois postes-frontière déjà identifiés avant la fin du premier trimestre 2024; (ii) finaliser le processus d'identification des points de construction des trois autres postes-frontière avant la fin du premier trimestre 2024 ; (iii) initier le processus de formation des agents affectés aux postes-frontière dans les domaines de l'intégration régionale, de l'informatique et de la gestion des bases de données avant la fin du premier trimestre 2024 ; (iv) accélérer le processus de rationalisation des institutions spécialisées de formation communautaire en tenant compte du principe de subsidiarité ; (v) organiser une réunion entre les Directions générales des Impôts des pays membres, la Commission de la CEMAC, le Secrétariat permanent du PREF-CEMAC et l'UNIPACE pour l'examen détaillé des propositions de l'UNIPACE sur l'élargissement de l'assiette fiscale en zone CEMAC avant la fin du premier trimestre 2024; (vi) finaliser le Texte communautaire sur la mise en œuvre des projets en mode PPP avant la fin du premier semestre 2024 ; (vii) mettre en œuvre le Plan d'opérationnalisation de la Stratégie communautaire d'Import-substitution des Produits du Cru de la CEMAC avant la fin du premier semestre 2024; (viii) accélérer le processus de suppression des frais d'itinérance en Zone CEMAC pour que le free roaming soit effectif entre tous les pays membres avant la fin du premier trimestre 2024 ; (ix) prendre les dispositions idoines en vue de rapatrier les fonds publics détenus à l'étranger aussi bien par les États membres que les entreprises publiques, afin de contribuer à la reconstitution des réserves de change et de soutenir le financement des économies nationales.

2. Avancées des activités du COPIL du PREF-CEMAC

En matière de suivi de la mise en œuvre de ces mesures, le COPIL du PREF-CEMAC au cours de ses 8e, 9e, 10e, 11e, 12e, 13e, 14e, 15e, 16e, 17e, 18e et 19e session ordinaire, ainsi que de ses 2e, 3e et 4e session extraordinaire, durant la période 2019-2023, a noté les avancées suivantes :

- La mise en œuvre satisfaisante du PREF-CEMAC dans son ensemble, avec un taux d'exécution globale des actions qui s'est situé à 63,8% en 2019 grâce aux progrès encourageants réalisés sur les cinq piliers, en particulier la validation des revues des programmes respectifs avec le FMI, ainsi que l'entrée en programme du Congo et les avancées encourageantes sur les négociations du programme de la Guinée Équatoriale ;
- L'effectivité de la fusion des régulateurs et des dépositaires centraux des deux marchés financiers intervenue suite à la validation du Traité de fusion des deux bourses par les assemblées générales extraordinaires

de DSX et de la BVMAC, le 1er juillet 2019. Le COPIL a en conséquence procédé à l'installation solennelle du Président du Conseil d'Administration et du Directeur général par intérim de la nouvelle bourse unifiée de la CEMAC lors de sa 9e session ordinaire, marquant ainsi l'achèvement complet de la première phase de la fusion des deux marchés financiers. En outre, le COPIL a décidé d'inscrire dorénavant à l'ordre du jour de ses réunions, un point de suivi permanent du processus d'optimisation des structures du marché financier unifié, dans l'optique de les rendre crédibles, dynamiques et efficaces ;

- L'achèvement des diverses réformes de la BDEAC. À ce titre, le COPIL a encouragé cette Institution à poursuivre et à accélérer la mise en œuvre de son plan stratégique afin de pouvoir jouer pleinement son rôle de principale institution de financement du développement dans la sous-région ;
- L'organisation d'une concertation régionale sur les projets intégrateurs. Cette concertation qui s'est tenue à Douala les 5 et 6 juillet 2019 a permis aux États d'établir eux-mêmes un ordre de priorité desdits projets ;
- L'organisation d'une consultation de haut niveau par la BEAC sur l'application des nouvelles dispositions réglementaires en matière de change et les actions de communication réalisées en cette matière. Le COPIL s'est félicité des retombées positives de l'application des nouvelles dispositions réglementaires en matière de change, sur la consolidation de la stabilité extérieure de la monnaie. Il a exhorté la BEAC, en collaboration avec la Commission de la CEMAC, à élargir et accentuer les actions de communication pour en faciliter la mise en application. Par ailleurs, les États ont été invités à faire parvenir au Secrétariat permanent du PREF-CEMAC et à la BEAC les conventions d'établissement concernant les entreprises exploitant les ressources naturelles dans la zone ;
- La sélection de douze projets intégrateurs prioritaires pour la zone CEMAC et la mobilisation des partenaires et bailleurs en vue de leur financement ;
- La tenue de la Table ronde sur les projets intégrateurs les 16 et 17 novembre 2020 à Paris et l'annonce par les investisseurs de près de 03,8 milliards d'euros en faveur de ces projets sur les 03,4 milliards d'euros recherchés et le bouclage de 08 des 11 projets présentés ;
- La prise urgente des mesures et recommandations devant permettre à la sous-région de lutter efficacement contre la pandémie de la Covid-19 ;
- La finalisation et la validation du document stratégique pour les accords de seconde génération des pays de la CEMAC avec le FMI ;

- La finalisation et la validation, puis l'estimation chiffrée du plan de relance des économies de la CEMAC post-COVID-19 ;
- La validation des instruments du nouveau cadre de la surveillance multilatérale, notamment le dispositif d'alerte précoce des déséquilibres macroéconomiques, le dispositif de sanctions pour les infractions aux règles de la Surveillance multilatérale ;
- La validation du nouveau programme statistique sous-régional (STAT-CEMAC) ;
- La validation du Document cadre de la deuxième phase du PREF-CEMAC ;
- La validation des outils de monitoring de la deuxième phase du PREF-CEMAC, ainsi que du glossaire des termes des actions de la Matrice révisée du PREF-CEMAC ;
- La mise en place des Comités nationaux de suivi des programmes et réformes dans tous les pays de la CEMAC, ainsi que la désignation des membres statutaires desdits Comités pour la participation aux travaux de la Cellule de Suivi du PREF-CEMAC ;
- La saisine par la BDEAC de certains partenaires stratégiques pour l'abondement du Fonds de garantie, cautions et avals. Il s'agit de la Banque Mondiale, de la BAD, de la BADEA, de la BEI, de la Commission de l'Union européenne, de l'AFD et du Trésor français. Les discussions techniques sont en cours avec ces partenaires ;
- La mise en œuvre satisfaisante des projets intégrateurs prioritaires de la CEMAC pour lesquels huit projets ont démarré ;
- L'adoption de la Stratégie communautaire d'import-substitution des Produits du Cru de la CEMAC au cours de la quinzième session ordinaire de la Conférence des Chefs d'État de la CEMAC du 17 mars 2023 ;

- L'organisation de la deuxième Table ronde de Paris les 28 et 29 novembre 2023 pour la mobilisation des financements du deuxième programme de projets intégrateurs de la CEMAC, sous la Présidence de Son Excellence Professeur Faustin Archange TOUADERA, Président de la République centrafricaine et Président en Exercice de la Conférence des Chefs d'État de la CEMAC. Un montant total record et historique d'environ 9,95 millions d'euros a été mobilisé, soit 112,6% du coût global des 13 projets de ce deuxième programme évalué à 8,835 milliards d'euros, avec la confirmation récente des contributions de 600 millions d'euros des Institutions financières nordiques et islamiques.

CHAPITRE 3 :

L'ÉVALUATION DE LA PREMIÈRE PHASE DU PREF-CEMAC

L'évaluation de la première phase du PREF-CEMAC couvre la période 2017-2020. Elle repose sur la mise en œuvre de l'ensemble des actions inscrites dans la Matrice du Programme pour stabiliser le cadre macroéconomique et opérer une transformation structurelle des économies de la CEMAC. La Matrice des actions du PREF-CEMAC a été adoptée par le Comité de Pilotage (COPIL) du PREF-CEMAC lors de sa première session ordinaire du 6 mai 2017. Elle est structurée autour de cinq piliers qui renferment 15 objectifs généraux définis autour de 30 objectifs spécifiques et 51 actions. Ces actions sont adossées aux 21 mesures adoptées par les Chefs d'État de la CEMAC à l'occasion de leur Sommet extraordinaire du 23 décembre 2016 à Yaoundé. Ces cinq piliers comprennent les politiques budgétaires, la politique monétaire et le système financier, les réformes structurelles, l'intégration régionale et la coopération internationale. Ladite Matrice précise, pour l'exécution de chaque action, le ou les critères de réalisation, les acteurs et les échéances de réalisation, les acteurs étant les États membres de la CEMAC et les Institutions communautaires.

Depuis la mise en place de ce Programme, le COPIL du PREF-CEMAC a régulièrement organisé des réunions en vue d'assurer le suivi rapproché de sa mise en œuvre. Grâce à ce suivi, l'exécution du Programme a donné des résultats encourageants. On peut mentionner entre autres comme avancées l'amélioration de la qualité de la dépense publique dans les États, l'élargissement de l'assiette fiscale, la reconstitution du niveau des réserves de change, la poursuite du dialogue avec les principales sociétés exploitant les ressources naturelles dans la zone CEMAC en vue du rapatriement des recettes d'exportation, la fusion effective des deux marchés financiers de la Sous-région, la mise en œuvre effective de la libre circulation des personnes et des biens, l'application des programmes économiques et financiers soutenus par le FMI par les pays de la CEMAC, ainsi que la mobilisation des financements en faveur des projets intégrateurs prioritaires de la CEMAC lors de la Table ronde de Paris en novembre 2020.

L'évaluation de la mise en œuvre du PREF-CEMAC, à fin 2020, affiche ainsi un taux de réalisation de 68,3%, en augmentation respectivement de 5,0 points, 17,5 et 31,6 points par rapport aux résultats de 2019 (63,3%), 2018 (45,8%) et 2017 (14,2%) sur l'ensemble des piliers du Programme avec des performances plus ou moins importantes d'un pilier à l'autre. Par rapport à la cible 2021 du programme, 66,3% des actions ont été réalisées.

Afin d'éviter toute subjectivité en matière d'évaluation du niveau d'exécution des actions et des réformes dans la première phase du PREF-CEMAC, seules trois notes ont été attribuées : la note 1 point pour les actions terminées, la note 0,5 point pour les actions en cours (actions ponctuelles non répétitives) et la note 0 point pour les actions non entamées. En plus, une note de 0,25 point a été attribuée pour les actions continues durant la période d'évaluation du Programme. Par exemple, la note de 0,25 point est attribuée chaque fois qu'un pays fait progresser chaque année son taux de pression fiscale de 0,5 point de pourcentage du PIB, l'échéance de réalisation s'étalant sur quatre ans dans ce cas.

Par ailleurs, lorsqu'une réforme concerne plusieurs pays (notamment dans le cadre des piliers 1 et 3), les scores sont divisés par 6 pour obtenir la note de la Sous-région et par 7 lorsque l'action concerne également une institution de la CEMAC. La note est par exemple de 0,5 point si trois pays sur six ont achevé leurs réformes et de 0,833 point si cinq pays sur six les ont achevées.

En outre, lorsqu'une réforme est mise en œuvre sur plusieurs années (2017-2019 ou 2017-2021), une liste des réformes à mettre en œuvre pour chacune de ces années est dressée. La note est accordée lorsqu'un pays achève les réformes prévues pour l'année sous revue. Chaque année est notée individuellement et l'on peut donc de la sorte apprécier l'évolution des réformes dans le temps. Une moyenne est calculée à la fin pour obtenir le taux de réalisation globale de la réforme.

Pour chaque année, une note globale est calculée par objectif (spécifique et général) et par pilier ainsi que pour le programme dans son ensemble. Les notes sont établies pays par pays et sont également agrégées pour l'ensemble de la CEMAC. Pour le suivi de la mise en œuvre du PREF-CEMAC, une notation-cible a été établie pour quantifier les objectifs annuels du Programme. La comparaison entre les réalisations du Programme et ces objectifs-cibles permet de mesurer le taux de réalisation à la fin de chaque année, les écarts entre les réalisations et les objectifs du programme pour chaque année ainsi que les efforts résiduels à fournir pour atteindre les objectifs fixés à l'horizon 2021-2022.

I. Évaluation de la mise en œuvre des politiques budgétaires

Dans une union monétaire avec un régime de change fixe, le poids de l'ajustement après un choc pétrolier repose en grande partie sur la politique budgétaire. Dans cette perspective, trois objectifs généraux (OG) ont été identifiés dans ce domaine, à savoir :

(i) Le renforcement de la **politique fiscale (OG1),** avec pour objectifs le renforcement de la mobilisation des recettes non pétrolières et des capacités de l'administration fiscale. Les actions prévues dans ce cadre portent entre autres sur la poursuite de la rationalisation des dépenses fiscales, la suppression de la parafiscalité, la mise en place d'un compte séquestre à la BEAC pour la sécurisation des remboursements des crédits de TVA, la généralisation de l'utilisation d'un numéro d'identifiant fiscal unique ;

(ii) La **rationalisation et l'amélioration de la qualité de la dépense publique en conduisant des politiques budgétaires ciblées (OG2),** à travers le ciblage des dépenses publiques et la réduction des subventions aux entreprises. Il s'agit d'améliorer la qualité des dépenses publiques, notamment celle des investissements considérés comme prioritaires, en rationalisant les choix budgétaires en fonction de la rentabilité économique et sociale, tout en préservant les dépenses sociales (éducation, santé, affaires sociales, jeunesse, promotion de la famille) ;

(iii) **L'harmonisation des règles budgétaires et l'amélioration de la coordination des politiques budgétaires (OG3)** à travers le suivi de l'application des nouveaux critères de surveillance multilatérale et la transposition et la mise en œuvre des nouvelles directives de gestion des finances publiques.

À fin 2020, comme le montre le graphique 1 ci-dessus, la note globale du pilier 1 sur les politiques budgétaires est passée de 16,7 points en 2019 à 17,5 en augmentation de 0,8 point, pour un objectif escompté de 19,8 points. Un retard de 2,3 points est actuellement observé par rapport aux objectifs du programme à fin 2020 (19,8 points). Par ailleurs, les efforts restants à fournir pour atteindre les cibles du programme à fin 2021 (22 points) représentent un écart à combler de 4,5 points. En d'autres termes, 88,4% des actions prévues à fin 2020 et 79,4 % des objectifs initiaux à fin 2021 ont été réalisés.

Graphique 1: Progression des scores du Pilier 1 à fin 2020

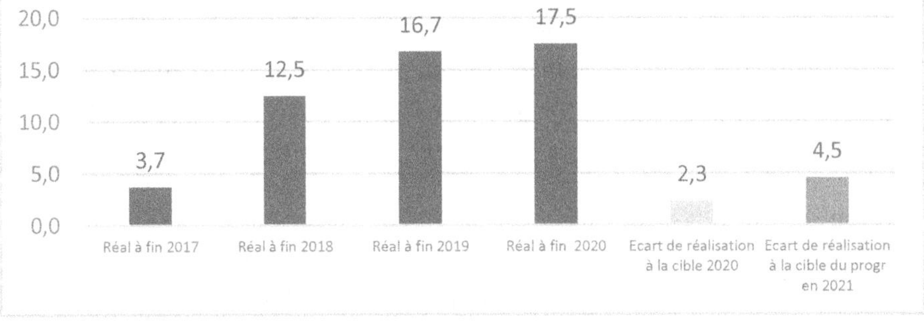

Les actions mises en œuvre dans le cadre des objectifs généraux par les États membres et les Institutions communautaires ont permis d'obtenir des gains de performance de 0,8 point en 2020 obtenus dans la mise en œuvre des politiques communautaires comparativement à 2019. Ces actions ont porté sur le renforcement de la politique fiscale, l'amélioration de la qualité de la dépense publique, l'harmonisation des règles budgétaires et la coordination des politiques budgétaires.

A. Renforcement de la politique fiscale, rationalisation et amélioration de la qualité de la dépense publique

Pour garantir l'efficacité et l'efficience des politiques budgétaires dans la zone CEMAC, les pays membres de la CEMAC ont pris des mesures pour le renforcement de la politique fiscale et l'amélioration de la qualité de la dépense publique.

1. Renforcement de la politique fiscale

Malgré la baisse du taux de pression fiscale non pétrolière de 1,5 %, occasionnée par la baisse des activités en 2020, comme le montre le tableau 4 ci-dessous, la réalisation de cet objectif a progressé en moyenne de 0,7 point grâce aux réformes mises en œuvre par les États membres de la CEMAC.

Tableau 4: Évolution du taux de pression fiscale (% du PIB non pétrolier) des pays de la CEMAC

Pays	2017	2018	2019	2020 (estimations)	Progression 2020-2019
Cameroun	12,9	13,4	12,7	11,5	-1,2
République centrafricaine	7,0	8,3	7,9	7,8	-0,1
Congo	14,1	13,1	14,4	13,0	-1,3
Gabon	12,3	14,0	18,4	14,6	-3,8
Guinée Équatoriale	3,7	4,1	4,0	3,2	-0,9
Tchad	6,8	6,6	8,1	7,5	-0,6
CEMAC	11,1	11,5	12,1	10,7	-1,5

Source : *Rapport de surveillance multilatérale*

Les actions réalisées dans le cadre du renforcement de la politique fiscale représentent ainsi à fin 2020 94,0% des actions prévues dans la matrice du PREF-CEMAC. Par rapport à la cible 2021 du Programme, la performance globale de cet objectif général a atteint 92,1% des actions prévues. Cette performance résulte des actions mises en œuvre par les États membres.

Au Cameroun, la performance dans le renforcement de la politique fiscale a légèrement évolué en 2020 par rapport à 2019, malgré la poursuite des réformes importantes mises en œuvre par le pays et qui, malheureusement, pour la plupart, n'entrent pas dans la matrice des actions du PREF-CEMAC, bien qu'elles concourent à l'amélioration de la politique fiscale du pays. Ces actions s'inscrivent en majorité dans la continuité de celles engagées en 2019, voire 2018. Il s'agit des actions suivantes :

- Modernisation de l'administration fiscale: (i) opérationnalisation de nouveaux Centres des Impôts des Moyennes Entreprises (CIME), (ii) mise en place de la télé déclaration à la Direction des Grandes Entreprises et son extension aux CIME et aux Centres spécialisés des Professions libérales (CSPLI), (iii) automatisation de la délivrance de l'attestation de non-redevance pour les grandes et moyennes entreprises, (iv) automatisation de l'enregistrement des mutations immobilières, de véhicules d'occasion et de la commande publique dans tous les chefs-lieux de régions, (v) intégration de la Direction générale des Impôts à la plateforme du Guichet unique des Opérations du Commerce extérieur (vi) dématérialisation de la procédure de délivrance du sursis de paiement en matière contentieuse, (vii) suivi en ligne des demandes de remboursement des crédits de TVA. Il a par ailleurs été mis en place un compte séquestre devant permettre de réduire substantiellement les arriérés accumulés, qui sont notamment revenus d'un volume de près de 51 milliards au 31 décembre 2016 à environ 20 milliards à fin décembre 2017. Toutefois, en l'absence d'une dotation spéciale au profit de ce compte séquestre en 2018, qui doit être approvisionné mensuellement à hauteur de 6 milliards à partir des débits opérés sur le compte courant de l'État à la Banque Centrale, le volume des arriérés de remboursement des crédits de TVA est reparti à la hausse pour se situer à 30,5 milliards au 31 décembre 2018. Le même phénomène a perduré en 2019 et en 2020.
- Modernisation de l'administration douanière : (i) opérationnalisation du Nouveau Système informatique de la Douane (CAMCIS), (ii) mise en place d'un circuit vert pour le dédouanement des marchandises, (iii) extension du e-payement à d'autres bureaux de douane hormis celui du Secteur Littoral I, (iv) lancement de la construction du Centre d'instruction douanière.
- Sécurisation des recettes des impôts : (i) généralisation du paiement par virement bancaire, (ii) consécration du paiement en espèces auprès des guichets des banques, (iii) opérationnalisation de l'unité dédiée au contrôle des prix de transfert, (iv) assainissement du fichier des contribuables à travers sa publication sur le site web de la Direction générale des Impôts et sa mise à jour régulière, (v) renforcement de la collaboration Douane-Impôt à travers, entre autres, l'exigence du quitus fiscal pour les opérations de dédouanement.
- Sécurisation des recettes douanières : (i) extension du Programme de Contrôle d'identification des Véhicules importés au Cameroun aux

frontières terrestres, (ii) lutte contre la fraude et la contrebande à travers l'opération Halte au Commerce illicite (HALCOMI) III, (iii) consécration du dédouanement des véhicules importés uniquement auprès des seules unités douanières pourvues de l'outil SYDONIA, (iv) réconciliation des bases de taxation SGS/Douane.

- Réduction des exonérations fiscales : (i) limitation de l'exonération de la TVA sur les tranches sociales de consommation d'eau et d'électricité exclusivement aux ménages, (ii) réduction de 20% à 10% de l'abattement de la base d'imposition au droit d'accise ad valorem des bières titrant un degré d'alcool inférieur ou égal à 5,5% (iii) suppression de l'abattement de 30% sur les véhicules importés par les particuliers ainsi que de l'abattement de 20% sur les pneumatiques neufs importés, (iv) arrimage de toutes les conventions et cahiers de charges à la Loi d'avril 2013 sur les incitations à l'investissement privé et ce dans un délai de deux ans, (v) audit systématique de toutes les facilités douanières implémentées dans SYDONIA et suppression de celles jugées non pertinentes.

En RCA, le renforcement de la politique fiscale a progressé de 1,2 point. Cette évolution résulte de la réalisation des actions visant à rationaliser la parafiscalité. En effet, la réforme y relative, qui était en cours depuis 2018, a abouti à une série de textes réglementaires : (i) le décret portant suppression des Agences, Fonds et certains organismes publics non opérationnels, inefficaces et non justifiés ; (ii) l'arrêté instituant les régies de recettes dans les départements de tutelle technique de ces Agences, Fonds et certains Organismes publics supprimés par la Loi de Finances 2020 ; (iii) l'arrêté portant répartition des menues recettes entre le Trésor et les services techniques générateurs de ces menues dans leur département de tutelle ; (iv) la déclaration et le paiement en ligne des impôts et taxes ; (v) la rationalisation des exonérations à travers la signature d'une charte des investissements ; (vi) l'interconnexion entre douanes et impôts pour un meilleur suivi du recouvrement des recettes ; et, (vii) l'amélioration de l'utilisation de SYSTAC (Système de Télécompensation en Afrique Centrale) et de SYGMA (Système de Gros montants automatisés).

Au Congo, des gains de performance de 1,3 point ont été enregistrés dans le renforcement de la politique fiscale. Ceux-ci découlent des actions menées par le Gouvernement dans le cadre de la surveillance multilatérale et des revues du FMI. Ces actions ont porté sur : (i) la mise en place d'un système intégré de gestion des finances publiques permettant la sécurisation des recettes par une interconnexion des principales administrations financières (impôts, douanes et trésor) en vue d'un partage d'informations à travers une base de données unique ; (ii) l'obligation d'utilisation du NIU (Numéro d'identifiant Unique) pour toute activité et transaction ; (iii) la télé déclaration pour les moyennes et les grandes entreprises ; (iv) l'exploitation efficiente des secteurs moins exploités, comme les secteurs foncier et forestier ; (v) la relecture des conventions d'établissement afin de remettre en cause celles devenues caduques ; (vi) la suppression des exonérations exceptionnelles ; et, (vii) la réduction des subventions de l'État aux entreprises. Par ailleurs, le Congo a achevé l'étude du cadastre foncier sur les principales villes. Les modalités de la mise en œuvre de cette étude sont en cours d'examen.

Au Gabon, le Gouvernement a enregistré des gains de performance de 1,0 point en 2020 dans le cadre du renforcement de sa politique fiscale. Les actions ayant favorisé cette progression s'inscrivent dans la continuité des réformes fiscales entreprises par le pays et portant sur :

- L'amélioration du recouvrement des impôts et taxes ainsi que l'élargissement de l'assiette fiscale : (i) élaboration des Stratégies de mobilisation des recettes fiscales et douanières additionnelles, au sortir du Séminaire gouvernemental de mai 2018, ii) renforcement de la qualité et des fréquences des contrôles sur l'impôt sur les sociétés; (iii) renforcement des contrôles internes et externes avec notamment la conduite d'audits internes par l'Inspection générale des Services ; et (iv) poursuite de la dématérialisation des procédures ;
- La sécurisation des recettes fiscales et douanières : (i) organisation des premières missions de contrôle conjoint Douanes-impôts suivant le protocole d'accord d'échanges et de coopération mutuelle entre ces deux administrations, signé le 16 février 2016, (ii) implémentation en cours de SYDONIA World ;
- La modernisation des administrations fiscale et douanière : (i) mise en place en cours à travers un partenariat public privé du Guichet unique électronique multimodal (ii) facilitation des déclarations et des paiements de l'impôt avec la mise en place des télé-procédures, (iii) poursuite de l'informatisation des services ;
- Le remboursement des crédits de TVA dont le processus d'encadrement est fonctionnel avec l'ouverture d'un compte séquestre de TVA. À l'effet d'accélérer la résorption de ces crédits qui obèrent la trésorerie des entreprises, certains soldes de dette TVA ont été consolidés sur une période de trois ans avec des paiements mensuels ;
- L'abaissement du seuil d'imposition à la TVA ;
- L'élargissement de l'assiette fiscale avec le précompte sur l'impôt sur le revenu des personnes physiques et morales ;
- L'amélioration de la taxation du droit de sortie du minerai de manganèse et des produits du bois.

En Guinée-Équatoriale, dans le cadre du renforcement de la politique fiscale, le Gouvernement a enregistré des gains de performance de 0,7 point en 2020 comparativement à 2019, grâce à la poursuite de l'application des mesures sur : (i) la révision du taux imposable aux sous-traitants non résidents qui passe de 10 à 20% applicable sur le revenu brut obtenu en Guinée Équatoriale depuis le début de l'année 2019 ; (ii) l'établissement d'une taxe de 2 % sur la valeur de tous les marchés publics passés avec les opérateurs économiques, en tant que droit d'enregistrement ; (iii) l'obligation pour toutes les sociétés ayant passé des contrats avec l'État de respecter leurs obligations fiscales avant tout règlement de leurs factures par le Trésor public ; (iv) l'introduction d'une taxe de séjour hôtelier en fonction des étoiles ; (v) la simplification des procédures de déclaration des impôts qui sont revenues de 6 à 2 étapes ; et, (vi) la mise en place du projet SYDONIA dans les administrations douanières, en cours d'implémentation.

Au Tchad, le Gouvernement a obtenu des gains de performance de 1,0 point en 2020 comparativement à 2019 sur le renforcement de la politique fiscale grâce aux actions mises en œuvre au cours de l'année 2020 à savoir : (i) l'introduction de certaines dispositions dans la Loi des finances, à savoir la suppression du foyer fiscal et la taxation du revenu du capital au taux unique de 20% ; (ii) le renforcement du dispositif de contrôle des prix de transfert ; (iii) le rehaussement du précompte de l'IRPP (Impôt sur le Revenu des Personnes Physiques) à l'importation de 4% à 15% pour les entreprises ne figurant pas dans le fichier de la Direction générale des Services des Impôts. Les deux premières mesures sus-listées sont à ce jour déjà entrées en vigueur ; (iv) l'introduction des taxes spécifiques et des droits d'accises sur certains produits qui sont déjà taxés de droits de douane ainsi que de la TVA à l'import. Parmi ces produits, on relève les véhicules de tourisme, les boissons alcoolisées et le tabac. Cette disposition mettant en place des taxes spécifiques est cependant contraire à la réglementation communautaire interdisant aux États l'introduction unilatérale des surtaxes temporaires ; (v) la publication de l'arrêté suspendant la taxation des droits de douane et de la TVA sur quatre produits de consommation courante, à savoir le riz, la farine, l'huile et les pâtes alimentaires ; (vi) l'institution d'une tarification forfaitaire sur les titres fonciers ; (vii) la retenue à la source de la TVA par certaines entreprises ; (viii) le renforcement des pénalités pour les entreprises qui ne reversent pas la TVA retenue à la source ; et, (ix) l'opérationnalisation du service de scanner mobile à la Douane.

2. Rationalisation et amélioration de la qualité de la dépense publique

Les actions réalisées dans le cadre de la rationalisation de la qualité de la dépense publique représentent aussi bien à fin 2020 que par rapport à la cible 2021, 80,6% des actions prévues dans la matrice du PREF-CEMAC en ce qui concerne cet objectif général. Toutefois, les efforts consentis dans la réalisation de cet objectif n'ont quasiment pas progressé en 2020. Le rythme des réalisations de cet objectif accuse un léger ralentissement qui s'explique par le fait que les États ont accompli beaucoup d'actions prévues dans la matrice du Programme pendant les quatre années et même bien avant. Les évaluations des différents programmes sociaux sont en cours afin de définir les nouvelles phases.

Par pays, plusieurs actions ont été réalisées pour rationaliser et améliorer la qualité de la dépense publique.

Au Cameroun, la note de l'évaluation n'a pas changé depuis 2018. En effet, la plupart des actions réalisées par le pays ont déjà été prises en compte dans l'évaluation de cet objectif en 2018. Il s'agit principalement de la mise en œuvre du projet « filets sociaux », dans le cadre de l'accord signé entre le Cameroun et la Banque mondiale en 2013. Ce projet consiste principalement en des transferts monétaires ciblés en direction des personnes les plus pauvres et les plus vulnérables. La première phase de ce projet qui a couvert la période 2013-2018 a touché plus de 84 000 ménages. La deuxième phase est prévue pour la période 2018–2023. Le Gouvernement envisage d'étendre les programmes filets sociaux sur l'ensemble du territoire dans le cadre de la mise en place de sa politique nationale de protection sociale, car ces programmes ont eu des effets positifs sur les bénéficiaires et ils permettent d'atteindre l'objectif de réduction de la pauvreté. Dans cette perspective : (i) le Gouvernement s'est engagé à mettre des ressources budgétaires conséquentes, d'au moins 9 milliards de FCFA par an, de manière progressive à partir de 2020 pour les filets sociaux ; (ii) il a bénéficié de la Banque Mondiale d'un financement additionnel d'un montant de 60 millions de dollars US pour la période 2019-2022 dans le cadre du Guichet IDA18 et (iii) il vient de signer, avec l'Agence française de Développement, une convention de financement d'environ 15 milliards de FCFA dans le cadre de l'appui budgétaire sectoriel pour le triennal 2020-2022 au titre du 3e C2D.

En RCA, comme au Cameroun, la note n'a pas changé, car plusieurs actions menées par le Gouvernement ont déjà été évaluées en 2018. On peut relever à cet effet : (i) la création d'une Cellule de coordination des filets sociaux ; (ii) l'inscription d'une ligne budgétaire pour la prise en charge de la gratuité des soins de santé en faveur des enfants de moins de 5 ans, des femmes enceintes, des femmes victimes de violences ; et, (iii) la poursuite de l'apurement des arriérés sociaux.

Au Congo, comme au Cameroun et en RCA, la note du pays n'a pas changé depuis la fin de l'année 2018. En effet, certaines actions en cours ont déjà été prises en compte dans les évaluations antérieures. Il s'agit principalement de la mise en œuvre du projet des filets sociaux (protection des couches sociales démunies dans le cadre des mesures d'ajustement) exécuté avec le projet LISUNGUI financé par la Banque mondiale et l'AFD et qui consiste à apporter une assistance monétaire aux populations vulnérables. Pour 2019, l'objectif cible était de 8000 ménages. À la date du 10 décembre 2019, 7403 ménages, soit 92,5%, ont bénéficié de cette aide. L'évaluation pour 2020 est en cours et, en principe, malgré la pandémie de la Covid-19, l'ensemble des cibles devraient avoir été atteintes.

Le pays a également engagé le recensement des subventions accordées aux entreprises et la mise en place d'un échéancier de leur réduction. Il a aussi initié la détermination d'une méthode systématique de mesure de la rentabilité des investissements publics. Cette action devrait permettre de revoir la rentabilité économique et sociale de tous les investissements publics de plus de 66 milliards de F CFA et de tous les projets du Programme économique régional.

Enfin le Congo a mobilisé une somme de 300 milliards de F CFA pour le paiement de la dette intérieure à travers une organisation dénommée « Club de Brazzaville ».

Au Gabon, la note du pays ne varie pas depuis l'année 2018, les actions suivantes ayant déjà été mises en œuvre, notamment :

- La rationalisation des dépenses publiques, à travers la maîtrise de la masse salariale. En effet, les principales mesures prises au sortir du séminaire gouvernemental de mai 2018 visant une meilleure gestion des finances publiques ont porté sur : (i) la mise sous bons de caisse à partir du mois de juillet 2018 de tous les agents et fonctionnaires de l'État, (ii) le pointage physique et la réduction de la taille des Cabinets (Présidence, Primature et ministres), (iii) la réduction du nombre d'agences à autonomie de gestion, (iv) la mise en retraite systématique des fonctionnaires et agents de l'État ayant atteint la limite d'âge ;
- La gestion optimale des dépenses fiscales, à travers une législation précise, notamment : (i) l'article 3 du Code général des Impôts rendant nul et de nul effet tout dispositif fiscal non prévu expressément par la Loi, (ii) les contrôles dans le cadre de l'opération « justice fiscale » des conditions d'octroi des avantages fiscaux et de vérification in-situ de l'effectivité des contreparties attendues par l'État, (iii) la mise à jour des sous-positions objet des distorsions tarifaires en leur appliquant les taux CEMAC, (iv) la refiscalisation de certains produits naguère exonérés au Gabon.

En Guinée-Équatoriale, sur les mesures prises pour la rationalisation et l'amélioration de la qualité des dépenses publiques, le Gouvernement a obtenu la même note en 2019 et en 2020. Il n'y a donc pas eu d'évolution entre les deux années. Toutefois, certaines actions entamées et comptabilisées en 2019 se sont poursuivies en 2020. Il s'agit, notamment de : (i) la réorientation des dépenses en capital vers des projets prioritaires ayant un impact important sur la santé, l'éducation et l'eau ; (ii) l'ouverture de guichets bancaires dans l'enceinte du ministère des Finances pour faciliter le règlement des taxes et impôts par les contribuables ; (iii) la simplification des procédures de déclaration d'impôts, pour les ramener de six étapes à deux ; (iv) la réduction du nombre de comptes du Trésor public ouverts auprès des banques commerciales, en vue de l'établissement progressif du CUT (Compte Unique du Trésor); (v) la mise en œuvre du guichet unique pour le recouvrement des taxes et impôts; et, (vi) les négociations avec les entreprises de BTP et des banques en vue de l'établissement d'un plan d'apurement du stock des arriérés comprenant une période de remboursement de 10 à 14 ans et des amortissements annuels de 100 milliards de FCFA.

Au Tchad, la note du pays en termes de rationalisation et d'amélioration de la qualité des dépenses publiques, n'a pas changé, bien que les actions suivantes aient été mises en œuvre entre 2019 et 2020 : (i) la poursuite des efforts en matière de rationalisation de la dépense publique, l'amélioration de l'efficacité et de l'efficience des consommations publiques restant primordiales pour accroitre l'espace budgétaire afin de soutenir la reprise économique et améliorer les conditions de vie des populations ; (ii) l'inscription dans les Lois de finances 2019 et 2020 d'une disposition visant à limiter le volume des DAO (Dossier d'Appel d'Offres) à, au plus, 22% des dépenses primaires hors sécurité et salaires ; (iii) la mise en place du système intégré de gestion des finances publiques (SIGFIP) ; (iv) la poursuite de l'apurement des arriérés intérieurs après validation de leur audit ; et, (v) la révision en octobre 2020 du Code des marchés publics pour intégrer les aspects genre (quota préférentiel de 30% aux femmes) et le relèvement du seuil d'approbation pour réduire les délais d'exécution.

B. Harmonisation des règles budgétaires et coordination des politiques

La menace de la stabilité externe des économies de la CEMAC à la suite du choc pétrolier de 2014 qui a frappé de plein fouet ces économies découlait de la faible harmonisation des règles budgétaires et de l'insuffisante coordination des politiques au sein de ladite zone. Aussi, dans le cadre du PREF-CEMAC, les États membres de la CEMAC se sont engagés à harmoniser les règles budgétaires et à renforcer la coordination de leurs politiques budgétaires.

1. Harmonisation des règles budgétaires

En ce qui ***l'harmonisation des règles budgétaires,*** les actions entreprises et comptabilisées en 2019 se sont poursuivies et sont toujours en cours. En conséquence, la note globale sur cet objectif général n'a pas évolué entre 2019 et 2020. Ainsi, 80,0% des actions prévues dans la matrice du Programme en ce qui concerne l'harmonisation des règles budgétaires ont été réalisées à fin 2020. Cette performance représente toutefois seulement 57,1% des actions de la cible 2021.

Dans le cadre des réformes de la gestion des finances publiques, le Conseil des ministres de l'UEAC avait adopté, en 2011, six Directives rénovant le cadre harmonisé de gestion des finances publiques au sein des États membres. Ces Directives portaient sur (i) le Code de Transparence dans la gestion des finances publiques (CT), (ii) les Lois de finances (LOLF), (iii) le Règlement général de la Comptabilité publique (RGCP), (iv) la Nomenclature budgétaire de l'État (NBE), (v) le Plan comptable de l'État (PCE) et (vi) le Tableau des Opérations financières de l'État (TOFE). Elles introduisaient d'importantes innovations, notamment la budgétisation par programme, la déconcentration de l'ordonnancement des dépenses et la comptabilité patrimoniale. La date limite de transposition des directives dans les droits nationaux avait été arrêtée au 31 décembre 2017 par la CEMAC et la mise en œuvre opérationnelle des nouveaux textes devait se faire jusqu'au 31 décembre 2021 (le 31 décembre 2023 pour certaines dispositions en matière de comptabilité).

La Commission de la CEMAC a effectué le suivi-évaluation de la transposition et de la mise en œuvre des directives du cadre harmonisé de gestion des finances publiques.

D'une manière globale, il en est ressorti que, sur les 36 textes à transposer, 30 ont été effectivement transposés, soit un taux de transposition de 83%[5] ; les 6 textes restants concernent le Décret RGCP du Cameroun et les 5 textes de la Guinée Équatoriale (à l'exception de celui sur la NBE). L'évaluation a montré que la transposition est jugée de bonne qualité avec la prise en compte de l'ensemble des innovations introduites par les différentes directives. Toutefois, quelques préoccupations ont été relevées sur certains textes : Cameroun (le statut d'Institution supérieur de Contrôle (ISC) n'est pas attribué à la Chambre des Comptes, mais plutôt au ministère chargé du Contrôle supérieur de l'État), Centrafrique (les annexes des décrets portant sur la NBE et le PCE restent à transposer par arrêté du ministre des Finances), Gabon (l'indépendance de la Cour des comptes était insuffisamment précisée), Guinée Équatoriale (absence de la classification programmatique dans le segment de la nomenclature budgétaire) et du Tchad (absence des certaines précisions sur le décret portant le TOFE).

Les États se sont résolument engagés dans la mise en œuvre de cette réforme, même si l'état de mise en œuvre global reste encore en deçà de la moyenne et cache des disparités entre les pays et entre les directives. Le niveau d'application global se situe à 45%.

Le groupe de pays le plus performant est constitué du Gabon (1er avec 62%) et du Cameroun (2e avec 54%). Ces deux pays ont mis en œuvre d'importantes dispositions : mise en œuvre du budget-programme et

[5] La performance du PREF dans le cadre de cet objectif général (+42,3 points) n'est pas liée au fait que les transpositions ont été effectuées en 2019, mais plutôt que l'évaluation a permis de prendre acte de toutes les transpositions qui ont été faites depuis 2011.

organisation du Débat d'Orientation budgétaire (DOB) pour les deux pays ; déconcentration de l'ordonnancement des dépenses au Cameroun ; mise en place du Compte unique du Trésor au Gabon.

Ensuite vient le deuxième groupe composé du Congo (3e avec 52%) et du Tchad (4e avec 49%). Ces deux pays sont à un stade très avancé du budget programme. Le Congo a expérimenté en 2020 une marche en double commande sur le budget de moyens et le budget-programme alors que le Tchad a achevé l'élaboration de tous les Programmes annuels de Performance (PAP) et accélère les travaux de la bascule pour le budget 2021. En revanche, ces deux pays sont les seuls à avoir appliqué tous les segments de la nouvelle nomenclature budgétaire. Le Congo organise aussi le DOB et le Tchad s'y prépare pour cette année.

Le troisième groupe de pays est constitué uniquement de la Centrafrique (5e avec 33%) qui a engagé les travaux du budget-programme.

Ces 5 pays ont achevé le processus de transposition, à l'exception du Cameroun, dont le dernier texte à transposer est le RGCP dont le décret est en cours de signature.

Enfin, la Guinée Équatoriale (6e avec 16%) ferme la marche. Le pays accuse un important retard par rapport aux autres pays puisqu'il connaît des difficultés pour transposer les directives ; une seule directive ayant été transposée par arrêté du ministre de l'Économie et des Finances (la nomenclature budgétaire de l'État).

Il existe néanmoins des disparités en matière d'application des différentes directives. Les performances au-dessus de la moyenne concernent les directives portant sur la NBE (58% avec des résultats exceptionnels pour le Congo, qui a obtenu 100% et le Tchad, 81%), le PCE (52%) et le Code de transparence (50% grâce principalement aux acquis obtenus antérieurement comme l'existence de réglementation applicable aux passations des marchés, des textes consacrant l'indépendance des administrations traitant les informations statistiques, des Cours des comptes, la publication des rapports d'exécution trimestriels, etc.). Cependant, les autres directives enregistrent des performances en deçà de la moyenne : la Directive relative aux Lois de finances (42%, mais avec un niveau d'application très appréciable pour le Gabon et le Cameroun, qui ont obtenu respectivement 75% et 70%) et au RGCP (47%).

Enfin, la directive la moins appliquée est celle portant sur le TOFE (24% : presque tous les États sont dans la phase d'expérimentation pour la conversion des données dans le nouveau format du TOFE et ont élaboré le tableau institutionnel dressant la liste des établissements publics et collectivités territoriales couvrant le périmètre des administrations publiques).

Tableau 5: Moyenne des notations indicatives par pays et par directives (en %)

	Cameroun	Centrafrique	Congo	Gabon	Guinée	Tchad	Moyenne
CT	67,0	47,0	58,7	65,7	25,3	56,7	**53**
LF	70,4	20,9	40,4	72,2	11,8	19,8	**39**
RGCP	53,7	60,1	45,7	91,0	2,5	47,7	**50**
PCE	43,8	31,7	44,8	91,0	16,7	75,0	**50**
NBE	65,6	30,0	100,0	39,1	27,5	81,3	**57**
TOFE	21,8	23,6	26,4	12,7	17,3	12,7	**19**
Moyenne	**54**	**36**	**53**	**62**	**17**	**49**	**45**
Classement	2ème	5ème	3ème	1er	6ème	4ème	

Source : *Mission de suivi-évaluation, 2019*

2. Coordination des politiques budgétaires

Le nouveau cadre de la Surveillance multilatérale est entré en vigueur en janvier 2017. Le rapport définitif de surveillance multilatérale 2019 et des perspectives 2020 et 2021 a été adopté par le Collège de Surveillance multilatérale au cours de sa 39e session tenue par visioconférence les 12 et 13 octobre 2020. Cette session a permis de :

- **Valider le dispositif d'alerte précoce des déséquilibres macroéconomiques** : ce dispositif vise à mettre en place une série d'indicateurs dont l'observation régulière aiderait à prévenir les détériorations substantielles du cadre macroéconomique à travers certaines anticipations de mesures de politique correctives. Les seuils d'alerte, pour chacun des indicateurs d'alerte précoce, sont classés par ordre décroissant en quatre catégories (intervalles interquartiles) allant de la situation de déséquilibre la plus risquée à la moins risquée :
  - Catégorie I : traduisant des risques « sévères » de déséquilibre macroéconomique ;
  - Catégorie II : traduisant des risques « élevés » de déséquilibre macroéconomique ;
  - Catégorie III : traduisant des risques « modérés » de déséquilibre macroéconomique ;
  - Catégorie IV : traduisant des risques « faibles » de déséquilibre macroéconomique
- **Valider le dispositif de sanctions pour les infractions aux règles de la surveillance multilatérale :** ce dispositif, plus contraignant, a pour but d'assurer le plein respect des critères de convergence et favoriser ainsi la coordination des politiques budgétaires nationales et de la politique monétaire commune.

- Encadrer le statut juridique et le mode de fonctionnement du fonds multilatéral destiné à regorger l'épargne financière sur ressources pétrolières : En effet, le nouveau solde budgétaire de référence a été construit afin de réduire la procyclicité de la politique budgétaire (objectif de court terme) et à prendre en compte l'épuisement des ressources naturelles (objectif de long terme). En période de hausse du prix du pétrole, les États membres sont incités à épargner une partie des recettes pétrolières. Inversement, en période de retournement des prix, les États membres disposent de marges de manœuvre accrues afin d'actionner des politiques contracycliques. D'autre part il est prévu d'épargner une petite part des ressources pétrolières en vue d'un emploi intergénérationnel. Il est envisagé que l'épargne ainsi constituée soit placée dans le Fonds multilatéral.
- **Mettre en œuvre les Grandes Orientations de Politiques économiques (GOPE) :** Conformément aux dispositions de l'article 51 de la Convention régissant l'Union Économique de l'Afrique Centrale (UEAC), les États membres s'accordent au sein du Conseil des ministres sur les grandes orientations de politiques économiques qu'ils s'engagent à respecter en harmonisant et en coordonnant leurs politiques nationales. Cet exercice permet ainsi de favoriser la convergence des politiques macroéconomiques vers des performances soutenables et la mise en cohérence des politiques budgétaires nationales avec la politique monétaire commune. À cet effet, le Conseil des ministres se prononce au moins une fois par an sur les Grandes Orientations de Politiques économiques (GOPE) des États membres et de la Communauté pour l'année à venir. En 2019, le Conseil des ministres a, par Décision n°03-19-UEAC-114-CM-33 du 22 mars 2019, adopté les Grandes Orientations des Politiques économiques de l'année 2019.
- **Production des Programmes triennaux de Convergence (PTC)** : Les PTC visent à assurer la réalisation à moyen terme des normes de convergence. Ils sont établis pour une période de trois ans et actualisés annuellement par chaque État membre avant d'être examinés par le Conseil des ministres de l'UEAC. Ces programmes procèdent *i)* à l'analyse de l'évolution récente de l'économie nationale, *ii)* à la définition des objectifs macroéconomiques et des stratégies de développement à moyen terme et, *iii)* à l'analyse des perspectives à moyen terme au regard des critères de la surveillance multilatérale. En 2019, le Programme triennal du Cameroun a été présenté et adopté par le Conseil des ministres. La Centrafrique, le Congo et la Guinée Équatoriale ont également transmis en 2019 leur projet de PTC à la Commission de la CEMAC pour avis.

II. Évaluation de l'exécution de la politique monétaire et du système financier

Le pilier du PREF-CEMAC qui porte sur la politique monétaire et le système financier, comporte cinq objectifs généraux (OG), à savoir :

(i) La reconstitution des réserves de change (OG4) : dans ce domaine, la priorité porte essentiellement sur le renforcement de l'application de la réglementation de change, y compris en ce qui concerne l'aboutissement des réformes y afférentes, ainsi que sur l'accélération du rapatriement des avoirs extérieurs en vue de leur centralisation à la Banque Centrale ;

(ii) Le renforcement de l'efficacité de la politique monétaire (OG5), à travers la finalisation des réformes visant à renforcer le cadre stratégique, institutionnel et opérationnel de la politique monétaire, afin d'accroître l'autonomie de la BEAC, la transparence financière en son sein et l'effectivité de la transmission de la politique monétaire ;

(iii) Le renforcement de la stabilité et de l'inclusion financière dans la CEMAC et la lutte contre le blanchiment (OG6) à travers, d'une part, la consolidation et le renforcement de la surveillance du système financier sous-régional et, d'autre part, l'amélioration de l'accès des populations aux services financiers ;

(iv) La redynamisation des marchés financiers (OG7), dans le but d'augmenter la profondeur et de rehausser le potentiel du marché boursier, en vue de faciliter le financement par le canal du marché via les émissions de titres par les États et les entreprises privées ; et,

(v) La réforme de la BDEAC (OG8) afin qu'elle joue pleinement son rôle dans l'accompagnement du secteur privé et le financement de l'économie dans la sous-région.

L'évaluation de ce pilier, qui correspond au pilier 2 du programme, montre une progression des gains en matière de performance dans la mise en œuvre des actions de ce pilier, qui ont atteint 28,8 points en 2020, contre 26,8 points en 2019, soit une hausse de 2,0 points. Cependant, un écart de 11,2 points est observé par rapport aux objectifs du programme pour fin 2020 (40 points cibles), qui sont les mêmes que ceux pour fin 2021. Ainsi, 71,8% des actions prévues dans le cadre de pilier ont été réalisées à fin 2020.

Graphique 2 : Performance générale du pilier 2 du PREF-CEMAC à fin 2020 en points

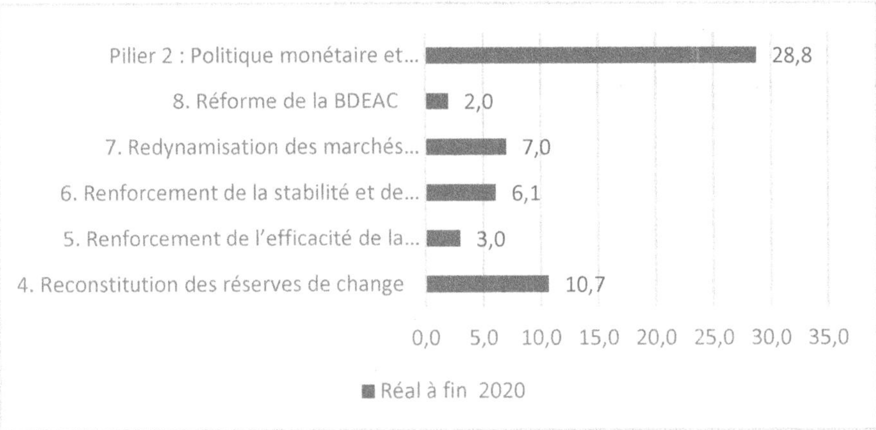

Graphique 3 : Progression annuelle des scores du pilier 2

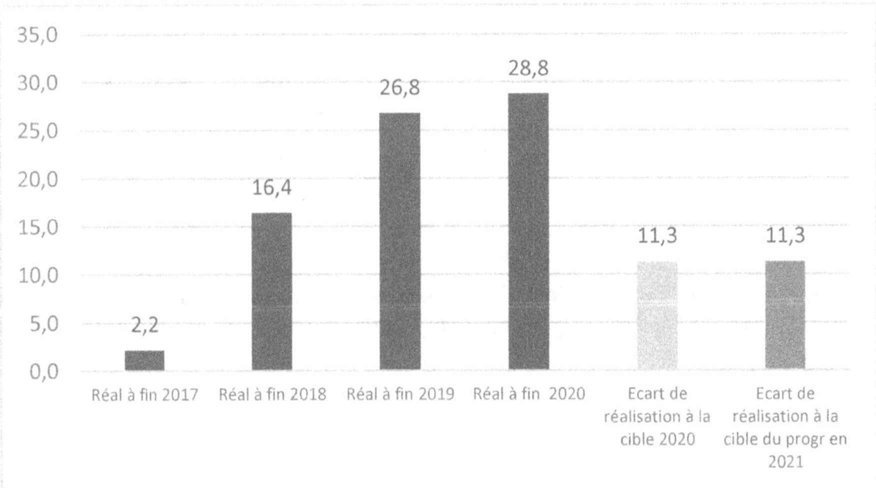

Par rapport aux différents objectifs du pilier 2, les résultats obtenus à fin 2020 représentent 77,0 % des objectifs de l'année, en hausse de 3 points par rapport au taux de réalisation des objectifs de 2019 (74,0%). Par rapport à la cible de ce pilier à l'horizon 2021, le taux de réalisation obtenu en 2020 est de 77,0%. En fin 2019, il était de 67,0%.

A. Reconstitution des réserves de change et renforcement de l'efficacité de la politique monétaire

Dans le cadre de la mise en œuvre de la première phase du PREF-CEMAC, la BEAC avait pour mission de reconstituer les réserves de changes qui avaient drastiquement baissées après le choc pétrolier de 2014, et de renforcer l'efficacité de sa politique monétaire en supprimant le financement direct des États et en réformant le cadre institutionnel et stratégique de sa politique monétaire.

1. Reconstitution des réserves de change

Les actions réalisées dans le cadre de la reconstitution des réserves de change représentent aussi bien à fin 2020 qu'à fin 2021 (cible du programme) 76,2% des actions prévues dans la matrice du PREF-CEMAC en ce qui concerne cet objectif général.

La note associée à cet objectif n'a pas progressé par rapport à son niveau de 2019 (elle est restée à 10,7 points, soit un écart de 4 points de la cible sur cet objectif). En effet, toutes les actions prévues dans ce cadre ont été réalisées, à l'exception de l'harmonisation des codes encadrant l'activité des secteurs miniers et des hydrocarbures dans certains pays, en rapport avec les dispositions de la réglementation des changes (action 7.3 avec 3 critères à réaliser, soit un score de 3 points).

À titre d'information, il convient de souligner que, dans la matrice d'actions du PREF-CEMAC, il était prévu la mise en place d'un Comité de Surveillance du rapatriement des avoirs extérieurs (action 8.4). En lieu et place de ce Comité, la BEAC a créé en son sein une Cellule centrale dédiée exclusivement à l'étude des dossiers de transferts et au suivi de la Réglementation des changes avec des pendants dans chaque Direction nationale de la BEAC.

Sur le plan de mise en œuvre des recommandations du COPIL du PREF-CEMAC, les actions suivantes ont été menées au cours de la période sous-revue en lien avec cet objectif :

- Dans le cadre du suivi du rapatriement et de la centralisation des avoirs extérieurs, les sociétés pétrolières et minières ont bénéficié d'un moratoire qui les autorise à s'affranchir des dispositions de la réglementation des changes jusqu'au 31 décembre 2020, notamment la détention des comptes en devises. Compte tenu du démarrage tardif de ce dispositif, un nouveau moratoire a été accordé jusqu'au 31 décembre 2021 ;
- La BEAC a engagé un consultant pour l'accompagner dans les discussions avec les opérateurs du secteur pétrolier en vue d'aboutir à un consensus sur la mise en application de la nouvelle réglementation

des changes dans ce secteur spécifique. Dans cette perspective, la mise en conformité des codes encadrant l'activité des secteurs miniers et des hydrocarbures, en rapport avec les dispositions de la réglementation des changes, sera effectuée ;

- Sur le plan du suivi des transferts extérieurs, il sied de souligner que des avancées significatives ont été enregistrées au cours de l'année 2020, à travers l'entrée en vigueur, le 1er septembre 2020, de la plateforme informatique « *E-transfert* », qui offre désormais aux donneurs d'ordre des transferts, clients des banques, la possibilité de suivre en ligne les différentes étapes du traitement de leurs instructions, et limite ainsi l'asymétrie d'informations. En outre, les contrôles de vraisemblance, interrompus à la fin du premier trimestre 2020 avec l'apparition de la pandémie de la Covid-19, ont repris avec les banques du Cameroun dans un premier temps, sur la base d'un calendrier établi pour la période du 06 octobre au 19 décembre 2020. Au cours de l'année 2020, 26 298 dossiers ont été instruits pour un montant total de FCFA 9 735 milliards, et le taux d'acceptation s'est établi à 78,1 %. En tout état de cause, le motif de rejet est toujours précisé dans un souci de transparence et, ce faisant, très peu de rejets ont un caractère définitif, car les banques ont la possibilité de présenter à nouveau une demande ayant déjà essuyé un refus. Une lettre circulaire du Gouverneur datant de décembre 2019 précise notamment les pièces à fournir par les intermédiaires agréés lors de la soumission d'un dossier de transfert à la Banque Centrale, en fonction de sa nature.

S'agissant des rétrocessions des devises à la BEAC, le volume des rétrocessions se chiffre à FCFA 7 914,3 milliards, contre 6 201,2 milliards au 31 décembre 2019 et 3 277,8 milliards en fin 2018. Cette évolution a favorisé la reconstitution des réserves de change, qui sont passées de 3 093,2 milliards en fin décembre 2016 à 4 747,5 milliards FCFA en fin décembre 2020. Bénéficiant de l'amélioration substantielle du solde extérieur courant, d'une meilleure application de la nouvelle réglementation des changes et de la conduite globalement satisfaisante des programmes signés par les six pays membres de la CEMAC avec le FMI, le niveau des réserves en mois d'importations de biens et services est ainsi passé de 2,38 mois à fin 2016 à 3,70 mois fin décembre 2020, tandis que le taux de couverture extérieure de la monnaie s'est accru de 59,1 % à 64,0 % au cours de la même période, éloignant en conséquence les pays de la CEMAC du spectre de la dévaluation. En définitive, les efforts entrepris par les États membres en matière de consolidation budgétaire avec le soutien de la communauté internationale, notamment à travers les financements multiples mobilisés dans le cadre de la lutte contre la pandémie de la COVID-19, l'application de la nouvelle réglementation des changes et la politique monétaire prudente de la BEAC ont permis de maintenir la stabilisation des réserves de change, malgré une légère baisse observée depuis octobre 2020.

Graphique 4: Évolution journalière des réserves de change de la CEMAC

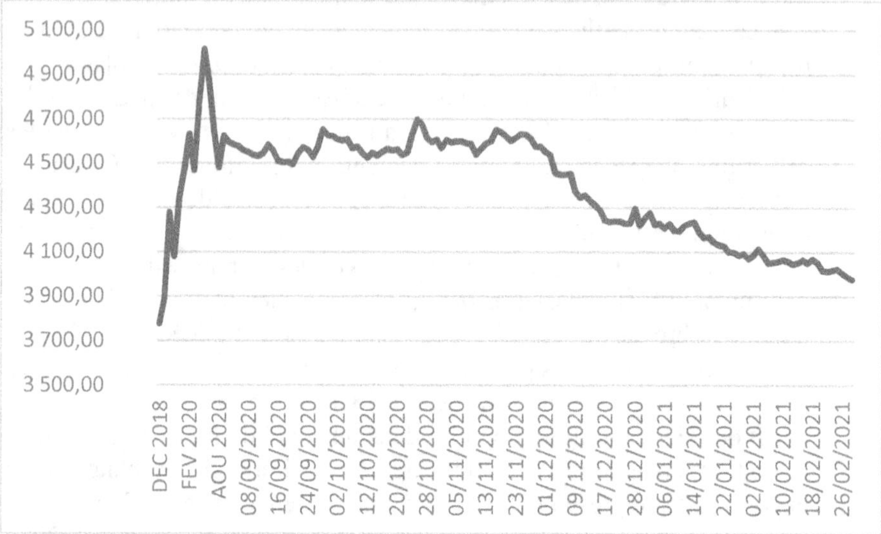

***Source :** BEAC*

2. Renforcement de l'efficacité de la politique monétaire

La note associée à la mise en œuvre des actions de cet objectif général n'a pas progressé par rapport à son niveau de 2019. Elle est restée à 3,0 points, la cible de cet objectif à fin 2020. L'autonomie de la Banque Centrale a été renforcée à travers la suppression dans ses statuts, en juillet 2017, du financement direct aux États et la réforme du cadre institutionnel et stratégique de la politique monétaire. En particulier, l'amélioration de transmission de la politique monétaire de la BEAC, grâce à l'ancrage des anticipations des agents économiques de la CEMAC, a été favorisée par l'implémentation à partir de juillet 2018 d'une nouvelle stratégie de politique monétaire basée sur : (i) le pilotage du taux interbancaire de référence (TIMP) autour du taux directeur de la BEAC (TIAO), à l'intérieur d'un corridor constitué d'un taux plancher (taux de la facilité de dépôt) et d'un taux plafond (taux de la facilité de prêt marginal) ; (ii) la détermination du taux d'intérêt de référence en tenant compte des préférences des autorités de la Banque Centrale relatives à la stabilité monétaire ; (iii) l'utilisation d'une multiplicité d'indicateurs et de modèles d'analyse et de prévisions et (iv) l'élaboration et la publication d'un rapport trimestriel sur la politique monétaire de la BEAC destiné à l'information d'un large public.

B. Renforcement de la stabilité financière, redynamisation des marchés financiers et réforme de la BDEAC

Selon le rapport d'évaluation du secteur financier de la CEMAC, mené par le FMI et la Banque Mondiale en 2016, le secteur financier de la CEMAC, en dépit des avancées récentes, est resté peu profond, faiblement inclusif et essentiellement dominé par les banques. Aussi, la mise en œuvre des actions du PREF-CEMAC dans sa première phase visait le renforcement de la stabilité financière, la redynamisation des marchés financiers et la réforme de la BDEAC pour que celle-ci soit à même de lever les fonds permettant de financer les projets de développement des pays membres de la CEMAC.

1. Renforcement de la stabilité et de l'inclusion financières

La note associée au renforcement de la stabilité et de l'inclusion financières n'a pas progressé par rapport à son niveau de 2019. Elle est restée à 6,1 points représentant la cible de cet objectif général à fin 2020. Un retard de 0,9 point a été ainsi observé par rapport aux objectifs du programme à fin 2020 (7 points étant la cible), qui sont identiques à ceux de fin 2021. En effet, toutes les actions prévues dans ce cadre ont été réalisées par la COBAC en 2019, à l'exception de celles relatives à l'inclusion financière qui sont conduites par la BEAC.

Grâce à l'action de la COBAC, la surveillance du système financier sous-régional a en effet été renforcée à travers : (i) la liquidation et la mise en restructuration de plusieurs banques publiques en difficulté ; (ii) la mise en œuvre des recommandations du FSAP (Financial Sector Assessment Program) ; (iii) le développement de la supervision transfrontalière, la mise sur pied d'une surveillance basée sur les risques et l'amélioration du suivi des banques systémiques ; (iv) l'adoption en décembre 2018 d'un Règlement relatif aux services de paiement qui précise les différents services de paiement, notamment les comptes de paiement et qui crée une nouvelle catégorie d'établissements assujettis appelés les "établissements de paiement" qui peuvent être les opérateurs télécoms ; (v) l'adoption d'un Règlement relatif à la protection des consommateurs en vue d'assurer une confiance dans le système bancaire et le développement de la bancarisation ; (vi) l'adoption d'un règlement qui fixe les services bancaires minimums garantis aux consommateurs des services bancaires et financiers ; et, (vii) l'édiction d'un texte sur les services de paiement et sur la protection des consommateurs qui contribuerait à accroître le nombre de comptes de dépôts courants et d'épargne.

Dans le cadre de l'inclusion financière, la BEAC a initié plusieurs actions pour améliorer la qualité et la disponibilité de l'information financière ainsi que l'accès aux services financiers à travers notamment : (i) l'entrée en production de la centrale des bilans ; (ii) l'accélération de la refonte de la centrale des risques bancaires de la CEMAC, et (iii) l'institution d'un cadre réglementaire propice à l'activité des Bureaux d'Information sur le Crédit (BIC).

S'y sont également ajoutées différentes autres actions se rapportant au renforcement de la protection des consommateurs des services financiers dans la CEMAC grâce à : (i) la révision du cadre réglementaire relatif au Taux effectif global (TEG) et à la répression de l'usure ; (ii) la mise en place d'un indice des produits financiers pour renforcer le suivi des taux créditeurs pratiqués par les établissements de crédit ; et (iii) l'adoption d'un Règlement sur la protection des consommateurs des services financiers.

2. Redynamisation des marchés financiers

L'évaluation de la redynamisation des marchés financiers au cours de la première phase de la mise en œuvre du PREF-CEMAC révèle que la mise en œuvre des actions de cet objectif général a enregistré des gains de performance de 7 points en 2020 alors qu'ils étaient de 6 points en 2019, en recul de 7 points par rapport à sa cible. Dans ce cadre, la BEAC a mené entre 2016 et 2020 plusieurs actions visant à (i) promouvoir l'offre de titres sur le marché par l'action volontariste des États comme électrochoc de départ ; (ii) inciter la demande de titres sur le marché par le développement de l'épargne longue, la consolidation de la base des investisseurs et la diversification de l'offre de produits et, (iii) intégrer les marchés financiers de la CEMAC.

Ces diverses actions ont permis d'accroître significativement l'encours des titres publics entre 2016 et 2020. La BEAC a par ailleurs conduit avec succès la première phase de la fusion des marchés financiers, qui s'est achevée en juillet 2019 avec la mise en place des structures du marché financier unifié de la CEMAC (Régulateur, Bourse des valeurs et Dépositaire central unique).

Les actions réalisées sur cet objectif ont permis de faire progresser sa performance de 1 point. En effet, la première phase de ce processus consacrée à la fusion institutionnelle et physique effective des deux Bourses, des deux Régulateurs et des trois Dépositaires centraux s'est achevée en juillet 2019. La deuxième phase portant sur la restructuration et l'accompagnement des structures du marché financier unifié (Régulateur, Bourse des valeurs et Dépositaire central unique) se poursuit.

3. Réforme de la BDEAC

La réforme de la BDEAC a été achevée. En effet, dans un souci de modernisation de son fonctionnement et d'amélioration de sa gouvernance, la BDEAC a procédé à la révision de ses textes ainsi qu'à la création des comités spécialisés. Les principales actions mises en œuvre ont concerné :

(i) L'harmonisation du droit de vote au Conseil d'Administration et à l'Assemblée générale avec la consécration du principe "un actionnaire une voix", indépendamment de la contribution au capital social ;

(ii) L'élargissement de la zone d'intervention de la Banque aux autres pays membres actionnaires, ainsi qu'aux pays non membres et non actionnaires si l'intérêt de l'Institution l'exige ;

(iii) La mise en place d'un nouveau mode de désignation du Président et du Vice-Président de la Banque qui devrait être plus compétitif en privilégiant l'excellence. Ainsi, ils seront désormais nommés par la Conférence des Chefs d'État de la CEMAC, sur proposition de l'Assemblée générale de la BDEAC, après avis conforme du Conseil d'Administration ;

(iv) L'augmentation du nombre d'Administrateurs Indépendants au Comité d'Audit qui passe de deux à trois et dont la Présidence sera désormais assurée par un Administrateur Indépendant pour en garantir l'indépendance et le professionnalisme ;

(v) L'augmentation des représentants des Actionnaires de la catégorie A à l'Assemblée générale qui seront désormais représentés par deux ministres, à savoir le ministre des Finances et le ministre en charge des questions de Développement ou d'Intégration régionale ;

(vi) L'institution d'une présidence tournante de l'Assemblée générale sur une année civile ;

(vii) Le renforcement du rôle du Vice-Président qui seconde le Président et, en cas d'absence ou d'empêchement, le supplée. Sous l'autorité du Président, il assure la préparation et le suivi de l'exécution du budget, préside des comités de travail internes à sa charge (Comité technique, Comité de Placement, Comité de suivi du portefeuille, etc.) ;

(viii) L'augmentation à 3 du nombre d'Administrateurs Indépendants, dont l'un doit être ressortissant d'un pays membre actionnaire en dehors de la zone CEMAC ;

(ix) La création du Comité de Crédit, du Comité des Rémunérations et du Comité d'Éthique et de Déontologie ;

(x) La systématisation d'un audit indépendant en fin de mandat du Président afin d'établir un bilan et permettre à son successeur de connaître la situation réelle de la Banque au moment de sa prise de fonction et,

(xi) L'admission de la consultation à domicile comme mode de prise de décision pour certains dossiers spécifiques, à l'exception notable des dossiers de crédit, de l'adoption du budget et de l'approbation des comptes.

Par ailleurs, dans le cadre de sa mission de financement du développement, la BDEAC a adopté en 2017 un Plan stratégique sur la période 2017-2022, en vue d'accroître significativement ses interventions en faveur des projets structurants en adéquation avec les objectifs d'émergence des pays de la CEMAC. Conformément à ce plan, le volume d'engagement annuel prévu était de FCFA 100 milliards. Quatre ans après, la Banque a approuvé pour FCFA 552,1 milliards de financements en faveur de projets publics et privés, soit un volume d'engagement annuel satisfaisant de FCFA 138 milliards.

III. Évaluation de l'implémentation des réformes structurelles

Pour relancer la croissance à moyen terme et favoriser un processus de diversification compatible avec les besoins de création d'emplois, la CEMAC devrait améliorer sa compétitivité et renforcer le degré d'intégration de ses économies. Le pilier 3 sur les réformes structurelles comporte trois objectifs généraux (OG), à savoir :

(i) Le renforcement de la diversification économique et le développement du secteur privé (OG 9) à travers l'accélération de la diversification dans les domaines identifiés (agriculture, industrie, tourisme et autres services), le développement des chaînes de valeur et l'accélération de la mise en œuvre des activités de restructuration et de mise à niveau des entreprises de la sous-région ;

(ii) L'amélioration du climat des affaires (OG10) par la diminution des coûts des transactions des entreprises et des droits d'enregistrement, la mise en place d'incubateurs ou encore l'établissement d'une Charte régionale de la PME formelle, sur le modèle du « Small Business Act » ;

(iii) L'accroissement du financement alternatif des économies (OG 11). Les mesures proposées dans ce cadre visent à favoriser l'accès des PME-PMI du secteur formel aux financements bancaires traditionnels, à développer d'autres modes de financement (crédit-bail, fonds d'investissement dédié aux PME), à privilégier les arrangements institutionnels avec le secteur privé, tels que les partenariats Public/Privé (PPP), à développer les organismes de placements collectifs et à faciliter l'accès au financement islamique.

À fin 2020, comme le montre le graphique 6 ci-dessous, la note globale de la mise en œuvre des actions sur les réformes structurelles est passée de 7,6 points en 2019 à 9,1 points, en augmentation de 1,5 point. Un retard de 10,9 points a été ainsi observé par rapport aux objectifs du programme (20 points). Avec une performance globale de seulement 45,4% par rapport à la cible 2021 du PREF, ce pilier représente celui sur lequel les États et les institutions communautaires doivent faire le plus d'efforts dans le cadre du PREF.

Graphique 5: Performance générale du pilier 3 du PREF-CEMAC à fin 2020 (en points)

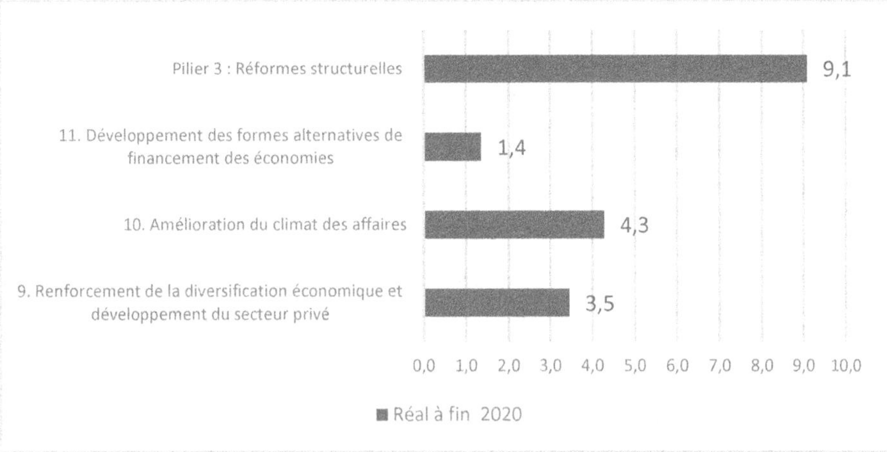

Graphique 6: Progression annuelle des scores du Pilier 3

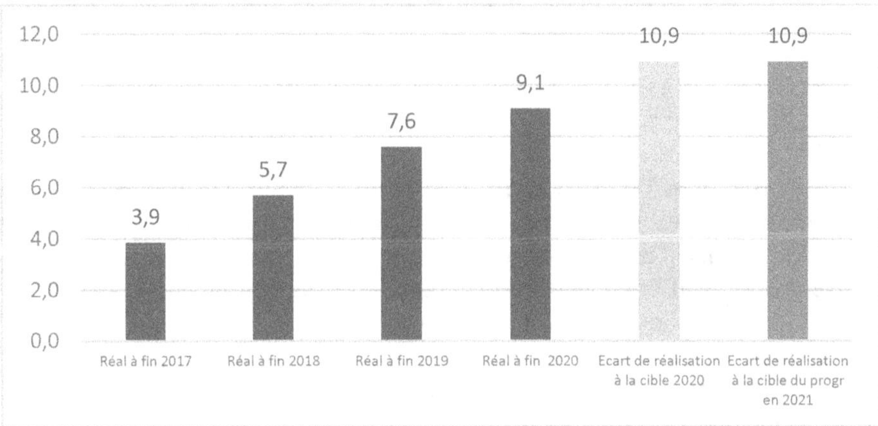

Par rapport aux différents objectifs du pilier 3, les résultats obtenus à fin 2020 représentent 45,4 % des objectifs du programme.

Les réformes structurelles représentent le seul pilier du PREF-CEMAC pour lequel moins de 50% des actions prévues dans le cadre de la mise en œuvre de ce Programme ont été réalisées alors qu'elles sont indispensables à la croissance et au développement économique.

La réussite dans la mise en œuvre des réformes structurelles dans la Sous-région passerait ainsi par l'appropriation de celles-ci par les pays membres, le renforcement des institutions qui en ont la charge, un suivi régulier, le ciblage des objectifs ainsi que l'assistance technique. À cet égard, la mise en place de l'Observatoire du Climat des Affaires et son opérationnalisation joueraient un rôle essentiel pour garantir l'effectivité des réformes structurelles dans la zone CEMAC.

A. Renforcement de la diversification économique et développement du secteur privé

La CEMAC reste une économie très peu diversifiée, fortement dépendante de la production pétrolière et donc largement exposée aux chocs exogènes, comme le choc pétrolier de 2014. Il est donc impératif de diversifier l'économie en élargissant la base de production au-delà des exportations du pétrole et des autres produits de base, pour placer la CEMAC sur un chemin de croissance soutenue et inclusive à travers le renforcement de la diversification économique et le développement du secteur privé.

1. Évaluation du renforcement de la diversification économique et du développement du secteur privé

Le renforcement de la diversification économique et du développement du secteur privé présente une contre-performance en comparaison à la réalisation des autres objectifs généraux du programme. En effet, seulement 43,2% des actions prévues dans le cadre du PREF-CEMAC pour cet objectif ont été réalisées.

La réalisation de cet objectif a progressé de 0,5 point dans tous les pays, et cela sur quasiment les mêmes actions, notamment i) l'augmentation du nombre de jeunes et de femmes entrepreneurs ii) la hausse du nombre d'enseignants et d'étudiants mobiles dans la Sous-région. En raison de la dynamique des populations et du redressement économique observé ces dernières années, les opportunités se sont accrues. C'est ce qui justifie les notes identiques pour tous les pays. Toutefois, avec les mesures gouvernementales de lutte contre la Covid-19, notamment la fermeture des frontières et la restriction des déplacements à l'intérieur des pays, cette tendance a été ralentie en 2020.

2. Difficultés rencontrées pour l'évaluation

Les difficultés rencontrées dans l'évaluation de la mise en œuvre des actions visant le renforcement de la diversification économique dans la Sous-région résultent du fait que plusieurs actions menées par certains États membres pour diversifier leurs économies ne pouvaient être prises en compte, car ne faisant pas partie des actions inscrites dans la Matrice de la première phase du PREF-CEMAC. On peut relever à cet effet, par exemple, pour le

Gabon (i) l'amélioration de l'offre énergétique (construction du barrage grand Poubara) ; (ii) la mise en service de nouvelles infrastructures portuaires (Port général Cargo et GSEZ Port Minéralier) ; (iii) la création des zones économiques spéciales (Nkok à Libreville et Port-Gentil) combinée avec la construction des centrales thermiques dans lesdites zones ; (iv) la conclusion des partenariats public-privé avec de grands industriels agricoles, notamment OLAM ; (v) la construction des écoles des métiers du bois, des mines, du tourisme et du pétrole ; et (vi) la poursuite de la mise en œuvre du Schéma directeur des Infrastructures.

De même, en Guinée-Équatoriale, on peut mentionner (i) l'intégration des objectifs de développement durable et de l'Agenda 2063 de l'Union africaine dans le Plan national du développement économique et social du pays ; (ii) la mise à jour du processus de révision de la Stratégie de développement « Horizonte 2020 », dont l'adoption se focalise davantage sur la diversification économique ; et, (iii) la reprogrammation de la stratégie de développement lors des travaux de la 3e Conférence économique nationale.

Enfin, au Tchad, le Gouvernement a mené plusieurs actions qui portent sur (i) la mise en place en 2019 du Plan directeur d'Industrialisation et de Diversification économique du Tchad (PDIDE) avec l'appui de la Commission économique des Nations Unies pour l'Afrique (CEA) ; (ii) l'achèvement des études de faisabilité de 10 agropoles ; (iii) la construction des abattoirs de N'Djamena et de Moundou ; et, (iv) la finalisation de l'élaboration du Plan directeur d'Industrialisation et de Diversification économique.

B. Amélioration du climat des affaires et développement des formes alternatives de financement de l'économie

Le secteur privé ne peut saisir les opportunités de compétitivité et d'expansion générale que s'il opère dans un climat des affaires favorable. La CEMAC accuse un retard à cet égard par rapport aux autres régions de même niveau de développement. La transparence des règles du jeu ouvrirait les marchés à un plus grand nombre d'acteurs et rendrait la croissance plus inclusive dans la Sous-région.

1. Amélioration du climat des affaires

Depuis le début de mise en œuvre du PREF, seulement 53,5% des actions prévues en ce qui concerne l'amélioration du climat des affaires ont été réalisées.

D'après le dernier rapport Doing Business (2020) de la Banque Mondiale, le Cameroun, la Centrafrique, la Guinée Équatoriale et le Tchad ont reculé d'un rang chacun. Les autres pays de la CEMAC (Congo et Gabon) ont maintenu le statu quo.

Tableau 6: Classement des pays de la CEMAC dans le Doing Business de 2017 à 2020 (sur 190 pays)

Pays	2017	2018	2019	2020	Progression 2019 - 2020
Cameroun	166	163	166	167	-1
Centrafrique	185	184	183	184	-1
Congo	177	179	180	180	0
Gabon	164	167	169	169	0
Guinée Équatoriale	178	173	177	178	-1
Tchad	180	180	181	182	-1

***Source** : Rapports Doing Business 2017-2020, Banque mondiale*

De façon globale, la réalisation des actions mises en œuvre par les États membres pour améliorer le climat des affaires a progressé de 1 point grâce aux réformes menées par ceux-ci.

Au Cameroun, la mise en œuvre des actions de cet objectif général a progressé de 1 point par rapport aux actions inscrites dans la matrice du PREF-CEMAC. Le pays a néanmoins reculé dans le classement Doing Business, comme l'indique le tableau 6 ci-dessus. Les actions suivantes ont néanmoins été mises en œuvre :

- Élaboration en mars 2019 de la feuille de route pour l'amélioration du climat des affaires issue des travaux de la 11e Session du *Cameroon Business Forum*. Il restait à mettre en œuvre des réformes qui y sont consignées, en l'occurrence celles afférentes au transfert de propriété, l'obtention des permis de construire, le règlement des différends, l'accès au crédit et la gouvernance ;
- Mise en œuvre des mesures sur : (i) la rationalisation de la procédure de remboursement des crédits de TVA à travers l'introduction de l'analyse risque dans le traitement des demandes des contribuables (remboursement automatique sans contrôle préalable aux entreprises citoyennes), (ii) la mise en paiement des arriérés des exercices 2016 et antérieurs dus aux personnes physiques et prestataires de services à l'État, (iii) le recours effectif au circuit vert intégré dans le SYDONIA afin d'accompagner les entreprises citoyennes, (iv) l'ouverture de la possibilité pour le contribuable de saisir le tribunal de son centre des impôts de rattachement ou celui de sa résidence ou de son siège social afin de rapprocher la justice des justiciables, (v) l'introduction de la possibilité d'obtenir le sursis de paiement dans le cadre d'une procédure de transaction avec l'administration fiscale, et (vi) la consécration de l'assujettissement à la TVA sur option afin de garantir la neutralité de cette taxe pour les entreprises.

En RCA, l'évaluation montre que le pays a progressé de 1 point en 2020 dans la mise en œuvre des actions de cet objectif général. Bien que le pays ait reculé dans le classement du Doing Business 2020, le processus de reconstruction du pays initié depuis quelques années déjà a permis de mettre en œuvre des mesures visant à l'amélioration du climat des affaires. Dans ce cadre, le pays a mis en place un Cadre Mixte de Concertation pour l'Amélioration des Affaires (CMCAA) et élaboré un plan d'action 2019 – 2021 dont la mise en œuvre vise entre autres : (i) l'allègement des procédures et des coûts de création des entreprises et la réduction des obstacles formels ; (ii) la redynamisation des principales structures d'accompagnement des PME et TPE ; (iii) la vulgarisation du nouveau statut de l'entrepreneuriat du droit OHADA auprès des opérateurs économiques du secteur informel ; (iv) l'harmonisation des instruments juridiques relatifs au foncier centrafricain ; (v) la sécurisation des transactions portant sur les biens meubles et immeubles ; (vi) l'allègement des procédures de transfert de propriété foncière et d'autorisation de permis de construire ; et, (vii) la dématérialisation des procédures fiscalo-douanières. Le CMCAA a élaboré un Guide électronique des affaires avec l'appui de la Banque mondiale logé au ministère du Commerce.

Au Congo, le Gouvernement a progressé de 1 point en 2020 par rapport à 2019 dans l'exécution des actions relatives à l'amélioration du climat des affaires. Le classement Doing Business 2020 a relevé les points positifs dans l'amélioration de l'environnement des affaires, notamment une amélioration du raccordement à l'électricité, l'obtention des permis de construire et la réduction des délais dans la création des entreprises. Les réformes engagées par le Gouvernement ont porté sur :

- La finalisation du projet de PND 2018-2022, qui prévoit la maintenance des infrastructures existantes et la construction de nouvelles ;
- La poursuite de la restructuration des sociétés nationales d'électricité et de distribution d'eau entamée en avril 2018 ;
- L'adoption par le Gouvernement de 6 textes visant l'amélioration du climat des affaires : (i) Décret 1162017-42 du 28 mars 2017 portant création, attributions et organisation du Comité interministériel pour l'amélioration du climat des affaires ; (ii) Textes de création, de modifications diverses et de radiation d'entreprises ; (iii) Décret 110 2018-180 du 30 avril 2018 relatif à la domiciliation de l'entreprise à l'adresse personnelle du dirigeant ; (iv) projet de décret portant création, attributions et organisation du Comité national de concertation entre le secteur privé et l'administration publique ;
- La mise en place d'une plateforme électronique à travers l'Agence pour la Promotion des Investissements (API) présentée officiellement au

[6] 2017-41 du 28 mars 2017 portant forme des statuts et constitution du capital de la 11 société à responsabilité limitée • (iii) Loi n° 16-2017 du 30 mars 2017 portant création d'établissement public à caractère administratif dénommé Agence congolaise pour la création des entreprises ; (iv) Décret 11°2018-155 du 23 avril 2018 portant institution de la signature électronique à l'agence congolaise pour la création des entreprises ; (v) Décret 11°2018-154 du 23 avril 2018 portant centralisation des

public le 24 janvier 2018 à Brazzaville. Cette interface comporte des données nécessaires pour investir en terre congolaise. On peut y trouver des renseignements sur le centre de formalités des entreprises, les douanes, les impôts, le foncier, les mesures incitatives à l'investissement ainsi que les régimes d'investissement privilégiés et d'autres informations ;

- La création des points d'accueil dans les agences technico-commerciales et centres de distribution, ayant un impact sur le coût de l'électricité. Un bureau d'information est disponible au niveau de la SNE.

Au Gabon, le pays a progressé de 1 point en 2020 par rapport à 2019 sur la mise en œuvre des actions relatives à l'amélioration du climat des affaires. Le Rapport Doing Business 2020 a relevé des points positifs, notamment sur la simplification des procédures dans la création d'entreprises, l'obtention des permis de construire et dans une moindre mesure une amélioration du raccordement à l'électricité.

Cette évolution positive enregistrée a résulté de la mise en œuvre des actions relatives à :

- La mise sur pied par le Gouvernement conjointement avec les équipes de la Banque mondiale d'une feuille de route des réformes majeures à mettre en place afin de favoriser le classement du Gabon au sein du Doing Business ;
- La prise d'un Arrêté en mars 2018 portant création et organisation du Comité ad hoc interministériel chargé de l'examen des textes élaborés dans le cadre du Projet Doing Business, la ratification de l'Acte OHADA sur la création d'entreprises rendant désormais optionnel le passage chez le notaire ;
- Le regroupement de toutes les Administrations au sein du Guichet unique à l'ANPI facilitant ainsi la création d'une entreprise en moins de 48 heures ;
- L'ouverture d'un compte séquestre TVA à la Banque Centrale afin de faciliter le remboursement des crédits TVA ; et,
- Le suivi effectif de la mise en œuvre des réformes prises dans le cadre du Haut Conseil pour l'Investissement (HCI) dont le Secrétariat permanent est assuré par l'Agence Nationale pour la Promotion des Investissements (ANPI).

En Guinée-Équatoriale, l'amélioration du climat des affaires a progressé de 1 point en 2020 par rapport à 2019. Le Rapport Doing Business 2020 a relevé les points positifs suivants relatifs à l'amélioration du climat des affaires, principalement dans les délais de création d'entreprises, à travers :

- L'achèvement de la mise en place des « guichets uniques » dans la procédure de création des entreprises et pour le paiement des taxes et impôts ;
- L'abrogation des éléments de la législation sur l'investissement privé susceptibles de décourager les investissements dans les secteurs non pétroliers, notamment l'obligation de céder 35% de participations aux partenaires nationaux ;
- L'organisation d'un séminaire de haut niveau pour l'amélioration du climat des affaires avec la collaboration de partenaires techniques et financiers ;
- La mise en place effective du guichet unique pour la création d'entreprises ;
- L'amélioration des installations portuaires et aéroportuaires afin de devenir un pivot de transport régional de marchandises et de passagers. Le port de Malabo, construit pour accueillir des navires d'un tirant d'eau de 16 mètres et d'une capacité de 10 000 conteneurs, entend servir d'escale pour des navires en provenance d'Asie et d'Europe et à destination d'Afrique de l'Ouest et Centrale ;
- La mise en œuvre du projet « Africa Coast to Europe » lancé par France Telecom-Orange, et dont la Guinée Équatoriale a bénéficié du raccordement au câble de fibre optique qui longe la côte africaine sur 17 000 km et qui permettra à 23 Nations d'accéder à une connexion à Internet à haut débit.
- Par décret n° 45/2020 du 24 avril 2020, le capital social minimum pour la création d'une société à responsabilité limitée en Guinée Équatoriale est fixé à un million (1.000.000) F. CFA ;
- Les travaux d'élaboration de la nouvelle stratégie nationale de développement à l'horizon 2035, qui intègrent les priorités de la CEMAC, de l'Agenda 2063 de l'Union africaine, ainsi que l'Agenda 2030 des Nations Unies sur la diversification économique ;
- L'adoption de l'arrêté ministériel n° 11/2020 du 30 avril approuvant la mise en œuvre de SYDONIA en Guinée Équatoriale ;
- La tenue régulière des réunions et la publication des rapports du Comité national pour l'amélioration du climat des affaires ; et,
- La restructuration de quatorze (14) entreprises publiques en cours avec le renouvellement de leurs différents conseils d'administration, leurs statuts de fonctionnements, et l'adaptation de leur comptabilité à la norme OHADA.

Au Tchad, la mise en œuvre des actions visant l'amélioration du climat des affaires a progressé de 1 point en 2020 par rapport à 2019. Ce résultat repose essentiellement sur la facilitation des procédures de création d'entreprises, l'obtention à des délais courts du permis de construire et le transfert de propriété. Cette évolution a résulté de la création en mars 2019 du Conseil Présidentiel pour l'Amélioration du Climat des Affaires au Tchad (CPACAT) ainsi que de l'Observatoire du Climat des Affaires au Tchad. Par ailleurs, les efforts consentis par les autorités ont permis ces dernières années de stabiliser plus ou moins la position du Tchad dans le classement Doing Business (181e en 2019 après 180e en 2018 et 2017).

2. Développement des formes alternatives de financement de l'économie

Les actions prévues dans la matrice du PREF-CEMAC qui concernent le développement des formes alternatives de financement de l'économie ont connu une mise en œuvre limitée. En effet, seulement 33,9% de ces actions ont été réalisées à fin 2020, soit 66,1% des actions restantes à réaliser pour atteindre la cible 2021. Aucun État membre de la CEMAC n'a réalisé de nouvelles actions dans le cadre de cet objectif général. Ainsi, la note générale de la Sous-région, et même celle de chaque État membre, n'a pas changé en 2018, 2019 et 2020.

II. Évaluation du processus de mise en œuvre de l'intégration régionale et de la coopération internationale

L'intégration régionale et la coopération internationale constituent respectivement les piliers 4 et 5 de la première phase du PREF-CEMAC. Le pilier 4 comporte trois objectifs généraux (OG), à savoir :

(i) L'accélération de l'édification du marché commun (OG12) par le renforcement de l'Union Douanière à travers l'harmonisation des catégories d'exonérations douanières utilisées par les différentes administrations des douanes, qui permettrait d'apporter plus de transparence à cette pratique et faciliterait l'exercice d'évaluation des dépenses fiscales ;

(ii) Le renforcement des appareils statistiques nationaux et de l'appareil statistique communautaire (OG13), qui est actuellement insuffisant pour le suivi, la coordination et une surveillance plus stricte des politiques d'intégration, est également indispensable. La disponibilité, la fiabilité et la comparabilité des données et statistiques en matière de comptabilité nationale, indice des prix, finances publiques et commerce extérieur, devraient être améliorées significativement ;

(iii) La réalisation du deuxième Plan opérationnel du PER couvrant la période 2017-2021 (OG14) et en particulier la mise en œuvre de projets intégrateurs visant à réduire le déficit en infrastructures prévu dans le PER (infrastructures routières – hard et soft, télécommunications – fibre optique dans le cadre du projet « Central African Backbone »).

À fin 2020, la note globale de la mise en œuvre du processus d'intégration régionale est passée de 10,3 points en 2019 à 11,0 points, en augmentation de 0,7 point. Un retard de 7,4 points a néanmoins été observé par rapport aux objectifs du programme à fin 2020 (18,4 points) et de 8,4 points par rapport aux cibles du programme à fin 2021 (19 points). Autrement dit, les actions prévues dans la matrice du PREF-CEMAC qui concernent l'intégration régionale ont été réalisées à fin 2020 à 59,8%. Cette performance représente 57,9% des actions prévues pour l'atteinte des objectifs de la cible en 2021.

Graphique 7: Progression annuelle des scores du Pilier 4

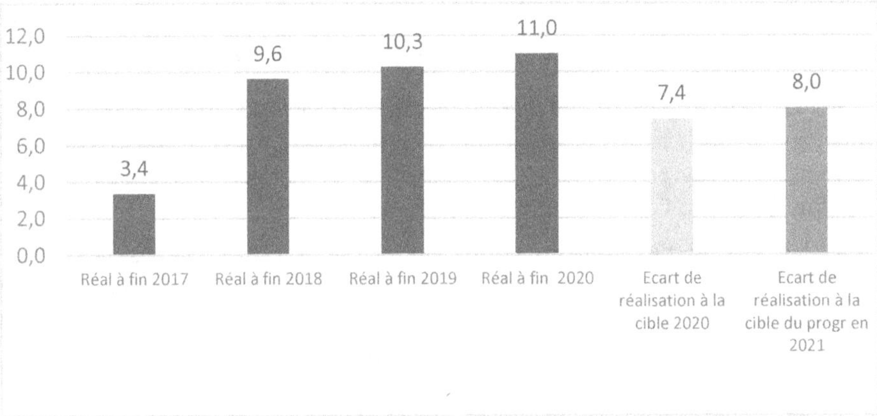

Graphique 8: Performance générale du pilier 4 du PREF-CEMAC à fin 2020 (en points)

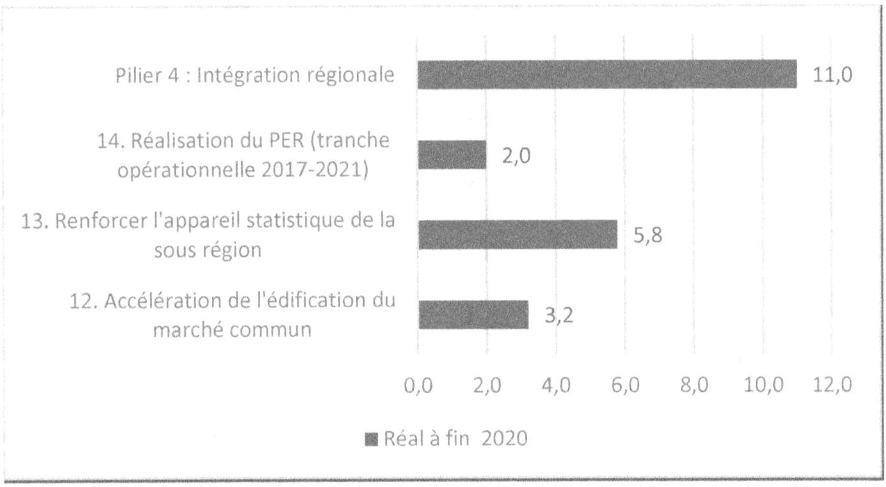

A. Accélération de l'édification du marché commun et renforcement de l'appareil statistique de la sous-région

Le marché commun représente le premier marché pour les entreprises de la CEMAC. Malheureusement, ce marché est peu développé, comme en témoigne le faible niveau des échanges commerciaux intracommunautaires. Son édification permettrait de faire de la CEMAC un espace où les entreprises commercent librement sur la base de règles commerciales et concurrentielles communes. Cette édification repose aussi sur l'amélioration de la coordination des politiques économiques et sectorielles qui passe par le renforcement des systèmes statistiques nationaux et communautaires afin d'assurer la disponibilité des statistiques fiables et à temps.

1. Accélération de l'édification du marché commun

À fin 2020, le taux de réalisation des actions de cet objectif général s'est situé à 64,3% par rapport aux objectifs du programme. Les actions menées ont été mises en œuvre il y a plusieurs années et concernent principalement la Commission de la CEMAC. Elles concernent :

- La saisine des ministres du Commerce et des Finances des États membres, dans le cadre ***du Tableau de suivi des indicateurs de la politique commerciale commune (TSPC)*** CEMAC et des préparatifs de l'examen groupé des politiques commerciales des États membres de la CEMAC à l'OMC ;
- L'organisation de l'atelier régional à Malabo en mai 2019, avec l'appui de l'OMC. Cet atelier a permis à la Commission de susciter l'actualisation des informations fournies par les États membres, d'évaluer l'engagement de chaque État membre sur les questions commerciales, douanières et fiscales, et de les encourager dans la perspective de l'examen groupé des politiques commerciales qui était prévu à Genève en 2020 dans le cadre de l'OMC.
- La mise en œuvre du Projet sur le renforcement de la concurrence et la protection des consommateurs. La Commission a procédé à cet effet à (i) l'examen de cinq dossiers de notification des opérations de concentration reçus des entreprises ; et (ii) la relecture du Projet de règlement révisé sur la concurrence et du Projet de Directive harmonisant la protection des consommateurs en vue de sa transmission pour signature par le Président du Conseil des ministres de l'UEAC.
- L'organisation, avec l'assistance technique de la Conférence des Nations-Unies sur le Commerce et le Développement (CNUCED), d'un atelier régional du 18 au 22 juin 2019 à Douala, sur la vulgarisation du Règlement révisé sur la concurrence et la directive harmonisant la protection des consommateurs adoptée en avril 2019 par le Conseil des ministres de l'UEAC.

- L'organisation de la première réunion de la Task Force régionale pour l'Afrique centrale, qui s'est tenue à Douala, du 02 au 04 mai 2019, sur la mise en œuvre de la zone de libre-échange continentale africaine (ZLECAF). Cette réunion avait pour but de contribuer à une meilleure intégration des États membres de la CEEAC dans le processus d'établissement de la Zone de Libre Échange Continentale africaine (ZLECAF), à travers l'élaboration de la liste des concessions tarifaires des États de l'Afrique centrale.
- La mission de sensibilisation dans les six États de la Communauté en vue de préparer l'offre commerciale de chaque pays aux échanges intracommunautaires. Cette démarche était d'autant plus nécessaire que la pression semblait se faire de plus en plus vive sur les balances de paiement.
- La transmission des projets de textes régissant plusieurs secteurs des services aux États membres pour les consultations nationales à organiser avec les différentes parties prenantes nationales concernées. Ces projets de textes actualisés ont fait l'objet d'un examen approfondi et d'une validation au cours d'un atelier régional que la Commission de la CEMAC a organisé en 2020. Il s'agit du :
    - Projet de Directive relative à la Libre circulation et l'Établissement pour la création d'un établissement d'enseignement maternel, primaire, secondaire, supérieur ou professionnel par le ressortissant d'un État membre établi sur le territoire d'un État membre de la CEMAC ;
    - Projet de Directive relative à la Libre circulation et l'Établissement pour l'implantation et l'ouverture de formation sanitaire privée par le ressortissant d'un État membre établi sur le territoire d'un État membre de la CEMAC ;
    - Projet de Règlement portant adoption de l'Accord-cadre sur la reconnaissance mutuelle des qualifications professionnelles ;
    - Projet de Directive relative aux services dans le cadre du Marché Commun des services de la CEMAC ;
    - Projet de Directive relative à la Libre circulation et l'Établissement pour l'ouverture et l'organisation touristique par le ressortissant d'un État membre établi sur le territoire d'un État membre de la CEMAC ;
    - Projet de Directive relative à la Libre circulation et l'Établissement des Architectes ressortissants des pays de la CEMAC ;
    - Projet de Décision relative à la Libre circulation et l'Établissement des Chirurgiens-dentistes ressortissants des pays de la CEMAC ;

- Projet de Directive relative à la Libre Circulation et l'Établissement des Pharmaciens ressortissants des pays de la CEMAC ;
- Projet de Directive relative à la Libre Circulation et l'Établissement des Sage-Femmes ressortissantes des pays de la CEMAC.

- La mission de sensibilisation en juillet 2019 dans les pays qui ne disposaient pas encore de Comité national de l'origine. À la suite de cette mission, presque tous les pays ont pris des textes portant création et fonctionnement des Comités nationaux de l'origine, à l'exception de la Guinée Équatoriale qui a fait tenir un comité ad hoc pour examiner la demande d'agrément de ses produits. Par ailleurs, la Commission de la CEMAC a mis en place une assistance technique à l'endroit des pays pour d'une part assister les comités nationaux de l'origine dans le processus d'examen et d'analyse des dossiers et d'autre part pour appuyer les entreprises dans le montage des dossiers de demande d'agrément. Le Gabon, le Congo, la RCA et la Guinée Équatoriale ont bénéficié de cette assistance.
- L'organisation d'une réunion du Comité régional de l'origine à Douala du 20 au 24 février 2020. Cette réunion a permis la validation de 304 produits présentés par les entreprises des États membres et validés par les Comités nationaux de l'Origine. Ce qui porte le total des produits homologués à 626. Seul le Tchad n'a pas présenté les produits pour homologation au cours de cette réunion. Le recueil des produits ayant reçu l'agrément CEMAC doit être mis à jour à la suite de la tenue du prochain Comité régional de l'origine ;
- L'effectivité de la libre circulation des biens, des personnes et le droit d'établissement en application de l'Acte additionnel N°01/13-CEMAC-070 U-CCESE du 25 juin 2013 : en 2020, tous les Pays ont confirmé leur engagement d'appliquer la libre circulation des personnes dans la Sous-région : le Tchad depuis le 08 août 2017, la Centrafrique depuis le 13 octobre 2017, la Guinée Équatoriale depuis le 17 octobre 2017, le Gabon depuis le 19 octobre 2017, le Congo depuis le 23 octobre 2017 et le Cameroun depuis le 1er novembre 2017.
- La mise en œuvre de la procédure visant à supprimer les frais d'itinérance des communications téléphoniques (Roaming) en zone CEMAC. À cet effet, la réunion des ministres en charge des télécommunications sur l'itinérance et la suppression des surcoûts des frais de Roaming en zone CEMAC s'est tenue le 28 février 2020 à Douala (République du Cameroun). Les ministres ont examiné et validé le projet de Règlement communautaire relatif à l'itinérance et aux tarifs sur les réseaux de communications électroniques mobiles ouverts au

public pour la mise en place d'un réseau unique en zone CEMAC. Ils ont recommandé son adoption par le Conseil des ministres de l'UEAC.

- La production de la note de conjoncture commerciale. Dans le cadre du suivi de l'intégration commerciale, la Commission de la CEMAC a poursuivi l'exercice d'élaboration de la note de conjoncture commerciale pour l'année 2018, cette note a permis d'analyser en profondeur le commerce extérieur de la CEMAC dans toutes ses composantes.

Au niveau de certains pays, on peut relever la poursuite des actions en vue de l'accélération de l'édification du marché commun, qui n'ont cependant pas fait évoluer les notes des États qui les ont mises en œuvre. Parmi ces pays, on peut relever qu'en RCA, les gains de performance sont restés constants entre 2018 et 2020. Pourtant, les actions suivantes ont ainsi été réalisées :

- La promulgation de la Loi N°16.006 du 30 décembre 2016 portant Code de Commerce en RCA, qui est entré en vigueur en 2017. Il en est de même de la Loi portant réglementation des importations et exportations en RCA ;
- La suspension de la négociation sur l'Accord de Partenariat économique avec l'UE. Le projet de texte portant ratification de l'Accord sur la Zone de Libre Échange continental africaine (ZLECAF) était déjà transmis à l'Assemblée nationale pour adoption ;
- La signature du décret portant création du Comité national de l'origine.

En ce qui concerne le Congo, le Gouvernement a mis en place le Comité d'origine chargé de superviser l'étude sur l'application de la règle d'origine.

En Guinée Équatoriale, on peut relever la validation de la décision relative à la libre circulation des personnes au sein de la CEMAC. En effet, le décret d'application de l'adhésion de la Guinée Équatoriale conformément aux engagements pris lors de la 13e session ordinaire de la Conférence des Chefs d'État de la CEMAC (17 février 2017) a été signé.

2. Renforcement de l'appareil statistique de la Sous-région

Les actions réalisées dans le cadre du renforcement de l'appareil statistique de la Sous-région représentent à fin 2020 52,6% des actions prévues dans le cadre du programme, soit 47,4% des actions restantes à mener pour atteindre les objectifs de la cible à fin 2021.

Les gains de performance dans la mise en œuvre des actions de cet objectif général ont progressé de 0,3 point par rapport à leur niveau de 2019. Ils sont passés ainsi de 5,5 points en fin 2019 à 5,8 points en 2020, soit un écart de 5,2 points de la cible sur cet objectif à fin 2020, induisant ainsi un retard par rapport à la cible 2021. Cette performance obtenue résulte en particulier de la validation du Programme statistique sous-régional Stat-CEMAC.

La Commission de la CEMAC et les pays ont toutefois mis en œuvre certaines actions. Pour la Commission, on peut relever :

- La finalisation du projet d'Indice harmonisé des Prix à la Consommation en zone CEMAC (IHPC-CEMAC). Ce projet, réalisé avec l'appui de l'Union européenne, a permis aux États membres de la CEMAC de calculer un nouvel indice harmonisé de prix dont l'importance n'est plus à démontrer pour la bonne conduite de la politique monétaire dans notre sous-région.
- La validation du Programme statistique sous-régional en octobre 2020. Ce Programme décennal couvre la période 2021-2030.

Au Cameroun, le Gouvernement a réalisé des actions qui complètent et renforcent les mesures inscrites dans la matrice des actions du PREF-CEMAC pour 2020. On peut mentionner à cet effet :

- L'évaluation à mi-parcours de la Stratégie nationale de Développement de la Statistique (SNDS) pour la période 2015-2020 adoptée par le Conseil National de la Statistique en novembre 2018. La nouvelle SNDS 2020-2030 qui est alignée sur la nouvelle SNDS 30 du Cameroun a été validée le 15 avril 2021.
- La mise en place en 2018 du Cadre national de l'Assurance Qualité (CNAQ) avec l'appui technique de Statistique Canada, PARIS21 et AFRISTAT ;
- La mise en place de nouveaux outils pour la promotion et la diffusion de l'information statistique à l'instar de la plateforme Open Data (centralisant les différentes bases de données de l'INS, du MINFI et de la BEAC), des bases de données ANADOC-NADA (centralisant les données, les rapports et les documents méthodologiques des enquêtes et études) ainsi que la Base de Données Socioéconomiques du Cameroun (CamSED) ;
- Le basculement du Système général de Diffusion des Données (SGDD) à la Nouvelle Norme de Diffusion des Données (NNDD) ;
- La production de nouveaux indices, notamment dans le cadre du Projet PEPS, à savoir l'Indice sur le Coût de la Construction (ICC), l'Indice des Prix des Produits industriels (IPPI), l'Indice des Prix des Services (IPS), ainsi que le renforcement de l'Indice de la Production industrielle (IPI) en le transformant en un Indice de volume au lieu d'un Indice de quantité.

Au Congo, les actions mises en œuvre ont porté sur :

- La ratification de la Charte africaine de la Statistique, en 2013, avec pour conséquence la modification impérative de la loi sur la statistique ;
- La validation et l'adoption de la Stratégie nationale du Développement de la Statistique ;

- Le renforcement de la coordination du Système statistique national avec la révision du dispositif juridique, notamment la loi sur la statistique officielle, la restructuration du CASP et du CEPI ;
- La réalisation des grandes enquêtes : RGPH, REGEC, Enquête sur l'emploi, le secteur informel et sur les conditions de vie des ménages ;
- La restructuration de l'INS en un établissement public à caractère administratif ;

Au Gabon, le Gouvernement a exécuté convenablement le programme statistique avec la Banque mondiale dans le respect du chronogramme détaillé. Dans le cadre de ce programme visant à appuyer sur une période de cinq ans la réforme statistique engrangée en 2015, plusieurs enquêtes ont été effectuées, notamment l'enquête sur la pauvreté, le Recensement général des Entreprises ainsi que l'Enquête démographique et sociale.

En Guinée-Équatoriale, le Gouvernement a réalisé les actions qui ont porté sur :

- La promulgation de la Loi n°3/2020 du 16 octobre 2020 portant sur la réglementation de l'activité statistique en République de Guinée Équatoriale et conforme à la Charte africaine de la statistique ;
- La mise en œuvre des projets visant l'amélioration et la modernisation de l'appareil statistique avec l'accompagnement du FMI et de la Banque mondiale. À cet effet, les opérations statistiques complexes, telles que la deuxième enquête nationale auprès des ménages et le premier recensement national des entreprises, ont démarré en 2020 ;
- La stratégie nationale de développement statistique (ENDE) a été adoptée pour la période 2021-2024 ; et,
- L'organisation des séminaires pour améliorer la production des statistiques à partir du Tableau des opérations financières de l'État (TOFE).

Au Tchad, on peut relever l'adoption en fin mai 2019 de la Loi statistique par la Représentation nationale ainsi que sa promulgation le 11 juin 2019 par le Président de la République. Par ailleurs, on relève l'existence d'une Convention d'assistance technique avec AFRISTAT pour le rebasage et la migration au Système de Comptabilité nationale (SCN) 2008. À cet effet, l'année 2017 a été projetée pour être la nouvelle année de base statistique pour la production des comptes nationaux. Comme action devant appuyer fortement ce chantier de rebasage, l'enquête ECOSIM 4 a été menée. En outre, les travaux en matière de mise en place de l'Indice du Coût de la Construction (ICC) ont été faits avec l'assistance technique d'AFRISTAT.

B. Réalisation de la deuxième phase opérationnelle du programme économique régional

Les actions réalisées dans le cadre de la réalisation de la deuxième phase opérationnelle du PER représentent à fin 2020, 83,3% des actions prévues dans le cadre du PREF en ce qui concerne cet objectif général. Par rapport à la cible 2021 du Programme, la performance globale de cet objectif général représente 66,7% des actions prévues.

La note de cet objectif général a progressé de 0,5 point grâce aux efforts fournis dans la réalisation de certains projets intégrateurs. En effet, à la demande du Président du Comité de Pilotage du Programme des Réformes économiques et financières de la CEMAC (PREF-CEMAC), un groupe de travail sur les projets intégrateurs, créé par le Président de la Commission de la CEMAC, s'est réuni à Malabo au siège de la Commission du 09 au 13 septembre 2019, avec pour mandat (i) d'établir un ordre de priorité des projets intégrateurs parmi les 13 programmes phares du PER, (ii) de s'assurer de leur maturité et actualiser leur évaluation financière, (iii) de préparer les fiches techniques des projets, (iv) et d'identifier les partenaires et les bailleurs intéressés. Y ont pris part les experts de la Commission de la CEMAC, de la BDEAC et du PREF-CEMAC.

1. Les douze projets intégrateurs dont les financements ont été mobilisés à la Table ronde de Paris de 2020

Après examen des 13 programmes du Programme économique régional 2017-2021 qui comporte 84 projets, et sur la base des conclusions de la concertation régionale tenue à Douala du 5 au 6 juillet 2019, des priorités retenues par les États eux-mêmes, et tenant dûment compte de l'état de maturité des projets (disponibilité des TDR, APS, APD, AMI et DAO, finalisation des Études de faisabilité technique et économique, existence d'un Mémorandum of Understanding entre États concernés, rapport d'évaluation des projets), le groupe de travail a sélectionné 12 projets intégrateurs prioritaires. Ces douze projets sont :

- (i) La construction d'un pont sur le fleuve Ntem et la facilitation du transport, et de la sécurité routière sur la route transnationale Kribi-Campo-Bata reliant le Cameroun et la Guinée Équatoriale ;
- (ii) La construction de la voie express Lolabe-Campo (40 km) ;
- (iii) La construction de la route Ndende-Doussala (144 km) ;
- (iv) La construction de la route Kogo-Akurenam ;
- (v) L'aménagement du corridor Brazzaville-Ouesso-Bangui-Ndjamena ;
- (vi) La construction de la route Mbaikoro-Bendja-Bekoninga frontière RCA (109 km) ;
- (vii) L'aménagement hydroélectrique de Chollet et des lignes électriques ;

(viii) L'interconnexion des réseaux électriques Cameroun-Tchad ;
(ix) L'interconnexion du Cameroun avec les pays de la CEMAC par la fibre optique ;
(x) La construction du Port sec de Beloko ;
(xi) La construction du Port sec de Dolisie ;
(xii) L'université inter-États Cameroun-Congo.

Le coût total des douze projets intégrateurs a été estimé à 4 074,64 millions d'euros. Sur ce montant 709,92 millions d'euros, soit 17,42% du cout total, avaient été mobilisés avant la table ronde. Le financement recherché se chiffrait donc à 3 364 ,72 millions d'euros, soit 82,58% du montant du coût global. Les Partenaires techniques et financiers, les organisations régionales, les bailleurs et investisseurs privés se sont engagés à financer et à participer à la mise en œuvre de tous ces projets sur une période de cinq ans (2021-2025).

La Table ronde sur la mobilisation des financements pour les projets intégrateurs de la CEMAC s'est tenue les 16 et 17 novembre 2020 à Paris. Y ont pris part, les membres des Gouvernements des États de la CEMAC, les Représentants du Gouvernement français, les Responsables des Institutions communautaires, les Représentants des Institutions internationales, les bailleurs et investisseurs privés. Quatre cents (400) autres personnes ont participé à la Table ronde par visioconférence.

Cette Table ronde a permis de mobiliser près de 3,8 milliards d'euros pour un montant recherché de 3,3 milliards d'euros. Les financements de 08 des 11 projets présentés étaient ainsi bouclés à l'issue de ladite Table ronde.

De manière détaillée, trois types d'annonce ont été faits : (i) les financements acquis auprès d'Afreximbank, la BDEAC, la BAD, la Banque Mondiale et SX CAPITAL HOLDINGS, pour un montant total de 1 492,5 millions d'euros et concernant 07 projets au total dont ledit financement est bouclé ; (ii) les financements en cours de finalisation pour lesquels certains bailleurs et partenaires ont marqué leur intérêt et sollicité des précisions complémentaires pour affiner leurs intentions. Il s'agit de : JMC PROJECTS INDIA, STOA, Banque Islamique de Développement et OLAM ; et enfin (iii) les manifestations d'intérêt pour lesquels certains bailleurs ont marqué leur intérêt sans préciser les montants qu'ils étaient prêts à engager. Il s'agit de Chambre de commerce scandinave, SOGEA-SATOM, BADEA, OLAM.

La Chambre de commerce scandinave a en plus annoncé la mobilisation d'une ligne de crédit d'un milliard d'euros auprès des Fonds nordiques en faveur de la BDEAC pour le financement des projets et d'une prise de participation de 13% dans le capital de ladite institution.

2. Les activités du Comité de suivi de la mobilisation et de la mise en œuvre des projets intégrateurs prioritaires de la CEMAC

Un comité ad hoc de suivi de la mise en œuvre des recommandations de la Table ronde a été mis en place en fin novembre 2020. Deux réunions de ce Comité ont eu lieu respectivement du 28 au 30 décembre 2020 et du 15 au 18 février à Douala. Ces rencontres avaient pour buts de : (i) faire le point sur tous les financements annoncés par les différents partenaires ; (ii) identifier clairement les projets pour lesquels les financements ont été mobilisés ; (iii) évaluer les conditionnalités des financements annoncés ; (iv) désigner les chefs de file par projet au niveau des Institutions et des banques de développement ; (v) mettre en place un calendrier des réunions avec les États membres concernés en vue du lancement des projets ainsi qu'un tableau de bord de suivi des projets et de leurs financements et, enfin, de préparer des courriers de relance vers les différents partenaires qui avaient fait des demandes d'informations complémentaires sur les projets présentés à Paris.

C. Évaluation de la mise en œuvre de la coopération internationale

Afin de mettre en œuvre au sein de la Sous-région des solutions harmonisées et concertées, il était prévu dans le cadre du PREF-CEMAC que les États membres entreprennent et concluent, de manière coordonnée et en cohérence avec la matrice du PREF-CEMAC, des **négociations avec le Fonds Monétaire international (OG15).** Ils devaient par ailleurs coordonner leurs démarches auprès des partenaires bilatéraux et multilatéraux en vue d'obtenir un large accès aux financements concessionnels et non concessionnels, ainsi que des avantages non financiers, tels que l'assistance technique.

Pour la période sous-revue, il sied de relever que, depuis le 1er trimestre 2020, la pandémie de la Covid-19 a fortement perturbé la mise en œuvre des programmes ainsi que le calendrier des revues et des négociations initialement préconisées avec les services du Fonds.

En effet, outre la RCA, dont les négociations ont été poursuivies pour la conclusion des première et deuxième revues, d'importantes incertitudes ont pesé sur la réouverture du calendrier des revues des programmes du Congo et de la Guinée Équatoriale, ainsi que sur le démarrage des négociations pour la mise en place des programmes de deuxième génération du Cameroun, du Gabon et du Tchad. De manière spécifique, la situation individuelle se présente comme suit :

- Cameroun : après une prorogation, le programme précédent a expiré le 30 septembre 2020. Les négociations pour la mise en place d'un nouveau programme qui devraient être lancées, après le décaissement d'une deuxième tranche d'appui d'urgence dont le pays a bénéficié au titre de la Facilité de Crédit rapide (FCR) en octobre 2020, ont été reportées pour fin avril début mai 2021.

- RCA : les travaux des première et deuxième revues du nouveau programme ont été entamés depuis la dernière mission des services du FMI sous format virtuel, du 28 septembre au 09 octobre 2020. Les discussions dans ce cadre n'ont abouti qu'au premier trimestre 2021, donnant ainsi lieu au décaissement de la deuxième tranche de financement du programme.
- Congo : les négociations concernant la première revue du programme sont suspendues depuis le 1er trimestre 2020. Eu égard à l'impact de la pandémie sur les paramètres du programme initialement convenu avec le FMI, les Autorités ont sollicité l'assistance d'urgence du Fonds au titre de la FCR. L'aboutissement de cette requête demeure néanmoins tributaire de la fourniture d'assurances par le Congo, en particulier en ce qui concerne les diligences nécessaires pour restaurer la soutenabilité et la viabilité de la dette publique.
- Gabon : l'arrangement soutenu par le Mécanisme élargi de Crédit (MEDC) du FMI a expiré le 18 juin 2020. Les Autorités ont formulé leur demande pour la mise en place d'un nouveau programme, et entamé les discussions techniques avec les services du Fonds pour convenir des paramètres du nouveau programme ainsi que des prérequis devant favoriser l'accord de financement y relatif. Au titre de l'assistance d'urgence du Fonds, le pays a déjà bénéficié de deux décaissements d'un montant de 88 milliards de FCFA chacun au titre de l'Instrument de Financement rapide (IFR).
- Guinée Équatoriale : l'examen du dossier du FMI pour une assistance d'urgence au titre de l'Instrument de Financement rapide (IFR), initialement prévu le 24 juillet 2020, a été repoussé à une date ultérieure pour permettre la mise en œuvre des actions préalables requises par les services du Fonds.
- Tchad : eu égard à la contrainte des marges d'accès aux ressources du Fonds, le programme soutenu par la Facilité élargie de Crédit (FEC), dont la dernière revue était initialement prévue en juin 2020, a été annulé pour permettre le décaissement de 40,0 milliards de FCFA supplémentaires au titre de la Facilité de crédit rapide (FCR) en juillet 2020. Le total des financements mobilisés sous cette Facilité s'élève en définitive à 108,5 milliards de FCFA. De nouvelles négociations ont été engagées pour la conception et la mise en place d'un nouveau programme triennal avec le Fonds.

Graphique 9 : Progression annuelle des scores du Pilier 5

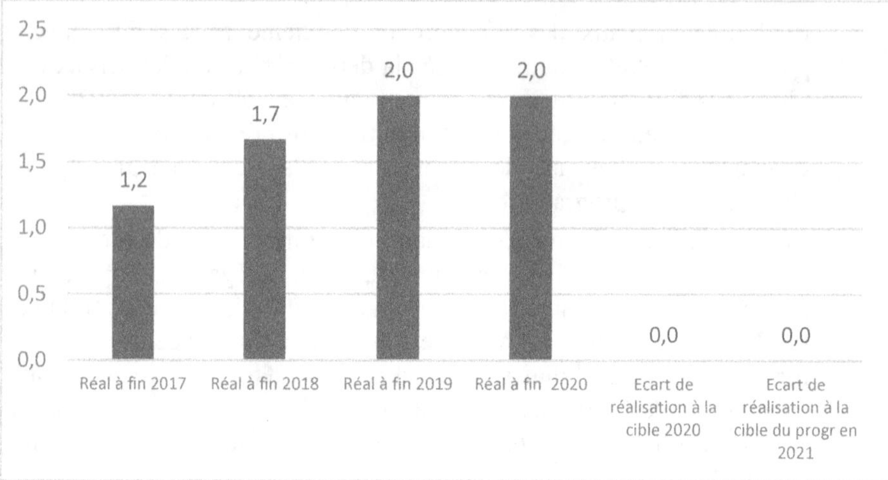

III. Performance sous-régionale de la mise en œuvre du PREF-CEMAC

L'évaluation des progrès enregistrés dans la mise en œuvre de la première phase du PREF-CEMAC à travers les actions mises en œuvre par les États membres de la CEMAC et les Institutions communautaires démontre clairement que ce programme s'est relativement bien exécuté malgré les fortes contraintes liées à la pandémie de la Covid-19 et son incidence sur les pays. Il importe à présent de présenter l'évaluation de la performance sous-régionale de la mise en œuvre du PREF-CEMAC.

A. Évaluation de la performance sous-régionale de la mise en œuvre du PREF-CEMAC

L'exécution du PREF-CEMAC à fin 2020 est caractérisée par un taux de réalisation de 68,3 %, en augmentation de 5,0 points par rapport au résultat de 2019 (63,3 %). Dans l'ensemble, un retard significatif de 31,9 points a été observé par rapport aux objectifs à fin 2020 (cible de 100 points) et de 34,7 points par rapport aux objectifs initiaux à fin 2021 (103 points). Par ailleurs, l'écart de réalisation globale du programme à fin 2020 par rapport aux objectifs escomptés en fin d'année 2021 est de l'ordre de 34,7 points. En d'autres termes, 68,2% des actions prévues à fin 2020 ont été réalisées et, en ce qui concerne la cible 2021 du programme, 66,3% des actions prévues ont été réalisées. Les actions résiduelles par rapport à la cible 2021 du programme représentent donc 33,7% des actions dudit programme.

L'évolution de la performance du PREF-CEMAC en 2020 (+ 5 points) par rapport à celle réalisée en 2019 a été favorisée par les actions mises en œuvre comme suit dans les cinq piliers du programme :

Graphique 10: Performance générale (progression du score) du PREF-CEMAC à fin 2020

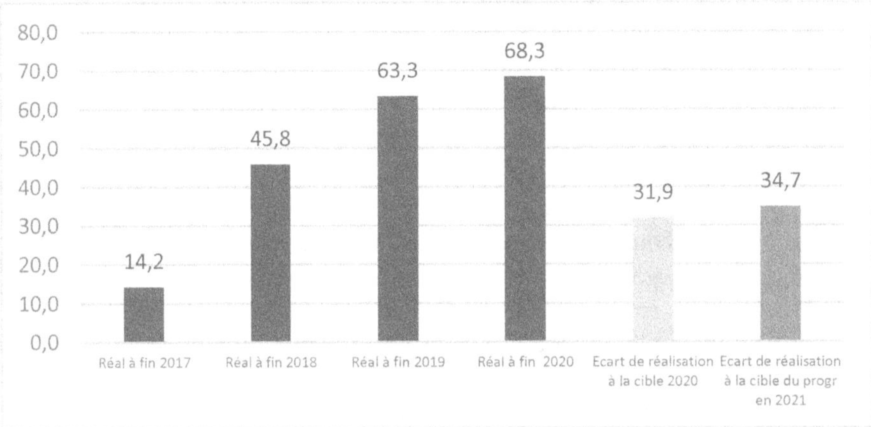

- **Pilier 1** : les performances de ce pilier sont encourageantes en 2020 (17,5 points), vu le contexte marqué par la pression exercée sur les dispositifs budgétaires qui devaient concourir à contenir la pandémie de la Covid-19. Cette performance, qui représente 88,4% des actions prévues à fin 2020 s'est d'ailleurs concentrée dans le renforcement de la politique fiscale. Par rapport à la cible 2021 du programme, 79,4% des actions prévues ont donc été réalisées. En ce qui concerne l'harmonisation des règles budgétaires, l'amélioration de la coordination des politiques budgétaires ainsi que la rationalisation et l'amélioration de la qualité des dépenses publiques, les progrès enregistrés sont faibles ;
- **Pilier 2** : ce pilier a obtenu un score 28,8 points par rapport à l'objectif de 40 points en 2020, soit un écart 11,2 points sur l'objectif poursuivi à fin 2020 ainsi que sur celui recherché à la fin du programme. Cette performance a progressé de 2 points par rapport aux réalisations de 2019. 71,8% des actions prévues dans le cadre du programme ont été réalisées. Cette performance a été soutenue par les efforts notables enregistrés sur le plan de la redynamisation des marchés financiers et de la réforme de la BDEAC. Toutefois, il convient de souligner que toutes les actions en matière de renforcement de l'efficacité de la politique monétaire, de restructuration de la BDEAC, d'application de la réglementation des changes et de maintien de la stabilité et de

l'inclusion financières, mais aussi de la lutte contre le blanchiment des capitaux, ont été mises en œuvre, à l'exception de celles portant sur l'harmonisation des codes miniers et pétroliers ainsi que leur mise en conformité par rapport à la réglementation des changes et de la finalisation de la stratégie de l'inclusion financière.

- **Pilier 3** : dans ce pilier, qui a enregistré un score de 9,1 points en 2020, les efforts ont été notés dans deux domaines principalement, à savoir : la diversification économique et le développement du secteur privé, d'une part, et l'amélioration du climat des affaires, d'autre part. Le développement des formes alternatives de financement de l'économie n'a connu qu'une légère évolution ; seulement 45,4% des actions prévues dans le cadre du programme ont été réalisées ;
- **Pilier 4** : dans le prolongement de la libre circulation au sein de la CEMAC, rendue effective dans tous les pays depuis 2017, l'intégration régionale a principalement été renforcée par des actions visant à améliorer la réalisation du PER, par la mise en œuvre effective des projets intégrateurs, et à accélérer l'édification du marché commun, à travers l'adoption de mesures nouvelles destinées à promouvoir l'intégration physique et commerciale. La note de ce pilier a progressé de 0,7 point pour remonter à 11 points à 2020. Cette performance représente 59,8% des actions prévues à fin 2020 et 57,9% des objectifs initiaux à fin 2021 ;
- **Pilier 5** : Le score de ce pilier a été identique à celui obtenu un an plus tôt (2 points) eu égard aux bons résultats déjà atteints en 2019. La totalité des actions prévues (100%) dans la matrice du PREF en ce qui concerne ce pilier ont été réalisées. Bien qu'avec un retard sur le calendrier de la mise en œuvre des actions retenues sur ce pilier, il y a lieu de noter que tous les pays de la CEMAC ont conclu un accord financier avec le FMI, ce qui permet de relever une entière réalisation de ce pilier. Toutefois, il importe de souligner que les retards dans la mise en œuvre de certaines réformes conditionnant les décaissements des bailleurs ainsi que la crise du Covid-19 se sont traduits par l'expiration des programmes et le report des revues de certains pays. Néanmoins, pour faire face aux effets néfastes de la pandémie du Covid-19, 04 pays de la CEMAC (Cameroun, RCA, Gabon et Tchad) ont pu bénéficier des appuis exceptionnels des partenaires techniques et financiers, ce qui a permis de combler le gap de financement pour l'année 2020.

Graphique 11: Performance et écarts aux cibles par piliers

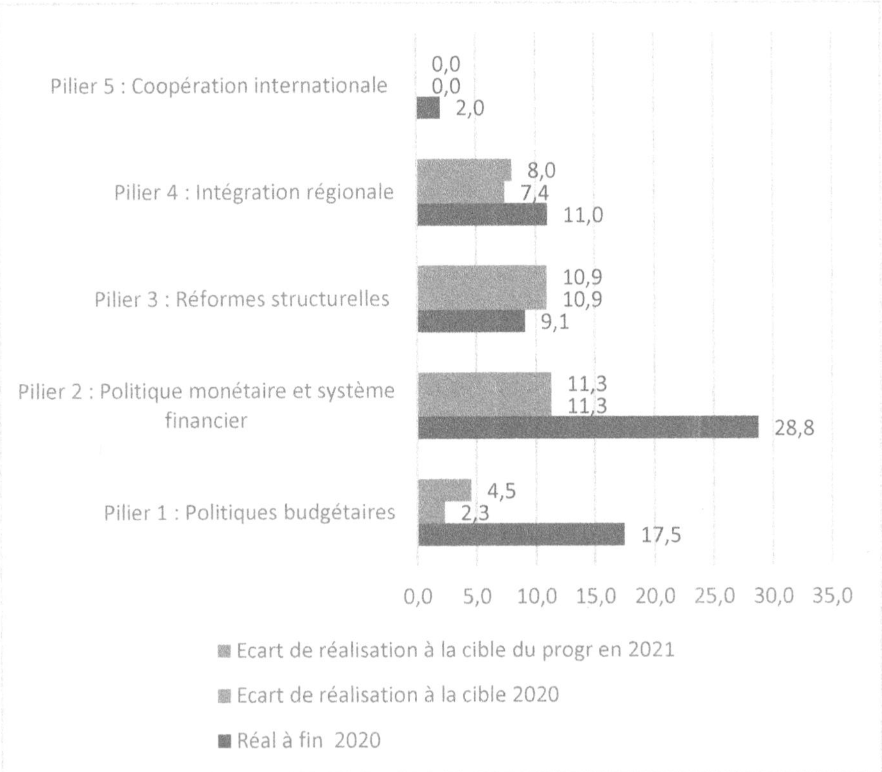

Les actions restantes du programme, à mettre en œuvre en 2021, portent sur un ensemble de 34,7 points, se répartissant principalement entre le pilier 1 (4,5 points), le pilier 2 (11,3 points), le pilier 3 (10,9 points) et le pilier 4 (8,0 points). Les objectifs du pilier 5 (coopération internationale) ont été entièrement atteints, comme le montre le graphique 11 ci-dessus.

B. Synthèse des principales réalisations du PREF-CEMAC

En 2020, le taux d'exécution des objectifs (ensemble des objectifs à l'horizon 2021) est monté à 66,2% contre 61,4 %, en 2019, soit une progression de 4,8 points. Les constats les plus forts qui se dégagent de cette évaluation sont les suivants :

Les objectifs de la Matrice du PREF-CEMAC qui n'ont pas pu être atteints en fin 2020, représentent 34,7% de l'ensemble du Programme. Les actions qui n'ont pas pu être réalisées devraient donc être prises en compte dans la formulation de la deuxième phase du PREF-CEMAC. Toutefois, il y a lieu de relever l'importance du renforcement de la gouvernance de la mise en œuvre de la phase II en systématisant notamment le rappel en début d'actions devant être mises en œuvre par chaque pays.

Graphique 12 : Scores restants à fin 2020 par rapport à la cible 2021

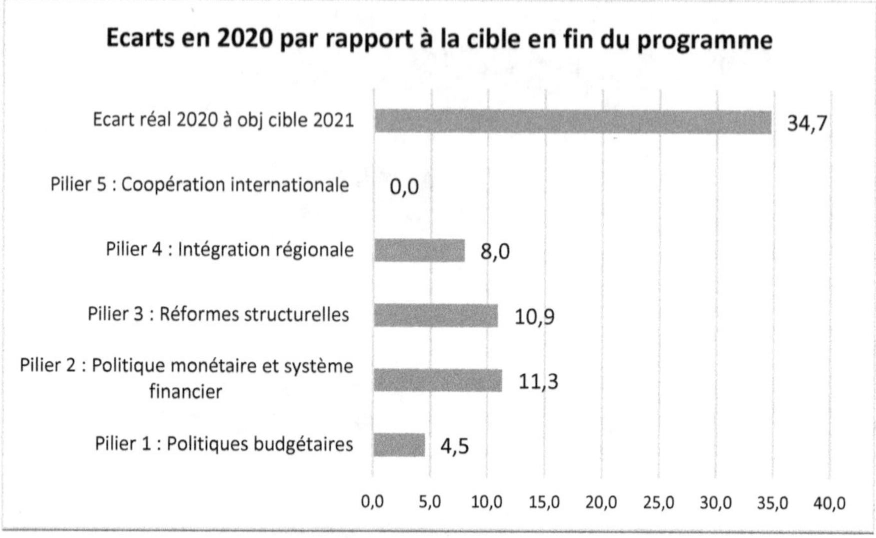

Comme le montre le tableau 7 ci-dessous, l'objectif général n° 15 relatif à la coopération internationale et les objectifs généraux n° 5 et n° 8 portant respectivement sur le renforcement de l'efficacité de la politique monétaire et la réforme de la BDEAC ont été entièrement réalisés à fin 2020. Par ailleurs, des progrès significatifs ont été enregistrés dans la mise en œuvre des actions liées à plusieurs objectifs généraux, notamment l'harmonisation des règles budgétaires et l'amélioration de la coordination des politiques budgétaires, la reconstitution des réserves de change, la redynamisation des marchés financiers, le renforcement de la stabilité et de l'inclusion financières ainsi que le renforcement de l'appareil statistique sous-régional.

Des retards importants sont cependant relevés dans la mise en œuvre de certaines réformes importantes, notamment les réformes structurelles (pilier 3) et la redynamisation des marchés financiers (pilier 2). Ces domaines sont indispensables à la résilience des économies de la Sous-région face aux chocs multiformes auxquels elles sont généralement soumises.

Tableau 7: Notes globales par pilier du PREF-CEMAC à fin 2020

Scores globaux										
	Réal à fin 2017	Réal à fin 2018	2019	2020			Obj cible à fin 2021	Ecart réal 2020 à obj cible 2021	Taux de réalisation des objectifs à fin 2020	Taux de réalisation de la cible à fin 2021
			Réal fin d'année	Réal fin d'année	cible fin d'année	Ecart				
Pilier 1 : Politiques budgétaires	3,7	12,5	16,7	17,5	19,8	2,3	22,0	4,5	88,4%	79,4%
1. Renforcement de la politique fiscale	2,5	9,5	10,3	11,0	11,8	0,7	12,0	1,0	94,0%	92,1%
2. Rationalisation et amélioration de la qualité de la dépense publique	0,5	2,3	2,4	2,4	3,0	0,6	3,0	0,6	80,6%	80,6%
3. Harmonisation des règles budgétaires et amélioration de la coordination des politiques budgétaires.	0,7	0,7	4,0	4,0	5,0	1,0	7,0	3,0	80,0%	57,1%
Pilier 2 : Politique monétaire et système financier	2,2	16,4	26,8	28,8	40,0	11,3	40,0	11,3	71,8%	71,8%
4. Reconstitution des réserves de change	1,7	6,7	10,7	10,7	14,0	3,3	14,0	3,3	76,2%	76,2%
5. Renforcement de l'efficacité de la politique monétaire	0,5	2,5	3,0	3,0	3,0	0,0	3,0	0,0	100,0%	100,0%
6. Renforcement de la stabilité et de l'inclusion financière dans la CEMAC et la lutte contre le blanchiment	0,0	3,8	6,1	6,1	7,0	0,9	7,0	0,9	86,9%	86,9%
7. Redynamisation des marchés financiers	0,0	3,5	6,0	7,0	14,0	7,0	14,0	7,0	49,9%	49,9%
8. Réforme de la BDEAC	0,0	0,0	1,0	2,0	2,0	0,0	2,0	0,0	100,0%	100,0%
Pilier 3 : Réformes structurelles	3,9	5,7	7,6	9,1	20,0	10,9	20,0	10,9	45,4%	45,4%
9. Renforcement de la diversification économique et développement du secteur privé	1,0	2,0	3,0	3,5	8,0	4,5	8,0	4,5	43,2%	43,2%
10. Amélioration du climat des affaires	2,1	2,4	3,3	4,3	8,0	3,7	8,0	3,7	53,5%	53,5%
11. Développement des formes alternatives de financement des économies	0,8	1,4	1,4	1,4	4,0	2,6	4,0	2,6	33,9%	33,9%
Pilier 4 : Intégration régionale	3,4	9,6	10,3	11,0	18,4	7,4	19,0	8,0	59,8%	57,9%
12. Accélération de l'édification du marché commun	1,6	3,1	3,2	3,2	5,0	1,8	5,0	1,8	64,3%	64,3%
13. Renforcer l'appareil statistique de la sous région	1,8	5,5	5,5	5,8	11,0	5,2	11,0	5,2	52,6%	52,6%
14. Réalisation du PER (tranche opérationnelle 2017-2021)	0,0	1,0	1,5	2,0	2,4	0,4	3,0	1,0	83,3%	66,7%
Pilier 5 : Coopération internationale	1,2	1,7	2,0	2,0	2,0	0,0	2,0	0,0	100,0%	100,0%
15. Négociations avec les partenaires techniques et financiers (PTF)	1,2	1,7	2,0	2,0	2,0	0,0	2,0	0,0	100,0%	100,0%
Scores globaux	14,2	45,8	63,3	68,3	100	31,9	103,0	34,7	68,2%	66,3%

Les principales réalisations faites dans le cadre du PREF-CEMAC en 2020 sont assez concrètes et visibles, et leurs conséquences sur la situation économique des pays de la CEMAC sont manifestes. Les résultats obtenus confirment la pertinence de ce programme en tant que cadre concerté et cohérent de mise en œuvre des réformes structurelles et de bonnes politiques dans la sous-région, contrastant avec des démarches individuelles qui ont occasionné dans le passé de nombreux retards dans le renforcement des économies de la CEMAC. À cet égard, l'organisation institutionnelle du PREF-CEMAC et la régularité des rencontres de ses organes ont favorisé la prise de décision et la mise en œuvre accélérée de plusieurs actions. Cette expérience est donc à poursuivre et devrait être étendue à plusieurs domaines, notamment l'harmonisation des politiques sectorielles et programmes dans lesquels la sous-région accuse d'importants retards ;

Au cours de la période 2017-2019, la mise en œuvre des programmes financiers des États et les réformes entreprises par ceux-ci et les Institutions sous-régionales ont produit des résultats significatifs. Ainsi, au plan macro-économique, le déficit budgétaire global s'est contracté de 7,0 points, en revenant de 7,2 % du PIB en 2016 à 0,1 % du PIB en 2019. Cet ajustement a été favorisé par la bonne tenue du secteur des hydrocarbures (avec une contribution des recettes pétrolières à l'effort d'ajustement de 2,6 points), mais également par les progrès enregistrés dans la compression des dépenses en capital (contribution de 2,4 points) et la mobilisation des recettes budgétaires hors pétrole (contribution de 1,5 point).

Dans le même temps, le solde extérieur courant a été ajusté de manière plus vigoureuse (9 points) en revenant de - 12,6 % du PIB en 2016 à - 3,7 % du PIB en 2019, grâce à l'accroissement des exportations pétrolières et non pétrolières ainsi qu'à la contraction des importations de biens qui y ont contribué respectivement de 7,9 points, 1,7 point et 1,2 point de PIB. Par conséquent, les réserves de changes, qui ne représentaient plus que 2,38 mois d'importations de biens et services en 2016, se sont renforcées, pour atteindre 3,1 mois en 2019.

Les résultats ci-dessus ont été atteints dans un contexte de redressement de la croissance du PIB réel, qui a été en moyenne de 1,5 % (contre -1,4 % en 2016) malgré une légère remontée de l'inflation (1,7 % en 2017-2019 contre 1,1% en 2016).

L'impact des politiques et des réformes mises en œuvre pendant la première phase du PREF-CEMAC est patent. Malheureusement, certaines des avancées enregistrées ont été effacées par la crise sanitaire de la COVID-19 survenue en 2020 qui a eu des effets néfastes sur la croissance économique (-2,1 %), le solde budgétaire global (-2,9 % du PIB), le solde extérieur courant (-5,4 % du PIB), à l'exception des réserves de changes (3,7 mois d'importations de biens et services) qui ont principalement bénéficié des financements extérieurs importants mobilisés par les États membres dans le cadre de la lutte contre cette pandémie.

IV. Recommandations et perspectives

La clé de l'émergence des économies de la CEMAC en vue d'être résilientes aux chocs exogènes repose sur l'accélération des réformes des finances publiques, des réformes structurelles, de la diversification économique et le renforcement de leur intégration physique et commerciale.

Ainsi, partant des actions résiduelles de la première phase du PREF-CEMAC qui n'ont pas pu être mises en œuvre, dans les domaines pouvant générer le plus d'impact à long terme sur les économies, les actions prioritaires à mettre en œuvre dès l'année 2021 devraient être de :

- **Au titre du pilier 1 : Politique budgétaire**

- Procéder à une forte mobilisation des recettes fiscales, notamment par l'élargissement de l'assiette fiscale, l'harmonisation des pratiques fiscales et la modernisation des administrations fiscales et douanières ;
- Supprimer les nombreuses exonérations fiscales, dont certaines n'ont aucune base légale et qui amputent gravement les recettes des États ;
- Généraliser l'application du taux réduit de la TVA prévue par la directive communautaire ;
- Augmenter le taux de pression fiscale hors ressources pétrolières des États de 0,5 point du PIB chaque année pour le porter au niveau recommandé dans le cadre de la surveillance multilatérale ;
- Poursuivre la mise en œuvre vigoureuse des mesures visant la rationalisation et l'amélioration de la qualité de la dépense publique ;
- Mettre en œuvre le texte communautaire sur l'obligation d'évaluer et de publier les principales dépenses des États membres en vue de systématiser la pratique de la transparence ;
- Poursuivre de manière plus systématique les efforts en cours de résorption des arriérés de paiement et circonscrire l'ampleur de leur accumulation ;
- Améliorer l'orientation contracyclique des politiques budgétaires en les inscrivant systématiquement dans des plans triennaux de convergence ciblant le respect du solde budgétaire de référence conformément aux règles de la surveillance multilatérale.

- **Au titre du pilier 2 : Politique monétaire et système financier**

- Finaliser les négociations avec les sociétés minières en vue de la mise en conformité des codes miniers avec la réglementation des changes et du rapatriement systématique des avoirs extérieurs ;

- Finaliser l'unification et l'approfondissement du marché financier de la CEMAC, entre autres, par la mise en œuvre des actions devant permettre d'accroître l'offre des titres publics et privés sur ce marché ;
- Renforcer la surveillance du système financier sous-régional et le consolider ;
- Promouvoir une plus grande inclusion financière afin de réduire les contraintes de financement qui obèrent le développement des PME/PMI.

- **Au titre du pilier 3 : Réformes structurelles**

- Accélérer la diversification dans les domaines identifiés (agriculture, secteur primaire, industrie, tourisme et autres services) et développer les chaines de valeur ;
- Accélérer la mise en œuvre des activités de restructuration et de mise à niveau des entreprises publiques de la Sous-région ;
- Consolider les mesures visant l'amélioration du climat des affaires. Dans cette perspective, la mise en place de l'Observatoire du Climat des Affaires devrait être achevée sans délai ;
- Accroitre la compétitivité des États membres par une réforme fiscale appropriée, la réduction des coûts des facteurs et la diminution des coûts de transaction des entreprises ;
- Promouvoir et développer les partenariats public-privé.

- **Au titre du pilier 4 : Intégration régionale**

- Poursuivre les mesures visant le renforcement de l'appareil statistique de la Sous-région ainsi que les appareils statistiques nationaux ;
- Rechercher activement les ressources additionnelles en vue de la réalisation des infrastructures de base, nécessaire pour la diversification des économies au profit de la promotion de l'intégration régionale ;

- **Au titre du pilier 5 : Coopération internationale**

- Veiller à la conclusion et à la mise en œuvre satisfaisante des programmes d'ajustement structurel de deuxième génération et à la mobilisation des financements extérieurs appropriés pour soutenir les efforts de développement et d'émergence des États.

CHAPITRE 4 :

LES STRATÉGIES ET MÉCANISMES NATIONAUX DES RÉFORMES ÉCONOMIQUES ET FINANCIÈRES EN AFRIQUE CENTRALE

La décennie 2010-2020 a été marquée par l'implémentation des réformes économiques et financières dans la plupart des pays de l'Afrique centrale. En effet, après la crise des subprimes de 2007-2008 qui a frappé de plein fouet les économies de la sous-région, l'économie mondiale a été à nouveau secouée en 2014-2015 par la chute brutale et colossale du prix du baril du pétrole au regard de la différence entre l'offre et la demande en lien avec la baisse de la demande et la surproduction du pétrole de schiste aux États-Unis. Le prix de l'or noir était ainsi passé de 100 dollars par baril en octobre 2014 à 30 dollars en février 2016.

La plupart des pays de la CEMAC étant fortement tributaires du pétrole, notamment le Congo, le Gabon, la Guinée Équatoriale, le Tchad et, dans une moindre mesure, le Cameroun. Cette succession de crises économiques et financières a entrainé de profonds effets négatifs sur les économies de la zone qui se sont traduits par un ralentissement de la croissance, une détérioration des comptes des finances publiques, une accentuation du déficit de la balance courante et une baisse drastique des avoirs en réserves. À ces chocs se sont ajoutés des défis sécuritaires et humanitaires du fait des attaques des bandes armées et des terroristes au Tchad et au Cameroun ainsi qu'en RCA, amplifiés par la crise politique de 2013 dans ce dernier pays avec pour corollaire des mouvements des populations.

Pour faire face à ce triple choc économique, sécuritaire et humanitaire, tous les pays de la CEMAC ont mis en œuvre des stratégies et mécanismes leur permettant de rétablir les équilibres macroéconomiques afin de renforcer la résilience de leurs économies et de placer celles-ci sur une trajectoire de croissance forte, durable, inclusive et créatrice d'emplois. On peut à cet effet mentionner plusieurs réformes économiques et financières à travers le Document de Stratégie pour la Croissance et l'Emploi (DSCE) 2010-2019 au Cameroun, le Plan national de Relèvement et de Consolidation de la Paix (RCPCA) 2017-2021 en RCA, le Plan national de Développement (PND) 2012-2016 au Congo, le Plan Stratégique Gabon Émergent (PSGE) 2011-2016, ou encore le Plan national de Développement (PND) 2013-2015 au Tchad.

Ces différentes stratégies nationales ont été revues à mi-parcours en fonction des résultats obtenus, des enjeux et des défis économiques et sociaux auxquels sont confrontés ces pays sur le plan national et international. C'est le cas du Cameroun, du Congo, du Gabon et du Tchad, qui ont respectivement adopté et mis en œuvre la Stratégie nationale de Développement 2020-2030 (SND30), le Plan national de Développement (PND) 2018-2022, le Plan de Relance économique (PRE) 2017-2019 et le Plan national de Développement (PND) 2017-2021.

I. Cameroun : du document de stratégie pour la croissance et l'emploi 2010-2019 (DSCE 2010-2019) à la stratégie nationale de développement 2020-2030 (SND 30)

Pour son développement économique et social, le Cameroun s'est doté en 2009 d'une Vision de développement à long terme, qui ambitionne de faire de cet État membre de la CEMAC « un pays émergent, démocratique et uni dans sa diversité à l'horizon 2035 ». Cette Vision volontariste a comme objectifs spécifiques de permettre au Cameroun : (i) d'atteindre une croissance économique proche de deux chiffres ; (ii) d'atteindre le seuil de 25% comme part de production manufacturière dans le PIB ; (iii) de réduire la pauvreté en ramenant son incidence à moins de 10 % en 2035 ; (iv) de consolider le processus démocratique et de renforcer l'unité nationale dans le respect de la diversité qui caractérise le pays.

La première phase de mise en œuvre de cette Vision a été opérationnalisée par le Document de Stratégie pour la Croissance et l'Emploi (DSCE), qui constituait ainsi le cadre de référence pour la période 2010-2019.

Le DSCE arrivant à terme au 31 décembre 2019, le SND30 constitue le nouveau cadre de référence pour la période 2020-2030. Le contexte de son élaboration a été marqué par la mise en œuvre d'un programme économique et financier avec le FMI au titre de la Facilité élargie de Crédit (FEC), consécutivement à la fluctuation défavorable des cours des matières premières, dont le pétrole. Par ailleurs, le pays est aussi marqué par la crise sécuritaire dans les régions du Nord-Ouest et du Sud-Ouest à la suite de problèmes sociopolitiques, d'une part, et dans la région de l'Extrême-Nord, victime des exactions de la secte terroriste Boko-Haram.

A. DSCE 2010-2019

Le Document de Stratégie pour la Croissance et l'Emploi (DSCE) a été élaboré dans un contexte national post-point d'achèvement de l'initiative PPTE, caractérisé par un afflux important de ressources publiques libérées à la faveur du pays, grâce à l'annulation d'une grande partie de sa dette extérieure. Par ailleurs, l'environnement international était également marqué par une hausse des prix de certains biens de consommation courante de masse, couplée à une crise financière mondiale. Dans ces conditions, la stratégie de développement a été bâtie dans une logique expansionniste de l'investissement public, pour doter l'économie nationale d'un ensemble d'infrastructures économiques de base, permettant de faciliter l'accès aux facteurs de production. L'idée était que le secteur privé mettrait à profit ces infrastructures structurantes pour son expansion en générant des emplois formels décents, ce qui devait permettre de redistribuer des revenus et de réduire la pauvreté, dans un environnement de gouvernance améliorée.

Le DSCE se présente en conséquence comme un cadre intégré de développement, de cohérence financière, de coordination de l'action gouvernementale et des appuis extérieurs, de consultation et de concertation avec la société civile, le secteur privé et les partenaires au développement ainsi qu'un cadre d'orientation des travaux analytiques pour éclairer la gestion du développement.

1. Orientations stratégiques du DSCE

Conscient des enjeux relatifs à la vision 2035 dont le Cameroun s'est doté, le Gouvernement s'est engagé à tout mettre en œuvre pour maintenir le cap ainsi déterminé tout en faisant face aux contraintes de divers ordres. Le DSCE a couvert la période de 2010-2019 en mettant l'accent sur l'accélération de la croissance, la création d'emplois formels et la réduction de la pauvreté.

Pour l'atteinte des objectifs définis, le Gouvernement a mis en œuvre une triple stratégie qui se décompose en : (i) une stratégie de croissance, (ii) une stratégie d'emplois, (iii) une stratégie d'amélioration de la gouvernance et de la gestion stratégique de l'État.

Pour ce qui est spécifiquement de la stratégie de croissance, elle a porté essentiellement sur le développement des infrastructures, la modernisation de l'appareil productif et le développement humain.

S'agissant du développement des infrastructures, l'objectif visé a consisté à améliorer le taux d'accès aux infrastructures en générant une offre qui anticipe la demande. Ainsi, dans le secteur de l'énergie, pour améliorer l'accès des populations aux services énergétiques modernes dans les secteurs prioritaires (éducation, santé et approvisionnement en eau) et contribuer à la réduction de la pauvreté, notamment en milieu rural, le Gouvernement a élaboré un Plan d'Action National Énergie pour la Réduction de la Pauvreté (PANERP). Dans le même ordre d'idées, pour appuyer sa politique d'accroissement de l'accès à l'énergie, les autorités camerounaises ont engagé le processus de mise en place d'un fonds d'énergie rurale. À travers ce fonds, le Gouvernement a mobilisé des ressources financières accrues pour financer ses programmes et projets de développement des infrastructures de fourniture des services énergétiques aux populations, notamment en milieu rural.

Pour le secteur du transport, le Gouvernement a mis l'accent sur l'aménagement de nouvelles infrastructures portuaires et ferroviaires qui accompagnent les projets prioritaires porteurs de croissance. Il s'agit par exemple de :

- La construction d'un port en eau profonde à Kribi sur la base du principe du B.O.T (Build, operate and transfert).
- Le lancement du projet de construction du port en eau profonde à Limbé qui devrait également impacter positivement sur le développement des échanges formels avec le Nigéria.

En ce qui concerne la modernisation de l'appareil de production, le Gouvernement a mis en œuvre un programme d'accroissement de la production agricole en vue de satisfaire non seulement les besoins alimentaires des populations, mais également des agro-industries. Dans ce cadre, il a procédé à la modernisation de l'appareil de production en : (i) rendant accessibles et disponibles les facteurs de production, notamment la terre, l'eau et les intrants agricoles ; (ii) promouvant l'accès aux innovations technologiques à travers notamment le renforcement de la liaison recherche/vulgarisation ; et (iii) en développant la compétitivité des filières de production. Par ailleurs, dans le domaine de la production végétale, le Gouvernement a également redynamisé la filière riz à travers la relance des grandes exploitations agricoles de Yagoua, de Maga, de Santchou et de Ndop afin de réduire la dépendance vis-à-vis des importations, de renforcer la sécurité alimentaire et de lutter contre la vie chère.

Dans le secteur minier, le Gouvernement a encouragé et favorisé la recherche, l'exploitation et la transformation des ressources minérales nécessaires au développement économique et social du pays. Afin de valoriser le potentiel minéral existant, les autorités ont (i) mis en place une société nationale minière qui établira des joint-ventures avec des partenariats privés, (ii) créé un fonds de développement minier, (iii) mené des études d'impact environnemental et amélioré la connaissance des investisseurs privés nationaux et étrangers sur le potentiel géologique et minier du pays en mettant à leur disposition des cartes et données géologiques fiables rassemblées dans une base de données minéralisées et présentées sous une forme utilisable.

Pour promouvoir le développement humain, le Gouvernement a pris des mesures dans le domaine social non seulement pour améliorer les conditions de vie des populations, mais aussi pour disposer d'un capital humain solide, capable de soutenir la croissance économique. Ainsi, les autorités ont poursuivi la réalisation des investissements en faveur des différentes catégories sociales, dans les domaines de la santé, de l'éducation et de la formation professionnelle avec une attention particulière pour les jeunes et les femmes, ainsi que pour l'encadrement et la prise en charge des autres groupes socialement fragilisés. En ce qui concerne en particulier l'enseignement technique, l'action de l'État a visé en priorité à améliorer sensiblement sa qualité en adaptant les formations offertes aux besoins réels du marché et en développant les partenariats avec le secteur productif de l'économie, afin d'accroître l'offre de formation.

2. Cadre institutionnel et mécanismes de mise en œuvre

La mise en œuvre du DSCE a été assurée par l'État en qualité de maître d'ouvrage principal. Le cadre institutionnel de sa mise en œuvre était donc placé sous l'autorité directe du Chef du Gouvernement. Ce cadre était un Comité interministériel de Suivi du DSCE. Son rôle principal est de superviser globalement la mise en œuvre du DSCE, de veiller constamment à aligner le Plan d'Opérationnalisation de la Déclaration de Paris ainsi que l'ensemble des plans d'action sectoriels du Gouvernement sur les priorités définies dans la stratégie, de définir les plans de mobilisation des ressources nécessaires à sa mise en œuvre, d'arrêter les contours définitifs des programmes annuels à exécuter au titre du plan d'actions prioritaires du DSCE, d'orienter en conséquence la programmation budgétaire et d'apprécier les résultats, les effets et impacts de la mise en œuvre du DSCE sur le développement économique et social du pays.

Le Comité interministériel est assisté dans la réalisation de ses missions par un Comité technique de suivi évaluation de la mise en œuvre du DSCE. Placé sous l'autorité du ministre chargé de la Planification, le Comité technique que préside le Secrétaire général de ce département ministériel est chargé d'assister le Comité interministériel dans la coordination technique des activités de suivi et d'évaluation de la mise en œuvre du DSCE. À ce titre, il réalise l'ensemble des produits attendus du suivi et de l'évaluation des activités de la mise en œuvre du DSCE.

Le Comité technique comprend les représentants des différentes administrations publiques et de certains organismes publics, des collectivités territoriales décentralisées, des Chambres consulaires et du secteur privé, des organisations de la société civile et des partenaires techniques et financiers de l'État.

Le Comité technique dispose d'un secrétariat technique placé sous l'autorité du Président du Comité et sous la coordination technique d'un Coordonnateur. Il réunit des cadres issus des administrations économiques, statistiques et financières ainsi que des ministères sectoriels. Il réalise les travaux de base du comité technique et travaille en étroite collaboration avec les différentes délégations régionales du MINEPAT, du MINFI et de l'Institut National de la Statistique (INS). Il comprend une cellule centrale de coordination et des groupes thématiques.

Au niveau déconcentré, les Commissions régionales de suivi participatif du DSCE assurent le suivi et l'évaluation de la mise en œuvre du DSCE.

Les actions prioritaires menées dans le cadre institutionnel comprennent (i) la revue des politiques publiques; (ii) la programmation des dépenses publiques nécessaires à la mise en œuvre du DSCE ; (iii) la mobilisation des ressources et des partenariats autour des priorités du DSCE ; (iv) le suivi spécifique des questions d'emploi et d'accès des pauvres aux services publics ; (v) la mise en œuvre d'un système de suivi évaluation axé sur les résultats et le développement de la communication sur les résultats.

Au niveau central de l'État, la mise en œuvre du DSCE s'est appuyée systématiquement sur des cadres de Dépenses à Moyen Terme (CDMT) sectoriels et ministériels, qui ont permis d'une part de procéder aux grands arbitrages intersectoriels et intrasectoriels dans l'allocation des moyens de l'État, et d'autre part d'offrir aux départements ministériels une visibilité budgétaire à moyen terme essentielle à l'élaboration et à l'adaptation de leurs programmes d'actions, en particulier de leurs Programmes d'Investissements prioritaires (PIP). Au niveau des Collectivités territoriales décentralisées (CTD), l'accent a été mis sur l'élaboration systématique des plans de développement régionaux et communaux, conformément aux compétences reconnues à ces collectivités en matière de planification de leur développement. La mise en cohérence des plans de développement régionaux et communaux avec les outils de planification au niveau de l'État central s'est faite à travers des contrats de plans négociés entre l'État et les Régions d'une part, et entre l'État, les Régions et les Communes d'autre part.

B. SND30

Le DSCE constituait la première phase de mise en œuvre de la Vision adoptée en 2009, consistant à faire du Cameroun « un pays émergent, démocratique et uni dans sa diversité à l'horizon 2035 ». Dans cette logique, le Cameroun a pour ambition de parvenir au cap de Nouveau Pays industrialisé à l'horizon de son émergence. En vue de formuler la stratégie pour l'opérationnalisation de la deuxième phase de la Vision, il a été nécessaire de procéder à une revue des politiques de développement menées au cours de la première phase. Cette évaluation a ensuite alimenté toute la dynamique consultative du programme.

Sur le plan méthodologique, la SND30 est le fruit d'une combinaison d'exercices techniques (évaluation du DSCE, relecture des stratégies sectorielles, travaux prospectifs, rencontres sectorielles de planifications, etc.) faisant appel aux experts et responsables sectoriels des administrations et à de nombreuses rencontres consultatives (population à la base, parlementaires, secteur privé, universitaires et chercheurs, Partenaires techniques et financiers, certaines commissions, telles la Commission nationale de Promotion du Bilinguisme et du Multiculturalisme (CNPBM) et la Commission nationale des Droits de l'Homme et des Libertés (CNDHL), etc.).

1. Orientations stratégiques du SND30

Les orientations de la SND30 qui couvrent la deuxième décade 2020-2030 de la Vision 2035 s'articulent autour des objectifs formulés dans ce cadre de référence. Cette Vision intègre quatre objectifs généraux à savoir : (i) réduire la pauvreté à un niveau socialement acceptable ; (ii) devenir un pays à revenu intermédiaire ; (iii) atteindre le stade de Nouveau Pays industrialisé ; et (iv) renforcer l'unité nationale et consolider le processus démocratique.

Pour maintenir le cap d'émergence à l'horizon 2035, la SND30 ambitionne de procéder à la transformation structurelle de l'économie en opérant des changements fondamentaux dans les structures économiques et sociales afin de favoriser un développement endogène et inclusif tout en préservant les chances des générations futures. Le cap étant de faire du pays un Nouveau Pays industrialisé, les efforts seront articulés autour de la stratégie d'industrialisation, qui constitue donc son centre d'intérêt. À cet effet, cette stratégie met en perspective un cadre d'objectifs stratégiques articulé autour des principales cibles suivantes :

- La mise en place des conditions favorables à la croissance économique et à l'accumulation de la richesse nationale et l'obtention des modifications structurelles indispensables pour l'industrialisation du pays. Il est question : (i) de porter le taux de croissance annuel de 4,6% à 8,1% en moyenne sur la période 2020-2030 ; (ii) de porter la croissance du secteur secondaire (hors pétrole) à plus de 8% en moyenne ; (iii) de ramener le déficit de la balance commerciale de 8,8% du PIB en 2018 à moins de 3% en 2030.
- Améliorer les conditions de vie des populations et leur accès aux services sociaux de base en réduisant de manière significative la pauvreté et le sous-emploi. Comme cibles principales, il s'agit : (i) de ramener le taux de pauvreté de 37,5% en 2014 à moins de 25% en 2030 ; (ii) de ramener le sous-emploi de 77% en 2014 à moins de 50% en 2030 ; (iii) de porter l'Indice du Capital humain de 0,39 en 2018 à 0,55 et l'Indice de Développement humain de 0,52 en 2016 à 0,70 en 2030.
- Le renforcement des mesures d'adaptation et d'atténuation des effets des changements climatiques et la gestion environnementale pour garantir une croissance économique et un développement social durable et inclusif.
- L'amélioration de la gouvernance pour renforcer la performance de l'action publique en vue de l'atteinte des objectifs de développement. Il est question notamment de poursuivre les réformes nécessaires à l'amélioration du fonctionnement des institutions, et d'accélérer la mise en œuvre de la décentralisation.

La transformation structurelle de l'économie passe ainsi par une densification de l'industrie manufacturière ainsi que des secteurs des services à haute productivité et un rattrapage technologique, se traduisant par une hausse de la productivité dans l'agriculture et sa modernisation, du fait de l'augmentation de la demande des produits agricoles.

Le Gouvernement entend donc procéder à la transformation structurelle de l'économie camerounaise en incitant, par des mesures et des politiques volontaristes, à des changements fondamentaux dans les structures économiques et sociales, afin de favoriser un développement plus inclusif et durable sans compromettre les chances des générations futures. Pour y parvenir, il est primordial de : (i) développer les industries manufacturières et les services ; (ii) développer la production et la productivité agricoles ; (iii) poursuivre la modernisation des infrastructures productives ; (iv) renforcer l'intégration régionale et la facilitation des échanges ; (v) dynamiser davantage le secteur privé et faire émerger les champions nationaux ; (vi) intégrer davantage les préoccupations liées à l'environnement et la protection de la nature ; et (vii) renforcer le système financier national.

En vue d'enclencher le développement industriel du pays, la première phase de la Vision a principalement porté sur la modernisation de l'appareil de production à travers des investissements massifs dans les infrastructures, notamment l'énergie, le transport, les télécommunications et l'accès à l'eau. La mise en œuvre de ces politiques a permis notamment de porter la part de l'industrie manufacturière dans le PIB de 8% en 2010 à 12,9% du PIB en 2016, dépassant ainsi la cible de 0,4 point. Cependant, quelques difficultés structurelles du secteur des industries et des services n'ont pas fondamentalement changé. Les contraintes majeures concernent notamment : la faible compétitivité des entreprises (coût et qualité) ; l'insuffisance des fonds propres et des ressources managériales liée à la nature principalement familiale de l'actionnariat des entreprises ; la persistance et la prolifération des pratiques anticoncurrentielles.

Sur la période 2020-2030, la stratégie de développement industriel intègre de manière optimale le Plan directeur d'Industrialisation du Cameroun (PDI), qui a été adopté en décembre 2016. Ainsi, la vision du secteur industriel à l'horizon 2030 est de faire du Cameroun le Commutateur (fournisseur d'énergie électrique), le Nourricier (fournisseurs des produits agro-industriels) et l'Équipementier (fournisseur de biens d'équipement, notamment les meubles) de la CEEAC et du Nigeria.

À cet effet, deux principales orientations de développement industriel sont retenues, à savoir : la promotion de l'industrie manufacturière et le rattrapage technologique. Ces orientations permettront d'une part de faciliter l'insertion économique mondiale du Cameroun et d'autre part d'accélérer l'import/substitution tout en densifiant les exportations. En termes d'objectifs, il s'agira de : (i) porter la part du secteur secondaire dans le PIB de 28,2% en 2018 à 36,8% à l'horizon 2030 ; (ii) porter la Valeur ajoutée manufacturière

(VAM) de 12,9% en 2016 à 25% en 2030 ; et (iii) porter la part des exportations des produits manufacturiers de 26,25% en 2015 à 54,5% en 2030. Ce modèle de croissance économique tirée par l'industrie manufacturière exige de faire passer la Productivité totale des Facteurs (PTF) d'une contribution moyenne de 5-16% ces dernières années à une cible de 30-40% du taux de croissance du PIB à moyen et long terme.

Le périmètre stratégique retenu par le Gouvernement comporte neuf (9) sous-secteurs industriels moteurs : l'énergie, l'agro-industrie et le numérique, mais aussi les filières Forêt-Bois, Textile-Confection-Cuir, Mines-Métallurgie-Sidérurgie, Hydrocarbures-Pétrochimie-Raffinage, Chimie-Pharmacie et Construction-Services-Professionnels-Scientifiques-Techniques. En plus des services industriels, le développement de l'industrie s'accompagnera des services non financiers.

L'agriculture représente une composante majeure dans la transformation structurelle de l'économie camerounaise. En effet, l'augmentation de la productivité du secteur agricole devra impacter positivement les filières industrielles, notamment l'agro-industrie. De plus, cela contribuera non seulement à l'amélioration de la sécurité alimentaire, mais aussi à générer des revenus et des emplois supplémentaires dans l'économie.

Conscient du rôle moteur des infrastructures dans la facilitation des échanges et la promotion d'une croissance forte et durable, le Gouvernement s'était engagé dans le cadre de la mise en œuvre de la première phase de la Vision à investir massivement dans les infrastructures afin de rendre l'économie camerounaise compétitive. Malgré la réalisation de plusieurs infrastructures au cours des dix dernières années, d'importantes difficultés d'accès à ces infrastructures demeurent. Cette situation découle de plusieurs causes, notamment : (i) la faible capacité de management des projets ; (ii) les lenteurs constatées dans le processus de libération des emprises et les modalités d'indemnisation et de recasement ; (iii) l'absence des études préalables des projets d'infrastructure ; (iv) la faible application des plans d'urbanisation des villes. Pour rester sur le sentier de l'émergence à l'horizon 2035, il est question : (i) de finaliser prioritairement la mise en œuvre des grands projets de première génération ; (ii) d'assurer la fonctionnalité optimale des infrastructures existantes ; (iii) de réhabiliter les installations publiques détruites ou rendues obsolètes du fait de leur inutilisation ; (iv) de rationaliser la mise en route de nouveaux projets en respectant les normes de préparation des projets ; (v) de formuler les projets de manière intégrée pour optimiser leur impact sur l'économie.

La transformation structurelle de l'économie nationale requiert la disponibilité d'un capital humain compétent et compétitif. Il représente un facteur indispensable pour le développement d'un secteur industriel dynamique et repose sur l'existence d'une importante main-d'œuvre bien formée et occupée de manière optimale. Pour ce faire, il est nécessaire de mettre en œuvre des politiques de santé, d'éducation qui, dans un climat de bonne gouvernance, permettront le développement d'un capital humain sain et productif.

Pour accompagner l'industrialisation du pays, le Gouvernement envisage de structurer sa politique de développement du capital et du bien-être humains autour de cinq (05) axes à savoir : (i) l'éducation, la formation et l'employabilité ; (ii) la santé et la nutrition ; (iii) l'accès aux facilités sociales de base ; (iv) la protection sociale ; et (v) la recherche pour le développement.

2. Dispositif de pilotage

La mise en œuvre de la SND30 se fait à travers plusieurs outils à savoir : les schémas d'aménagement du territoire ; les stratégies sectorielles et thématiques ; les plans intersectoriels ; les plans d'aménagement ; les plans régionaux et communaux de développement ; les projets structurants ; les instruments de cadrage à moyen terme (CBMT, CDMT) ; les programmes budgétaires au niveau national et au niveau local ; les programmes de coopération ; les sous-programmes des établissements publics ; les dispositifs de contrôle de gestion ; etc. La loi portant cadre général de la planification définit l'articulation entre ces différents instruments et la stratégie nationale.

S'agissant du cadre institutionnel, le pilotage et le suivi-évaluation de la stratégie sont placés sous l'autorité directe du Premier ministre, Chef du Gouvernement et sous sa Présidence, un Conseil National de Planification et d'Aménagement du Territoire chapeaute tout le dispositif de pilotage et de suivi-évaluation du cadre stratégique de développement. Ce Conseil comprend l'ensemble des membres du Gouvernement. Ledit Conseil comporte, en son sein, des représentants du secteur privé et de la société civile. Il a pour principales missions : (i) de superviser globalement la mise en œuvre de la stratégie ; (ii) de veiller constamment à l'alignement et la cohérence de l'ensemble des plans d'action sectoriels, ministériels, régionaux et communaux sur les priorités définies dans la stratégie ; (iii) de définir les plans de mobilisation des ressources nécessaires à la mise en œuvre de la stratégie ; (iv) de valider les programmes des différentes administrations publiques à exécuter au titre du plan d'actions prioritaires de la stratégie et d'orienter en conséquence la programmation budgétaire ; (v) d'apprécier les résultats, les effets et impacts de la mise en œuvre de la stratégie sur le développement économique et social du pays à travers le suivi régulier des indicateurs clés.

Pour la réalisation de ses missions, le Conseil est assisté par un Comité national de suivi évaluation de la mise en œuvre de la stratégie. Ce Comité est placé sous l'autorité du ministre chargé de la Planification et il est chargé d'assister le Conseil National dans la coordination technique des activités de suivi et d'évaluation de la mise en œuvre de la stratégie. À ce titre, il réalise l'ensemble des produits attendus du suivi et de l'évaluation des activités de la mise en œuvre de la stratégie. Il s'agit entre autres des rapports trimestriels, semestriels et annuels de suivi de la mise en œuvre de la stratégie. Le Comité national est également chargé de l'organisation des revues annuelles de la mise en œuvre de la SND30 et des stratégies sectorielles.

Les membres du Comité sont les Secrétaires généraux de tous les départements ministériels. Il comprend également des représentants des autres administrations publiques et de certains organismes publics, des Collectivités territoriales décentralisées, des Chambres consulaires et du secteur privé, des organisations de la société civile et des partenaires techniques et financiers.

II. RCA : Le plan national de relèvement et de consolidation de la paix 2017-2021 (RCPCA 2017-2021)

Après les toutes premières élections organisées en RCA en 2016 au terme de la crise politique de 2013, le Gouvernement a sollicité l'appui de l'Union européenne, de l'Organisation des Nations Unies et du Groupe de la Banque Mondiale pour réaliser l'évaluation des besoins pour le relèvement et la consolidation de la paix (Plan national de Relèvement et de Consolidation de la Paix en RCA - RCPCA). L'évaluation a permis d'identifier les priorités pour les cinq premières années de la période post-électorale, avec trois objectifs précis à savoir : i) aider le Gouvernement de la RCA à identifier les besoins et les priorités en matière de relèvement et de consolidation de la paix, ainsi que les coûts associés ; ii) identifier les modalités opérationnelles, institutionnelles et financières qui faciliteront la réalisation des priorités identifiées, compte tenu des contraintes relatives aux capacités et à la sécurité ; et iii) créer une plateforme permettant de suivre l'avancement de la mise en œuvre, notamment des grandes réformes engagées, et faire en sorte que toutes les activités de développement, humanitaires, politiques et de sécurité soient menées de façon cohérente et coordonnée.

Pour s'engager durablement sur la voie de la paix et du relèvement économique, le Gouvernement a proposé sur la base de cette évaluation un plan quinquennal visant à promouvoir le relèvement et la consolidation de la paix qui s'articule autour de trois piliers prioritaires.

Le premier pilier a pour objectif de restaurer la paix, la sécurité et la réconciliation, facteurs fondamentaux pour le relèvement et la normalisation. Les priorités à court terme ont consisté, notamment, à adopter une stratégie nationale de désarmement, démobilisation, réintégration et rapatriement (DDRR) permettant de désarmer et de démobiliser dans tout le pays les anciens combattants qui répondent aux critères définis, et de rapatrier les combattants étrangers. En outre, le Gouvernement a adopté le cadre politique et stratégique des réformes du secteur de la sécurité.

Le second pilier a pour objectif de renouveler le contrat social entre l'État et la population, en renforçant sa présence et en développant son aptitude à fournir les services sociaux de base, tels que l'éducation, la santé, l'eau et l'assainissement. Les priorités à court terme ont consisté, notamment, à poursuivre le redéploiement progressif des fonctionnaires et agents de l'État.

Le troisième pilier a pour objectif de promouvoir le relèvement économique et de relancer les secteurs productifs, afin d'offrir rapidement aux populations des activités génératrices de revenus et des possibilités d'emploi dans les grands secteurs productifs, ainsi que de procéder à des investissements qui stimuleront davantage le climat des affaires et des investissements. Les activités engagées dans le cadre de ce pilier ont permis la relance des secteurs agricole, forestier et minier. La transition d'une production agricole de subsistance à une production vivrière plus productive, ajoutée à une diversification de la production agricole commerciale, a été entreprise en facilitant l'accès aux intrants, aux services et aux informations.

A. Stratégie de renouvellement du contrat social et de promotion du relèvement économique

La stratégie de renouvellement du contrat social et de promotion du renouvellement économique est le socle du RCPCA 2017-2021. Elle se fonde sur le rétablissement du contrat social entre l'État et la population d'une part, et sur la promotion du redressement économique et de la relance des secteurs productifs, d'autre part. Ces deux axes stratégiques sont portés par le second et le troisième piliers de la RCPCA.

1. Du renouvellement du contrat social entre l'État et la population

Le second pilier du RCPCA qui porte sur le renouvellement du contrat social entre l'État et la population, a pour but de restaurer et d'améliorer les infrastructures et d'établir les capacités requises pour fournir des services sociaux et administratifs de qualité sur l'ensemble du territoire. Il vise en premier lieu à rattraper les décennies de sous-investissement dans la capacité administrative et la fourniture de services de base, en mettant en place et en renforçant les capacités du Gouvernement central afin qu'il puisse assumer la gestion financière et les fonctions de contrôle qui lui sont dévolues. Les priorités identifiées ont permis de renforcer l'aptitude et la légitimité de l'État ainsi que le contrat social, après des années d'absence de l'État dans une grande partie du pays. Pour ce faire, quatre objectifs stratégiques ont été poursuivis à savoir :

- Redéployer l'administration sur tout le territoire et mettre en place une gouvernance locale inclusive ;
- Fournir les services de base à la population sur l'ensemble du territoire, en particulier dans les domaines de l'éducation, la santé et l'eau, en

commençant à transférer progressivement les capacités et les moyens aux structures nationales ;

- Assurer la sécurité alimentaire et la résilience ;
- Renforcer la stabilité macroéconomique et la bonne gouvernance.

Les activités et les résultats obtenus dans le cadre de ce pilier ont permis dans une certaine mesure de soutenir directement les actions de réduction de la pauvreté et le relèvement économique. Ils ont amélioré les contrôles réglementaires et les vérifications des dépenses, renforcé la transparence et la redevabilité, et étendu la fourniture des services à la population, particulièrement les groupes les plus vulnérables. Ceci a contribué à renforcer la confiance envers l'État, facilitant ainsi le renouvellement du contrat social avec la population, ce qui a permis de renouer avec la paix et de jeter les bases du développement futur.

2. De la promotion du relèvement économique et de la relance des secteurs productifs

Le troisième pilier du RCPCA qui porte sur la promotion du relèvement économique et de la relance des secteurs productifs, a pour objet de relancer l'activité économique et d'augmenter les capacités de production afin de stimuler le relèvement et la croissance. La RCA est dotée d'immenses ressources naturelles, mais leur exploitation a été entravée par des années de sous-investissement, de pillage et de mauvaise gestion. Historiquement, l'exploitation des ressources renouvelables et non renouvelables a été contrôlée par une petite élite, qui s'est servie des recettes pour se maintenir au pouvoir et faire adopter des politiques d'exclusion. Les investissements ayant été trop faibles pendant des décennies, situation que les dommages causés par la crise n'ont fait qu'exacerber, l'infrastructure économique se trouve en très mauvais état. Pour rectifier ceci, le Gouvernement s'est engagé à remédier à l'insuffisance conséquente des investissements dans l'infrastructure économique, à améliorer le climat des affaires pour le secteur privé et à créer des opportunités d'emplois ainsi qu'à fournir des moyens de subsistance. Trois objectifs stratégiques ont été poursuivis à cet effet, à savoir :

- Relancer et développer de manière durable les secteurs productifs : agriculture et élevage, industries extractives et forestières ;
- Réhabiliter et construire les infrastructures : les réseaux de transport, d'électricité et de communication ;
- Assurer les conditions propices au développement du secteur privé et à l'emploi : amélioration de l'appui aux entreprises et des services financiers, formation professionnelle, entrepreneuriat et emploi.

Pour relancer et développer de manière durable les secteurs productifs (agriculture et élevage, industries extractives et forestières), le Gouvernement a entrepris un certain nombre d'actions. Dans le secteur de l'agriculture, l'accès aux intrants a été amélioré à travers le renforcement de l'Institut centrafricain de Recherche agronomique (ICRA) et l'appui aux producteurs locaux de semences. Pour le secteur forestier et des ressources naturelles durables, le Gouvernement s'est accordé avec les opérateurs forestiers sur un plan de règlement des arriérés fiscaux de ces derniers. En outre, il a validé les plans d'affaires des nouvelles concessions forestières, en tenant compte de la nécessité d'exploiter durablement les ressources et en prenant des mesures qui améliorent le climat des affaires du secteur. Le processus FLEGT (forest law enforcement governance and trade) a été renouvelé, pour lutter contre l'abattage illicite, ouvrir l'accès aux marchés européens et accroître les recettes. Une stratégie REDD+ (reducing emissions from deforestation and forest degradation) a été élaborée, en conjonction avec un plan d'investissement pour les activités d'atténuation du changement climatique, comme le reboisement industriel.

S'agissant des industries extractives, des mesures ont été prises pour améliorer le climat d'investissement et accroître les ressources du secteur. Une réforme du cadre juridique et institutionnel a été entreprise et le régime fiscal révisé sur la base des normes internationales. Les aspects institutionnels et organisationnels du secteur artisanal ont fait l'objet d'une étude pour former la base d'une stratégie plus élargie de formalisation. Les mineurs artisanaux ont reçu un appui pour perfectionner leurs méthodes de production et s'organiser en coopératives, afin d'améliorer leurs moyens de subsistance, de réduire l'impact sur l'environnement et de faciliter la formalisation.

D'autres actions ont été menées pour attirer les investissements dans le secteur, notamment l'amélioration de la gestion du cadastre minier et la facilitation de l'accès aux données géoscientifiques. Une stratégie de répression de la fraude a été mise en œuvre et la coopération renforcée avec les forces de sécurité a permis de mieux contrôler l'exploitation informelle et réprimer les trafics. La conformité au Processus de Kimberley a été étendue au-delà de la zone de Berberati, afin d'intensifier la formalisation des mines artisanales de diamant. Les capacités de l'administration ont été renforcées afin qu'elle puisse mieux gérer le secteur, négocier avec les investisseurs potentiels, recouvrir et répartir les recettes extractives.

B. Cadre de coordination du RCPCA 2017-2021

L'exécution du RCPCA a nécessité l'adoption de modalités institutionnelles flexibles et aptes à s'adapter à l'évolution des besoins et des opportunités. Le cadre de coordination est structuré par : i) un groupe de dialogue politique, le Conseil d'Orientation, ii) un Comité directeur conjoint de mise en œuvre du RCPCA, et iii) des groupes de travail pour les trois piliers du RCPCA.

1. Le Conseil d'Orientation

Le Conseil d'Orientation est la plateforme pour le dialogue de haut niveau et les discussions d'ordre politique au sujet des aspects fondamentaux de la mise en œuvre du RCPCA. Le Chef de l'État préside ce Conseil qui constitue un forum officiel et régulier où le Gouvernement et la communauté internationale représentée en RCA peuvent discuter des orientations politiques concernant les mesures concrètes à prendre par le Gouvernement et les partenaires pour une mise en œuvre efficace du RCPCA.

2. Le Comité directeur conjoint et les groupes de travail pour les trois piliers

Le Comité directeur conjoint constitue le cadre de concertation entre le Gouvernement et l'ensemble des partenaires pour la mise en œuvre du RCPCA. Il est le principal moteur de la mise en œuvre et du suivi du RCPCA. Il représente un forum de concertation pour l'allocation des ressources par portefeuilles dans la phase de planification et pendant la mise en œuvre. Disposant des informations sur les flux de financement, le comité joue un rôle important dans la hiérarchisation des écarts de financement à combler pour réaliser les priorités identifiées. Il a pour missions de :

- Fournir des orientations stratégiques pour la mise en œuvre du RCPCA ;
- Assurer un suivi des progrès réalisés dans la mise en œuvre du RCPCA et commanditer des évaluations indépendantes ;
- Assurer la coordination, l'harmonisation et l'alignement des ressources pour la mise en œuvre du RCPCA ;
- Superviser et exercer la responsabilité globale sur les fonds fiduciaires placés sous son autorité ;
- Porter à l'attention du Conseil d'Orientation les questions d'ordre politique altérant la bonne mise en œuvre du RCPCA.

Le Comité directeur conjoint est équilibré dans la représentation des partenaires gouvernementaux et internationaux, afin de renforcer les engagements mutuels qui sont indispensables pour une mise en œuvre réussie du RCPCA. Le ministre de l'Économie, du Plan et de la Coopération co-préside le Comité directeur conjoint avec le ministre des Finances et du Budget comme vice-président et la participation comme membres du ministre des Affaires sociales et de la Réconciliation, d'un représentant de la Présidence, d'un représentant de la Primature, d'un représentant de l'Assemblée nationale, d'un représentant de la Banque centrale et d'un représentant de la société civile. Un partenaire international co-préside le Comité directeur conjoint sur une base tournante. La représentation internationale inclut les principaux partenaires bilatéraux et multilatéraux appuyant la mise en œuvre. Les Groupes de travail des piliers sont chargés de la coordination sectorielle et programmatique au sein des trois piliers du RCPCA. Les partenaires au développement font appel à ces groupes pour présenter les programmes dès les premiers stades de leur élaboration de sorte à pouvoir discuter leur alignement sur les priorités du RCPCA, leur coordination avec les principaux acteurs et éviter les duplications. Ces groupes sont aussi chargés de suivre et de transmettre des rapports sur l'avancement au sein de leurs trois piliers ; ces rapports sont ensuite rassemblés par le Secrétariat pour éclairer les discussions du Comité directeur conjoint. L'appui du Secrétariat du RCPCA-CEM est indispensable à tous les échelons du cadre de coordination. Ce Secrétariat est rattaché au ministère de l'Économie, du Plan et de la Coordination et il est étroitement associé aux directions et départements dont les missions sont complémentaires des missions du Secrétariat. Il assure une représentation à la Présidence pour appuyer le Conseil d'Orientation. Outre ses fonctions de secrétariat des trois échelons du mécanisme de coordination et de gestion du cadre de suivi stratégique, le Secrétariat intègre également un ensemble de fonctions de secrétariat pour les fonds fiduciaires multibailleurs administrés par les Nations Unies et potentiellement par la Banque Mondiale. Les principales missions du Secrétariat sont :

- La coordination et le rôle de secrétariat pour les trois échelons du mécanisme de coordination ;
- La gestion du système d'information de l'aide et le suivi des engagements des partenaires ;
- L'appui à la gestion des fonds fiduciaires placés sous l'autorité du Comité directeur conjoint ;
- Le suivi des principes de partenariat et de la politique de l'efficacité de l'aide ;
- Le suivi et évaluation du RCPCA ;
- L'appui à la préparation des projets.

III. Congo : Du plan national de développement 2012-2016 (PND 2012-2016) au PND 2018-2022

Le projet de société du Président Denis SASSOU N'GUESSO, « Le Chemin d'Avenir, de l'espérance à la prospérité » pour la période 2009 à 2016 avait servi de référentiel au premier Plan national de Développement du Congo, élaboré pour la période 2012-2016 et permis de jeter les bases de la modernisation et de l'industrialisation du pays, tout en accélérant également le processus de désenclavement de l'arrière-pays.

Le nouveau PND, qui couvre la période 2018-2022 (PND 2018-2022), vient opérationnaliser la vision du Président de la République « La marche vers le développement, allons plus loin ensemble ». Il comprend trois axes stratégiques prioritaires, à savoir, le renforcement de la gouvernance, la réforme en profondeur du système éducatif et de la formation au sens large et la diversification de l'économie nationale, avec un accent particulier sur l'agriculture et le tourisme.

A. PND 2012-2016

Le Gouvernement a élaboré un Plan national de Développement pour la période 2012-2016 (PND 2012-2016) dont l'objectif central est de diversifier l'économie afin d'accélérer la croissance, la création d'emplois, la réduction de la pauvreté, et d'impulser l'industrialisation et l'émergence du Congo. Ce PND opérationnalise la vision du Président de la République contenue dans « le Chemin d'Avenir ». Il présente une synthèse intégrée des stratégies et politiques sectorielles, ainsi que les programmes d'actions et les stratégies budgétaires à moyen terme pour réaliser ladite vision. Cette vision a pour objectif central de moderniser la société congolaise et d'industrialiser le pays pour générer une prospérité accrue et partagée, et amorcer ainsi l'émergence progressive du Congo dans l'économie globale.

1. Orientations stratégiques du PND 2012-2016

Pour accélérer la transformation économique, sociale, culturelle et politique du Congo et créer les conditions de son émergence, le Président de la République a défini une ambition à moyen et long terme qui s'inscrit dans le cadre de la vision d'émergence du pays à l'horizon 2025, l'émergence devant se traduire par un développement économique et social durable, intégré et producteur de richesses.

Pour ce faire, le Gouvernement s'est engagé à réduire progressivement la dépendance du pays vis-à-vis du pétrole, tout en profitant judicieusement des ressources pétrolières pour accélérer la diversification de sa base productive afin de donner au secteur industriel en général et manufacturier en particulier une place prédominante dans la formation du PIB et dans les exportations.

Les axes stratégiques du PND 2012-2016 qui trouvent leur fondement dans la vision du « Chemin d'Avenir » portent sur :

- La Gouvernance : politique, administrative, judiciaire, sécuritaire et de défense nationale, économique et financière ;
- La croissance et la diversification de l'économie ;
- Le développement des infrastructures économiques et sociales ;
- Le développement social et l'inclusion ;
- Le développement « équilibré et durable ».

S'agissant du renforcement de la diversification économique, pour développer les activités au sein des secteurs de production, le Gouvernement a mis l'accent sur la promotion du secteur privé considéré comme un des piliers de la stratégie de développement à moyen terme. Pour améliorer le climat des affaires qui conditionne l'essor du secteur privé, il a ainsi renforcé le dialogue avec les acteurs du secteur privé en rendant opérationnel le fonctionnement du Haut Conseil du Dialogue Public-Privé (HCPP), cadre de concertation permettant d'adopter les réformes institutionnelles et juridiques nécessaires.

Par ailleurs, le Gouvernement s'est attelé à améliorer le fonctionnement du Centre de Formalités des Entreprises (CFE), pour alléger la procédure de création d'entreprises et consolider l'offre de services publics par l'amélioration de la productivité de l'administration publique et la poursuite de la réalisation d'infrastructures de base telles que l'électricité, l'eau, les transports et les télécommunications.

En outre, pour soutenir les PME et les TPE, le Gouvernement a mis en place le Fonds d'Impulsion, de Garantie et d'Accompagnement (FIGA). Ainsi, les PME sont assistées dans la phase de création de l'entreprise « accompagnement pré-création » et après la création de l'entreprise « accompagnement post-création ». Pour réduire la méfiance des banques et des établissements de microfinance envers les PME, le FIGA garantit les crédits que les institutions financières accordent aux entreprises.

Pour ce qui est du développement des infrastructures économiques et sociales, le Gouvernement a poursuivi la modernisation du transport aérien par la mise en œuvre des programmes de : (i) développement des installations aéroportuaires (poursuite des programmes de construction des infrastructures et d'acquisition d'équipements et de matériels, maintenance des installations et modernisation de la gestion des aéroports) ; (ii) renforcement des équipements de sureté et d'aide à la navigation ; (iii) densification du maillage des stations météorologiques ; (iv) suivi des activités des opérateurs du secteur (agences de voyages, tour-opérateurs, compagnies aériennes, entreprises publiques ou parapubliques concessionnaires du secteur) ; (v) renforcement de la compagnie nationale ; et (vi) construction d'un village aéroportuaire dans la zone de Maya-Maya.

Concernant le développement social et l'inclusion, le Gouvernement a fait de l'enseignement primaire une de ses priorités, l'objectif principal étant d'assurer l'éducation primaire pour tous d'ici à 2015, conformément aux OMD. Pour y parvenir, le Gouvernement a actualisé le document de Stratégie sectorielle de l'Éducation pour bénéficier de l'Initiative « Fast-Track » en faveur de l'Éducation. À ce titre, les actions stratégiques par niveau d'éducation consistent par exemple au niveau des enseignements primaire et secondaire à : (i) améliorer le taux d'achèvement du cycle primaire pour atteindre en 2015 le taux d'achèvement universel ; (ii) améliorer de façon très sensible la rétention des élèves en cours de cycle, condition sine qua non de l'achèvement universel, notamment en assurant la continuité éducative sur les six années d'enseignement ; (iii) réduire les redoublements de classe; (v) améliorer la qualité de l'enseignement ; (vi) améliorer le taux de rétention des filles dans le système scolaire. Pour ce faire, le Gouvernement a réhabilité et construit des salles de classe, des bibliothèques, des laboratoires et des internats.

Concernant le développement « équilibré et durable », pour revitaliser la recherche scientifique, le Gouvernement s'est engagé à : (i) produire des connaissances en vue de leur transmission-diffusion à travers l'enseignement ; (ii) produire des connaissances en vue d'éclairer les acteurs du développement ; (iii) produire, diffuser et valoriser les connaissances ; (iv) participer à la production des connaissances au niveau mondial ; (v) mettre les connaissances produites à la disposition des acteurs du développement.

Les principaux programmes et actions phares mis en œuvre dans le cadre de cet engagement sont : (i) le renforcement des capacités d'offre (gestion des chercheurs, construction et réhabilitation des infrastructures...) ; (ii) le renforcement de l'offre des connaissances scientifiques et techniques de haut niveau à travers les programmes sur la santé humaine et animale, la sécurité alimentaire, l'environnement et la biodiversité, l'ingénierie, la minéralogie et les matériaux, l'homme et son environnement.

2. Cadre institutionnel de mise en œuvre

Le cadre institutionnel de mise en œuvre du PND 2012-2016 se structure autour de trois paliers. Au niveau national, le Comité de Suivi et d'Évaluation des politiques et programmes publics (CSEPPP) est chargé de superviser et piloter l'ensemble du processus, de formuler des lignes directrices pour améliorer l'efficacité, le processus de suivi-évaluation et de la mise en œuvre du PND. Par ailleurs, le Comité national pour la Croissance, l'Emploi et la Réduction de la Pauvreté (CNSSERP) assure la supervision et le pilotage de l'ensemble des activités de suivi. La Direction générale du Plan et du Développement (DGPD) assure la gestion au quotidien, en sa qualité de secrétariat technique permanent dudit comité.

Au niveau gouvernemental, le suivi du PND 2012-2016 fait l'objet d'une réunion semestrielle sous la coordination des responsables politiques des groupes thématiques de discussion et de rédaction. Pour le pilier 1 : « Gouvernance », le chef de file est le ministère en charge de la Justice. Le pilier 2 : « Croissance et Diversification » a pour chef de file le ministère en charge du Développement industriel. Concernant le pilier 3 « Infrastructures », le chef de file est le ministère en charge des Transports, alors que le Ministère en charge du Travail et de la Sécurité sociale est le Chef de file du pilier 4 « Développement social et Inclusion ». Enfin, le pilier 5 « Développement équilibré et durable » a pour le Chef de file le ministère en charge de l'Économie forestière et du Développement durable.

Le CSEPPP, qui coordonne le processus, participe aux différentes réunions et le Secrétariat technique permanent du CNSSCERP (SPT-CNSSCERP) en assure le secrétariat. Ces réunions sont l'occasion d'opérer un recensement de l'ensemble des mesures des actions prévues et mises en œuvre dans le cadre de la stratégie.

Le CNSSCERP assure en outre le suivi spécifique de la mise en œuvre de la politique de diversification à travers les grappes.

Au niveau des partenaires techniques et financiers (PTF), des réunions semestrielles avec l'ensemble des partenaires techniques et financiers sont organisées pour présenter le déroulement des opérations, des initiatives en cours et futures. Ces réunions sont co-présidées par le ministre en charge de l'Économie et du Plan, Président du CNSSCERP et le Représentant résident du système des Nations-Unies. Le secrétariat est assuré par la DGPD dans le cadre de ses attributions.

Ces réunions constituent un cadre de concertation permanent (Gouvernement-PTF) pour la mise en place d'une plateforme de gestion de l'aide publique au développement.

PND 2018-2022

Le PND 2018-2022 constitue l'instrument clé d'organisation, de mise en cohérence et de pilotage du programme de développement inclusif et durable du Congo, pour la période 2018-2022. Il sert de cadre stratégique et programmatique quinquennal et intégré qui opérationnalise à la fois la vision du Président explicitée dans « La marche vers le développement – Allons plus loin ensemble », et met en cohérence les stratégies de stabilisation macroéconomique et financière avec les politiques de relance et celles de protection sociale. Tirant les leçons de la revue du précédent PND, le PND 2018-2022 met aussi un accent sur la gouvernance qui détermine la qualité des choix et l'efficacité des actions, et sur le réalisme et l'opérationnalité du plan national.

3. Orientations stratégiques du PND 2018-2022

La problématique de la diversification de l'économie congolaise est une question ancienne restée au cœur des préoccupations du Gouvernement. L'objectif de diversification de l'économie qui avait été affiché dans le Plan national de Développement 2012-2016 ne s'est pas traduit par des signes tangibles de transformation structurelle du système productif du Congo.

En effet, l'économie congolaise est restée fortement dépendante du secteur pétrolier. Cette dépendance est la principale cause de l'instabilité macroéconomique et budgétaire. L'impératif de la diversification est ainsi une urgence et une nécessité pour accroitre la résilience de l'économie, améliorer la position extérieure du pays et assurer le développement. C'est pour atteindre ces objectifs globaux que le PND 2018-2022 s'articule autour de trois domaines de concentration que sont l'agriculture, le tourisme et l'industrie, qui sont considérés comme principaux leviers de diversification de l'économie congolaise.

S'agissant de l'agriculture pourtant considérée comme priorité des priorités, ce secteur est encore peu développé, car dominé par de petits exploitants dans le cadre d'une agriculture paysanne, souvent de subsistance. Les actifs agricoles représentent un effectif de 514 358 exploitants sur une population estimée à 4 801 684 habitants en 2015. Sur ces effectifs, 65% de femmes contribuent à 70 % de la production alimentaire, selon le Recensement général de l'Agriculture réalisé en 2016.

Le Gouvernement a ainsi mis un accent particulier sur ce secteur à forte potentialité de croissance et d'emplois en développant les différentes chaines de valeur qu'il recèle. L'objectif principal du Gouvernement dans le cadre de la mise en œuvre du PND 2018-2022 est de faire de l'agriculture, l'un des principaux piliers de diversification, de croissance, de compétitivité et de création d'emplois durables. De façon spécifique, le Gouvernement envisage de : (i) accroitre les capacités de production agricole pour des performances favorables à la dynamique de diversification de l'économie ; (ii) assurer la sécurité alimentaire et nutritionnelle et (iii) participer à la lutte contre la pauvreté.

Concernant le tourisme, le Congo est un vaste jardin naturel relativement vierge, d'une grande biodiversité, situé au cœur du bassin du Congo. Son relief et son climat l'ont doté de diverses zones écologiques, dont la faune et la flore, constituent un potentiel d'exploitation touristique exceptionnel. Son hydrographie variée, formée de fleuves, de rivières, de lacs et de lagunes, constitue également un atout touristique important. De ce fait, le tourisme suscite beaucoup d'espoirs quant à sa capacité à créer les emplois et à intervenir à côté des secteurs des hydrocarbures, de l'agriculture et de l'industrie dans la formation du PIB du Congo. Afin de valoriser ce potentiel, le Gouvernement, à travers le PND 2018-2022, mène des actions de nature à faire de ce secteur un facteur de diversification de l'économie nationale. Celles-ci consistent à accroitre l'offre touristique, à la structurer et à la diversifier afin de rendre attrayant la destination du Congo-Brazzaville.

Pour ce qui est de l'industrie, l'objectif principal poursuivi dans le PND 2018-2022 est la transformation du système productif par l'industrialisation. C'est-à-dire la création de structures industrielles viables, susceptibles de générer des emplois et d'améliorer qualitativement les conditions de vie des populations. Plus spécifiquement, le Gouvernement vise les objectifs stratégiques suivants : (i) accroitre la part du secteur industriel dans le PIB ; (ii) accroitre le volume des investissements privés et publics dans le secteur industriel ; (iii) créer au moins une unité industrielle de transformation des ressources locales dans chaque département, tout en veillant à la complémentarité interdépartementale des systèmes productifs locaux ; (iv) créer les conditions d'émergence et de développement des pôles de croissance et de compétitivité ; (v) améliorer la balance commerciale ; (vi) rendre le cadre institutionnel et juridique favorable aux investissements étrangers ; (vii) promouvoir de véritables « capitaines d'industries », notamment dans la gestion des PME-PMI.

4. Mécanismes de pilotage

Le cadre institutionnel pour le suivi et l'évaluation des performances du PND comprend un Conseil national d'évaluation (CNE) du PND 2018-2022 organisé en cinq niveaux : le comité de pilotage, la coordination technique, le secrétariat technique permanent, les directions des études et de la planification et la coordination départementale.

Le Comité de Pilotage est l'organe décisionnel et la plus haute instance du dispositif d'évaluation du PND 2018-2022. Il est chargé de donner les orientations stratégiques pour la coordination de la mise en œuvre de l'évaluation. Il constitue un cadre de concertation nationale et de dialogue politique entre le Gouvernement et ses partenaires sur les questions de développement organisées autour du PND. Le Comité de pilotage est présidé par le Premier ministre, Chef du Gouvernement assisté du ministre en charge du Plan. Il comprend, en outre, le ministre en charge des finances, le ministre en charge de l'économie, le ministre en charge des réformes de l'État, le ministre en charge de la justice, le ministre en charge de la décentralisation et le ministre en charge de l'aménagement du territoire.

La coordination technique est la seconde instance du dispositif. Elle opérationnalise les décisions et les orientations stratégiques du comité de pilotage (COPIL). Elle a pour missions d'assurer le fonctionnement du mécanisme d'évaluation, l'effectivité de la réalisation des activités du suivi administratif et technique et la disponibilité des différents produits attendus en vue d'animer le CNE. Le ministre en charge du plan en assure la présidence, le ministre en charge des finances la vice-présidence, et les autres membres sont les représentants des ministres en charge respectivement de l'économie, des réformes de l'État, de la justice, de la décentralisation et de l'aménagement du territoire.

La coordination technique s'appuie sur l'expertise des structures membres dans leurs domaines de compétence. Toutefois, elle peut faire recours à toutes autres structures ou expertises externes jugées nécessaires pour atteindre les objectifs de suivi et évaluation du PND.

Le secrétariat technique permanent (STP) est l'organe technique, placé sous la tutelle de la Direction générale du Plan et du Développement (DGPD). Il est assisté par la Délégation générale aux Grands Travaux (DGGT), la Direction générale du Budget (DGB), la Direction générale de l'Économie

(DGE), l'Institut National de la Statistique (DG/INS), le Centre National d'Études et d'Évaluation des Projets d'Investissement Publics (CNEEPIP), la Direction générale du Contrôle budgétaire (DGCB), l'Inspection générale des Finances (IGF), la Direction générale du Contrôle des Marchés publics (DGCMP), la Direction générale du Trésor (DGT), la Direction générale de l'Intégration (DGI), la Direction générale du Partenariat au Développement (DGPAD), etc.

Le STP est la cheville ouvrière du dispositif de l'évaluation. Il a pour mission principale de coordonner les activités techniques d'évaluation des performances de la mise en œuvre du PND 2018-2022 et d'assister à la Coordination technique. Le STP est le rapporteur du comité de pilotage.

Les Directions des Études et de la Planification (DEP) sont les points focaux du dispositif de suivi et évaluation au sein des ministères et ont notamment pour missions de veiller à la cohérence de la stratégie, du plan d'action et de la mise en œuvre à travers les projets.

La Coordination départementale est animée par le directeur départemental du plan appuyé par le directeur départemental de la statistique. Elle a pour mission de coordonner la réalisation de l'évaluation des performances de la mise en œuvre du PND 2018 – 2022 au niveau départemental.

IV. Gabon : Du plan stratégique Gabon émergent 2011-2016 (PSGE 2011-2016) au plan de relance de l'économie 2017-2019 (PRE 2017-2019)

Depuis 2010, la politique de développement économique du Gabon repose sur la mise en œuvre du Plan Stratégique Gabon Émergent (PSGE). Le PSGE décline les grandes orientations fixées par le Président de la République dans la conduite des politiques publiques jusqu'en 2025.

Dans ce cadre, le Gouvernement a engagé un ambitieux programme de transformation économique et sociale, dont la mise en œuvre vise principalement la diversification des sources de croissance à travers la transformation progressive des ressources naturelles minières, agricoles et halieutiques et la durabilité environnementale. Ce processus de diversification a été accompagné par le développement des infrastructures de transport, de communications et énergétiques en plus d'une ressource humaine de qualité et des services performants. Parallèlement, le Gouvernement a plus que doublé le budget d'investissement en moyenne sur la période 2010-2014, par rapport aux cinq années précédentes.

A. PSGE 2011-2016

Le PSGE 2011-2016 est le socle du projet de société « l'Avenir en Confiance » du Président Ali BONGO de faire du Gabon un pays émergent en moins d'une génération. Ce document dessine ainsi les grandes orientations stratégiques, les programmes et actions qui décrivent la vision du Gabon Émergent à l'horizon 2025.

1. Orientations stratégiques et fondations du PSGE 2011-2016

Le PSGE est structuré autour de trois piliers qui portent l'émergence à savoir : Le Gabon Vert, le Gabon Industriel et le Gabon des Services.

Le pilier 1 « Gabon Vert » est composé de trois objectifs : (i) gérer durablement la forêt gabonaise et positionner le Gabon comme un leader mondial du bois tropical certifié (Programme Sectoriel Bois et Économie forestière) ; (ii) valoriser le potentiel agricole et garantir la sécurité alimentaire (Programme sectoriel Agriculture et Élevage) et (iii) promouvoir une exploitation et une valorisation durables des ressources halieutiques (Programme sectoriel Pêche).

Ce pilier renferme trois objectifs stratégiques, notamment (i) gérer durablement la forêt gabonaise et positionner le Gabon comme un leader mondial du bois tropical ; (ii) valoriser le potentiel agricole et garantir la sécurité alimentaire, et (iii) promouvoir une exploitation et une valorisation durables des ressources.

Pour réaliser le premier objectif stratégique de ce pilier, le Gabon s'est donné une vision ambitieuse dans le secteur forêt-bois à l'horizon 2025. La Vision est de « faire du Gabon un leader mondial du bois tropical certifié, porté par une industrie innovante, valorisant pleinement une forêt désormais sous aménagement durable, puits de carbone et sanctuaire de biodiversité ». Pour réaliser cette vision, un Plan Sectoriel Forêt-Bois a été élaboré. Il se décline en un portefeuille de six actions : (i) la mise en œuvre du Cadre Juridique du secteur Forêt-Bois ; (ii) la gestion durable des écosystèmes forestiers et aquatiques ; (iii) la généralisation de l'aménagement forestier ; (iv) la création d'un Pôle de Compétence Forêt-Bois ; (v) la construction des Infrastructures industrielles pour la transformation du Bois (Domaines industriels du Bois, Zones économiques spéciales) et (vi) l'appui à l'Industrie locale de transformation du bois.

En ce qui concerne l'objectif qui vise à valoriser le potentiel agricole et garantir la sécurité alimentaire à l'horizon 2025, le Gouvernement, par l'essor des filières agricole et d'élevage, a entrepris d'assurer une sécurité alimentaire durable pour ses populations et de devenir un exportateur de rang mondial de produits agricoles tropicaux, dans le respect des principes d'agriculture raisonnée et de développement durable. Un vaste Plan de transformation des filières agricoles et d'élevage a été ainsi mis en œuvre pour atteindre cet objectif. Il inclut les réformes et investissements en infrastructures physiques, un plan de renforcement des capacités des acteurs et surtout d'insertion de nouveaux actifs dans l'agriculture professionnelle.

Pour ce qui est de l'objectif visant à promouvoir une exploitation et une valorisation durables des ressources halieutiques, un Plan sectoriel Pêche et Aquaculture a été mis en place et se décline en plusieurs actions, notamment (i) la mise en œuvre du Code des Pêches et de l'Aquaculture ; (ii) la création du Centre de formation aux métiers de la pêche ; et (iii) la construction des Infrastructures de débarquement et de transformation des produits de pêche.

Le pilier 2 « Gabon Industriel » repose sur une plus grande valorisation des richesses du sous-sol gabonais, afin d'en tirer plus de revenus et de retombées pour l'économie nationale. Il se décline en trois objectifs stratégiques : (i) relancer la production pétrolière et optimiser les revenus des hydrocarbures et des industries connexes ; (ii) développer le potentiel minier et ériger une filière de métallurgie propre ; et (iii) développer un tissu industriel innovant et diversifié (bois, pêche, agro-industrie,).

Pour le premier objectif qui consiste à relancer la production pétrolière et optimiser les revenus des hydrocarbures et des industries connexes, le Gouvernement s'est fixé comme priorité de relancer l'exploration pétrolière, notamment en eaux profondes, et d'optimiser les recettes générées de cette activité. La relance de l'exploration en eaux profondes a nécessité une promotion forte et structurée basée sur des données géologiques fiables mettant en valeur les prospects attrayants d'hydrocarbures du bassin sédimentaire gabonais. Par ailleurs, l'État a mis en place un dispositif fiscal optimal et attractif pour l'investissement international en s'assurant qu'il correspond aux meilleures pratiques. Cet objectif stratégique repose sur un Plan Sectoriel Hydrocarbures qui se structure autour des actions qui portent sur : (i) la mise en œuvre du Code pétrolier ; (ii) la promotion du secteur pétrolier pour encourager l'investissement dans le secteur des hydrocarbures et promouvoir le bassin gabonais au niveau international ; et (iii) la création d'une filière pétrochimique de fabrication d'engrais pour développer une industrie pétrochimique de production d'engrais azotés et composés.

L'objectif stratégique qui vise à développer le tissu industriel se décline en trois principales actions, à savoir : (i) l'élaboration et la mise en œuvre de la stratégie d'industrialisation du Gabon ; (ii) la mise en place du Programme national de Normalisation ; et (iii) la promotion de la sous-traitance pour développer un réseau de PME nationales de sous-traitance auprès des majors pétrolières et minières ainsi que l'émergence de la PME dynamique dans les matériaux de construction et le BTP.

Le pilier 3 « Gabon des Services » repose sur trois objectifs qui visent à (i) positionner le Gabon comme une destination de référence en matière de tourisme durable, et (ii) faire du Gabon un pôle régional de l'économie numérique et de communication.

S'agissant de l'objectif stratégique qui consiste à positionner le Gabon comme destination de référence en matière de tourisme durable, la mise en œuvre s'est traduite par l'élaboration d'un Plan sectoriel Tourisme qui est sous-tendu par la mise en œuvre de deux actions : (i) l'élaboration du Plan opérationnel Tourisme 2012-2016 et (ii) la formation aux métiers du tourisme et de la restauration.

Pour ce qui est l'objectif stratégique qui vise à faire du Gabon un pôle régional de l'économie numérique et de la communication, un Plan sectoriel Économie Numérique et Communication a été conçu et implémenté. Les actions menées dans le cadre de cet objectif visent à développer à la fois la production et l'utilisation des services numériques au Gabon. Parmi ces actions, on peut mentionner entre autres (i) la mise en œuvre du cadre juridique des Télécommunications et des TIC ; (ii) la mise en place d'un Code de la Communication (iii) la mise en place du fonds du Développement de l'Économie numérique (FODEN) ; (iv) la création du Fonds d'aide à la production cinématographique de l'image et du son ; (v) la promotion de l'économie numérique.

2. Dispositif de pilotage

Le dispositif de pilotage, d'animation et de coordination gouvernemental du PSGE s'articule autour de 3 types d'instances : les Comités techniques interministériels sectoriels, les Conseils présidentiels ou interministériels sectoriels, et le Bureau de coordination des Programmes de l'émergence.

L'organisation régulière de Comités techniques interministériels sectoriels contribue à la préparation des Conseils Interministériels et Ministériels. Ces comités techniques permettent de tenir des points réguliers sur l'avancement des projets intersectoriels et de statuer sur les points de décision importants à soumettre en Conseil présidentiel ou interministériel. Les comités techniques ont pour rôle de valider les documents de planification des projets des ministères, en particulier les projets interministériels, en s'assurant notamment de l'alignement de leurs objectifs au PSGE, de la mise en place effective d'équipes projet, de la bonne planification opérationnelle des projets (activités, responsables, délais). Ils permettent de prendre des décisions sur les questions à caractère technique et de mieux organiser la coordination technique au sein de l'ensemble du gouvernement. L'agenda des comités techniques est planifié en fonction des Conseils Présidentiels et interministériel.

Le Conseil Présidentiel représente l'instance la plus élevée de pilotage et de suivi du dispositif. Lorsque ce Conseil n'est pas présidé par le Chef de l'État, il s'agit d'un Conseil de cabinet. Des Conseils sectoriels sont convoqués par le Président de la République afin d'une part d'établir un bilan sur les réalisations du gouvernement, et d'autre part d'identifier les points de blocages éventuels à l'avancement des actions programmées. De manière générale, les Conseils Présidentiels sectoriels sont précédés de Conseils

Interministériels sectoriels pour leur bonne préparation. L'ordre du jour du Conseil déterminera la liste des participants. Ces Conseils sont sanctionnés par des directives/décisions, dont certaines n'ont plus besoin de l'aval du Conseil des ministres. Un calendrier, des Conseils Présidentiels et Interministériels, est établi par le Secrétaire général du Gouvernement.

Pour accompagner les changements majeurs dans l'organisation et l'animation gouvernementales, un Bureau de Coordination des Programmes de l'Émergence a été mis en place.

Dans le cadre de la nouvelle gouvernance (pilier 2 du Gabon Émergent) et de la conduite de leur programme de réforme et de modernisation, il est attendu de chaque ministère une efficacité et une productivité accrue dans la conception, la mise en œuvre et le suivi-évaluation de son plan de travail. Ils doivent dans ce cadre renforcer la coordination interne, à travers des réunions de coordination régulières par groupes de projets, par Directions générales et par Services, en plus des réunions de coordination statutaires convoquées par le ministre. Toutes ces réunions se matérialisent par des comptes rendus ou procès-verbaux permettant un suivi plus régulier et plus efficace des projets et un meilleur reporting du ministère quant à l'avancement de la mise en œuvre de son Plan de Travail ministériel.

B. PRE 2017-2019

Le Plan de Relance de l'Économie sur la période 2017 – 2019 a pour principal objectif d'accélérer la transformation structurelle de l'économie gabonaise au cours de la période sous-revue. Il s'articule ainsi autour de quatre objectifs spécifiques : (i) rétablir durablement l'équilibre des finances publiques ; (ii) maîtriser le niveau d'endettement public du pays ; (iii) redynamiser la création de richesses et d'emplois ; et (iv) réduire la pauvreté et améliorer le bien-être des populations.

1. PRE 2017-2019 : un plan de relance pour accélérer la transformation structurelle

Pour accélérer la transformation structurelle de l'économie du Gabon, le Gouvernement a adopté cinq programmes d'actions phares qui constituent le socle du PRE. Ces programmes portent sur :

- L'optimisation des recettes et le financement de l'économie ;
- La maîtrise des dépenses publiques ;
- Le renforcement de la compétitivité des filières ;
- L'amélioration du cadre des affaires ; et
- la qualité des services aux citoyens.

Pour réaliser l'objectif d'optimisation des recettes et de financement de l'économie, le Gouvernement a entrepris de (i) renforcer le recouvrement des recettes intérieures, (ii) maîtriser les dépenses de fonctionnement et procéder à la re-priorisation des dépenses d'investissement en faveur de celles ayant un impact significatif sur la croissance ainsi que (iii) de consolider la soutenabilité de la dette.

S'agissant particulièrement du renforcement du recouvrement des recettes non pétrolières, la principale action a consisté en l'élargissement de l'assiette fiscale et la lutte contre la fraude. Ainsi, au niveau de la fiscalité intérieure, les actions visées ont porté sur (i) l'application du précompte IRPP au cordon douanier et la fiscalisation du patrimoine immobilier, (ii) la régulation du secteur informel par la poursuite des campagnes de sensibilisation et de taxation des contribuables exerçant dans les marchés et zones commerciales, (iii) les campagnes d'immatriculation à la TVA des opérateurs économiques, (iv) la mise en place des grilles d'analyse risques pour le contrôle fiscal, le remboursement de TVA et le recouvrement, (v) l'opérationnalisation de la brigade mixte de contrôle Impôt-Douanes, (vi) la spécialisation des brigades de vérification pour un contrôle par secteur d'activité et la poursuite du renforcement des capacités techniques des vérificateurs.

Pour ce qui est de la soutenabilité de la dette publique, le Gouvernement a mené des actions visant à maîtriser le niveau d'endettement autour du seuil actuel de 40% du PIB. Dans ce cadre, la politique d'endettement a été orientée vers des emprunts à maturité longue et à taux concessionnel. Les ressources mobilisées dans ce cadre sont essentiellement orientées au profit des secteurs sociaux, de la santé, de l'agriculture, des routes et des infrastructures d'énergie.

En ce qui concerne l'assainissement et le renforcement du système financier public, la mise en place d'instruments sains et adaptés au financement de l'économie a permis de mieux faire face au contexte actuel de resserrement des conditions de financement sur les marchés de capitaux internationaux. Pour la maîtrise des dépenses publiques, le Gouvernement a activé trois leviers à savoir : (i) la maîtrise des dépenses courantes, (ii) la maîtrise de la masse salariale, et (iii) la restructuration des services publics personnalisés.

S'agissant de la maîtrise des dépenses courantes, la réduction des déséquilibres des comptes publics a été obtenue par des efforts de maîtrise et de compression des dépenses courantes, tout en limitant les dépenses d'investissement à un niveau compatible avec les ressources et la capacité d'absorption de l'économie. Le programme du Gouvernement vise ainsi à rétablir la soutenabilité des finances à moyen et long terme en ramenant le déficit budgétaire à moins de 3% du PIB à l'horizon 2019.

Pour ce qui est de la restructuration des Services publics personnalisés, l'on a assisté à la rationalisation des dépenses de transferts et subventions à travers d'une part la révision des subventions accordées, sur la base de l'évaluation des rapports d'activité et états financiers des SPP et, d'autre part, l'assujettissement de ces subventions à un contrat de performance.

Pour l'apurement de la dette intérieure et extérieure, et plus particulièrement les arriérés de crédit de TVA, des négociations ont été menées avec des entreprises pour apurer le stock en cours sur une période de 3 ans.

Pour garantir le renforcement de la compétitivité des filières, le Plan de Relance de l'Économie vise à accélérer la diversification économique du Gabon, développant des filières qui équilibrent la contribution actuelle au PIB des secteurs rentiers que sont l'extraction d'hydrocarbures et des mines. Ces filières sont qualifiées de « moteur de croissance » dans la mesure où elles ont vocation à représenter une part croissante des exportations du pays, à gagner des parts de marché et à remonter les chaînes de valeur au niveau international, du fait d'un certain seuil de compétitivité.

Au regard de ses dotations naturelles et des caractéristiques du marché national et international, pour renforcer la compétitivité des principales filières, le Gouvernement s'est inscrit dans une coopération ouverte avec le secteur privé dont la démarche est articulée autour des cinq étapes suivantes :

- Un diagnostic de la situation actuelle de la filière, tant au niveau national qu'international, pour en comprendre les opportunités, les menaces, les forces et les faiblesses, et partager une lecture commune de la situation entre le secteur public et le secteur privé ;
- La convergence de points de vue entre les opérateurs de la filière et l'administration publique autour d'objectifs sectoriels partagés, qui fassent converger des efforts communs autour de cibles clairement identifiées ;
- Une analyse approfondie des besoins des consommateurs, nationaux et internationaux, afin d'identifier les segments clients à fort potentiel et mieux calibrer le positionnement sur le marché de la production nationale ;
- La formulation d'un positionnement sur le marché unique, suite à une analyse fine de la compétition internationale, qui permette de concilier les objectifs sectoriels avec les besoins des consommateurs et la nécessité de se distinguer par un positionnement compétitif différenciant ;
- La définition d'un plan d'action commun entre les opérateurs privés nationaux, internationaux et l'administration publique, où chacun intervient dans le domaine qui relève de ses compétences à l'amélioration globale de la compétitivité de la filière et à la concrétisation du positionnement marché unique défini collégialement ;

2. Le dispositif de mise en œuvre

Le Plan de Relance de l'Économie constitue un vaste programme de réformes et d'actions coordonnées entre l'administration publique et les opérateurs privés. Près de 170 mesures, de niveaux de complexité variables, ont été pré-identifiées à ce stade. La mise en œuvre du PRE constitue à ce titre un défi particulièrement important pour le Gouvernement. En effet, au-delà du suivi des nombreuses mesures, l'enjeu consiste à atteindre les grands objectifs de résultats attendus du PRE, au titre du rééquilibrage des finances publiques, de l'accélération de la diversification économique, de la création d'emplois et de richesses. Aussi, le Plan de Relance de l'Économie s'appuiera sur un dispositif nouveau d'organisation, de démarche et d'outils qui visent à optimiser la mise en œuvre et à en maximiser les chances de succès.

Afin de réduire le risque d'éparpillement du travail gouvernemental, les principaux instruments de planification opérationnelle et financière que sont les Projets annuels de Performances (PAP) et le Programme de Travail gouvernemental (PTG) ont été alignés au plan d'action du PRE. Le Premier ministre est le garant de la réussite du Plan de Relance de l'Économie. Il rend compte des avancées et résultats obtenus au Parlement ainsi qu'au Président de la République.

Le Conseil interministériel de pilotage du PRE est composé de l'ensemble des ministres impliqués dans la mise en œuvre du Plan de Relance de l'Économie. Placé sous l'autorité du Premier ministre, ce conseil a pour mandat de suivre la mise en œuvre du PRÉ et d'effectuer les arbitrages nécessaires. Il dispose de deux rapporteurs : le ministre de l'Économie, de la Prospective et de la Programmation du Développement durable (rapporteur 1) et le ministre de la Promotion des Investissements privés, du Commerce, du Tourisme et de l'Industrie (rapporteur 2). Les présidents de comités de pilotage sectoriel sont les interlocuteurs directs du Premier ministre quant à l'exécution du Plan de Relance de l'Économie.

La cellule d'appui technique est composée de membres désignés du cabinet du Premier ministre, du Secrétariat général du Gouvernement, du Bureau de Coordination du Plan Stratégique Gabon Émergent (CPSGE) et d'experts individuels. Elle a pour rôle d'orienter la prise de décision du Premier ministre, en proposant les lettres de mission et objectifs assignés aux responsables de programmes de réforme, les orientations de démarche méthodologique et de normalisation de la conduite des projets. La cellule technique s'assure, sous l'autorité du Premier ministre, de la bonne préparation des projets et de leur prise en charge effective. Elle mène le suivi de l'exécution des projets et évalue l'impact des actions menées, au regard des objectifs de résultat attendus. La Cellule produit des rapports d'avancement et d'appréciation trimestriels à l'attention du Premier ministre et répond à toutes demandes d'analyse qu'il exprime. Elle coordonne la communication sur l'exécution du Plan de Relance de l'Économie.

Chacun des cinq grands programmes de réforme du PRE compte un comité de pilotage **sectoriel,** qui réunit les ministres directement concernés par la thématique. Chaque comité de pilotage est présidé par un ministre disposant de l'autorité et de l'expertise nécessaires pour mobiliser l'administration publique et les parties prenantes dans le cadre d'une démarche de travail efficiente et orientée autour d'objectifs communs. Ce ministre supervise les travaux préparatoires au comité de pilotage.

V. Tchad : Plan national de développement 2017-2021 (PND 2017-2021)

Le PND 2017-2021 constitue le premier plan pour la concrétisation de la « Vision 2030, le Tchad que nous voulons ». Il est à cet effet un document cadre de référence des interventions de l'État et de ses partenaires a pour objectif général de jeter les bases d'un Tchad émergent dans un climat de stabilité. De manière spécifique, les objectifs stratégiques du PND visent à : (i) œuvrer pour un Tchad en paix, respecté et impliqué dans son environnement régional et international ; (ii) donner la possibilité à chaque citoyen d'accéder à l'eau et à la santé, au logement, à l'énergie et à la mobilité ; et (iii) bâtir un Tchad dynamique, fort économiquement et respectueux de l'environnement.

A. Fondements et axes stratégiques du PND 2017-2021

1. Fondements du PND 2017-2021

La « Vision 2030, le Tchad que nous voulons » est le fondement du PND 2017-2021. Elle a pour énoncé : *« Le Tchad, une nation apaisée, unifiée dans sa diversité culturelle, résiliente par son économie transformée, et offrant un cadre de vie agréable pour tous ».* Elle ambitionne ainsi de réaliser l'émergence du Tchad à l'horizon 2030. Par ailleurs, l'Agenda 2063 de l'Union africaine et les Objectifs de Développement durable constituent aussi les fondements du PND.

Ce PND s'inscrit ainsi dans une dynamique de transformation structurelle de l'économie tchadienne. Une telle option implique des politiques publiques ciblées et un rôle actif du secteur privé dans l'accroissement des investissements productifs dans les secteurs porteurs et innovants.

Le PND 2017-2021 capitalise aussi sur les enseignements de la mise en œuvre du PND 2013-2015 ainsi que sur les Axes de la Vision 2030. Il a pour ambition de créer les fondations du processus de transformation structurelle et socio-économique qui doivent conduire le Tchad vers son émergence à l'horizon 2030.

La réussite de la mise en œuvre du PND 2017-2021 repose sur le respect des principes directeurs suivants qui portent sur : (i) la volonté politique et l'engagement national ; (ii) l'appropriation nationale ; (iii) le leadership et la responsabilisation ; (iii) la priorisation des actions ; et (iv) la gestion axée sur les résultats et la redevabilité. La volonté politique conditionne et engage aussi le Gouvernement dans la mise en place des programmes en cohérence avec les Axes stratégiques et le suivi de la mise en œuvre des réformes structurelles pour impulser les changements escomptés.

2. Axes stratégiques du PND 2017-2021

Pour l'opérationnalisation du PND 2017-2021, quatre axes stratégiques arrimés aux quatre Axes de la Vision ont été définis. Il s'agit du (i) renforcement de l'Unité nationale ; (ii) renforcement de la bonne gouvernance et l'État de droit ; (iii) développement d'une économie diversifiée et compétitive ; et (iv) de l'amélioration de la qualité de vie de la population.

L'objectif global de l'Axe 1 est de *bâtir une nation unie et créative*. Deux sous-axes ont été identifiés pour réaliser cet objectif à savoir : (i) la promotion d'une culture de paix, des valeurs citoyennes et de la cohésion nationale ; et (ii) la promotion des valeurs culturelles et le redimensionnement du rôle de la culture comme levier de développement inclusif. Les actions menées à cet effet ont consisté à : (i) la formation et l'équipement des principaux acteurs de promotion des valeurs citoyennes ; (ii) la sensibilisation de la population pour une éducation citoyenne ; et (iii) le respect par la population du code d'éthique et de déontologie de la citoyenneté.

La promotion de la diversité culturelle nécessite avant tout que les valeurs culturelles traditionnelles soient vulgarisées et valorisées. À cette fin, les actions du Gouvernement menées dans ce sens ont porté sur : (i) la conception et la mise en œuvre d'un programme adéquat d'éducation sur la diversité culturelle ; (ii) la sensibilisation de la population à la fierté culturelle ; (iii) la poursuite de la stratégie de valorisation des langues nationales ; (iv) l'organisation des manifestations culturelles traditionnelles et modernes ; (v) l'application de la loi 13/PR/2010 portant statuts et attributions des chefs traditionnels ; et (vii) la création des structures d'information et de sensibilisation sur les us et coutumes.

L'objectif global de l'Axe 2 est de *contribuer à la réalisation de la Vision 2030, en renforçant les bases de la Bonne Gouvernance et de l'État de droit*. À cet effet, quatre sous-axes ont été définis à savoir : (i) la promotion de la performance et de la motivation dans l'administration publique ; (ii) la promotion d'une bonne gouvernance économique ; (iii) le renforcement de la gouvernance démocratique ; et (iv) le renforcement de la sécurité comme facteur de développement. De manière spécifique, pour réaliser cet objectif, le Gouvernement a entrepris de renforcer les capacités techniques, humaines et matérielles pour assurer une meilleure gestion des finances publiques (formation des agents, équipement, informatisation, etc.).

L'objectif global de l'Axe 3 du PND 2017-2021 est de diversifier les sources de croissance économique et de dynamiser les secteurs porteurs de croissance et créateurs d'emplois décents. La diversification de l'économie se fait sur la base des avantages comparatifs du pays et notamment du développement des filières dans l'agriculture, l'élevage, la pêche et les mines. Les actions pour développer les secteurs de l'agriculture, de l'élevage, de l'eau, de l'environnement, des mines et des énergies renouvelables ont permis d'amorcer la transformation structurelle de l'économie nationale et d'assurer la souveraineté alimentaire. Trois sous-axes ont ainsi été identifiés : (i) une économie diversifiée et en forte croissance ; (ii) un financement de l'économie assuré majoritairement par l'épargne intérieure, les crédits à l'économie et les capitaux privés étrangers ; et (iii) des infrastructures comme levier du développement durable.

Par ailleurs, la valorisation des sous-secteurs minier, touristique et artisanal a contribué à la diversification des sources de revenus, eu égard à leurs potentialités dans l'économie nationale. À cet effet, les actions menées ont favorisé le renforcement des capacités, l'organisation et l'encadrement des opérateurs économiques d'une part et la mise en place d'un cadre légal et réglementaire incitatif d'autre part.

De manière spécifique, le Gouvernement a pris des mesures pour : (i) promouvoir et industrialiser le secteur minier ; (ii) élaborer et mettre en œuvre la stratégie de développement du tourisme ; (iii) renforcer le cadre institutionnel et de pilotage de ces trois sous-secteurs ; (iv) renforcer les capacités des infrastructures hôtelières du Tchad ; (v) élaborer et mettre en œuvre la Stratégie nationale de Développement de l'Artisanat (SNDA) ; (vi) renforcer les capacités institutionnelles, matérielles et techniques des agents du sous-secteur artisanat ; et (vii) créer un environnement favorable aux affaires dans le secteur de l'artisanat.

Pour diversifier son économie, le pays s'est appuyé sur les filières porteuses dans le domaine agro-sylvo-pastoral identifiées dans l'Étude diagnostique sur l'Intégration du Commerce au Tchad (EDIC II - 2016). Les filières cuir, gomme arabique, sésame, oignon, ail, blé, canne à sucre, riz, spiruline, textile, natron, dattes, arachide et karité se sont développées par la mise en place de véritables pôles économiques de compétitivité dans les régions où elles sont produites.

La modernisation de l'élevage à travers la réalisation des barrages et marres pastoraux a augmenté la productivité du secteur et réduit ainsi la dépendance de l'économie nationale aux ressources pétrolières. Cela a permis également d'accroître les revenus des pastoraux et de renforcer leur résilience. Pour ce faire, on a assisté à un début de transformation industrielle des produits dérivés de l'élevage, ce qui a permis d'augmenter la valeur ajoutée et d'exporter des produits semi-finis et finis.

L'objectif global de l'Axe 4 est de créer un cadre de vie propice à l'épanouissement de la population tchadienne, tout en assurant la préservation des ressources naturelles et en s'adaptant aux changements climatiques. Cet axe est structuré en deux sous-axes, à savoir : (i) un environnement sain avec des ressources naturelles préservées ; et (ii) un cadre propice à l'épanouissement du bien-être.

B. Dispositif de pilotage du PND 2017-2021

Le cadre institutionnel du pilotage a pour prérogatives de : (i) s'assurer que le PND a été effectivement et convenablement exécuté ; (ii) déterminer dans quelle mesure les résultats (notamment les extrants et les effets) ont été atteints et s'ils sont (ou non) sur la trajectoire de l'impact escompté ; (iii) mettre en évidence et expliquer d'éventuels écarts entre les réalisations et les prévisions initiales (cibles), aussi bien en termes d'exécution (activités, budget) que de résultats (extrants, effets et impact) ; et (iv) procéder, enfin, à une réflexion critique sur la base de l'identification, de la mesure et de l'explication de ces écarts. Il est alors question de cerner les difficultés rencontrées dans la phase opérationnelle et d'envisager des mesures pour y faire face ; et, partant, de proposer d'éventuelles voies d'adaptation et/ou de révision.

1. Différents organes du cadre de pilotage

Le cadre de pilotage est structuré au double niveau central et décentralisé. Au niveau central, les principaux organes sont : (i) le Haut Comité interministériel d'Orientation (HCIO), organe suprême dudit cadre ; et (iii) le Comité technique de Pilotage (CTP) sous l'autorité de laquelle sont placés plusieurs sous-organes (Comité État/Partenaires, ministères techniques, etc.). Au niveau décentralisé, le cadre intègre par ordre hiérarchique : (i) les Comités régionaux d'Action et de Suivi (CRAS) ; (ii) les Comités départementaux d'Action et de Suivi (CDAS) ; et (iii) les Comités locaux d'Action et de Suivi (CLAS).

Le HCIO est présidé par le Premier ministre, chef du gouvernement, et se réunit une fois par an. Il peut être composé, par exemple, de l'ensemble des membres du gouvernement, des présidents des institutions de la République, du patronat, des responsables des syndicats, des associations de droits de la personne, des religieux, des recteurs des universités, des institutions de recherche indépendantes, etc.

Il est chargé, durant toute la durée de mise en œuvre du PND 2017-2021, de donner des orientations globales et sectorielles au niveau stratégique et opérationnel. Le HCIO prend ses décisions sur la base des rapports de mise en œuvre.

Le Comité technique de Pilotage (CTP) est placé sous l'autorité du HCIO. Il est composé des membres du Gouvernement impliqué dans la mise en œuvre du PND 2017-2021 et présidé par le ministère en charge du Plan. Il reçoit les orientations consécutives du HCIO qu'il rétrocède aux sous-organes placés sous son autorité. Il veille à l'application de ces directives.

Les sous-organes directement rattachés au CTP sont : (i) la Direction de la Planification nationale (DPN)/ la Direction de Suivi-évaluation (DSE) et les Groupes thématiques (GT) ; (ii) l'Institut National de la Statistique, des Études économiques et démographiques (INSEED) et autres Institutions de Recherche (IR) ; (iii) le ministère des Finances et du Budget ; (iv) les ministères techniques; (v) le Comité État/Partenaires (CEP) ; et (v) les Organisations de la Société civile (OSC) et le Secteur privé (SP).

L'INSEED en tant qu'institution en charge de la coordination de l'appareil statistique nationale et de la production des statistiques officielles, a un rôle de contrôle de qualité des statistiques, de conseil et d'appui aux différents ministères dans l'élaboration et la production de leurs statistiques. Il devra veiller à la cohérence des données et à leur utilité par rapport à l'impact sur le développement du pays.

Le ministère des Finances et du Budget (MFB) assure, pour sa part, l'allocation du budget et le suivi de son exécution. Les ministères techniques servent d'interface entre le niveau central et le niveau décentralisé, notamment en recueillant – auprès des Comités régionaux d'Action et de Suivi (CRAS) – les données (relatives aux indicateurs de résultats). Le ministère en charge du Plan centralise les données fournies par les organes ci-dessus et soumet des rapports de mise en œuvre au CTP.

Les organes décentralisés – en l'occurrence les Comités régionaux d'Action et de Suivi (CRAS), les Comités départementaux d'Action (CDA), et les Comités locaux d'Action et de Suivi (CLAS) – ont la charge de collecter les données requises, respectivement au niveau local (CLAS), départemental (CDAS) et régional (CRAS).

2. Principes du dispositif institutionnel

Un des principes régissant ce dispositif institutionnel est la concertation et le dialogue entre tous les acteurs (État, PTF, société civile et secteur privé) à tous les niveaux. Ce dispositif institutionnel est aussi en adéquation avec le processus de réformes administratives et territoriales. Les principes devant guider la mise en œuvre du PND 2017-2021 sont les suivants :

- Le respect des priorités du PND 2017-2021 : le PND 2017-2021 constitue l'unique cadre de référence pour toutes les interventions en matière de développement socio-économique du pays. Les différents programmes de coopération doivent contribuer effectivement à réaliser ses priorités. Ainsi, le budget de l'État reflètera ces priorités dans l'allocation des ressources.

- Le partage de l'information : dans le cadre de la mise en œuvre du PND, le partage de l'information est indispensable pour réussir la coordination. À cet effet, le Gouvernement poursuit ses efforts pour favoriser les échanges d'informations sur la gestion budgétaire, sur les différents rapports et sur les résultats de l'évaluation. Ce partage doit également être assuré au niveau des partenaires techniques et financiers.
- Le suivi concerté et coordonné : les autorités continueront à produire les rapports d'évaluation pour alimenter les ateliers de revue annuelle du PND.

Dans le cadre d'une concertation dynamique, les autres acteurs, notamment le secteur privé, la société civile, et les institutions et laboratoires de recherche, produisent des rapports indépendants.

DEUXIÈME PARTIE :

LES PRINCIPALES RÉALISATIONS DU COPIL DU PREF-CEMAC

Les résultats encourageants obtenus dans l'exécution de la première phase (2017-2020) du PREF-CEMAC découlent en grande partie du rôle majeur et décisif joué par le COPIL du PREF-CEMAC dans le suivi constant et régulier de la mise en œuvre des réformes prescrites par les Chefs d'État de la CEMAC. En effet, le COPIL du PREF-CEMAC, instance chargée d'assister le Président dédié du Programme, a pour principale mission de conduire l'ensemble du programme, notamment le suivi-évaluation de sa mise en œuvre, la conception et l'adoption des mesures correctives du programme ainsi que des modalités de sa mise en œuvre.

Les principales réalisations du COPIL du PREF-CEMAC en matière de réformes économiques et financières portent sur l'élaboration et l'adoption du Plan communautaire de relance économique post-covid-19 des États membres de la CEMAC, véritable instrument, de riposte à la crise sanitaire, mis sur pied par les États de la sous-région, qui fait l'objet du chapitre 5 de l'ouvrage ; l'adoption du Cadre stratégique pour la négociation des Accords de seconde génération avec les PTF, présenté au chapitre 6, qui vise à changer de stratégie dans la conclusion des nouveaux accords avec les partenaires au développement et améliorer la gouvernance dans la mise en œuvre des réformes structurelles ; l'adoption de la Stratégie communautaire d'import-substitution des produits du cru de la CEMAC, examinée au chapitre 7, qui vise à changer de paradigme dans le commerce intracommunautaire en encourageant la production locale et la commercialisation de ces produits pour couvrir les besoins du marché intérieur de la CEMAC, réduire les importations de ceux-ci, garantir l'autosuffisance alimentaire dans les pays membres et renforcer l'intégration régionale ainsi que la diversification économique ; l'élaboration, l'adoption et l'implémentation de la nouvelle Stratégie de sortie de crise du covid-19, analysée au chapitre 8, qui se focalise sur les nouvelles mesures mises en place pour juguler de manière durable les répercussions de ladite crise sanitaire ; et, enfin, la mise en œuvre satisfaisante des projets intégrateurs prioritaires de la zone CEMAC adoptés par la Conférence des Chefs d'État de la CEMAC en novembre 2019 (chapitre 9).

CHAPITRE 5 :

LE PLAN COMMUNAUTAIRE DE RELANCE DES ÉCONOMIES DE LA CEMAC

La pandémie du coronavirus (COVID-19) a durement touché toutes les économies de la planète, conduisant plusieurs dirigeants politiques à revoir les orientations stratégiques de leurs politiques économiques. La Communauté économique et monétaire de l'Afrique centrale (CEMAC) a également été touchée par cette pandémie, en plus d'une baisse des prix des hydrocarbures, qui représentent près de 70 % des exportations des pays membres, et de tensions sécuritaires persistantes dans certains États.

Les conséquences économiques et financières de la COVID-19 dans les économies de la CEMAC sont de plusieurs ordres, dont : une baisse significative des recettes budgétaires, une dégradation importante des comptes macro-économiques, une baisse des financements extérieurs, une perturbation des échanges intracommunautaires, une fragilisation de la stabilité externe et financière et un risque de montée des tensions inflationnistes. Sur le plan social, la crise sanitaire a fortement impacté le niveau de vie des populations avec des pertes d'emploi, et la détérioration des services publics de base.

Face à cette situation d'urgence, les ministres des Finances et de l'Économie des pays de la CEMAC se sont réunis à Brazzaville en mars 2020 dans le cadre du COPIL du PREF-CEMAC et ont pris des mesures urgentes principalement sur le plan budgétaire, monétaire et sur le système financier[7]. La mise en œuvre de ces mesures par chacune des parties prenantes a permis de limiter dans une certaine mesure les effets de la crise.

Bien que les pays ne soient pas encore venus à bout de la pandémie de la COVID-19, la plupart d'entre eux ont entrepris de vastes plans de réformes économiques et financières pour relancer durablement leurs économies, tout en renforçant leur résilience pour mieux affronter des crises similaires dans l'avenir. C'est dans cette dynamique que s'inscrit le Plan Communautaire de Relance des économies de la CEMAC, qui a été adopté par le COPIL du PREF-CEMAC lors de sa onzième session ordinaire tenue le 03 août 2020, validé au nom de la Conférence des Chefs d'État de la CEMAC par le Président Dédié et transmis aussi bien au Chefs d'État des pays industrialisés

[7] Voir Communiqué final de la 3e session extraordinaire du PREF-CEMAC tenue à Brazzaville le 28 mars 2020.

qu'aux premiers responsables des principales institutions économiques et financières régionales et internationales.

Les Chefs d'État de la CEMAC se sont engagés au cours de leur sommet extraordinaire du 18 août 2021 à faire de ce plan de relance une cause commune, et ont invité les Partenaires techniques et financiers à les accompagner massivement dans sa mise en œuvre.

Ce Plan de relance communautaire doit soutenir les actions individuelles des États membres en faveur de la relance de leurs économies. Il est à cet égard l'expression de la volonté des plus Hautes Autorités des pays de la CEMAC de renforcer leur solidarité dans la conduite d'une démarche concertée de sortie de crise et de développement durable et inclusif. En plus de donner un nouvel élan au développement économique et social des pays de la CEMAC, ce plan régional de relance accorde une place prépondérante au développement du secteur privé, considéré comme moteur de la croissance économique. Le Plan de relance couvre une période de cinq ans, à savoir de 2021 à 2025. Toutefois, il comprend également certaines mesures urgentes à mettre en œuvre dès son adoption, pour contenir à court terme les effets de la pandémie de la COVID-19.

Avant de procéder à l'examen de l'état de mise en œuvre de ce plan communautaire, et de présenter les actions prioritaires ainsi que les conditions de sa réussite, il importe tout d'abord d'en présenter les principaux axes.

I. Les grands axes du plan communautaire de relance

Le plan régional de relance s'articule autour de trois axes principaux : d'une part, les mesures déjà inscrites dans le PREF-CEMAC dont les modalités d'application devront être revues et leur mise en œuvre accélérée (A), d'autre part, des mesures exceptionnelles de riposte, compte tenu de la situation d'urgence inédite et exceptionnelle créée par la pandémie de la COVID-19 (B) et enfin, des mesures nouvelles destinées à accélérer la transformation structurelle et profonde des économies de la sous-région, afin d'en renforcer la résilience et de les placer sur le chemin de l'émergence (C).

A. Mesures du PREF-CEMAC devant faire l'objet d'une mise en œuvre accélérée

Cinq mesures importantes du PREF-CEMAC, dont la pertinence comme stratégie de sortie de crise est confortée par l'évaluation des incidences économiques et financières de la pandémie de la COVID-19 sur les économies de la CEMAC[8], constituent le premier axe du plan communautaire de relance des économies de la CEMAC :

- Accélération des réformes structurelles pour une croissance durable, soutenable et plus inclusive ;
- Consolidation de la viabilité des finances publiques et de la résilience des économies face aux chocs ;
- Développement du secteur privé comme moteur de la relance ;
- Parachèvement de l'intégration régionale et construction d'un véritable marché commun ;
- Accélération de la mise en œuvre des projets intégrateurs.

Le plan communautaire présente de nouveaux paradigmes dans les modalités de mise en œuvre de ces mesures et indique les actions prioritaires devant être réalisées dans des délais précis par les États et les Institutions communautaires concernées.

1. Accélération des réformes structurelles pour une croissance durable, soutenable et plus inclusive

Les réformes structurelles constituent un aspect important d'un plan de relance économique destiné à soutenir la croissance et à faciliter les ajustements de politique économique nécessaires. On en attend généralement un effet durable sur la croissance, mais il faut parfois beaucoup de temps pour qu'elles soient mises en place et prennent effet. Les stratégies de relance devraient donc inclure aussi l'appropriation par les pays et le renforcement des institutions qui en ont la charge, le ciblage et l'assistance technique pour favoriser une mise en œuvre, un suivi et des effets appropriés.

Les dernières décennies ont montré que, dans la CEMAC, la capacité institutionnelle et structurée à conduire le changement par les réformes structurelles constitue un de ses principaux handicaps. Or, un retour à la croissance ne peut se réaliser sans la promotion des règles qui conditionnent le fonctionnement efficace des marchés et l'amélioration du climat des affaires, facteur décisif de l'attractivité dans une perspective de diversification productive et de développement. Cela est d'autant plus nécessaire avec l'avènement de la Zone de Libre-Échange Continentale Africaine (ZLECAF), dont le traité vient d'être ratifié.

Des études sur les conditions probables de réussite des réformes structurelles dans plusieurs pays ont révélé que les réformes ne constituent pas en elles-mêmes une « solution miracle » pour la réussite macroéconomique.

[8] Voir incidences économiques et financières de la COVID-19 sur les économies de la CEMAC et esquisses de solution, rapport du PREF-CEMAC, mars 2019 ; voir également Perspectives économiques et régionales en Afrique Centrale, rapport de la BAD, Abidjan, juin 2020.

Une forte appropriation et la capacité à soutenir les réformes semblent être cruciales pour récolter les bénéfices de la productivité et de la croissance.

Le plan de relance communautaire recommande aux États membres de s'engager résolument dans la mise en œuvre des objectifs généraux et spécifiques énumérés au pilier 3 du PREF-CEMAC consacré aux réformes structurelles. La mise en place du cadre institutionnel et réglementaire régional pour l'investissement et pour la diversification de l'économie demeure une action urgente, de même que l'adoption et la mise en œuvre de la Directive communautaire sur les PPP.

Il importe également que les administrations nationales compétentes, en concertation avec le patronat, puissent véritablement s'engager dans un processus soutenu de réalisation des principales réformes du Doing Business préconisées par la Banque Mondiale afin d'améliorer le classement des pays membres et de rendre leurs économies plus attractives.

1. Consolidation de la viabilité des finances publiques et de la résilience des économies face aux chocs

La poursuite de la viabilité budgétaire et extérieure vise à préserver les acquis obtenus au cours de plusieurs décennies d'ajustement structurel par nos pays. Les défis majeurs qui subsistent sont liés non pas à la nécessité de l'ajustement, mais à sa qualité. Le Plan communautaire de relance préconise une réorientation des efforts autour des points qui suivent.

a. La priorité à l'amélioration des recettes budgétaires non pétrolières plutôt qu'à la diminution des dépenses publiques

Il a été observé au cours des dernières années que, pour faire face aux chocs de toutes sortes auxquels ils étaient exposés, les pays de la CEMAC ont eu tendance à réduire leurs dépenses publiques, et en particulier les dépenses en capital. Cette démarche a certes permis de résorber rapidement les déséquilibres macro-économiques constatés, mais cela s'est fait au détriment du développement, de la lutte contre la pauvreté et de la croissance. Le rééquilibrage des priorités en matière d'ajustement budgétaire, voire de soutenabilité de la dette publique, implique à tout le moins une augmentation notable des recettes fiscales non pétrolières et la poursuite de la modernisation des administrations fiscales :

- *Augmentation du taux de pression fiscale non pétrolière*. En matière de fiscalité directe, des efforts sont à fournir sur le plan de la fiscalisation des actifs fonciers et immobiliers. Leur non-fiscalisation actuelle permet de les détourner de la contribution à la mobilisation des ressources publiques. Elle constitue par ailleurs un facteur d'accroissement des inégalités, compte tenu du fait que le foncier est un actif refuge des ménages urbains aisés, comme en témoigne l'élévation quasi continue des prix des terrains et des bâtis dans les capitales.

L'élargissement de l'assiette fiscale dans les domaines foncier et immobilier est cependant tributaire de l'amélioration de la gestion cadastrale, des valeurs locatives et de marché des terrains et des immeubles. Le relèvement de la fiscalité indirecte, de la TVA et des droits d'accises demeure un chantier important. L'objectif dans ce domaine serait d'élargir l'assiette et d'améliorer la collecte par les administrations fiscales. L'élévation du taux de pression fiscale non pétrolière passe également par la revue critique et la réduction sensible des dépenses fiscales, c'est-à-dire des exonérations accordées à certaines entreprises, voire à certains ménages, en violation des principes d'efficacité et d'équité ;

- *Poursuite de la modernisation des administrations fiscales* : cette modernisation reposerait principalement sur l'amélioration et l'intégration des administrations fiscales (Impôt, Douane et trésor), grâce à l'unification de l'identification des contribuables et la digitalisation des procédures.

b. La poursuite de l'amélioration de la qualité des dépenses publiques

La récente crise sanitaire de la COVID-19 a souligné le besoin de préserver les services publics de base, à savoir ceux qui conditionnent la capacité présente et future des individus à vivre selon leurs propres aspirations. Il s'agit en priorité de la santé et l'éducation, l'accès à l'eau et à des sources d'énergie, mais aussi les moyens de transport et de connectivité, y compris par les nouvelles technologies de l'information, qui figurent déjà en bonne place parmi les Objectifs du Développement durable (ODD) soutenus par la communauté internationale. Les États devraient, plus que par le passé, accroître en termes réels et nominaux les allocations budgétaires en faveur des services publics de base.

L'amélioration de la qualité de la dépense publique requiert aussi un renforcement de la sélection des projets. Elle se fonderait sur la prise en compte de la contrainte de financement de chaque pays, des critères de rentabilité financière et économique ainsi que de l'efficience sociale. Elle tiendrait également compte de l'impact rapide sur la croissance et de l'évaluation systématique des implications en termes de charges récurrentes ultérieures. La sélection des projets se fera également sur des bases rigoureuses et transparentes. En somme, la procédure de sélection des projets devrait être renforcée pour privilégier les investissements présentant des avantages sociaux certains et une rentabilité rapide avec des perspectives d'effets structurants et de croissance inclusive. Dans tous les cas, les pays de la CEMAC ont intérêt à améliorer la qualité des institutions en charge de la programmation publique des investissements. La procédure décrite ci-dessus devrait également s'appliquer dans le cadre des investissements réalisés en

Partenariat Public-Privé (PPP), qui devraient être classés en fonction de leur utilité à court et moyen termes, et prendre en compte les implications budgétaires et financières dans le cas où le partenaire privé serait défaillant dans la gestion du projet comme dans le remboursement des prêts où le principe d'obligation solidaire pourrait s'appliquer.

c. La systématisation de l'orientation contra cyclique des politiques budgétaires

Pour être efficaces en situation de crise ou en période de récession, les politiques budgétaires doivent être contra cycliques, à condition, bien évidemment, que les États disposent de marges budgétaires.

La réforme de la surveillance multilatérale effectuée en 2017 offre aujourd'hui aux pays de la CEMAC, l'opportunité d'accroître l'efficacité et l'efficience à long terme de leurs politiques budgétaires à travers des plans triennaux de convergence multilatérale, centrés sur la constitution systématique par les États, des marges budgétaires résultant de l'alignement sur le solde budgétaire de référence. Tout en permettant de renforcer à moyen terme la résilience des pays de la CEMAC dans la perspective des crises futures, les plans triennaux de convergence et l'évaluation ex ante et ex post des politiques budgétaires nationales par les pairs, contribueront durablement à la stabilité du cadre macroéconomique qui conditionne la croissance régionale.

d. La réforme des cadres et processus budgétaires, en vue d'éviter les accumulations d'arriérés

La faiblesse des processus budgétaires dans les pays de la CEMAC s'est généralement traduite par la persistance des accumulations d'arriérés de paiement, qui dans certains cas, ont été constitués de longue date et pour des montants importants. Les arriérés de paiement internes sont à la fois un facteur de blocage de l'activité économique, par des jeux de report et d'imitation qui peuvent s'étendre sur l'ensemble du tissu économique, et un facteur de surfacturation de la part des entreprises qui anticipent le non-paiement et cherchent à couvrir leurs risques. Ils affectent toutes les entreprises, mais tout particulièrement les petites et moyennes entreprises formelles dont l'accès au crédit devient plus difficile et plus onéreux, de sorte que les difficultés de trésorerie en sont accrues. Par ailleurs, l'État étant un des principaux clients du système productif, le non-respect des échéances de paiement compromet la concurrence et tend à figer la structure du marché en privilégiant, lorsqu'il y a des appels d'offres, les grandes entreprises qui bénéficient d'un avantage de situation.

Pour prévenir les arriérés de paiement et apurer les stocks existants, il y a lieu tout d'abord de réformer les processus budgétaires afin de limiter l'engagement des dépenses budgétaires à celles qui donneront lieu à un paiement effectif. Cela implique une bonne programmation dans l'exécution de la Loi des finances et des rectifications qui lui sont apportées.

Dans un contexte où les accumulations d'arriérés intérieurs sont les principales sanctions des États sur les marchés financiers (du fait de la pondération pénalisante du risque souverain par la COBAC en cas d'accumulation d'arriérés intérieurs), le présent projet de Plan de relance communautaire préconise la réforme urgente des processus budgétaires dans les États membres de la CEMAC, car elle est un préalable aux autres actions se rapportant principalement à la gestion de la trésorerie publique, la maîtrise du coût des émissions obligataires par les États et la dynamisation des marchés de capitaux. L'apurement des stocks existants d'arriérés de paiement devrait compléter cet effort en permettant par ailleurs de restaurer la liquidité et la solvabilité des entreprises créancières des États tout en limitant les risques sur la stabilité financière.

e. La rationalisation des stratégies nationales de gestion de la dette publique

Les stratégies de gestion des dettes publiques élaborées et mises en œuvre actuellement par les pays de la CEMAC se concentrent sur la dette extérieure, principalement à cause de son volume important, sa prévisibilité et la formalisation de ses processus de négociation, de décaissement et de gestion. Ces stratégies n'intègrent pas encore de manière optimale la dette intérieure, tant pour des raisons institutionnelles et de coordination (la dette intérieure est émise et gérée par le Trésor public alors que la dette extérieure est en général gérée par une structure publique ad hoc), des raisons opérationnelles (les maturités de la dette intérieure sont plus courtes et cette dette est émise aux conditions du marché) que pour des raisons de capacités (l'émission de la dette intérieure devrait se faire en lien avec la planification de la trésorerie publique et le profil de remboursement de la dette existante, ce que beaucoup de pays ne savent pas encore faire). Pour remédier à ces insuffisances, les États devraient améliorer la prise en compte des émissions de titres publics dans les stratégies de gestion de la dette publique, à travers :

- Le renforcement de la coordination des émissions de dettes extérieure et intérieure, et leur intégration dans une stratégie unique de dette publique ;
- Le choix des caractéristiques de la dette. Le montant et le calendrier d'émission devraient être basés sur le plan de trésorerie. Les maturités (pour les obligations du Trésor) devraient tenir compte du profil d'amortissement de la dette publique existante (extérieure et intérieure) afin d'éviter la concentration des remboursements et l'exposition de l'État au risque de refinancement de la dette, qui est un risque de marché.

f. La viabilité extérieure

La poursuite de la viabilité extérieure vise à consolider nos économies et à préserver les acquis obtenus après de nombreuses années d'ajustement structurel, dans le contexte de l'union monétaire. Il importe de maintenir les efforts portant sur la réduction ou la suppression des déficits des transactions courantes et la viabilité de notre monnaie commune.

2. Développement du secteur privé comme moteur de la relance économique

Développer le secteur privé et en faire le moteur de la croissance économique dans la zone CEMAC est l'une des mesures phares du PREF-CEMAC. Le rapport annuel 2019 du PREF-CEMAC montre toutefois que cet objectif général n'a été réalisé qu'à 43%. Il importe donc d'analyser les insuffisances constatées dans les stratégies nationales de promotion et de financement du secteur privé dans la zone CEMAC et de proposer une nouvelle approche dans la mise en œuvre de cette stratégie. Tel est l'objectif de ce Plan de relance économique qui préconise ce qui suit :

a. Développer l'esprit d'entrepreneuriat et des actions de formation sur le plan national

La culture de l'entrepreneuriat est aujourd'hui faible au sein des États membres de la CEMAC, à l'exception du Cameroun. En particulier, la situation d'État pétrolier « rentier » semble avoir souvent favorisé une culture de citoyen « rentier », avec un faible goût du risque. Or, le développement du secteur privé de la CEMAC sera d'abord l'affaire des citoyens de la CEMAC et principalement des jeunes d'aujourd'hui. Certes, la présence de grands groupes privés apparaît nécessaire pour relier la CEMAC aux grands marchés internationaux et tirer vers le haut le tissu économique local. Mais le secteur privé ne se développera de façon significative que si des citoyens de la CEMAC prennent des risques et se lancent dans le privé pour saisir toutes les opportunités qui vont apparaître avec la mise en œuvre des projets intégrateurs. Cette dynamique doit être accompagnée par des politiques spécifiques au niveau des États membres de la CEMAC, et en collaboration avec différentes institutions ou pays partenaires.

Conscients du rôle clé de la jeunesse dans nos stratégies de développement et du taux élevé du chômage des jeunes en zone CEMAC, les chefs d'État réunis en session extraordinaire à Libreville en juin 2013 avaient décidé de la mise en place d'un Fonds de 200 millions de dollars US destiné exclusivement à la création d'emplois jeunes dénommé « Train My Generation ». "Train My Generation" a notamment pour objectif de créer des écoles professionnelles et de former à court terme des jeunes dans les métiers de l'agriculture, du tourisme et des services. En somme, il s'agit de tout mettre en œuvre pour améliorer la formation et donc l'employabilité des jeunes dans ces domaines de concentration.

Dans le cadre de la mise en œuvre de ce Plan de relance, les pays de la CEMAC devront prendre les mesures suivantes : (i) développer les incubateurs d'entreprises et des start-up ; (ii) relancer le programme « Train My Generation » pour favoriser l'entrepreneuriat des jeunes de la CEMAC ; (iii) travailler avec les ministères en charge de l'Éducation et de la Jeunesse pour développer l'esprit d'entrepreneuriat au sein de la jeunesse ; et (iv) inviter les patronats de la sous-région à concevoir et à offrir des programmes de formation et de gestion aux entrepreneurs de la sous-région, en relation avec les partenaires techniques et financiers concernés.

b. Transformation locale des ressources naturelles

La CEMAC dispose d'un énorme potentiel minier encore peu valorisé. Le sous-sol des pays de la CEMAC est riche en ressources minières : manganèse, fer, bauxite, cobalt, nickel, potasse, uranium, or, argent, diamant, cuivre, chaux et pierres (marbre, calcaire, pouzzolane), tungstène, niobium, etc. Le Cameroun possède la 6ème réserve mondiale de bauxite (non encore exploité). Le Gabon est le deuxième producteur mondial de manganèse avec 30% des réserves mondiales. Au niveau du fer, les réserves du Gabon, du Cameroun et du Congo sont respectivement évaluées à plus d'un milliard de tonnes avec des teneurs en fer différentes. Plusieurs pays de la CEMAC disposent d'importants gisements de Cobalt et de Nickel, dont la mise en exploitation pourrait permettre des alliages spécialisés. Cependant, ces ressources minières sont encore peu valorisées. La CEMAC ne tire pas assez profit de ces importantes ressources minières faiblement exploitées et surtout exportées à l'état de matières premières non transformées, ce qui ne contribue pas à créer de la valeur ajoutée locale. L'inventaire des ressources minières de la CEMAC permet de distinguer les filières à haut potentiel de création de valeur ajoutée pour la CEMAC et les ressources minières dont l'exploitation serait une source de revenus pour les pays, ce qui nécessite une véritable synergie régionale.

Les mesures prises par l'ensemble des pays de la CEMAC pour faciliter la transformation locale du bois doivent être étendues au secteur minier cité plus haut. La création des chaînes de valeur et le développement d'un tissu industriel national sont à ce prix.

Par ailleurs, le potentiel intellectuel et ingénieux des populations des pays de la CEMAC n'est plus à démontrer. Nul n'ignore la contribution de nos savants au développement et au rayonnement des autres continents, notamment dans l'industrie, la science et la médecine et bien d'autres secteurs. Le Plan de relance propose la mise en place des conditions idoines afin de donner l'opportunité à nos chercheurs d'être en réseau et en synergie avec le monde industriel dans la sous-région, et de faciliter leur installation dans leurs pays d'origine afin d'y démarrer des entreprises.

Le Plan de relance souligne la nécessité, pour la Commission de la CEMAC, de procéder à l'adoption des textes communautaires déjà prévus dans le PREF-CEMAC, et qui portent sur l'obligation de transformation des matières premières dans les pays membres. En outre, l'assistance technique des institutions spécialisées sera sollicitée par les États de la CEMAC pour la création et la mise en place de zones industrielles, de zones économiques spéciales et des dispositifs réglementaires, économiques, sécuritaires et judiciaires requis pour attirer les investisseurs nationaux ou étrangers en vue du développement d'un tissu industriel national.

À cet effet, il convient de relever que la littérature sur l'industrialisation des pays africains, la création des unités industrielles légères pour la transformation des produits locaux, les principes du commerce international et les mesures exceptionnelles de protection du marché intérieur, la pêche maritime et continentale ainsi que la conservation et la commercialisation des produits halieutiques et sur le potentiel minier de l'Afrique centrale est riche, abondante et disponible. Les services techniques de diverses institutions internationales et régionales (Banque Mondiale, ONUDI, BAD, CEA, FAO) disposent des études et données techniques sur la création des chaines de valeurs dans les filières du bois, des textiles, de l'agriculture, de l'élevage, de la pêche et des ressources minières. Ceci devrait aider chacun des pays d'Afrique centrale à envisager la construction, sur le plan national, d'unités de transformations de produits locaux, dans le cadre de la stratégie industrielle communautaire.

c. Participation accrue du système financier au financement du secteur privé

La fusion en cours des marchés de capitaux de la CEMAC offre aux États et aux entreprises d'importantes opportunités en vue d'un renforcement de l'accès au financement, de la diversification des sources de financement, voire d'un réel renforcement de l'intermédiation financière. Pour compléter cette démarche, le projet de Plan de relance communautaire propose cinq actions qui devront être prises pour promouvoir les marchés de capitaux et réduire la perception du risque de crédit qui limite sensiblement l'octroi par les banques de crédits aux petites entreprises.

d. Renforcer le financement des PME et PMI

Le financement du secteur privé, notamment celui des PME, reste une préoccupation majeure dans la CEMAC. Bien que constituant l'essentiel du tissu économique et industriel dans la plupart des pays de la zone, l'accès au financement bancaire des PMI et PME reste difficile. Aussi faut-il envisager la mise en place d'instruments financiers appropriés ou de mécanismes de financements innovants afin de favoriser l'inclusion financière de Très Petites et de Moyennes Entreprises. Le développement des marchés financiers dans la sous-région est un pas dans la bonne direction. On pourrait s'attendre aussi à une démarche plus volontariste des Autorités nationales afin d'apporter un soutien plus conséquent à l'inclusion financière de ces acteurs économiques. Il est un fait que l'accès au financement reste difficile en raison d'inefficiences liées aux caractéristiques économiques, politiques et juridiques des économies de la Zone. L'un des challenges à relever est la formalisation des activités économiques qui suppose la sortie de l'informel et la constitution de sociétés commerciales dans la perspective de leur intégration dans le tissu économique pour bénéficier des mesures d'inclusion financière que pourraient promouvoir les Autorités nationales.

La prépondérance du financement bancaire au détriment d'autres formes de financement demeure une faiblesse importante qu'il conviendrait de prendre en compte dans le cadre des Accords de seconde génération. Tout cela appelle :

- La diversification des mécanismes de financement à travers l'installation des établissements financiers non bancaires, tels que les sociétés de capital-risque, de capital-investissement ou de crédit-bail ;
- La mise en place de Fonds de garantie spécifiques et dédiés aux PME et PMI afin d'inciter les banques à prêter plus facilement à ces structures en endossant le risque éventuel de défaut qui leur est souvent associé ;
- La poursuite de l'effort engagé de développement des marchés boursiers et des obligations, qui pourrait constituer une source alternative de financement à long terme pour les entreprises du secteur privé ;
- La mise en place des fonds de soutien aux PME qui pourraient apporter une assistance technique dans le montage des dossiers de financement, la réalisation des études de faisabilité, des plans d'affaires et de la formation des dirigeants aux méthodes modernes de gestion financière et de gestion d'entreprise.

Le financement du secteur privé passe également par la mise en place d'instruments encore peu utilisés, tels que le leasing ou encore l'affacturage. Ces instruments, dont certains n'ont qu'une existence embryonnaire en zone CEMAC, ont pour avantage d'alléger le volume de coûts fixes et l'immobilisation de ressources associées. Le développement de ces instruments requiert une amélioration du fonctionnement du système judiciaire qui doit pouvoir régler équitablement les litiges dans des délais raisonnables, c'est-à-dire compatibles avec la gestion des affaires. Le plan de relance communautaire recommande la réforme urgente des systèmes judiciaires nationaux conformément aux engagements déjà pris par nos États dans le cadre du traité de l'OHADA et dans la matrice des actions du PREF-CEMAC, afin de garantir l'équité et la transparence dans la gestion aussi bien des affaires que des biens publics.

e. La dynamisation du marché obligataire

Pour émettre des titres obligataires sur leur marché domestique, les États de la CEMAC recourent :

- Soit à l'émission d'obligations par appel public à l'épargne, par la technique de syndication, sur le marché financier régional supervisé par la COSUMAF, qui concerne les levées de capitaux à long terme.
- Soit à l'émission d'obligations du Trésor assimilables (OTA), par la technique de l'adjudication, sous le contrôle de la BEAC.

À ce jour, la plupart des émissions obligataires des États se font par syndication sur le marché financier régional. Le Plan de relance communautaire propose que toute action visant l'accroissement de la participation du système financier au financement des économies de la CEMAC puisse passer par la dynamisation du marché obligataire, à travers :

- Le renforcement de la complémentarité des deux segments précités du marché obligataire par l'élargissement des passerelles entre les deux ;
- L'adoption d'outils d'incitation, notamment fiscale, pour les investisseurs ;
- Le renforcement de la Bourse régionale unifiée, la BVMAC, en lui conférant la gestion et l'administration du marché secondaire des titres émis sur les deux segments, c'est-à-dire aussi bien par syndication que par adjudication, sous peine de compromettre sa rentabilité.

La dynamisation du marché secondaire pourrait notamment avoir pour avantages :

- La diversification de l'offre de titres obligataires d'État qui contribue à stimuler l'épargne financière avec des externalités positives sur la croissance économique ;
- La facilitation de la construction des courbes de taux d'intérêt pouvant permettre d'améliorer la facturation du risque souverain et servir de référentiels aux émissions de titres privés tout en contribuant à la fois à la liquidité du marché et à son approfondissement.

f. Le renforcement du dispositif de gestion de l'information bancaire et financière

Il s'agit principalement de la mise en place d'une centrale des bilans, d'une centrale des risques, d'une centrale des impayés et des Bureaux d'information sur le Crédit (BIC) au niveau de la sous-région et dans chaque pays.

Le renforcement du dispositif de gestion de l'information bancaire et financière est relativement avancé au niveau de la sous-région, grâce notamment aux actions de la Banque Centrale. Les BIC qui ont pour fonction de colleter l'information sur le niveau d'endettement des agents économiques et de retracer ou même évaluer leur solvabilité par des techniques de scoring, doivent être installés dans chaque pays.

Cette initiative pourrait aider à faire émerger la confiance dans l'octroi de crédit aux entreprises, tandis qu'une information plus fiable sur le secteur privé contribuerait, par ailleurs, à l'élargissement des titres admis au refinancement de la Banque Centrale. De plus, elle pourrait accroitre la capacité de réassurance de crédits dans la région et accélérer le déploiement d'une nouvelle activité commerciale plus transactionnelle qui fluidifierait le secteur en facilitant le transfert de risques. Le plan de relance communautaire propose que toutes les réformes ci-dessus soient accélérées et conduites à leur terme.

Un des problèmes centraux de l'augmentation des crédits au secteur privé par les banques commerciales est inhérent au manque d'information qui ne facile pas l'identification des « bons risques », d'où la forte concentration du portefeuille des banques sur le secteur public *lato sensu* et le rationnement du crédit au secteur privé. Pour pallier ces défaillances, les entreprises devraient à leur tour se plier à une comptabilité avec des procédures de certification et de reddition des comptes effectuées dans des délais qui sécurisent l'information du créancier. Dans cette perspective, la régionalisation de certaines professions, à commencer par celles des experts-comptables, gagnerait à s'organiser sur la base d'une éthique partagée, dans la ligne de l'ordre juridique et judiciaire mis en place à travers le dispositif de l'OHADA. Dans le cadre de ce plan communautaire, il est proposé à la Commission de la CEMAC de prendre des dispositions juridiques et institutionnelles requises pour atteindre cet objectif.

g. La gestion des risques associés aux crédits bancaires

À tous les mécanismes concourant à une gestion efficace des risques, il faudrait ajouter la possibilité de mobiliser davantage les dispositifs de garanties qu'offrent les bailleurs de fonds multilatéraux ou régionaux, soit pour accéder au financement bancaire (BAD), soit pour faire face à l'éventualité d'un défaut de remboursement (AfD, fonds de garantie Ariz). Du côté des interventions publiques, il faut regretter que, dans les périodes où le prix des hydrocarbures le permettait, les États n'aient pas mis en place un Fonds souverain dont les finalités auraient pu être doubles : (i) stabiliser l'impact des cours erratiques du pétrole sur les recettes publiques (ii) apporter du financement en fonds propres ou prêts dans des activités de diversification productive. La conjoncture actuelle du pétrole ne se prête pas à abonder un Fonds souverain, mais elle peut être mise à profit pour son institutionnalisation.

3. Parachèvement de l'intégration régionale et construction d'un véritable marché commun

L'accélération de l'édification de la CEMAC en un vaste marché de plus de 45 millions d'habitants est un facteur essentiel pour le développement économique. Cela suppose en amont une amélioration significative des infrastructures de base du développement économique.

Dans le cadre du Plan de relance communautaire, il est proposé que le renforcement de l'intégration et la construction du marché commun puissent se réaliser à travers les axes suivants :

a. La libéralisation du commerce intracommunautaire et le renforcement de la concurrence

Cet axe vise à faire du marché de la CEMAC un espace économique ouvert et réellement concurrentiel pour tous les acteurs produisant et apportant des services à l'intérieur de ce marché. Cela suppose d'engager, dès l'adoption de ce Plan communautaire de relance des économies de la CEMAC, la réforme des textes communautaires en matière de commerce, notamment à travers des missions circulaires dans les six États membres. Les textes sur les règles d'origine devront également être révisés et appliqués. Par ailleurs, la compensation temporaire prévue pour les cas de pertes de recettes liées à la libéralisation du commerce régional doit être effective. Enfin, la réglementation régionale sur la concurrence qui a été adoptée par le Conseil des ministres de l'UEAC devrait être appliquée au niveau national.

La mise en place effective des Comités nationaux de l'origine a permis de densifier la liste des produits homologués « Origine CEMAC ». En 2020, seulement 626 produits ont été homologués. Ce processus d'homologation des produits doit être davantage renforcé afin de faciliter la libre circulation des produits dans la zone CEMAC et augmenter les échanges intracommunautaires. À cet effet, le plan communautaire de relance recommande vivement aux États l'adoption des mesures législatives et réglementaires permettant de donner une préférence nationale aux produits locaux et régionaux, dans le cadre des échanges commerciaux. Il s'agit là de mesures que d'autres États et Régions ont pu négocier et conclure avec l'OMC pour fixer des quotas d'importation des produits textiles et de certains produits agricoles dans leurs pays ou régions. La situation est particulièrement préoccupante en Afrique centrale dans la mesure où l'importation de produits alimentaires (viande bovine, maïs, volaille, blé, poissons congelés, riz, huile de palme), qui pourraient être produits dans la sous-région et dont certains sont du reste disponibles, grève lourdement les budgets des États, accentue le déséquilibre de la balance des paiements et renforce l'extraversion des économies.

b. La facilitation des transports et des transits

La facilitation des transports et des transits vise à lever les entraves au développement du commerce intracommunautaire, à travers la mise en place de postes de contrôle juxtaposés aux frontières et l'interconnexion des administrations douanières. Conformément aux recommandations du COPIL du PREF-CEMAC, les barrières physiques et non physiques sur les axes routiers de la CEMAC, ainsi que les procédures douanières lentes et complexes devront progressivement cesser. Parallèlement aux modes de financement habituels, et avec l'appui des partenaires au développement, des modes de financement plus innovants impliquant le secteur privé devront sans doute être envisagés pour accélérer la construction des postes-frontière suscités.

c. La libre circulation des personnes et le droit d'établissement

La libre circulation des personnes est effective dans la zone CEMAC depuis la fin de l'année 2017. Ce processus qui a été initié il y a de cela plusieurs années doit se poursuivre et s'étendre au droit d'établissement dans l'espace communautaire. Cela vise à rendre effectif l'objectif de l'Acte constitutif du 16 mars 1994 d'assurer au sein de la CEMAC une libre circulation des personnes, des biens et des capitaux.

Dans le cadre de la mise en œuvre du plan communautaire de relance, les États membres devront procéder à l'adoption d'un cadre réglementaire national permettant d'étendre la liberté de circulation au droit d'établissement, en plus des diverses mesures sus-évoquées.

4. Accélérer la mise en œuvre des projets intégrateurs

L'accélération de la mise en œuvre des projets intégrateurs est l'une des mesures prioritaires de ce Plan de relance régional.

Le Programme économique régional Phase 1 (PER 2010-2015) a fait l'objet d'une mise en œuvre insuffisante. Aussi, la Conférence des Chefs d'État a décidé, dans le cadre de la phase 2 (PER 2017-2021), de se focaliser sur un portefeuille limité et réaliste de projets phares, susceptibles d'accélérer l'intégration physique et commerciale de la CEMAC durant les cinq prochaines années. Ces projets portent sur les corridors régionaux de transport (axe 1), la production et l'interconnexion énergétiques (axe 2), le marché unique (axe 3), la libre circulation des biens, des services et des personnes (axe 4) et le capital humain et la diversification économique (axe 5).

a. Mise en œuvre effective des 12 projets intégrateurs

Après examen des 13 programmes du Programme économique régional 2017-2021, qui comporte 84 projets, 12 projets intégrateurs prioritaires ont été retenus compte tenu de leur état de maturité[9].

Le coût estimatif global des projets s'élève à 2 819,2 milliards de FCFA, dont 255,8 milliards de FCFA de ressources mobilisées par les États membres et par les partenaires techniques et financiers. Les financements à mobiliser auprès des bailleurs et des partenaires techniques et financiers s'élèvent à 2 563,4 milliards de FCFA. Il est à noter que certains projets dans les domaines de l'électricité, de la fibre optique et des infrastructures portuaires sont de nature à intéresser des investisseurs pour la structuration des PPP. Dans le cas d'espèces, cette configuration atténuerait les besoins à couvrir par des emprunts auprès des bailleurs.

b. Développement d'une économie numérique communautaire

Le programme « CEMAC numérique » doit permettre à la sous-région de réduire son fossé numérique, à travers la fibre optique, aujourd'hui reconnue, en comparaison avec le satellite, comme le moyen le plus fiable et le moins onéreux pour le support des télécommunications, particulièrement l'internet haut débit et le téléphone. Le projet ' CAB '(Central African Backbone) a permis de relier par fibre optique le Cameroun, la RCA et le Tchad dans sa première phase, puis le Congo, le Gabon et la Guinée Équatoriale dans sa seconde phase, interconnectant l'ensemble des pays de la CEMAC. Le présent Plan de relance communautaire, préconise la mise en place dans les meilleurs délais d'un réseau unique téléphonique (One Area Network à l'instar de l'East African Community) qui permettra aux consommateurs où qu'ils se trouvent dans la CEMAC de communiquer avec le même numéro téléphonique et sans frais de roaming, donc à un tarif local. Par ailleurs, avec la dorsale de fibre optique déjà en place en Guinée Équatoriale et en cours d'installation au Cameroun, au Gabon et au Congo dans le cadre du projet central African Backbone, en partenariat avec la Banque Mondiale et la BAD, un réseau communautaire numérique haut débit se met progressivement en place et sera parachevé pour créer les conditions de l'éclosion d'une véritable économie numérique, avec en perspective plus de 3 millions d'emplois potentiels pour les jeunes, la réduction de façon drastique des coûts d'accès à internet (-90%) et l'augmentation des flux de communication téléphonique entre les États (+50%). En outre, la création de points d'échange internet nationaux et

---

[9] La maturité des projets est appréciée au regard de la disponibilité des Termes de référence (TDR), des études de faisabilité technique et économique, d'un Avant-Projet Sommaire (APS), d'un Avant-Projet Détaillé (APD), d'un Appel à Manifestation d'Intérêt (AMI), d'un Dossier d'appel d'offres (DAO), de l'existence d'un Memorandum of understanding (MOU) entre États concernés et bailleurs, de rapports d'évaluation des projets.

régionaux dans tous les pays de la CEMAC[10] permettrait un meilleur routage du trafic national, régional et international, l'amélioration de l'interopérabilité des communications, et la réduction des coûts des communications. Enfin, le déploiement des infrastructures de télécommunications faciliterait l'harmonisation des réglementations et des politiques nationales de régulation du secteur des télécommunications.

Dans cette perspective, le plan communautaire de relance propose l'accélération de la transposition des directives communautaires[11] en vue d'une part, de favoriser la coordination de l'attribution des licences d'opérateurs et l'harmonisation du cadre fiscal sur les télécommunications et, d'autre part, d'ouvrir le marché à la concurrence en obligeant les opérateurs et fournisseurs d'accès internet à garantir un accès équitable aux capacités nationales et internationales de communication, à fournir un service de colocation et de raccordement, et à proposer des conditions tarifaires transparentes, non discriminatoires, en fonction des coûts. Les États membres adopteront également les textes législatifs soulignant le rôle essentiel des stations d'atterrissage des câbles sous-marins pour la fourniture des services de télécommunication, et comportant des obligations pour les détenteurs d'infrastructures terrestres (épine dorsale) et maritimes (câbles sous-marins) de coûts de location aux Fournisseurs d'accès à internet (FAI).

B. Mesures exceptionnelles en lien avec la COVID-19

La pandémie de la COVID-19 a créé une crise sanitaire, économique et financière inédite et exceptionnelle dans les relations économiques internationales contemporaines, tout comme dans la zone CEMAC. Face à cette situation exceptionnelle, le présent plan communautaire de relance

---

[10] Un point d'échange internet est une infrastructure physique de télécommunication permettant aux fournisseurs d'accès internet d'échanger du trafic entre leurs réseaux. Les points d'échanges internet sont également le lieu où se développent des écosystèmes d'entreprises, très favorables à l'innovation et à la création d'emplois. La création de points d'échanges internet régionaux favorise également l'alignement régional des régulations nationales sur les télécoms, favorisant au passage l'interconnexion des infrastructures terrestres nationales et l'attractivité de la région pour les investissements étrangers dans les télécommunications.

[11] La directive n° 6/08-UEAC-133-CM-18 du 19 décembre 2008 fixant le régime du service universel dans le secteur des communications électroniques au sein des États membres de la CEMAC ; la directive n° 7/08-UEAC-133-CM-18 du 19 décembre 2008 fixant le cadre juridique de la protection des droits des utilisateurs de réseaux des services de communications électroniques au sein de la CEMAC ; la directive n° 8/08-UEAC-133-CM-18 du 19 décembre 2008 relative à l'interconnexion et à l'accès des réseaux et des services de communications électroniques dans les pays membres de la CEMAC ; la directive n° 9/08-UEAC-133-CM-18 du 19 décembre 2008 harmonisant les régimes juridiques des activités de communications électroniques dans les États membres de la CEMAC ; la directive n° 10/08-UEAC-133-CM-18 du 19 décembre 2008 harmonisant les modalités d'établissement et de contrôle des tarifs de services de communications électroniques au sein de la CEMAC.

propose quatre mesures exceptionnelles pour les États membres de la CEMAC :

- Suspension temporaire de certains critères de convergence économique ;
- Changement de paradigme dans l'élaboration et la mise en œuvre des appuis budgétaires ;
- Négocier autrement avec les partenaires internationaux : fixer de nouveaux objectifs et adopter de nouveaux cadres de négociation ;
- Création d'un fonds spécial pour la solidarité et l'autonomie sanitaire.

1. Suspension temporaire de certains critères de convergence économique

La suspension temporaire de certains critères de convergence et des règles prudentielles y relatives est l'une des mesures exceptionnelles qui peuvent permettre aux États de faire face aux besoins de financement additionnel dans une situation de grave crise économique. C'est ainsi que la suspension temporaire de la surveillance multilatérale a été adoptée, face à la grave crise économique créée par la COVID-19, par d'autres communautés (Union européenne, UEMOA) et même par diverses puissances industrialisées dans le monde, et qu'elle est préconisée pour la CEMAC.

S'agissant de l'Union européenne, il convient de relever que le Conseil des ministres de finances de l'Union européenne a adopté, dès le 23 mars 2020, la clause dérogatoire générale aux règles budgétaires prévues dans le pacte de stabilité et de croissance. Cette mesure d'exception lève ainsi la limite des 3% du PIB pour les déficits publics et des 60% du PIB pour la dette publique. L'Union européenne a également été amenée à déroger à d'autres règles pour une durée déterminée : dans le domaine de la concurrence, elle a autorisé les États à fournir des aides publiques exceptionnelles (comme des reports d'impôts ou des allègements de charges normalement interdits) aux secteurs économiques à risque, ainsi qu'à procéder à des mesures de sauvetage en dernier recours.

Dans le cadre de l'UEMOA, la décision de suspension provisoire de l'application du Pacte de convergence de stabilité, de croissance et de solidarité a été adoptée le 27 avril 2020 par la Conférence des Chefs d'État et de Gouvernement de ladite union.

En conséquence, le Conseil des ministres de l'UEMOA a adopté, le 26 juin 2020, les modalités de mise en œuvre de cette décision. Il a par ailleurs invité les États membres de l'union à continuer de transmettre à la Commission pendant la durée de la suspension provisoire de la surveillance multilatérale, les rapports trimestriels et les perspectives économiques et financières.

Pour lutter contre la pandémie de la COVID-19, les pays de la CEMAC ont eux aussi engagé des dépenses importantes en vue de renforcer leurs systèmes de santé et de soutenir les entreprises et les acteurs économiques qui ont subi les conséquences négatives de cette pandémie. Ces mesures budgétaires, qui ont été décidées alors que les pays subissaient au même moment une baisse drastique de leurs recettes, ont aggravé les déficits budgétaires et accru leurs besoins d'endettement, rendant difficile le respect des critères de convergence relatifs au solde budgétaire de référence et au taux d'endettement public. En raison du caractère totalement exogène des chocs subis par les pays de la CEMAC, ils ont proposé que la surveillance multilatérale soit suspendue en 2020 et 2021.

Dans ce contexte, la BEAC et la COBAC ont mis en place un dispositif de soutien aux pays de la CEMAC, notamment pour assouplir les conditions d'application des pondérations de la COBAC limitant les volumes d'émission des titres publics qu'ils peuvent être amenés à lever sur le marché régional dans le cadre du financement de leur déficit budgétaire.

Le Plan communautaire de relance a recommandé de procéder à l'évaluation dudit dispositif lors de la session budgétaire du Conseil des ministres de l'UEAC, au plus tard à la fin de l'année 2020, ce qui permettra de statuer sur les demandes des États relatives à la suspension de certains critères de surveillance multilatérale.

Les mesures de prudence et d'encadrement de la gestion budgétaire de la dette ont été mises à rude épreuve pendant la période de la COVID-19, par les impératifs de financement et de soutien des dispositifs sanitaires et des secteurs productifs en souffrance. Mais passé cette période, la restauration de la solidité du cadrage macroéconomique, parallèlement à la pleine opérationnalisation du mécanisme de surveillance multilatérale, devra à nouveau constituer la priorité des États de la CEMAC, dans l'optique d'une surveillance régionale plus ferme et plus rapprochée.

À cet effet, le plan de relance recommande aux États de finaliser la mise en place des programmes triennaux de convergence, indispensables dans l'optique de la réforme monétaire, et de rendre fonctionnelles, les Cellules nationales de surveillance multilatérale.

2. Remboursement de la dette intérieure dans le cadre des aides et appuis budgétaires

La dette intérieure des pays de la CEMAC, aujourd'hui estimée à 17,7% du PIB, constitue un véritable handicap non seulement pour la relance du secteur privé, mais également un risque systémique pour le système financier. Le critère de la surveillance multilatérale sur la non-accumulation des arriérés sur la gestion courante, de par son mode d'évaluation actuelle, ne permet pas de véritablement capter l'impact de ces arriérés sur l'économie. La conséquence immédiate de l'accumulation des arriérés sur l'économie est le non-paiement dans les délais des crédits fournisseurs et une augmentation des créances douteuses auprès des banques commerciales.

Le plan communautaire de relance propose d'adopter un nouveau paradigme dans le traitement de la dette intérieure en plaçant la problématique de son remboursement au cœur des négociations en cours avec les partenaires techniques et financiers dans le cadre des appuis budgétaires, voire d'en faire un critère de réalisation des programmes financiers. Certes, la dette intérieure des États de la CEMAC ne saurait être remboursée uniquement dans le cadre des appuis budgétaires. Mais il s'agit d'une opportunité que la sous-région doit saisir pour commencer à régler cette question délicate, en attendant le lancement et l'aboutissement d'une grande initiative communautaire de règlement de la dette intérieure dont les conditions de mise en œuvre seront présentées dans la quatrième partie de ce plan de relance.

En effet, des discussions sont en cours avec les principaux partenaires techniques et financiers des États d'Afrique centrale pour de futurs appuis budgétaires pour faire face aux conséquences de la COVID-19 et relancer les économies durement éprouvées. Il importe donc d'inclure désormais dans lesdits appuis, des financements conséquents pour le remboursement de la dette intérieure, ce qui pourra permettre aux États de disposer des ressources dont ils ont cruellement besoin d'une part, pour assurer le règlement des arriérés et d'autre part, pour réaliser les dépenses relatives aux commandes publiques passées aux entreprises locales.

Cette nouvelle approche dans la recherche des financements pour régler la dette intérieure devrait en outre se situer dans le cadre d'un véritable processus de mise en place effective d'un train de mesures nationales de soutien aux entreprises frappées par la crise de la COVID-19, du fait des actions de riposte prises par chaque État pour la lutte contre cette pandémie. Ces mesures urgentes de soutien seront essentiellement budgétaires :

- Report à 2021 de toute nouvelle mesure de nature à aggraver la pression fiscale ;
- Allègements fiscaux et allocations de moratoires pour le paiement des impôts et de certaines charges sociales ;
- Subventions aux entreprises pour éviter les faillites et fermetures ainsi que les pertes d'emplois.

3. Négocier autrement avec les partenaires internationaux : fixer de nouveaux objectifs de négociations ; adopter de nouveaux cadres stratégiques pour les négociations

Face à la situation exceptionnelle créée par la pandémie de la COVID-19 et pour faire face à ses conséquences néfastes, les États de la CEMAC devraient changer de paradigme dans la définition des objectifs des négociations en cours avec les partenaires techniques et financiers, et adopter de nouveaux cadres stratégiques pour l'élaboration et la mise en œuvre des programmes et accords conclus.

Dans le cadre de la révision de la stratégie d'intégration de la Banque Mondiale en Afrique Centrale, il est apparu que l'Afrique Centrale ne capte qu'à peine 14% des financements de la banque en direction du continent, contre 40% pour l'Afrique de l'Ouest et 40% pour l'Afrique de l'Est. L'une des raisons évoquées est le faible taux des projets matures qui sont soumis au financement. Il est recommandé à la Commission de la CEMAC et à ses membres, dans le cadre du présent Plan de relance, de faire évoluer cette part de financement vers les proportions acceptables de 25 à 30%, en actionnant les différents mécanismes de montage et de séquençage des projets. La phase préparatoire des grands projets d'investissement nécessite également des financements considérables pour la réalisation des différentes Études (APS, APD, MOU, études d'impact environnemental, etc.). Les projets intégrateurs identifiés et non matures pourraient valablement trouver des appuis financiers pour la réalisation de leurs études préliminaires si les États membres et la Commission examinent et identifient les sources potentielles de financements de telles études qui sont disponibles. De même, la complexité du montage de ces projets structurants exige des États, la mise en place d'équipes stables de négociateurs rompus aux techniques de négociation financière internationale et de montages financiers complexes.

Dans un autre registre, les accords financiers de première génération qui ont été conclus entre les pays de la CEMAC et le FMI suite à la crise née de la forte chute des prix du pétrole en 2014 arrivent presque tous à échéance. Ces programmes de première génération avec le FMI ont reposé sur un certain nombre de piliers visant la restauration de la viabilité et le renforcement de la stabilité externe, à travers la conjugaison des politiques d'ajustement budgétaire et de politique monétaire appropriée. Ces programmes devaient également jeter les bases devant permettre à moyen terme d'accéder à une croissance économique saine, durable et inclusive.

Bien que les objectifs poursuivis dans le cadre de ces programmes avec le FMI en matière de stabilité budgétaire et externe aient été globalement atteints, les résultats en matière de croissance inclusive, d'allègement de dette et de réduction de la pauvreté sont restés en deçà des attentes.

Pour parvenir aux objectifs de transformation structurelle des économies vers leur diversification et leur industrialisation plus large, et de lutte contre la pauvreté, les programmes de deuxième génération doivent relever des défis structurels majeurs au rang desquels, la conception des politiques budgétaires destinées à soutenir une croissance forte, soutenable et inclusive et à réaliser les objectifs sociaux des pays tout en procédant à l'ajustement nécessaire à la viabilité extérieure.

La traduction de ces défis dans les programmes à envisager pour les pays de la CEMAC, qui sont plus que jamais confrontés à un environnement extérieur défavorable et à des défis démographiques et sécuritaires importants, vise à assurer l'équilibre entre un ajustement financier compatible avec la reprise de la croissance et le traitement des urgences sociales et l'intensification des réformes structurelles pour promouvoir l'emploi par la diversification productive et l'intégration régionale.

Le Plan communautaire de relance recommande aux États membres d'adopter le cadre stratégique pour les accords de seconde génération des pays de la CEMAC avec les partenaires techniques et financiers internationaux, et d'en faire le document de référence pour la négociation des nouveaux accords avec le FMI et les autres PTF.

4. Création d'un fonds spécial pour la solidarité et l'autonomie sanitaire

La pandémie de la COVID-19 a mis en lumière et exacerbé les faiblesses des systèmes de santé des pays de la CEMAC, en lien avec la faiblesse de leurs plateaux techniques. Avant la récente crise, les faiblesses des systèmes de santé se traduisaient par de nombreuses évacuations sanitaires, coûteuses et inéquitables, car ne profitant qu'à une minorité de privilégiés.

Il convient de relever que l'Afrique centrale dispose d'une seule véritable unité de production de produits pharmaceutiques qui est située à Douala au Cameroun. Par ailleurs, quelques usines de fabrication de matériels et équipements sanitaires existent dans la sous-région, notamment au Cameroun et au Gabon, mais leur plateau technique et leur capacité de production sont limités. En conséquence, le matériel médical dont les populations de la sous-région ont besoin est essentiellement importé. Par ailleurs, les études de l'OMS et de l'Organisation pour la Coordination de la lutte contre les Endémies en Afrique Centrale (OCEAC) relèvent les faiblesses des services nationaux de contrôle de la qualité des produits pharmaceutiques, importés pour la plupart, de certains pays semi industrialisés. Un changement de paradigme s'impose dans la conception, la mise en œuvre et le financement des politiques sanitaires en zone CEMAC.

C'est dans ce contexte que le plan communautaire de relance économique propose en plus de l'adoption de décisions nationales concertées de politiques sanitaires, la création d'un fonds spécial pour la solidarité et l'autonomie en matière sanitaire visant la création et le financement d'outils communautaires spécialisés en matière sanitaire, dont : (i) un hôpital de référence communautaire disposant d'un plateau technique de qualité pour prendre en charge les pathologies donnant généralement lieu à des évacuations sanitaires à l'étranger, (ii) la construction de cinq unités pharmaceutiques et de biochimie spécialisées dans la fabrication locale des produits médicaux génériques, (iii) la création d'au moins trois usines supplémentaires de fabrication de matériel et équipements médicaux dans la sous-région et, (iv) la mise en réseau des centres de recherche et des instituts universitaires de santé, pour mutualiser et optimiser la gestion des ressources et les retours d'expérience.

Le montant de ce fonds spécial et les modalités de son fonctionnement seront pris en compte dans l'estimation des coûts de l'ensemble des mesures de relance préconisées par le présent plan communautaire.

Enfin, les institutions internationales compétentes, notamment le Groupe de la Banque Mondiale, sont invitées à poursuivre leurs appuis aux pays de la CEMAC en vue d'un accroissement rapide de la prestation des services en eau potable. Cette assistance permettra notamment de développer et améliorer rapidement le ciblage des transferts monétaires et d'autres programmes sociaux.

B. Mesures nouvelles destinées à accélérer la transformation structurelle et profonde des économies de la sous-région, afin d'en renforcer la résilience et de les placer sur le chemin de l'émergence

Il s'agit de mesures ambitieuses de relance destinées à renforcer la résilience des économies de la sous-région et à les placer véritablement sur le chemin de l'émergence, conformément à la Vision des Chefs d'État qui est de faire de la CEMAC un espace économique intégré, émergent et solidaire.

1. Les grands projets communautaires pour l'émergence

Trois grands projets communautaires visant la transformation profonde des économies de la CEMAC et la construction d'un espace communautaire émergent sont proposés dans les secteurs suivants :

a. Le secteur industriel

Le plan communautaire de relance propose l'adoption par les États membres de la CEMAC d'un grand projet sous-régional d'industrialisation et de développement de chaines de valeur qui se fondera sur la transformation des matières premières dont abondent les États de la CEMAC, et la mise en place des segments de ces chaines de valeur dans les pays membres.

Il s'agira de mettre en place en Afrique centrale une ou deux chaines de valeur. Cette grande initiative sous-régionale consistera à prendre en charge tout un processus complet de production allant de la matière première jusqu'au dernier produit dérivé, avec des segments de valeur dans chacun des pays membres selon leurs spécificités.

b. Le règlement de la dette intérieure

Une grande initiative communautaire de règlement de la dette intérieure qui fera appel à de nouveaux mécanismes de financement doit être lancée en Afrique centrale dans les meilleurs délais pour véritablement apurer d'une part les arriérés dus au secteur privé, payer les commandes passées aux entreprises locales par les administrations et les services publics et, d'autre part, donner enfin une impulsion nouvelle aux activités de production économique et industrielle dans les États de la CEMAC. À cet effet, la Commission de la CEMAC, la BEAC et la BDEAC sont chargées de proposer les nouveaux mécanismes de financements.

Certes, il convient de saluer les mesures récentes visant l'amélioration et l'efficacité de l'aide qui ont permis la mobilisation de financements supplémentaires en faveur des États en développement, y compris des pays de la CEMAC. Il s'agit en particulier de l'augmentation temporaire des limites annuelles d'accès aux ressources du fonds fiduciaire pour la réduction de la pauvreté et la croissance (fonds fiduciaire RPC), de l'allègement du service de la dette envers le FMI au titre du fonds fiduciaire d'assistance et de riposte aux catastrophes (fonds fiduciaire ARC), et de la création d'une ligne de liquidité à court terme pour aider les pays à atténuer l'impact dévastateur de la pandémie. De même, il importe également de souligner l'initiative de suspension du service de la dette prise par le G20 afin de créer un espace budgétaire pour les pays les plus pauvres.

Mais pour compléter ces efforts au regard de la situation spécifique des pays de la CEMAC et de l'ampleur de la dette intérieure, cette grande initiative préconisée par le plan régional de relance est destinée à apporter une solution innovante, durable et globale à ce problème.

c. Le capital humain

Procéder à la construction d'une grande université d'Afrique centrale, avec des campus de spécialisation dans chaque pays et pouvant attirer les meilleurs professeurs des universités les plus prestigieuses du monde, y compris les grands cerveaux d'Afrique centrale installés dans les pays industrialisés. Cela permettra de former les meilleurs étudiants de la sous-région dans des domaines techniques et scientifiques pointus, dans la mesure où il ne saurait y avoir de développement sans capital humain.

2. Une approche nouvelle pour la mobilisation des financements extérieurs

Pour la mise en œuvre de l'agenda de transformation économique proposé par le présent plan communautaire de relance, les États de la CEMAC doivent parvenir à une croissance soutenue à long terme, c'est-à-dire sur une longue période. Ceci nécessite, en plus des ressources budgétaires nationales et des appuis budgétaires et financiers, la mobilisation d'importantes ressources extérieures pour le financement des projets structurants.

L'expérience de l'Asie du sud-est et de l'Amérique latine démontre très clairement que le gap de financement a été résolu davantage par les investissements directs étrangers que par les prêts ou même le recours aux instruments de financement et d'intervention mis en place par le FMI, la Banque Mondiale et les autres Institutions financières internationales et régionales.

Le plan communautaire de relance invite les États de la CEMAC à prendre les dispositions idoines pour attirer les investissements directs étrangers, pour le financement des grands projets structurants au lieu de les financer uniquement avec les prêts ou les mixages de prêts/dons (blended finance) qui du reste, doivent être conclus dans le strict respect des ratios de viabilité et de soutenabilité de dettes publiques de chacun d'entre eux.

Dans le même ordre d'idée, le financement extérieur de nouveaux types de programmes avec les partenaires extérieurs devrait être hybride, en combinant désormais les caractéristiques des appuis financiers des différents bailleurs de fonds. À cet effet, la finance islamique et les financements prévus dans les initiatives nouvelles de coopération de certains pays avec l'Afrique (Sommet Russie-Afrique, Sommet Chine Afrique, Sommet Inde Afrique, Fonds de coopération du Japon, Nouvelle Banque de développement des BRICS) devraient être pris en compte par les pays de la CEMAC dans la recherche du gap de financement des grands projets intégrateurs et/ou structurants.

Tout en soulignant l'importance des financements extérieurs, il importe néanmoins de relever que les États de la CEMAC doivent faire des efforts au niveau interne afin de compter d'abord sur leurs propres forces. Cela nécessite de veiller à l'application de façon plus vigoureuse de la nouvelle réglementation de change, en vue du rapatriement intégral des dépôts de l'Administration, des organismes et entreprises publics ainsi que des sociétés multinationales établies dans la zone CEMAC.

3. Privilégier le Partenariat Public-Privé comme mode de réalisation et de gestion des projets

Compte tenu de la faiblesse des Partenariats Public-Privé dans la réalisation des grands projets d'infrastructures dans la sous-région, les ministres en charge de l'Économie et des Finances et les premiers responsables des Institutions communautaires ont décidé, lors de la deuxième session extraordinaire du Comité de Pilotage du PREF-CEMAC en octobre 2019, d'adopter une Directive communautaire sur le Partenariat Public-Privé avec, entre autres finalité, le financement alternatif des projets structurants et des projets intégrateurs. Le processus d'élaboration de cette importante mesure est toujours en cours au sein de la CEMAC et les États membres ne semblent pas privilégier ce mode de réalisation et de gestion des projets.

Le développement des infrastructures et la recherche du plein potentiel de croissance dans les secteurs porteurs constituent non seulement une exigence de développement, mais aussi une condition *sine qua non* pour la mise en œuvre de projets productifs, rentables, susceptibles d'accroître la richesse nationale, de créer des emplois et de contribuer à l'amélioration du bien-être des populations.

De par leur nature, les infrastructures et les secteurs productifs requièrent des financements importants que les budgets des États ne sont pas en mesure de satisfaire. C'est pour cette raison fondamentale que le Partenariat Public-Privé (PPP) a été retenu par de nombreux gouvernements comme mode de réalisation et de gestion de ces projets.

La réalisation des infrastructures et l'exploitation des potentiels de croissance à travers les modes PPP offrent le double avantage d'attirer aux pays des flux importants d'investissements privés et d'occasionner le transfert d'un savoir-faire technique, commercial et managérial qui contribue positivement au capital de connaissances des pays.

Les règles de fonctionnement du secteur privé, fondées sur la recherche de la compétitivité et de l'efficience, permettent aux infrastructures réalisées en PPP de pouvoir proposer un meilleur rapport qualité/prix, qui se traduit par la fourniture de services de qualité meilleure à un coût économique moindre que celui qu'un opérateur public aurait occasionné pour la fourniture des mêmes services.

Les PPP permettent une gestion saine et prévisible à long terme des dépenses publiques. Le coût du projet pour une durée donnée est connu dès l'origine et prend en compte la maintenance et l'entretien ainsi que le développement de nouveaux services, l'adaptation des services existants pour prendre en compte les attentes et besoins en constante évolution des usagers. Les règles concernant les PPP sont très strictes et les contrats sont rédigés avec une grande précision. La puissance publique ainsi que son partenaire privé sont tenus de les respecter. Les PPP, compte-tenu de l'encadrement précis de leur mode de financement, sont même une des formes sûres et transparentes de contrat.

Les pays de la zone CEMAC ont déjà mis en œuvre certains modes de PPP, qu'il s'agisse de l'ouverture au secteur privé du capital de sociétés d'économie mixte ou de sociétés anonymes, de joint-venture ou d'une concession.

Le plan communautaire de relance préconise la finalisation et l'adoption de la Directive communautaire sur le Partenariat Public-Privé et le recours au Partenariat Public-Privé comme mode privilégié de réalisation et de gestion rigoureuse des projets, notamment dans le respect des délais de réalisation convenus.

II. Financement et mise en œuvre du plan communautaire

A. Conditions de succès du plan communautaire de relance des économies de la CEMAC

Plusieurs conditions devront être remplies pour garantir le succès du plan communautaire de relance des économies de la Communauté économique et monétaire d'Afrique Centrale (CEMAC). Elles se rapportent essentiellement aux rôles que devront jouer les États membres, les Institutions communautaires et les partenaires au développement et au règlement des conflits qui prévalent dans certains États de la sous-région :

1. Rôle des États membres

La mise en œuvre effective du Plan de relance incombe en premier chef aux États membres. Chaque État membre est invité à prendre des mesures importantes et favorables pour ses propres citoyens et pour le reste de la Communauté, et de contribuer activement, dans un esprit de solidarité agissante, à la mobilisation des financements nécessaires pour la mise en œuvre de ce plan.

2. Rôle de la Commission de la CEMAC

La Commission de la CEMAC se doit de tout mettre en œuvre afin de s'assurer que toutes les mesures et décisions de niveau communautaire soient prises dans les délais. Par ailleurs, elle se doit d'accompagner les États dans leur démarche de mobilisation des financements en plaidant la cause ou les projets à caractère régional.

3. Rôle de la Banque Centrale

Lors de la prise des mesures urgentes afin de contenir les effets de la crise sanitaire, la Banque Centrale a décidé de relever son niveau d'injection de liquidité dans le système bancaire sous-régional à 500 milliards. Dans le cadre de la mise en œuvre du Plan de relance économique, elle sera appelée, tout en restant dans les limites de ses prérogatives, à prendre toutes les mesures complémentaires nécessaires à un accompagnement plus vigoureux et plus conséquent des agents économiques dans cette situation difficile, y compris toutes mesures pouvant permettre la stabilité de la liquidité dans le système bancaire.

4. Rôle de la BDEAC

Institution de financement du développement de la zone, la BDEAC a vocation, dans le cadre du Plan de relance communautaire, à continuer à exercer pleinement le mandat qui lui a été confié par le COPIL PREF-CEMAC. Elle jouera un rôle moteur dans la mobilisation des ressources nécessaires pour le financement des douze (12) projets intégrateurs sélectionnés par le PREF-CEMAC et jugés prioritaires en vue du renforcement de l'intégration de la sous-région, prenant ainsi une part active dans les efforts de relance et de diversification des économies de la zone.

Parallèlement à ces efforts de mobilisation de ressources, la BDEAC continuera à apporter son soutien multiforme au secteur privé en finançant les projets émanant des PME et des entreprises de plus grande envergure dans les secteurs d'activités prioritaires, dans le cadre du présent Plan de Relance Communautaire.

5. Rôle du PREF-CEMAC

Le Programme des Réformes économiques et financières de la CEMAC (PREF-CEMAC) offre un cadre idéal de suivi et de concertation régulière des décideurs de la CEMAC. À cet effet, il sera important qu'il contribue à la bonne mise en œuvre de ce Plan de relance en étant la courroie de transmission entre toutes les parties prenantes. Il convient en effet de rappeler que le PREF-CEMAC a été créé par les Chefs d'État et de Gouvernement de la CEMAC lors du Sommet de Malabo en 2016, avec pour objectifs de « concevoir et de mettre en œuvre des actions rapides, vigoureuses et coordonnées, aussi bien au niveau national que sous régional, pour la stabilisation du cadre macroéconomique et une transformation structurelle et profonde des économies de la sous-région, afin d'en renforcer la résilience et de les placer sur le chemin de l'émergence ». Cette mission entre en droite ligne avec les objectifs de ce Plan de relance.

6. Rôle des partenaires au développement

Le soutien des partenaires financiers et des partenaires au développement est essentiel pour la bonne exécution de ce Plan de relance. C'est auprès d'eux que les négociations se feront pour le financement du plan. Il revient donc aux différentes entités sous-régionales (États, institutions sous-régionales) de soumettre à leur attention des projets matures et prêts pour le financement direct, de déterminer avec elles de nouveaux objectifs de coopération et de nouveaux cadres stratégiques de négociation pour les programmes économiques et financiers axés davantage sur la croissance, le développement et la lutte contre la pauvreté.

7. Le défi sécuritaire

Les conflits armés existants dans la région du Lac Tchad, au nord-ouest et au sud-ouest du Cameroun ainsi qu'en RCA et dans le golfe de Guinée constituent des risques majeurs à la réalisation des projets et initiatives prévus dans le plan communautaire de relance. En effet, il n'est pas possible de réaliser des projets dans un contexte de conflit armé.

Il convient néanmoins de relever que l'impact de ces conflits armés sur le développement de la sous-région est atténué par (i) les dispositifs sécuritaires mis en place par les États, (ii) l'engagement de la communauté internationale et sa capacité à fournir les forces de maintien de la paix dans la région.

Le plan communautaire de relance préconise que les États porteurs de projets intégrateurs sur leurs territoires puissent prendre les mesures de sécurité nécessaires et associer également les collectivités territoriales et les communautés locales à la mise en œuvre des projets et à la sécurisation des investissements. La communauté internationale est invitée à apporter l'appui nécessaire aux États de la CEMAC pour la résolution de ces conflits armés.

8. Le défi de la bonne gouvernance

Le respect des principes de bonne gouvernance, de discipline budgétaire, de justice sociale et de développement participatif et inclusif est l'une des conditions de succès du présent plan communautaire de relance. En effet, les facteurs essentiels dans la mise en place des conditions idoines pour une application correcte des mesures rigoureuses et ambitieuses préconisées par ce plan demeurent la lutte contre la corruption, l'instauration d'une culture de méritocratie et la sanction effective des atteintes à la fortune publique.

Le plan de relance préconise la transparence totale et la redevabilité dans la mise en œuvre des programmes d'aides d'urgence et l'utilisation de l'assistance financière reçue.

B. Coût et financement du plan de relance

Des initiatives pour la mobilisation du financement des projets sont en cours, notamment pour les 12 projets intégrateurs. Par ailleurs, des annonces ont été faites lors de la réunion du COPIL du PREF-CEMAC du 28 mars 2020 sur la mobilisation de financements de plus 90 milliards pour les projets de lutte contre la pandémie de la COVID-19. Il convient de recentrer tous ces efforts afin d'identifier les financements déjà mobilisés ou en voie de l'être.

L'estimation des coûts des mesures contenues dans le plan communautaire de relance s'élève à 9 048,31 milliards de CFA pour la période 2012-2025. Sur ce montant, 2 492,6 milliards de FCFA ont déjà été mobilisés lors de la table ronde des 16 et 17 novembre 2020 à Paris sur le financement des projets intégrateurs au cours de laquelle le financement de 8 projets a été bouclé. Par ailleurs, 17,3% des financements proviendront des ressources propres des États membres, des Institutions Communautaires et des financements déjà mobilisés ou en voie de l'être, notamment dans le cadre des appuis budgétaires et des ressources provenant des instruments et dispositifs mis en place par les institutions internationales et les pays industrialisés pour appuyer les États dans la lutte contre la pandémie de la COVID-19 et la relance de leurs économies durement touchées. Il s'en suit donc que le coût réel du plan s'élève à 5 421,57 milliards de FCFA. Ces ressources pourraient provenir :

- Des conventions de prêt/dons conclues entre les États et les bailleurs et partenaires techniques et financiers pour le financement des projets intégrateurs ou des composantes nationales de projets régionaux et des projets communautaires structurants ;
- Des appuis budgétaires ;
- Du recours aux instruments et dispositifs exceptionnels et d'urgence mis en place par le FMI, la Banque Mondiale, la BAD, l'AFD pour aider les États à faire face aux conséquences néfastes de la pandémie et relancer leurs économies ;
- Des partenaires privés engagés dans la mise en œuvre de certains projets en mode PPP ;
- Des investissements directs étrangers ;
- Des mesures prises par la BEAC et la BDEAC pour un accompagnement plus vigoureux et plus conséquent des États et des agents économiques dans cette situation difficile ;
- Des financements prévus par la Banque Mondiale pour la coopération régionale et les projets intégrateurs ;
- Des fonds prévus dans le cadre des initiatives nouvelles lancées lors des Sommets avec l'Afrique (Sommet Chine-Afrique, Sommet Inde-Afrique, Sommet Russie-Afrique, etc.) au titre de la coopération régionale et des projets multinationaux ;
- De la BID et des institutions de la Finance islamique.

La mise en œuvre efficiente du plan communautaire de relance économique de la CEMAC ne nécessitera pas seulement des ressources financières. L'assistance technique des institutions suivantes sera sollicitée, suivant le domaine de compétence de chacune d'elles : la Banque Mondiale, le FMI, l'OMC, l'OMS, l'ONUDI, la BAD, la CEA et la FAO.

Le Secrétariat technique du PREF-CEMAC et la Commission de la CEMAC sont chargés d'élaborer le calendrier détaillé de mise en œuvre du Plan communautaire de relance. Pour assurer la cohérence entre le Plan de relance et les actions contenues dans la matrice du PREF-CEMAC, les actions du Plan de relance seront intégrées dans la matrice de suivi du PREF, qui sera actualisée en conséquence.

CHAPITRE 6 :

L'ÉLABORATION D'UN CADRE STRATÉGIQUE POUR LA NÉGOCIATION DES ACCORDS DE SECONDE GÉNÉRATION AVEC LE FMI

L'élaboration d'un cadre stratégique pour les accords de seconde génération des pays de la CEMAC avec les partenaires techniques et financiers constitue une réalisation majeure du PREF-CEMAC. Ce document de référence a permis, pour la première fois, aux six États membres de coordonner et d'harmoniser leurs positions, et de présenter un front commun dans le cadre de la négociation des nouveaux accords avec le FMI, qui s'est déroulée entre février 2020 et juin 2021, afin de prendre en considération leurs préoccupations légitimes.

Les accords économiques et financiers « de première génération » qui ont été conclus entre les pays de la CEMAC et le FMI, suite à la crise née de la forte chute des prix du pétrole en 2014, sont presque tous arrivés à terme en 2021. Ces programmes dits de première génération visaient principalement la restauration de la viabilité et le renforcement de la stabilité externe, à travers la conjugaison des politiques d'ajustement budgétaire et de politique monétaire appropriée. Ces programmes devaient également jeter les bases devant permettre à moyen terme d'accéder à une croissance économique saine, durable et inclusive.

Bien que les objectifs poursuivis dans le cadre de ces programmes en matière d'ajustement budgétaire et externe aient été globalement atteints, les résultats en matière de croissance inclusive et d'allègement de dette sont restés en deçà des attentes. La croissance économique est restée peu robuste et les économies peu résilientes pour espérer réduire de manière significative la pauvreté. Les insuffisances portant sur i) l'ampleur et le rythme des ajustements budgétaire et externe, ii) les fortes contraintes en matière de financement externe, iii) les prévisions macroéconomiques, iv) la mise en œuvre des réformes n'ont pas permis de reconstituer suffisamment des marges de manœuvre budgétaires et en conséquence n'ont pas donné aux économies de la sous-région des bases assez solides pour une croissance soutenue et un développement inclusif, pour les rendre plus résilientes face aux chocs internes et externes.

Si l'on peut se satisfaire, grâce à la mise en œuvre de ces programmes, de la sortie de la Zone de la récession, du retour à certains équilibres macroéconomiques et notamment de la restauration de la viabilité monétaire, force est de relever la fragilité des performances macro-économiques réalisées et la pression de la dette publique. La croissance économique reste peu robuste[12] et les économies peu résilientes pour espérer réduire de manière significative la pauvreté. Les économies de la zone demeurent toujours fortement exposées aux évolutions erratiques des facteurs exogènes que sont les cours des matières premières et singulièrement le pétrole, dont cinq (5) des six pays sont producteurs.

En dépit de quelques signes prometteurs, la transformation structurelle des économies tarde à prendre corps. Les efforts ont davantage été portés sur les ajustements budgétaires et financiers afin de satisfaire les conditionnalités nécessaires au décaissement des ressources financières, et non sur les politiques et réformes structurelles.

Forts de ces constats, les Chefs d'État de la CEMAC ont, lors de leur sommet extraordinaire tenu à Yaoundé en novembre 2019, « renouvelé leur engagement pour une approche solidaire, cohérente et concertée dans l'élaboration, en accord avec les partenaires techniques et financiers, de nouveaux cadres de coopération à la fin des programmes économiques et financiers de première génération soutenus par la Facilité élargie de Crédit du FMI. Ils ont sollicité, auprès de tous les partenaires au développement, une mobilisation accrue des ressources financières en vue de parvenir à l'objectif de transformation structurelle des économies vers une industrialisation plus large ».

Cette nécessité de tenir compte des aspects liés à la croissance, au développement et à la transformation structurelle des économies de la CEMAC a aussi été réaffirmée par les ministres membres du comité de pilotage (COPIL) du PREF-CEMAC lors de la 3e session extraordinaire du 28 mars 2020. À cet effet, les ministres ont chargé la Commission de la CEMAC, la BEAC, la BDEAC et le PREF-CEMAC « de définir les principes généraux relatifs aux nouveaux accords à conclure avec ces partenaires qui devront dépasser les objectifs de stabilisation financière, pour mettre l'accent sur la croissance et le développement ».

Par ailleurs, la récente analyse de l'impact de la crise de la COVID-19 sur les pays de la CEMAC a montré que, pour ces pays, confrontés par ailleurs à des défis sécuritaires, de rétablissement des équilibres macro-économiques et de diversification économique, les dégâts ont été importants, immédiats et multiformes. Ils sont d'ampleur différente selon les pays[13]. Les pays dont l'économie dépend de la production pétrolière et ceux dont la base productive est peu diversifiée subissent violemment le choc. Il est établi que cette

[12] Les pays de la CEMAC ont eu une croissance moyenne de 4,4% entre 2010 et 2013. Cette croissance a chuté à 1,5% en moyenne entre 2014 et 2019.

[13] Les premières estimations donnent une croissance de -3,1% en 2020 suite aux effets attendus de la pandémie du COVID 19 sur les économies des pays de la CEMAC.

évolution compromettra certainement les nombreux acquis enregistrés dans le cadre de la mise en œuvre des programmes financiers conclus avec le FMI et ceux du PREF-CEMAC.

Au-delà des aspects budgétaires et monétaires des programmes conclus avec le FMI, les décideurs politiques de la sous-région ont décidé de porter davantage d'attention sur les mesures identifiées au titre des réformes structurelles et de l'intégration régionale. De nouveaux critères de réalisation devraient être définis et transposés dans les politiques nationales de développement, tout en veillant à leur prise en compte dans le cadre des programmes de la deuxième génération, dont la composante « Réformes structurelles » impose une implication accrue de la Banque Mondiale dans leur structuration et négociation. Il importe de préciser que l'évaluation des programmes sur la base de nouveaux critères devrait désormais tenir compte à la fois des aspects qualitatifs et quantitatifs, de manière à faire ressortir le degré réel d'amélioration des conditions de vie de nos populations.

C'est ainsi qu'un cadre stratégique pour les négociations avec le FMI a été adopté par le Comité de Pilotage du PREF-CEMAC le 3 aout 2020. Il s'agit là d'un outil fondamental de travail pour les États de la CEMAC, dont il convient d'évaluer l'impact sur le contenu des nouveaux accords conclus avec le FMI ainsi que sur la qualité et le volume des financements mobilisés.

I. Les principaux axes du cadre stratégique

Après avoir procédé à un examen minutieux de l'état des lieux de la mise en œuvre des programmes économiques et financiers dans la CEMAC, le document comportant le cadre stratégique énonce les principes généraux relatifs à l'élaboration et à la mise en œuvre des programmes économiques et financiers de deuxième génération dans la CEMAC. Il conclut sur une stratégie de négociation formulée à l'endroit des États, dans le sens de changer véritablement de paradigme dans la conclusion des nouveaux accords avec les partenaires au développement et l'urgente nécessité d'améliorer la gouvernance dans la mise en œuvre des réformes structurelles adoptées de manière souveraine.

A. État des lieux de la mise en œuvre du programme des réformes économiques et financières dans la CEMAC

Pour faire l'état des lieux de la mise en œuvre des programmes économiques et financiers dans les États de la CEMAC, le document du cadre stratégique procède en deux étapes : d'une part (1) l'évaluation des réformes structurelles prévues par le PREF-CEMAC et, d'autre part (2) la réalisation d'un diagnostic de l'application des programmes de première génération avec le FMI.

1. Évaluation de la mise en œuvre des réformes structurelles dans le cadre du PREF-CEMAC -

Dans le PREF-CEMAC, deux des cinq piliers sont consacrés aux réformes structurelles et au renforcement de l'intégration en vue de renforcer la diversification et la compétitivité des économies des États membres et également pour accroitre le potentiel et le marché sous-régional.

a. Les réformes structurelles dans le PREF-CEMAC

Le principal objectif de ce pilier dans le cadre du PREF est de répondre à une question cruciale : « comment renforcer le dynamisme économique pour favoriser une croissance soutenue et durable et une diversification économique en adéquation avec les besoins de création d'emplois ? ». Il est question de mettre en place des réformes qui concourent à l'amélioration du climat des affaires, à la diversification des économies et au renforcement du capital humain, facteur important pour l'amélioration de la productivité.

Dans le cadre du PREF, ce pilier comprend 03 objectifs généraux, 07 objectifs spécifiques et 18 actions à mener. À la fin de l'année 2019, ce pilier était celui sur lequel des efforts restaient à faire en termes de réalisation. En effet, seulement 37,9 % des actions à mener jusqu'en 2021 ont été accomplies pour ce pilier. En ce qui concerne en particulier l'objectif général 9 qui porte sur le renforcement de la diversification économique et le développement du secteur privé, seulement 36,9 % des actions prévues jusqu'en 2021 ont été réalisées. Pour l'objectif général 10, en rapport avec l'amélioration du climat des affaires, 41 % des mesures prévues par rapport à la cible 2021 ont été réalisées. Enfin, en ce qui concerne l'objectif général 11, relatif au développement des formes alternatives de financement des économies, 33,9 % des actions prévues ont été réalisées.

De même, en 2021, les gains de performance pour la réalisation des actions de ce pilier sont restés très en deçà des attentes. Ainsi, le taux de réalisation à la fin de cette année s'est situé à 39,5%, en raison des retards accusés en matière de renforcement de la diversification économique et du développement du secteur privé (23,1% de taux de réalisation) ainsi que de développement des formes alternatives de financement des économies (25% de taux de réalisation).

Il reste beaucoup à faire sur ce pilier qui est central dans la transformation des économies de la CEMAC. Les programmes de deuxième génération sont ainsi une opportunité pour plus d'implication des États dans la mise en œuvre des actions déjà inscrites dans ce pilier. Les actions restantes qui seront mises en œuvre pourront, pour certaines, être prises en compte dans les négociations avec les partenaires techniques et financiers.

En plus des mesures prévues dans le PREF-CEMAC, il serait de bon ton que l'obligation de transformation locale de plus de 85 % des grumes de bois, qui est appliquée par presque tous les pays de la zone, soit étendue à toutes les matières premières exploitées dans l'espace CEMAC.

b. Le renforcement de l'intégration régionale

L'intégration sous-régionale, l'un des points faibles de la CEMAC, est un aspect important des réformes qui doivent permettre à cette zone de prendre l'envol. Dédier un pilier du PREF à cette intégration est la matérialisation de cette volonté des Chefs d'État d'accélérer l'intégration physique et commerciale de la communauté.

Ce pilier comporte 03 objectifs généraux, 05 objectifs spécifiques et 19 actions à mener jusqu'en 2021. À la fin de l'année 2019, 54 % des actions prévues dans le cadre du PREF ont déjà été réalisées. L'accélération de l'édification du marché commun, qui constitue l'objectif général 12 connait un taux de réalisation de 64 % par rapport à la cible de 2021. L'objectif général 13 qui vise le renforcement de l'appareil statistique de la sous-région a un taux de réalisation de 50,4 % et l'objectif général 14 qui traite de la réalisation du Programme économique régional (PER - tranche opérationnelle 2017-2021) affiche un taux de réalisation de 50 %, essentiellement en lien avec les 12 projets intégrateurs pour lesquels une table ronde sera organisée cette année. À fin 2021, les actions réalisées sur ce pilier se sont situées à 35,5%, sachant que la mise en œuvre de la plupart des objectifs a été prévue à partir de 2022. Les actions relatives à l'accélération de l'édification du marché commun et du processus de rationalisation des institutions spécialisées de formation communautaire expliquent en grande partie ce niveau du taux de réalisation.

2. Diagnostic de la mise en œuvre des programmes de première génération conclus avec le FMI

Les programmes de première génération conclus avec le FMI comportent diverses mesures visant à restaurer la stabilité macroéconomique de la sous-région.

a. Les grandes lignes des programmes avec le FMI

Les programmes de première génération des pays de la CEMAC ont visé principalement la restauration de la viabilité et la stabilité monétaire, à travers la conjugaison des politiques d'ajustement budgétaire et d'une politique monétaire appropriée. Outre ces deux objectifs, il s'agissait également de jeter les bases devant permettre à moyen terme d'accéder à une croissance économique saine, durable et inclusive.

Les axes prioritaires vers lesquels ces programmes ont été orientés se déclinent, pays par pays, ainsi qu'il suit.

Au Cameroun, le programme qui a été validé en juin 2017 par le Conseil d'Administration du FMI, a reposé sur trois piliers principaux : i) un assainissement budgétaire concentré sur le court terme pour accroître les marges de manœuvre budgétaire et extérieure, tout en protégeant les dépenses sociales et les dispositifs de protection sociale ; ii) des réformes structurelles sur le plan budgétaire pour accroître les recettes non pétrolières, améliorer l'efficience des investissements publics et la qualité du système budgétaire et atténuer les risques issus des passifs conditionnels ; et iii) des réformes pour accélérer une diversification économique impulsée par le secteur privé et accroître la résilience du secteur financier.

Pour la RCA, les objectifs visés par le programme signé en juillet 2017 se sont adossés sur les trois piliers du programme de Relèvement et de Consolidation de la Paix, à savoir i) soutenir la paix et la réconciliation, ii) renouveler le contrat social entre l'État et la population et iii) assurer le relèvement économique et la relance des secteurs productifs.

Pour la République du Congo, le programme appuyé par la Facilité élargie de Crédit (FEC) vise à rétablir la stabilité macroéconomique, y compris la viabilité de la dette, et à jeter les bases d'une croissance plus élevée et plus inclusive. Il cherche aussi à améliorer la gouvernance afin d'accroître l'efficience et la transparence dans la gestion des ressources publiques, plus particulièrement dans le secteur pétrolier.

S'agissant du Gabon, le programme appuyé par le Mécanisme Élargie de Crédit (MEDC) repose sur trois principaux objectifs : (i) assurer la stabilité macroéconomique et jeter les bases d'une croissance durable et équitable ; (ii) contribuer à ancrer des politiques budgétaires prudentes et une situation viable de balance des paiements ; et (iii) assurer la viabilité de la dette et appuyer la stabilisation des réserves de change régionales.

En Guinée Équatoriale, le programme soutenu par le FMI vise à maintenir la stabilité macroéconomique et financière, tout en améliorant la protection sociale, en favorisant la diversification économique, en renforçant la gouvernance et en luttant contre la corruption. En effet, le programme s'appuie sur les efforts déployés ces dernières années par le pays pour réduire les déséquilibres macroéconomiques et relever les défis de gouvernance et de corruption macro critiques auxquels la Guinée Équatoriale est confrontée.

Enfin, pour le Tchad, le programme a pour objectifs de : (i) préserver la stabilité macroéconomique et financière ; (ii) améliorer la gouvernance et lutter contre la corruption ; (iii) soutenir le développement du capital humain et améliorer la protection sociale ; et (iv) promouvoir la diversification économique. Plus particulièrement, le programme s'est appuyé sur une stratégie budgétaire globale visant à stabiliser la situation des finances publiques, à encourager la croissance en dehors du secteur pétrolier et à réduire la vulnérabilité du secteur bancaire. Les principaux piliers de la stratégie consistent donc à : i) améliorer la gestion de la masse salariale ; ii) rembourser une partie de la dette et apurer les arriérés intérieurs ; iii) renforcer la mobilisation des recettes intérieures ; iv) améliorer la gestion des finances publiques ; et v) corriger les insuffisances structurelles de certaines banques du pays.

En définitive, les programmes de première génération appuyés par le FMI visent à contribuer de manière positive à la stratégie sous-régionale de sortie de crise et aux efforts de stabilité de la Communauté économique et monétaire d'Afrique Centrale (CEMAC), en portant notamment sur le maintien d'une orientation adéquate de la politique monétaire et des politiques budgétaires appropriées, ainsi que sur la reconstitution des réserves de change de la Zone.

b. Résultats de la mise en œuvre des programmes économiques et financiers conclus avec le FMI

De manière générale, les objectifs poursuivis dans le cadre des programmes conclus avec le FMI, en matière d'ajustements budgétaire et externe, ont été globalement atteints.

S'agissant de l'ajustement budgétaire, l'indicateur de référence des programmes est le solde primaire hors pétrole en pourcentage du PIB. Ce choix est fait pour refléter l'intensité de l'ajustement réel et de la mise en œuvre des réformes en matière de politique budgétaire.

Tableau 8 : Ajustement budgétaire en % du PIB

CEMAC	2017		2018		2019		Ajustement moyen		
	Obj	Réal	Obj	Réal	Obj	Réal	Obj	Réal	Écart en moy
Recettes totales	***16,1***	***16***	***17,8***	***17,4***	***17,9***	***18***	***17,3***	***17,1***	***-0,1***
Recettes pétrolières	*1,7*	*3,5*	*2,8*	*3,7*	*2,4*	*4,4*	***2,3***	***3,9***	***1,6***
Recettes non pétrolières	*14,4*	*12,5*	*15*	*13,7*	*15,5*	*13,6*	***15,0***	***13,3***	***-1,7***
Dépenses totales	***21,4***	***20,6***	***20,3***	***18,1***	***19,9***	***18,2***	***20,5***	***19,0***	***-1,6***
Dépenses courantes	*14,2*	*14,1*	*13,6*	*13,4*	*12,7*	***13,3***	***13,5***	***13,6***	***0,1***
Dépenses d'investissement	*7,2*	*6,1*	*6,7*	*4,5*	*7,2*	***4,5***	***7,0***	***5,0***	***-2,0***
Solde budgétaire primaire hors pétrole	***-8,5***	***-10,2***	***-6,9***	***-8***	***-5,7***	***-6,8***	***-7,0***	***-8,3***	***-1,3***

Source : *Cadrages FMI décembre 2017 et 2019*

En moyenne sur les trois premières années, le solde budgétaire primaire hors pétrole a bien été conforme à la trajectoire poursuivie de l'ajustement dans le cadre des programmes de première génération. Il s'est établi autour de -8,3% pour un objectif de -7%, incluant une performance moins significative que prévu en matière de mobilisation des recettes non pétrolières, toutefois compensée par une contraction plus importante des dépenses d'investissement.

Bien que la performance moyenne de l'ajustement ait été atteinte, la qualité de l'ajustement n'a pas été conforme aux attentes initiales. En effet, compte tenu de la contrainte de financement extérieur, il convient de souligner que le principe de l'ajustement budgétaire reposait principalement sur la mobilisation accrue des recettes non pétrolières pour financer les dépenses publiques prioritaires nécessaires pour préserver la croissance. En réalité, la mobilisation des recettes non pétrolières n'a pas été suffisante pour contribuer efficacement à l'atteinte de cet objectif, d'où la nécessité d'un ajustement conséquent en matière des dépenses d'investissement. Outre l'ajustement des dépenses d'investissement, un accent particulier a été mis sur les dépenses courantes, notamment par la contraction de la masse salariale ou la réduction des transferts et subventions.

L'objectif du solde budgétaire global (dons inclus) projeté en moyenne à +0,5% sur les trois années (2017-19) n'est ressorti qu'à 0,2%, impliquant une moindre capacité de réduction des arriérés de paiement intérieurs, dont l'ampleur du stock au début des programmes était à hauteur de 1 703 milliards de FCFA. Le stock des arriérés de paiement intérieurs s'est alourdi en 2017-2019 pour atteindre 3 530 milliards de FCFA, pénalisant ainsi le potentiel de relance de la croissance économique, tout en créant un risque pour le système bancaire.

Concernant l'ajustement externe, le déficit des transactions courantes s'est significativement contracté entre 2016 et 2019, revenant ainsi de 12,6 % à 2,1 % du PIB. En conséquence, les objectifs en termes de réserves en mois d'importations de biens et services ont été atteints tout au long de la durée des programmes, avec une surperformance enregistrée à fin 2019. Les avoirs extérieurs nets ont enregistré des performances globalement satisfaisantes en 2017 et 2018. Il y a eu une contre-performance en 2019, en majeure partie à cause des retards accusés dans la conclusion des revues du Cameroun et du Congo d'une part et le décaissement tardif de la BAD au profit du Gabon d'autre part. En conséquence, le taux de couverture extérieure de la monnaie est passé de 59,1 % en 2016 à 67,1 % en 2019.

Tableau 9 : Indicateurs de performance de l'ajustement extérieur

CEMAC	2016	2017	2018		2019		Ecart
	Estim	Estim	Program	Estim	Objectifs	Estim	Estim/Objectif 2019
Avoirs exterieurs nets	2540	2607,3	2273	2380	3083	2740,1	-342,9
Réserves en mois d'importations des biens et services	2,3	2,4	2,7	2,7	3,3	3,7	0,4
Solde des transactions courantes dont exclus (en % du PIB)	-12,8	-4,4	-1,8	-2,3	-2,5	-2,1	0,4
Dette publique (en % du PIB)	51,5	52,5	49,5	49,9	46,2	49,1	2,9
Dont dette exterieure (en % du PIB)	31,8	34,4	31	31,1	30,7	31,3	0,6

Source : *Cadrage macroéconomique du FMI en avril 2020*

Le succès de la consolidation de la position externe de la monnaie est tributaire de la conjugaison de trois principaux facteurs. D'abord, la mise en œuvre satisfaisante des programmes conclus avec le FMI, qui a permis de mobiliser d'importants appuis budgétaires pour un montant global de l'ordre de 2904 milliards de FCFA sur la période 2017-2019. Ensuite, l'application de la nouvelle réglementation des changes, qui a induit une augmentation considérable des rapatriements et rétrocessions des avoirs extérieurs des banques commerciales dont le niveau a été estimé à 6201 milliards de FCFA à fin 2019, après 3277 milliards de FCFA enregistrés en 2018, soit une hausse de 89 %. Enfin, l'orientation restrictive de la politique monétaire de la BEAC, qui s'est traduite par l'augmentation successive de son taux directeur et le gel des avances statutaires aux États, a permis de limiter les pressions sur les réserves de change.

En définitive, la mise en œuvre des programmes de première génération n'a pas permis de retrouver le niveau de croissance économique observé avant la crise de 2014[14]. Au cours des trois années d'application des programmes, la dynamique de la croissance est demeurée atone, en dépit d'une légère amélioration de l'activité économique hors pétrole. Projetée tout d'abord à 3,4% à fin 2019 dans le cadrage initial des programmes, la croissance sous-régionale ne s'est établie en définitive qu'à 2,5%. Cette situation reflète en grande partie la faible appropriation des réformes structurelles, l'insuffisance et la qualité de l'investissement public, ainsi que l'impact négatif de l'accumulation des arriérés sur la restauration d'une croissance saine et durable.

La faible performance de la croissance économique n'a pas permis de soutenir efficacement la restauration de la viabilité de la dette des pays de la CEMAC. En effet, le risque de surendettement extérieur est demeuré quasi-stable dans les pays de la CEMAC (Cf. tableau ci-dessous).

[14] La zone CEMAC a connu une croissance moyenne de 4,4 % entre 2010 et 2013.

Tableau 10 : Situation de risque de surendettement extérieur des pays de la CEMAC

Pays	Risque de surendettement extérieur des pays de la CEMAC	
	Avant programme	***Après programme***
Cameroun	Élevé	Élevé
RCA	Élevé	Élevé
Congo	En surendettement	En surendettement
Gabon	Modéré	Modéré
Guinée Équatoriale	Modéré	Modéré
Tchad	En surendettement	Élevé

Sources : Cadre de viabilité de la dette de la Banque Mondiale et FMI

c. Les insuffisances des programmes de première génération

Les insuffisances d'ordre factuel relevées dans les programmes de première génération des pays de la CEMAC sont à évaluer à l'aune des considérations ayant fondé la négociation et la mise en œuvre desdits programmes[15]. Ces considérations visaient, en particulier pour le FMI, à aider à définir une approche plus stratégique des questions structurelles qui permettaient de mieux répondre aux besoins macro-structurels. Il s'agissait entre autres :

- Des conditions initiales des programmes qui peuvent être cruciales pour l'impact des réformes, tant en termes de taille que de durée ;
- De la question de l'évaluation de l'impact des réformes structurelles sur les résultats économiques, tels que la croissance, la productivité, l'emploi et les inégalités ;
- De l'analyse des défis particuliers ou de différents types de réformes (par exemple des subventions énergétiques, les investissements en infrastructures, la réforme de l'insolvabilité ou l'approfondissement financier), souvent en rapport avec les défis économiques auxquels sont confrontés des pays, des groupes de pays ou de région ;
- Du rythme des réformes structurelles qui ne doit pas refléter seulement les considérations technocratiques, mais aussi le processus de

[15] Source: "Structural reforms and macroeconomic performance: initial considerations for the fund", FMI, November 2015

construction d'un large soutien politique et le résultat des négociations entre les groupes d'intérêt.

Au regard de ces considérations, il ressort du suivi de la mise en œuvre des programmes de première génération que leurs insuffisances portent essentiellement sur :

i) L'accent relativement poussé, mis sur l'ampleur et le rythme des ajustements budgétaire et externe dans la conception initiale des programmes avec le FMI, au détriment des considérations liées au renforcement de la croissance économique, dans un environnement économique et financier global empreint d'importantes incertitudes ;
ii) Les fortes contraintes en matière de financements externes tant en volume qu'en termes de délais de décaissements, avec un impact sur l'exécution de la trésorerie publique ;
iii) Le biais optimiste des prévisions macroéconomiques initiales des programmes, au détriment du réalisme dans la conception de ceux-ci ;
iv) Les contraintes exogènes, dans le cas de certains pays, qui ne leur ont pas permis de conclure des négociations bilatérales en matière de restructuration de la dette extérieure dans les délais impartis, alors même que ces opérations sur la dette publique étaient destinées à limiter le degré d'ajustement budgétaire nécessaire à la viabilité ;
v) La mise en œuvre des réformes qui n'a pas permis de reconstituer suffisamment les marges de manœuvre budgétaires. En effet, l'élan des réformes a coïncidé avec les périodes de stress ou de turbulences économiques qui ont entrainé des relâchements dans la mise en œuvre de certaines d'entre elles. La plupart des réformes qui ont abouti ont été réalisées dans le secteur bancaire ou financier. Les résultats dans d'autres domaines sont plus mitigés. Les progrès sont limités et les efforts insuffisants, comme dans les réformes de la gouvernance, du climat des affaires ou de la lutte contre la corruption;
vi) L'ajustement supporté en priorité par la baisse des dépenses d'investissement, pourtant indispensables à la relance et au soutien de la croissance économique ;
vii) La prise en compte relativement marginale des réformes ciblées sur le renforcement de l'accès au financement du secteur privé, dans la conception initiale des programmes nationaux, notamment les entreprises génératrices de croissance et d'emplois ;
viii) Le poids des arriérés intérieurs demeuré important, contraignant ainsi la confiance et le développement de l'activité du secteur privé. Le niveau élevé de ces arriérés anéantit les efforts de redynamisation de l'activité non pétrolière et donc de la croissance non pétrolière. En effet, l'ampleur des arriérés des pays de la CEMAC (bancaire et non bancaire) impacte les performances du secteur privé,

notamment l'activité des entreprises travaillant avec les États. Elle expose le système bancaire aux risques de liquidité et de solvabilité, en raison de la relation transversale entre les États, les fournisseurs et les banques commerciales ;

ix) La profondeur et le degré insuffisant d'appropriation des réformes, dont les retombées de la mise en œuvre ont été marginales. Bien que des réformes structurelles aient été identifiées sur le plan de l'amélioration du climat des affaires, de la gouvernance ou de lutte contre la corruption, leur mise en œuvre a été plus lente et plus difficile que prévu. Si les mesures prévues pour les réformes avaient été adoptées à temps, elles auraient aidé à résoudre les déséquilibres en rendant la dette extérieure plus soutenable, en facilitant la réaffectation des ressources entre secteurs, en attirant des capitaux étrangers, en améliorant les signaux donnés par les prix et en facilitant l'ajustement des salaires et des prix ;

x) La faible appropriation de l'intégration régionale, de l'articulation/intégration entre les programmes avec le FMI, les programmes nationaux de développement et les programmes triennaux de convergence.

En plus de ces faiblesses, il convient de noter que l'environnement international actuel marqué par la crise sanitaire, liée à la COVID-19 et ses effets néfastes sur l'activité économique mondiale, conjuguée avec le recul des cours des principaux produits exportés par les pays de la CEMAC, a conduit au ralentissement de la relance des activités productives de la sous-région. Tout cela va remettre en cause les acquis des efforts d'ajustement et des réformes engagées ces dernières années et détériorer les perspectives à court terme sur la restauration des équilibres interne et externe.

Bien que les effets de cette crise sur la situation des finances publiques et des comptes extérieurs ne soient pas encore pleinement appréhendés, on note d'ores et déjà des retards ou des reports de mise en œuvre de la plupart des réformes structurelles prévues initialement à fin 2020. La priorité est donnée au renforcement des dispositifs sanitaires dans le cadre de la lutte contre la COVID et de la relance des activités économiques pour amortir le choc économique.

En conclusion de l'analyse des programmes de première génération, on retient que des politiques macroéconomiques et financières restrictives ont contribué à stabiliser la situation économique et à éviter une crise plus profonde, ainsi qu'à accroître les réserves extérieures brutes, qui ont récemment dépassé les projections.

À présent, il importe de consolider les progrès accomplis grâce à ces programmes et de placer les efforts d'ajustement sur une trajectoire viable. Les risques de dégradation de la situation macroéconomique et financière restent considérables. Il importe aussi de redoubler d'efforts pour favoriser une croissance plus diversifiée et plus inclusive, notamment en opérant des réformes structurelles visant à renforcer la gouvernance, à améliorer le climat des affaires et à stimuler le développement social.

B. Principes généraux et mise en œuvre des programmes de deuxième génération dans la CEMAC

La problématique de la croissance et du développement a pris une part grandissante dans les programmes soutenus par le FMI depuis les années 90, notamment dans le cadre des initiatives PPTE et IADM. La prise en compte des objectifs de réduction de la pauvreté et de croissance dans les opérations du FMI en faveur des pays les plus pauvres a conduit à la mise en place en 2000 du Fonds fiduciaire pour la réduction de la pauvreté et la croissance (FRPC) et a encouragé le FMI à adopter en 2002 de nouveaux principes de conditionnalité des programmes qui ont remplacé ceux de 1979.

Les politiques du FMI visant à soutenir la croissance dans le contexte des programmes ont évolué à la lumière des revues internes périodiques de la conditionnalité et des dispositifs de prêt. Dans cette logique, des réformes ont été entreprises en 2009 et 2014 pour intégrer dans les programmes un équilibre nécessaire entre la viabilité de la dette et les considérations de croissance, en permettant plus de souplesse en matière d'emprunt pour dégager une marge en faveur de l'investissement productif.

Malgré ces avancées, une revue de la conditionnalité a relevé en 2018 que les programmes appuyés par le FMI parvenaient souvent à bien résoudre les problèmes de balance des paiements des pays membres, mais que les résultats en matière de croissance et de dette avaient tendance à être en deçà des attentes. En dépit de cet accent mis sur la croissance, par les principes directeurs de 2002, la conception des programmes avec les États de la CEMAC a continué de donner la priorité à l'ajustement budgétaire et aux objectifs extérieurs. La revue des conditionnalités de 2018 avait également constaté que les conditionnalités structurelles négligeaient souvent les lacunes recensées lors d'une évaluation antérieure, en particulier dans les domaines macro-structurels qui ne font pas partie du cœur d'expertise du FMI.

Les défis que doivent relever les programmes de deuxième génération sont nombreux et complexes, à savoir, concevoir des politiques budgétaires destinées à soutenir une croissance forte, soutenable et inclusive et réaliser les objectifs sociaux des pays tout en procédant à l'ajustement budgétaire et en préservant la viabilité extérieure. La traduction de ces défis dans les programmes à envisager pour les pays de la CEMAC, qui sont plus que jamais confrontés à un environnement extérieur défavorable et à des défis démographiques et sécuritaires importants, vise à assurer l'équilibre entre d'une part un ajustement budgétaire compatible avec la reprise de la croissance et le traitement des urgences sociales et, d'autre part, l'intensification des réformes structurelles pour promouvoir l'emploi par la diversification productive et l'intégration régionale.

Dans cette perspective, les grandes orientations des programmes de deuxième génération, préconisées par le document du cadre stratégique de négociation, devraient porter sur les grands axes suivants (i) la redéfinition des objectifs poursuivis (ii) la viabilité budgétaire et extérieure, (iii) la croissance et le développement et (iv) le financement de l'économie.

1. La réorientation des objectifs poursuivis

Dans les programmes de première génération, les objectifs à caractère budgétaire, financier, monétaire et extérieur figurent au premier plan, avec des indicateurs précis de réalisation.

Les résultats en matière d'ajustement budgétaire et externe ont été globalement atteints. Mais ces programmes n'ont pas permis aux États de la CEMAC de réaliser la transformation structurelle des économies par leur diversification et leur industrialisation plus large d'une part, et de lutter effectivement contre la pauvreté, d'autre part.

Compte tenu de ce qui précède, il importe désormais de revoir les objectifs assignés aux nouveaux programmes conclus avec le FMI, ainsi que l'ordre de priorité dans leur mise en œuvre. À cet effet, trois grandes catégories d'objectifs devraient être retenues :

- Tout d'abord, les objectifs de développement à caractère social avec trois axes majeurs : le développement du capital humain, la réduction réelle de la pauvreté et l'amélioration générale des conditions de vie des populations ;
- Ensuite les objectifs à caractère économique stricto sensu, qui concernent la modification profonde de la structure économique des pays de la CEMAC et qui devraient impérativement conduire à l'augmentation de la contribution des secteurs, tels que l'agriculture, l'élevage et les industries de transformation des produits locaux, dans la formation du PIB ;
- Et enfin, tous les objectifs à caractère budgétaire, financier, monétaire et extérieur qui figurent généralement en premier plan dans les programmes avec le FMI.

2. La viabilité budgétaire et extérieure

La poursuite de la viabilité budgétaire et extérieure vise à préserver les acquis obtenus après plusieurs années d'ajustement structurel dans nos pays. Les défis majeurs qui subsistent sont liés non pas à la nécessité de l'ajustement, mais à sa qualité, qui requiert une réorientation des efforts autour des points qui suivent.

a. La priorité à l'amélioration des recettes budgétaires non pétrolières, plutôt qu'à la diminution des dépenses publiques

Le Document du cadre stratégique relève qu'au cours des dernières années, pour faire face aux chocs de toutes sortes auxquels ils étaient exposés, les pays de la CEMAC ont eu tendance à réduire leurs dépenses publiques, et en particulier les dépenses en capital. Cette démarche a certes permis de résorber rapidement les déséquilibres macro-économiques constatés, mais cela s'est fait au détriment du développement, de la lutte contre la pauvreté et de la croissance. C'est ainsi qu'il propose le rééquilibrage des priorités en matière d'ajustement budgétaire, voire de soutenabilité de la dette publique, ce qui implique à tout le moins une augmentation notable des recettes fiscales non pétrolières et la poursuite de la modernisation des administrations fiscales :

- ***Augmentation du taux de pression fiscale non pétrolière***. En matière de fiscalité directe, des efforts sont à fournir sur le plan de la fiscalisation des actifs fonciers et immobiliers. Leur non-fiscalisation actuelle permet de les détourner de la contribution à la mobilisation des ressources publiques. Elle constitue par ailleurs un facteur d'accroissement des inégalités, compte tenu du fait que le foncier est un actif refuge des ménages urbains aisés, comme en témoigne l'élévation quasi continue des prix des terrains et des bâtis dans les capitales. L'élargissement de l'assiette fiscale dans les domaines foncier et immobilier est cependant tributaire de l'amélioration de la gestion cadastrale, des valeurs locatives et de marché des terrains et des immeubles. Le relèvement de la fiscalité indirecte, de la TVA et des droits d'accises demeure un chantier important. L'objectif visé dans ce domaine serait d'élargir l'assiette et d'améliorer la collecte par les administrations fiscales. L'élévation du taux de pression fiscale non pétrolière passe également par la revue critique et la réduction sensible des dépenses fiscales, c'est-à-dire des exonérations accordées à certaines entreprises, voire à certains ménages, en violation des principes d'efficacité et d'équité ;
- ***Poursuite de la modernisation des administrations fiscales.*** Cette modernisation reposerait principalement sur l'amélioration et l'intégration des administrations fiscales, grâce à l'unification de l'identification des contribuables et la digitalisation des procédures.

b. La poursuite de l'amélioration de la qualité des dépenses publiques

La récente crise sanitaire de la COVID-19 a souligné le besoin de préserver les services publics de base, à savoir ceux qui conditionnent la capacité présente et future des individus à vivre selon leurs propres aspirations. Il s'agit en priorité de la santé, l'éducation, l'accès à l'eau et à des sources d'énergie, mais aussi les moyens de transport et de connectivité, y compris par les nouvelles technologies de l'information, qui figurent déjà en bonne place parmi les Objectifs du Développement durable (ODD) soutenus par la communauté internationale. Les États devraient, plus que par le passé, accroître en termes réels et nominaux les allocations budgétaires en faveur des services publics de base.

L'amélioration de la qualité de la dépense publique requiert aussi un renforcement de la sélection des projets. Elle se fonderait sur la prise en compte de la contrainte de financement de chaque pays, des critères de rentabilité financière et économique ainsi que de l'efficience sociale. Elle tiendrait également compte de l'impact rapide sur la croissance et de l'évaluation systématique des implications en termes de charges récurrentes ultérieures. La sélection des projets se fera également sur des bases rigoureuses et transparentes. En somme, la procédure de sélection des projets devrait être renforcée pour privilégier les investissements présentant des avantages sociaux certains et une rentabilité rapide avec des perspectives d'effets structurants et de croissance inclusive.

Dans tous les cas, les pays de la CEMAC ont intérêt à améliorer la qualité des institutions en charge de la programmation publique des investissements. La procédure décrite ci-dessus devrait également s'appliquer dans le cadre des investissements réalisés en Partenariat Public-Privé (PPP), qui devraient être classés en fonction de leur utilité à court et moyen termes, et prendre en compte les implications budgétaires et financières dans le cas où le partenaire privé serait défaillant dans la gestion du projet comme dans le remboursement des prêts où le principe d'obligation solidaire pourrait s'appliquer.

c. La systématisation de l'orientation contra cyclique des politiques budgétaires

Pour être efficaces en situation de crise ou en période de récession, les politiques budgétaires doivent être contra cyclique. À condition, bien évidemment, que les États disposent de marges budgétaires.

La réforme de la surveillance multilatérale effectuée en 2017 offre aujourd'hui aux pays de la CEMAC, l'opportunité d'accroître l'efficacité et l'efficience à long terme de leurs politiques budgétaires à travers des plans triennaux de convergence multilatérale, centrés sur la constitution systématique par les États des marges budgétaires résultant de l'alignement sur le solde budgétaire de référence. Tout en permettant de renforcer à moyen terme la résilience des pays de la CEMAC dans la perspective des crises futures, les plans triennaux de convergence et l'évaluation *ex ante* et *ex post* des politiques budgétaires nationales par les pairs contribueront durablement à la stabilité du cadre macroéconomique qui conditionne la croissance régionale.

d. La réforme des cadres et processus budgétaires, en vue d'éviter les accumulations d'arriérés

La faiblesse des processus budgétaires dans les pays de la CEMAC s'est généralement traduite par la persistance des accumulations d'arriérés de paiement, qui dans certains cas, ont été constitués de longue date et pour des montants importants. Les arriérés de paiement internes sont à la fois un facteur de blocage de l'activité économique, par des jeux de report et d'imitation qui peuvent s'étendre sur l'ensemble du tissu économique, et un facteur de surfacturation de la part des entreprises qui anticipent le non-paiement et cherchent à couvrir leurs risques. Ils affectent toutes les entreprises, mais tout particulièrement les petites et moyennes entreprises formelles dont l'accès au crédit devient plus difficile et plus onéreux, de sorte que les difficultés de trésorerie en sont accrues. Par ailleurs, l'État étant un des principaux clients du système productif, le non-respect des échéances de paiement compromet la concurrence et tend à figer la structure du marché en privilégiant, lorsqu'il y a des appels d'offres, les grandes entreprises qui bénéficient d'un avantage de situation.

Pour prévenir les arriérés de paiement et apurer les stocks existants, il y a lieu tout d'abord de réformer les processus budgétaires afin de limiter l'engagement des dépenses budgétaires à celles qui donneront lieu à un paiement effectif. Cela implique une bonne programmation dans l'exécution de la Loi des finances et des rectifications qui lui sont apportées.

Dans un contexte où les accumulations d'arriérés intérieurs sont les principales sanctions des États sur les marchés financiers (du fait de la pondération pénalisante du risque souverain par la COBAC, en cas d'accumulation d'arriérés intérieurs), la réforme des processus budgétaires est un préalable aux autres actions se rapportant principalement à la gestion de la trésorerie publique, la maîtrise du coût des émissions obligataires par les États et la dynamisation des marchés de capitaux.

L'apurement des stocks existants d'arriérés de paiement complète cet effort en permettant par ailleurs de restaurer la liquidité et la solvabilité des entreprises créancières des États tout en limitant les risques sur la stabilité financière.

e. La rationalisation des stratégies nationales de gestion de la dette publique

Les stratégies de gestion des dettes publiques élaborées et mises en œuvre actuellement par les pays de la CEMAC se concentrent sur la dette extérieure, principalement à cause de son volume important, sa prévisibilité et la formalisation de ses processus de négociation, de décaissement et de gestion. Ces stratégies n'intègrent pas encore de manière optimale la dette intérieure, tant pour des raisons institutionnelles et de coordination (la dette intérieure est émise et gérée par le Trésor public alors que la dette extérieure est en général gérée par une structure publique ad hoc), des raisons opérationnelles (les maturités de la dette intérieure sont plus courtes et cette dette est émise aux conditions du marché) que pour des raisons de capacités (l'émission de la dette intérieure devrait se faire en lien avec la planification de la trésorerie publique et le profil de remboursement de la dette existante, ce que beaucoup de pays ne savent pas encore faire). Pour remédier à ces insuffisances, le document du cadre stratégique invite les États à améliorer la prise en compte des émissions de titres publics dans les stratégies de gestion de la dette publique, à travers :

- Le renforcement de la coordination des émissions de dettes extérieure et intérieure, et leur intégration dans une stratégie unique de dette publique ;
- Le choix des caractéristiques de la dette. Le montant et le calendrier d'émission devraient être basés sur le plan de trésorerie. Les maturités (pour les obligations du Trésor) devraient tenir compte du profil d'amortissement de la dette publique existante (extérieure et intérieure) afin d'éviter la concentration des remboursements et l'exposition de l'État au risque de refinancement de la dette, qui est un risque de marché.

f. La viabilité extérieure

La poursuite de la viabilité extérieure vise à consolider nos économies et à préserver les acquis obtenus après de nombreuses années d'ajustement structurel, dans le contexte de l'union monétaire. Il importe de maintenir les efforts portant sur la réduction ou la suppression des déficits des transactions courantes et la viabilité de notre monnaie commune.

3. La croissance et le développement par le renforcement de la bonne gouvernance et l'accélération des réformes structurelles

Il est attendu des programmes de deuxième génération qu'ils accordent un intérêt accru aux aspects ci-après :

a. Le renforcement de la bonne gouvernance

Il n'y aura pas d'avancées économiques et sociales sur le long terme dans les pays de la CEMAC, tant qu'ils ne se doteront pas des institutions fortes assurant la bonne régulation économique et sociale dans la transparence, avec des sanctions objectives à la clef. Un retour à la croissance ne peut pas se réaliser sans la promotion des règles qui conditionnent le fonctionnement efficace des marchés.

En effet, le renforcement de l'État de droit réduit les coûts de transaction dans l'usage du marché et constitue un facteur sans doute décisif à la fois pour la justice sociale et l'attractivité, dans une perspective de diversification productive et de développement. En conséquence, sans une amélioration significative des règles de gestion et de l'environnement des affaires, il serait extrêmement difficile de passer d'un système productif centré sur les matières premières et leurs rentes à une économie diversifiée, aux entreprises confrontées aux lois du marché concurrentiel, et ce, à fortiori dans un contexte de Zone de libre-échange continentale africaine (ZLECAF). De plus, il serait nécessaire d'assurer une répartition équitable des richesses produites dans chaque pays.

Les décennies écoulées ont montré que, dans la CEMAC, joindre l'action à l'intention n'allait pas toujours de soi, même si des efforts appréciables ont été réalisés. La littérature sur les réformes destinées à améliorer le climat des affaires est disponible, riche et abondante, et de manière évidente, les réformes relatives au climat des affaires sont connues de tous les pays de la CEMAC.

Ce qui leur a cependant fait défaut jusqu'alors, c'est une capacité institutionnelle et structurée de conduite du changement par les réformes structurelles.

b. L'accélération des réformes structurelles

Les réformes structurelles constituent un aspect important de la conception d'un programme destiné à soutenir la croissance et à faciliter les ajustements de politique économique nécessaires. On en attend généralement un effet durable sur la croissance, mais il faut parfois beaucoup de temps pour qu'elles soient mises en place et prennent effet. Les stratégies de réformes devraient donc aussi inclure l'appropriation par le pays et le renforcement des institutions qui en ont la charge[16], le ciblage et l'assistance technique pour favoriser une mise en œuvre, un suivi et des effets appropriés.

Plus généralement, les programmes de deuxième génération doivent être une opportunité pour accroitre l'implication des États dans la mise en œuvre des réformes structurelles et l'intégration régionale. Les actions restantes y relatives dans le cadre du PREF-CEMAC pourront, pour certaines, faire partie des conditions de négociation avec les partenaires techniques et financiers. Au rang de ces actions, certaines nous paraissent majeures :

- L'accélération de la diversification dans les domaines identifiés (secteur primaire en général et agriculture en particulier, industrie, tourisme et autres services) et le développement des chaines de valeur. À cet égard, il faut étendre la mesure de transformation locale, au-delà du domaine de la sylviculture en lien avec l'obligation de

[16] Des études sur les conditions préalables de réussite des réformes structurelles dans plusieurs pays ont révélé que les réformes ne constituent pas en elles-mêmes une « solution miracle » pour la réussite macroéconomique. Une forte appropriation et la capacité à soutenir les réformes semblent être cruciales pour récolter les bénéfices de la productivité et de la croissance.

transformation locale de plus de 85 % des grumes de bois, à d'autres matières premières dans tous les pays de la zone CEMAC ;

- Le soutien au secteur privé ;
- L'accélération de la mise en œuvre des activités de restructuration et de mise à niveau des entreprises de la sous-région ;
- La consolidation des mesures visant l'amélioration du climat des affaires ;
- L'accroissement de la compétitivité des États membres par une réforme fiscale appropriée, la réduction des coûts des facteurs et la diminution des coûts de transaction des entreprises ;
- La promotion et le développement des partenariats public-privé ;
- La promotion et la consolidation des conditions de développement des NTIC pour en faire un vecteur déterminant du développement durable ;
- Le réexamen des stratégies de lutte contre la corruption en vue d'améliorer l'efficacité des institutions en charge de la lutte contre la corruption et le blanchiment. À cet effet, une plus grande collaboration du GABAC et de la COSUMAF à la mise en œuvre des actions du PREF est requise.

c. Renforcement de l'intégration régionale par des infrastructures efficientes.

La compétitivité et l'intégration régionale requièrent l'une et l'autre une amélioration significative des infrastructures de base du développement économique. La réalisation de cet objectif va de pair avec des investissements dans les secteurs de l'énergie et des télécommunications, mais également dans le secteur des transports. La crise de la COVID-19 et ses conséquences affecteront l'effectivité de la mise en œuvre du Programme économique régional en raison de la contraction de l'offre de financement et de l'endettement déjà insoutenable de certains États.

Il conviendrait d'en tirer les conséquences pour les investissements dans les infrastructures. Il est souhaitable de privilégier les projets aux effets induits certains par rapport à ceux à la rentabilité hypothétique, sur un horizon raisonnable. Trois orientations se dessinent dès lors : le soutien à la vie économique et sociale en milieu rural (infrastructure de santé, énergie, pistes rurales, et réduction de la fracture numérique), la couverture de besoins urbains pour faire face aux concentrations de populations et la finalisation ou l'entretien des corridors de transits. Dans les trois cas, le financement de l'infrastructure matérielle devrait prendre en compte la nécessité de maintenir l'efficience des services, c'est-à-dire réaliser l'efficacité dans une économie de moyens.

Il importe dans le même temps d'encourager la mise en œuvre des actions dont les effets sont indéniables sur la qualité des réformes et le financement de l'économie. Il s'agit de :

- Mesures visant le renforcement de l'appareil statistique de la sous-région ;
- La recherche active des ressources additionnelles en vue de la réalisation des infrastructures de base, nécessaires pour la diversification des économies et au profit de l'intégration régionale.

4. Le financement de l'économie

La fusion des marchés de capitaux de la CEMAC offre aux États et aux entreprises d'importantes opportunités en vue d'un renforcement de l'accès au financement, de la diversification des sources de financement, voire d'un réel renforcement de l'intermédiation financière. Pour compléter cette démarche, des actions devraient être prises pour promouvoir les marchés de capitaux, réduire la perception du risque de crédit qui limite sensiblement l'octroi par les banques de crédits aux entreprises.

a. La dynamisation du marché des titres publics par l'élimination de la segmentation du marché obligataire

L'émission concomitante des obligations du Trésor (OT), par syndication, et des obligations du Trésor assimilables (OTA), par adjudication, met ces deux titres en concurrence. Il y a une préférence pour les OT par les États, lorsque les marchés financiers sont embryonnaires, et aussi par les investisseurs, en raison de leur aversion au risque qui les pousse à préférer des obligations dont la maturité moyenne est plus courte. Pour éliminer cette segmentation, les États devraient privilégier le financement par adjudication dans l'optique d'une rationalisation de leurs interventions sur le marché.

b. Le financement du secteur privé

Le financement du secteur privé, notamment celui des PME, reste une préoccupation majeure dans la CEMAC. Bien que constituant l'essentiel du tissu économique et industriel dans la plupart des pays de la zone, l'accès au financement bancaire des PMI et PME reste difficile. Aussi faut-il envisager la mise en place d'instruments financiers appropriés ou de mécanismes de financements innovants afin de favoriser l'inclusion financière des Très Petites et de Moyennes Entreprises. Le développement des marchés financiers dans la sous-région est un pas dans la bonne direction. On pourrait s'attendre aussi à une démarche plus volontariste des Autorités nationales afin d'apporter un soutien plus conséquent à l'inclusion financière de ces acteurs économiques. Il est un fait que l'accès au financement reste difficile en raison d'inefficiences liées aux caractéristiques économiques, politiques et juridiques des économies de la Zone. L'un des challenges à relever est la formalisation des activités économiques qui suppose la sortie de l'informel et la constitution de sociétés commerciales dans la perspective de leur intégration dans le tissu économique pour bénéficier des mesures d'inclusion financière que pourraient promouvoir les Autorités nationales.

La prépondérance du financement bancaire au détriment d'autres formes de financement demeure une faiblesse importante qu'il conviendrait de prendre en compte dans le cadre des Accords de seconde génération. Tout cela appelle :

- La diversification des mécanismes de financement à travers l'installation des établissements financiers non bancaires, tels que les sociétés de capital-risque, de capital-investissement ou de crédit-bail ;
- La mise en place de Fonds de garantie spécifiques et dédiés aux PME et PMI afin d'inciter les banques à prêter plus facilement à ces structures en endossant le risque éventuel de défaut qui leur est souvent associé ;
- La poursuite de l'effort engagé de développement des marchés boursiers et des obligations, qui pourrait constituer une source alternative de financement à long terme pour les entreprises du secteur privé ;
- La mise en place des fonds de soutien aux PME qui pourraient apporter une assistance technique dans le montage des dossiers de financement, la réalisation des études de faisabilité, des plans d'affaires et de la formation des dirigeants aux méthodes modernes de gestion financière et de gestion d'entreprise.

Le financement du secteur privé passe également par la mise en place d'instruments encore peu utilisés, tels que le *leasing* ou encore *l'affacturage*. Ces instruments, dont certains n'ont qu'une existence embryonnaire en zone CEMAC, ont pour avantage d'alléger le volume de coûts fixes et l'immobilisation de ressources associées. Le développement de ces instruments requiert une amélioration du fonctionnement du système judiciaire qui doit pouvoir régler équitablement les litiges dans des délais raisonnables, c'est-à-dire compatibles avec la gestion des affaires.

c. Le renforcement du dispositif de gestion de l'information bancaire et financière

Il s'agit principalement de la mise en place d'une centrale des bilans, d'une centrale des risques, d'une centrale des impayés et des Bureaux d'information sur le Crédit (BIC) au niveau de la sous-région et dans chaque pays.

Le renforcement du dispositif de gestion de l'information bancaire et financière est relativement avancé au niveau de la sous-région, grâce notamment aux actions de la Banque Centrale. Les BIC qui ont pour fonction de colleter l'information sur le niveau d'endettement des agents économiques et de retracer ou même évaluer leur solvabilité par des techniques de *scoring*, doivent être installés dans chaque pays.

Cette initiative pourrait aider à faire émerger la confiance dans l'octroi de crédit aux entreprises, tandis qu'une information plus fiable sur le secteur privé contribuerait, par ailleurs, à l'élargissement des titres admis au refinancement de la Banque Centrale. De plus, elle pourrait accroitre la capacité de réassurance de crédits dans la région et accélérer le déploiement d'une nouvelle activité commerciale plus transactionnelle qui fluidifierait le secteur en facilitant le transfert de risques. Toutes les réformes ci-dessus devraient être accélérées et conduites à leur terme.

Un des problèmes centraux de l'augmentation des crédits au secteur privé par les banques commerciales est inhérent au manque d'information qui ne facile pas l'identification des « bons risques », d'où la forte concentration du portefeuille des banques sur le secteur public *lato sensu* et le rationnement du crédit au secteur privé. Pour pallier ces défaillances, les entreprises devraient à leur tour se plier à une comptabilité avec des procédures de certification et de reddition des comptes effectuées dans des délais qui sécurisent l'information du créancier. Dans cette perspective, la régionalisation de certaines professions, à commencer par celles des experts-comptables, gagnerait à s'organiser sur la base d'une éthique partagée, dans la ligne de l'ordre juridique et judiciaire mis en place à travers le dispositif de l'OHADA.

d. La gestion des risques associés aux crédits bancaires

À tous les mécanismes concourant à une gestion efficace des risques, il faudrait ajouter la possibilité de mobiliser davantage les dispositifs de garanties qu'offrent les bailleurs de fonds multilatéraux, régionaux ou bilatéraux, soit pour accéder au financement bancaire (BAD), soit pour faire face à l'éventualité d'un défaut de remboursement (AFD, fonds de garantie Ariz). Du côté des interventions publiques, il faut regretter que, dans les périodes où le prix des hydrocarbures le permettait, les États n'aient pas mis en place un Fonds souverain dont les finalités auraient pu être doubles : (i) stabiliser l'impact des cours erratiques du pétrole sur les recettes publiques, (ii) apporter du financement en fonds propres ou prêts dans des activités de diversification productive. La conjoncture actuelle du pétrole ne se prête pas à abonder un Fonds souverain, mais elle peut être mise à profit pour son institutionnalisation.

e. Le financement des balances des paiements par le FMI

L'intensification de l'accès au financement intérieur, aussi bien par les États que par les entreprises, pourrait peser sur la stabilité monétaire. Pour réduire ce risque, il pourrait être envisagé, dans le cadre des programmes de deuxième génération, une mobilisation ciblée des ressources du FMI, en soutien des balances des paiements, logés dans les comptes de la BEAC. Ce type de facilité, qui ne se traduit pas par des décaissements aux profits des États, mais plutôt de la Banque Centrale, est destiné à lui apporter des réserves de changes pour consolider sa position extérieure en tant que de besoin.

C. Stratégie régionale de négociation

Les axes stratégiques des programmes financiers de deuxième génération ont été énoncés dans la deuxième partie du document du cadre stratégique de négociation. Ces axes portent essentiellement sur : la réorientation des objectifs poursuivis dans le cadre des nouveaux accords, la viabilité budgétaire et extérieure, la promotion de la croissance et du développement par les réformes structurelles, l'amélioration de la gouvernance et le financement de l'économie, particulièrement du secteur privé. Chaque composante de ces axes renferme des éléments opérationnels qui devraient être intégrés aussi bien dans la conception que dans la mise en œuvre, le suivi et l'évaluation des nouveaux types de programmes.

Les éléments présentés dans les axes stratégiques proposés sont destinés à corriger les insuffisances des programmes de première génération, liées notamment à la qualité de l'ajustement budgétaire, l'orientation des politiques budgétaires, la gouvernance et l'effectivité des politiques et des réformes structurelles en faveur de la croissance et le financement accru de l'économie. Il apparaît cependant important, pour assurer l'efficacité et l'efficience des programmes de deuxième génération, que pendant les négociations, cinq points majeurs soient soumis à discussion entre les pays de la CEMAC et les Institutions internationales, en particulier le FMI. Il s'agit de la détermination des objectifs des programmes de deuxième génération, de la conditionnalité desdits programmes, de la coordination des interventions des Institutions internationales, du financement extérieur des nouveaux programmes et de la coordination régionale des négociations des accords de seconde génération.

1. Objectifs des programmes de deuxième génération

Pour que les accords de seconde génération puissent être orientés effectivement vers la croissance, la transformation structurelle des économies de la CEMAC et le bien-être réel des populations, deux nouveaux types d'objectifs doivent désormais être retenus, en plus de tous les autres objectifs habituels à caractère budgétaire, financier, monétaire et extérieur :

- Les objectifs de développement à caractère social ;
- Les objectifs de développement à caractère économique stricto sensu.

L'inscription de ces nouveaux objectifs dans les programmes de deuxième génération avec le FMI, entraînera en conséquence, la modification des indicateurs de résultats, de manière à leur accorder la priorité dans la mise en œuvre de ces nouveaux programmes. Par ailleurs, les nouveaux indicateurs de résultats devront insister davantage sur les aspects qualitatifs et non seulement quantitatifs de l'évaluation des actions et réalisations effectuées par les États dans le cadre de la mise en œuvre des nouveaux programmes, de manière à faire ressortir correctement le degré réel d'amélioration ou alors de stagnation des conditions de vie des populations.

2. Conditionnalité des programmes de deuxième génération

Pour assurer l'arbitrage, voire l'équilibre entre, d'une part, l'ajustement budgétaire et la viabilité de la dette publique et, d'autre part, la croissance et le développement économique ainsi que la lutte contre la pauvreté, plusieurs innovations devraient être apportées dans la conditionnalité des nouveaux programmes. Ces innovations porteraient sur :

- **La durée et le séquencement des politiques et réformes.** Étant donné que le temps de maturation et de génération des résultats par les réformes structurelles et les politiques de soutien à la croissance est relativement long, la durée des programmes de deuxième génération pourrait être allongée en conséquence et portée à cinq ans au lieu de trois, comme c'est le cas actuellement. Dans ces conditions, les priorités en matière d'ajustement budgétaire devraient être placées pendant les premières années (première partie), compte tenu d'ailleurs du fait qu'une bonne stabilité macroéconomique est indispensable à une croissance saine, durable et inclusive, tandis que l'évaluation de l'impact des politiques et réformes sur la croissance, le développement et la lutte contre la pauvreté surviendrait dans la deuxième partie des programmes ;
- **L'équilibre entre l'ajustement macro-économique et la promotion de la croissance** : cet équilibre devrait être assuré par l'importance équivalente qui devrait être accordée, notamment dans la définition des critères et indicateurs de performance des programmes, (i) aux politiques de stabilisation macro-économique, (ii) aux aspects structurels des politiques macroéconomiques et (iii) aux politiques de l'offre et des réformes structurelles.

3. Coordination des interventions des institutions internationales

L'importance que les programmes de deuxième génération devraient accorder à la promotion de la croissance par l'investissement et les réformes structurelles, oblige à étendre le champ de ces programmes au-delà du périmètre d'action traditionnel du Fonds Monétaire International, pour intégrer notamment des actions qui sont en général conduites par les organismes internationaux de développement (Banque Mondiale, BAD).

Bien que les programmes financiers de deuxième génération soient placés sous l'égide du FMI, celui-ci devrait coopérer plus étroitement avec les autres institutions internationales de développement à leur conception (objectifs, politiques et réformes et calibrage des actions), leur mise en œuvre (programmation et planification) et leur suivi/évaluation (critères et indicateurs de performance).

4. Financement extérieur des programmes de deuxième génération

Le financement extérieur des programmes de première génération était principalement assuré par le FMI (financement des balances des paiements et financements budgétaires en vue d'atténuer l'ampleur de l'ajustement financier), les bailleurs de fonds bilatéraux et multilatéraux (aides budgétaires, appuis programmes et allègement de la dette) et les marchés de capitaux (pour les pays pouvant y accéder en émettant des euro-bonds). Les financements-projets étaient généralement assurés dans le cadre d'autres arrangements, notamment bilatéraux ou multilatéraux.

Compte tenu de l'extension attendue du périmètre des programmes de deuxième génération et de la nécessaire coopération entre les institutions internationales qui devrait les caractériser, le financement extérieur de ces nouveaux types de programmes devrait être hybride, en combinant les caractéristiques des appuis financiers des différents bailleurs de fonds. Ceci irait du reste dans le sens d'une meilleure harmonisation et d'un alignement des bailleurs.

5. Coordination régionale et suivi des négociations des accords de seconde génération.

Bien qu'au final les accords de deuxième génération seront conclus dans un cadre bilatéral entre deux parties, il importe de souligner, pour les pays de la CEMAC, le caractère régional de la démarche qui vise à atteindre de façon solidaire les mêmes objectifs de croissance et de développement.

Cette coordination, au regard des traités et conventions (UEAC, UMAC) qui lient ces pays membres, devrait permettre de suivre la convergence des économies et d'éviter les externalités négatives des uns sur les autres. Telle est d'ailleurs la volonté des Chefs d'État et l'esprit du Cadre stratégique des Accords de seconde génération des pays de la CEMAC avec les partenaires techniques et financiers internationaux qui devrait servir de cadre d'orientation à tous les pays membres dans le processus de négociation des programmes de deuxième génération. Par conséquent, le Programme des Réformes économiques et financières de la CEMAC (PREF-CEMAC), dont bon nombre de mesures structurelles ont déjà été définies dans sa matrice d'action, devrait davantage être pris en compte dans le cadre de la négociation de ces nouveaux accords.

Le PREF-CEMAC offre également un cadre adéquat de concertation pour la coordination de ces négociations afin d'en rendre compte régulièrement aux Chefs d'État. La CEMAC, la BEAC et la COBAC continueront de servir d'instrument approprié pour le suivi des négociations et leur mise en œuvre, notamment avec le FMI.

Après l'analyse des principaux axes du document du cadre stratégique des négociations, il importe à présent d'examiner l'impact de la mise en œuvre de la stratégie régionale proposée, sur le contenu des accords conclus finalement par les six États membres de la CEMAC avec le FMI, ainsi que sur la qualité et le volume des financements obtenus.

II. Des résultats encourageants, mais insuffisants

A. L'impact des accords de seconde génération sur la mobilisation des ressources

S'agissant des programmes avec le FMI, il convient de relever que d'importants progrès ont été enregistrés depuis la session extraordinaire du COPIL du 24 septembre 2021, au cours de laquelle les membres ont adopté la matrice d'actions révisée du PREF-CEMAC pour la période 2021-2025. En effet, dès le 2ème semestre 2021, 4 pays sur 6 ont conclu des accords bilatéraux de principe avec le FMI, dont les contours des programmes sont conformes aussi bien aux orientations du Document-cadre des programmes de deuxième génération qu'au cadre stratégique de négociations adoptés par le COPIL du PREF-CEMAC.

À cet égard, le Conseil d'Administration du Fonds a validé, le 10 décembre 2021, la revue des politiques communes mises en œuvre dans les Institutions sous-régionales et, plus particulièrement, des assurances du Gouverneur de la BEAC actualisées en juin et début décembre 2021 pour favoriser la conclusion rapide des négociations et des revues des programmes en cours.

Plus spécifiquement, au Cameroun et au Gabon, les discussions au titre de la première revue ont par ailleurs été entamées en début décembre 2021, en vue de la présentation des dossiers de revue au Conseil d'Administration du FMI au plus tard en janvier 2022.

En ce qui concerne le Cameroun, le 29 juillet 2021, le Conseil d'Administration du Fonds monétaire international (FMI) a approuvé des accords triennaux au titre de la facilité élargie de crédit et du mécanisme élargi de crédit (https://www.imf.org/fr/About/Factsheets/Sheets/2016/08/01/20/56/Extended-Fund-Facilité) (MEDC) en faveur du Cameroun, d'un montant de 483 millions de DTS (environ 689,5 millions de dollars, soit 175% de la quote-part du pays), pour accompagner le programme de réformes économiques et financières du pays.

Les cinq piliers du nouveau programme visent à i) atténuer les conséquences sanitaires, économiques et sociales de la pandémie de COVID-19 tout en assurant la viabilité intérieure et extérieure ; ii) renforcer la bonne gouvernance et améliorer la transparence et la lutte contre la corruption ; iii) accélérer les réformes budgétaires structurelles afin de moderniser les administrations fiscales et douanières, de mobiliser des recettes, d'améliorer la gestion des finances publiques, d'accroitre l'efficience des investissements et de réduire les risques budgétaires liés aux entreprises publiques ; vi) renforcer la gestion de la dette et réduire les facteurs de vulnérabilité de la dette ; et v) mettre en œuvre des réformes structurelles pour accélérer la diversification économique tirée par le secteur privé et rendre le secteur financier plus résilient. Ces piliers s'inspirent largement des propositions des États membres de la CEMAC contenues dans le Cadre Stratégique pour les négociations des États de la sous-région avec le FMI élaboré par le COPIL du PREF-CEMAC et transmis à tous les Partenaires techniques et financiers.

En République centrafricaine, le programme de référence a expiré à fin septembre 2022 sans que la deuxième revue ne soit conclue. En effet, le délai supplémentaire de trois mois accordé aux Autorités nationales n'a pas été suffisant pour l'obtention des assurances de financement auprès des partenaires financiers et l'harmonisation de la loi centrafricaine sur les cryptoactifs avec les textes régissant la Convention de l'UMAC. Cette situation intervient alors que d'importants progrès avaient été consignés dans la mise en œuvre du programme, avec la réalisation de la majorité des critères quantitatifs et l'exécution des repères structurels. Néanmoins, la reprise des discussions tenues du 05 au 16 décembre 2022, au titre de l'article IV et dans le cadre de la demande de financement à travers le guichet de riposte aux chocs alimentaires, constitue une étape importante pour la mobilisation des financements du FMI et les perspectives de restauration d'un programme financier au cours de l'année 2023.

Pour le Congo, le Conseil d'Administration du Fonds monétaire international (FMI) a approuvé, le 27 janvier 2022, un accord de 36 mois au titre de la facilité élargie de crédit (FEC), pour un montant équivalent à 324,0 millions de DTS (environ 455 millions de dollars, soit 200% de la quote-part de la République du Congo au FMI), afin d'aider le pays à préserver sa stabilité macroéconomique et à favoriser la reprise économique dans le contexte de la pandémie, notamment en catalysant le soutien financier d'autres donateurs officiels. La décision du Conseil d'Administration a permis de décaisser immédiatement l'équivalent de 64,80 millions de DTS (environ 90 millions de dollars).

À long terme, les mesures mises en œuvre dans le cadre de ce programme appuyé par la FEC permettront de remédier aux facteurs de fragilité du pays et jeter les bases d'une croissance plus élevée, plus résiliente et plus inclusive en République du Congo. Ce programme contribuera aussi aux initiatives régionales visant à rétablir et à préserver la stabilité extérieure de la Communauté économique et monétaire de l'Afrique centrale, dans le cadre du PREF-CEMAC.

Pour ce qui est du Gabon, le Fonds monétaire international (FMI) a approuvé le 22 juillet 2021 un accord élargi de trois ans au titre du mécanisme élargi de crédit (MEDC) en faveur du Gabon pour un montant de 388,8 millions de DTS (environ 553,2 millions de dollars américains), soit 180 % de la quote-part du Gabon, pour faire face à la crise de la pandémie de COVID-19 et soutenir la mise en œuvre de la stratégie de relance économique 2021-2023 des autorités. L'approbation du Conseil d'Administration permet le décaissement immédiat d'environ 115,25 millions de dollars américains pour l'appui budgétaire.

Le programme des autorités vise à renforcer la réponse du pays à la pandémie, à réduire les vulnérabilités budgétaires et de la dette publique, et à favoriser une croissance durable, verte, inclusive et tirée par le secteur privé. À cette fin, des efforts, notamment pour améliorer la gouvernance et la transparence afin d'accroitre les recettes intérieures, y compris dans les secteurs pétrolier et minier, et l'efficacité des dépenses, sont essentiels pour créer de l'espace budgétaire pour les investissements et les dépenses sociales tant nécessaires dans le pays. L'accord devrait également soutenir le programme de réformes de la stratégie régionale de la CEMAC.

Les échanges entre le Gabon et le FMI se poursuivent depuis le premier trimestre 2023 afin de convenir des mesures supplémentaires de redressement de la trajectoire d'ajustement budgétaire. En effet, l'évaluation réalisée au dernier trimestre de l'année 2022 situe sur les performances mitigées de la mise en œuvre du programme. Au total, 2 des 5 principaux critères de réalisation n'ont pas été respectés, notamment le solde primaire hors pétrole et le plafond de l'accumulation des nouveaux arriérés extérieurs. De même, deux objectifs indicatifs à savoir les planchers cumulés des recettes fiscales, hors pétrole, et de réduction nette de l'encours des arriérés intérieurs n'ont pas été atteints, tandis que le dernier critère indicatif sur les dépenses sociales reste à évaluer. Aussi, d'importantes attentes concernent la mise en œuvre des repères structurels préconisés pour le second semestre 2022. Il est également relevé que les Autorités nationales ont procédé à la validation de la Loi de finances 2023, qui met notamment l'accent sur la mobilisation et la sécurisation des ressources intérieures, la protection du pouvoir d'achat des ménages et l'accélération des travaux des infrastructures.

En Guinée Équatoriale, le Conseil d'administration du FMI a par ailleurs approuvé, le 15 septembre 2021, un décaissement de 47,25 millions de DTS au titre de l'Instrument de Financement rapide (IFR), ouvrant ainsi la voie à la réouverture des discussions avec les services du FMI pour la conclusion de la 1ère revue du programme économique et financier soutenu par le mécanisme élargi de crédit, en suspens depuis 2020.

L'opportunité des Assemblées annuelles du FMI et de la Banque Mondiale en 2022 a été mise à profit pour échanger sur les progrès du programme soutenu par le Mécanisme élargi de Crédit et approuvé en décembre 2019, ainsi que sur les engagements pris au titre de l'instrument de financement rapide décaissé en 2021. D'importantes avancées ont été réalisées avec notamment la mise en œuvre des principales mesures. En effet, la liste des actifs à privatiser a été approuvée par le Conseil des ministres et publiée sur le site web du ministère des Finances. Aussi, les rapports d'audit finaux des dépenses liées au Covid-19 et des entreprises pétrolières et gazières publiques ont été rendus publics, tandis que l'audit sur les dépenses liées à la couverture des dommages créés par les explosions de Bata est en cours de finalisation. D'autres mesures ont également été prises, notamment le rapport d'étape sur le plan d'action 2019 pour la bonne gouvernance et la lutte contre la corruption, les dispositions encadrant le régime de déclaration de patrimoine des agents publics, conformément à la loi anti-corruption de 2021. Toutefois, ces avancées n'ont pas permis la conclusion de la première revue de l'accord qui a finalement expiré en décembre 2022. Enfin, les Autorités ont exprimé leur volonté de parvenir à la mise en place d'un nouvel accord au cours de l'année 2023.

Pour le Tchad, le Conseil d'Administration du Fonds monétaire international (FMI) a approuvé un nouvel accord sur 36 mois au titre de la facilité élargie de crédit (FEC) pour un montant de 392,56 millions de DTS (environ 570,75 millions de dollars ou 280% de la quote-part du Tchad) afin de répondre aux importants besoins de financement de la balance des paiements et du budget, notamment en attirant le soutien financier de donateurs officiels.

À long terme, les mesures prises dans le cadre du programme conformément aux paramètres proposés dans le Cadre Stratégique du PREF-CEMAC, appuyé par la FEC, contribueront à placer l'économie tchadienne sur une trajectoire équilibrée et viable qui permettra au pays de réaliser une croissance à la fois verte et inclusive, et de réduire la pauvreté. Elles iront également dans le sens des initiatives régionales visant à rétablir et à préserver la stabilité extérieure de la Communauté économique et monétaire de l'Afrique centrale (CEMAC). La décision du Conseil d'Administration a permis de décaisser immédiatement 56,08 millions de DTS (environ 78,28 millions de dollars).

Il convient de relever qu'au bout de deux années de discussions avec leurs principaux créanciers extérieurs, les Autorités tchadiennes sont parvenues à un accord sur le traitement de la dette extérieure au sein du Cadre Commun du G20 avec le Comité des créanciers bilatéraux officiels et Glencore. Pour rappel, la République du Tchad, premier pays à avoir adhéré au Cadre Commun pour les traitements de dette du G20 et du Club de Paris, est aussi le premier pays à parvenir à un accord à ce titre, conformément aux engagements pris auprès du Fonds Monétaire international (FMI) dans le cadre de son programme soutenu par la Facilité élargie de Crédit (FEC). Au rang des avancées, figurent également le respect des critères quantitatifs ainsi que la validation de la Loi des Finances 2023.

Concernant les conditions de financement externe, le volume des ressources extérieures mobilisables sur la période 2021-2022 pour soutenir l'exécution des programmes s'est élevé à 2 504 milliards de FCFA. Outre le recours aux facilités d'emprunt auprès du FMI pour un montant de 725 milliards de FCFA, les négociations entre les États de la CEMAC et ses partenaires ont permis de conforter les assurances de financements concessionnels d'environ 779 milliards de FCFA au titre des appuis budgétaires de la Banque Mondiale et de la Banque africaine de Développement, mais aussi de la part de l'Union européenne et de la France.

Au sujet de la *restructuration des dettes publiques extérieures*, un certain nombre d'avancées considérables ont été observées, notamment au Congo et au Tchad qui, en partie grâce au soutien des plaidoyers maintes fois réitérés par les Instances sous-régionales dans le cadre des fora de discussion avec les partenaires externes, bénéficient désormais d'accords de principe de la part de leurs créanciers officiels bilatéraux et privés pour la restructuration de la dette.

Au Congo, les autorités sont à pied d'œuvre pour bénéficier des arrangements similaires avec leurs principaux créanciers commerciaux, de manière à fournir les assurances de financement suffisantes pour la viabilité de l'endettement public et l'exécution du nouveau programme.

Au Tchad, les discussions progressent avec Glencore, qui a marqué son accord de principe de fournir des assurances robustes en matière de restructuration de la dette compatibles avec les paramètres du nouveau programme.

En définitive, bien que de légers retards aient été enregistrés en fin 2021, la signature des accords partiellement rénovés et plus axés sur la croissance et le développement, sur la base d'un cadre communautaire de négociation, a permis de conférer à la stratégie sous-régionale son caractère communautaire et solidaire. Dans ce contexte, tous les États membres doivent s'atteler à remplir les conditions nécessaires pour satisfaire les prérequis convenus avec les partenaires extérieurs pour la mobilisation des ressources adossées aux programmes.

B. L'amélioration du suivi-évaluation des programmes

En procédant à la conclusion des accords de seconde génération avec les partenaires techniques et financiers, les États de la CEMAC se sont engagés à renforcer les capacités et le rôle des équipes nationales et à préserver leur stabilité, de manière à favoriser un suivi adéquat des programmes adoptés, conformément à l'objectif général N°25 du PREF-CEMAC.

Tableau 11 : Récapitulatif des actions de l'objectif général N°25

Objectifs généraux	Objectifs spécifiques	Actions	Critères de réalisation à fin décembre 2021
25. Renforcement des capacités des cellules nationales de suivi des programmes	63. Procéder au renforcement des capacités des cellules nationales pour un meilleur suivi des programmes	63.1 : Renforcer les capacités et le rôle des équipes nationales de négociations et de suivi des programmes de deuxième génération	63.1.1 : Les membres des cellules nationales de suivi du programme sont formés régulièrement en matière de négociations financières et des montages financiers, ainsi que le suivi des programmes
		63.2 : Préserver la stabilité des équipes en charge des négociations et du suivi des programmes avec le FMI	63.2.1 : Les équipes nationales sont stables et efficaces dans le suivi

Les décisions et recommandations du COPIL extraordinaire du 24 septembre 2021, qui ont mis un accent particulier sur l'importance de mettre en place une instance appropriée dans chaque pays membre en vue d'assurer la coordination et le suivi du PREF-CEMAC révisé, concourent à la réalisation des objectifs poursuivis dans ce domaine.

À cet effet, le Cameroun, la RCA, le Congo, le Gabon et le Tchad disposent déjà d'une instance chargée de la coordination et du suivi des relations avec les institutions de Bretton Woods et des réformes du PREF-CEMAC, tandis que cette instance est en cours de création en Guinée Équatoriale. En outre, la composition des membres des comités y afférents, qui repose sur le principe de la mise à contribution des compétences diverses des administrations en charge des finances et de l'économie, ainsi que la désignation d'un représentant du comité national comme l'un des deux membres de la Cellule de Suivi du PREF-CEMAC, devraient contribuer à l'exécution des nouveaux accords et programmes de réformes économiques, notamment les réformes structurelles.

CHAPITRE 7 :

LA STRATÉGIE COMMUNAUTAIRE D'IMPORT-SUBSTITUTION

Conformément aux décisions et recommandations du Sommet extraordinaire des Chefs d'État de la CEMAC du 18 août 2021 visant à opérer une réelle transformation structurelle vers l'industrialisation des économies de la CEMAC, le COPIL du PREF-CEMAC a, au cours de sa quinzième session ordinaire du 23 décembre 2021, sélectionné quatre produits du cru (poisson, riz, viande bovine[17] et hydrocarbures) et instruit le Secrétariat permanent du PREF-CEMAC d'élaborer, en collaboration avec les États membres, la Commission de la CEMAC et la Banque Centrale, une stratégie sous-régionale d'import-substitution afin de garantir la sécurité alimentaire des populations de la sous-région et d'atténuer l'impact de l'importation de ces produits sur les réserves de change (l'importation de ces quatre produits a coûté à la CEMAC une somme de 2 810,8 milliards de FCFA en 2021, le niveau des réserves de change étant situé à 4 612,8 milliards de FCFA sur la même période).

Cette stratégie, adoptée par le Comité de Pilotage du PREF-CEMAC vise à changer de paradigme dans la promotion de l'intégration physique et commerciale de la sous-région, par le développement de la production locale et de la commercialisation de ces quatre produits de cru pour couvrir les besoins du marché intérieur de la CEMAC en réduisant leurs importations.

Par ailleurs, au cours de sa dix-septième session ordinaire du 26 août 2022, le COPIL du PREF-CEMAC a instruit le Secrétariat permanent de réviser la Stratégie communautaire d'import substitution pour y introduire la filière manioc et de finaliser le chiffrage de ladite Stratégie. Le but consiste d'une part, à revaloriser cette filière qui est un produit de grande consommation dans la sous-région et, d'autre part, à donner aux opérateurs des informations pratiques et opérationnelles sur les potentialités de commercialisation des produits dérivés du manioc sur les marchés de la CEMAC à travers une analyse détaillée des circuits d'approvisionnement.

Dans le cadre du présent chapitre, nous procèderons à la présentation (i) du contexte et la justification de la stratégie, (ii) de l'état des lieux de la

---

[17] L'expression viande bovine se rapporte à la viande de bœuf. Toutefois, la stratégie d'import-substitution devrait, dans sa mise en œuvre, concerner toutes les viandes d'élevage (ovins, caprins, porcins, camelins et volailles, etc.).

production et de la commercialisation de ces produits du cru dans la CEMAC, (iii) des principaux axes de la stratégie à mettre en place pour substituer l'importation de ces produits, (iv) des modalités et diligences de mise en œuvre de cette stratégie et enfin, (v) de l'état d'exécution de la stratégie, par les États membres et les Institutions communautaires.

I. Contexte et justification de la stratégie

Les pays de la CEMAC sont essentiellement spécialisés dans les productions agricoles (410 580 tonnes de riz produits en 2020, 7,2 millions de tonnes de manioc en 2021)[18], pastorales (46 millions de têtes de bœufs dénombrés en 2021) et minières (la production des hydrocarbures se chiffre à 41 millions de tonnes en 2021). Le Tchad, la République centrafricaine (RCA) et le Cameroun disposent d'un avantage comparatif sur l'agriculture et l'élevage, alors que le Cameroun, le Gabon, le Congo, la Guinée Équatoriale et le Tchad bénéficient d'un avantage similaire dans l'exploitation des ressources minières et halieutiques. Cependant, dans la CEMAC, il se trouve que tout le potentiel en ressources agricoles, animales halieutiques et minières n'est pas exploité de façon efficiente, ce qui fait qu'un volume important de la production des produits du cru n'est pas destiné au marché intérieur (poisson, bétail bovin, hydrocarbures) et que les besoins en biens de consommation des populations locales soient satisfaits par des importations pour la demande intérieure telle que le graphique 13 ci-dessous l'illustre.

[18] Source : Administrations publiques de la CEMAC. Il s'agit davantage d'une agriculture de rente plutôt que d'une agriculture industrielle. Toutefois, cette production locale satisfait une bonne partie de la demande intérieure (FAO, 2021).

Graphique 13: Commercialisation des produits du cru dans la CEMAC (en milliards de FCFA)

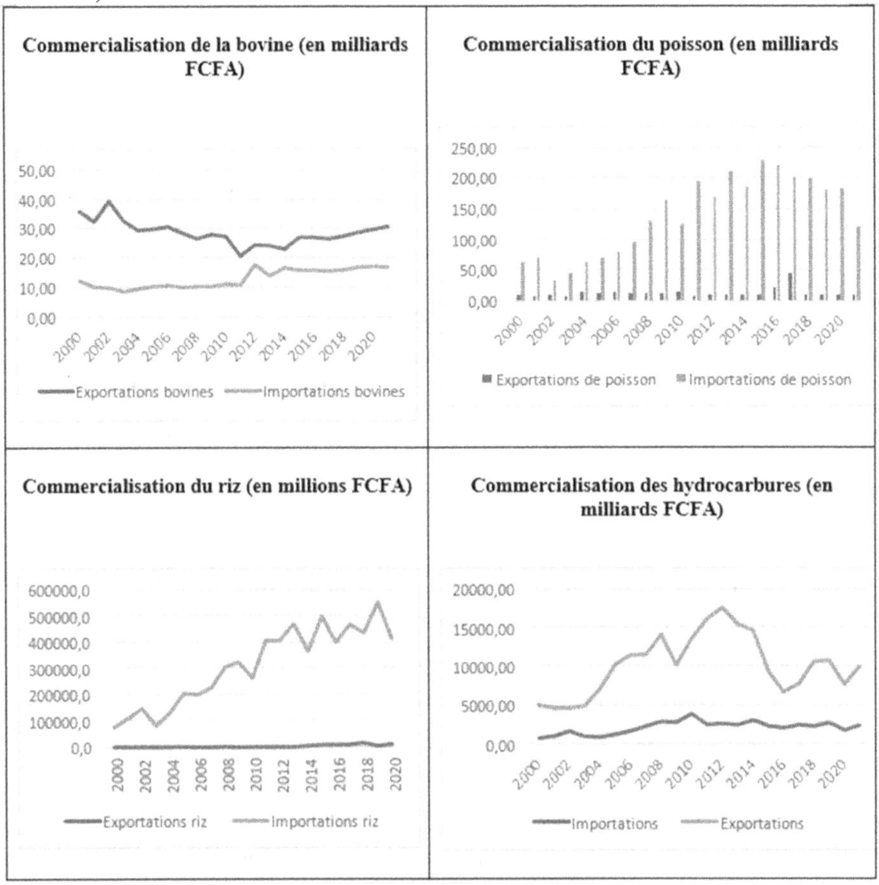

Sources *: Données FAO et Administrations nationales*

Ces importations induisent des sorties importantes de devises pour acquérir des produits pourtant potentiellement disponibles à moindre coût dans la sous-région. Cette situation résulte de la faiblesse de la coordination dans l'élaboration et la mise en œuvre des politiques économiques communes dans la CEMAC, notamment la politique commerciale et la politique agricole. À titre d'illustration, le Congo, le Gabon et la Guinée Équatoriale n'étant pas producteur de viande bovine, le bétail et la viande du Tchad, de la RCA et du Cameroun peuvent largement approvisionner tous ces pays au regard du volume important de production du cheptel bovin, comme l'illustre le graphique 14 ci-dessous. Cependant, le Congo, le Gabon et la Guinée Équatoriale importent d'énormes quantités de carcasses de viande en provenance d'Afrique du Sud, de l'Argentine, du Brésil et de l'Inde, alors qu'ils pourraient s'en procurer auprès des autres pays de la CEMAC, si des mesures adéquates étaient prises à cet effet.

Graphique 14: Production bovine (cheptel bovin - nombre de têtes) dans la CEMAC

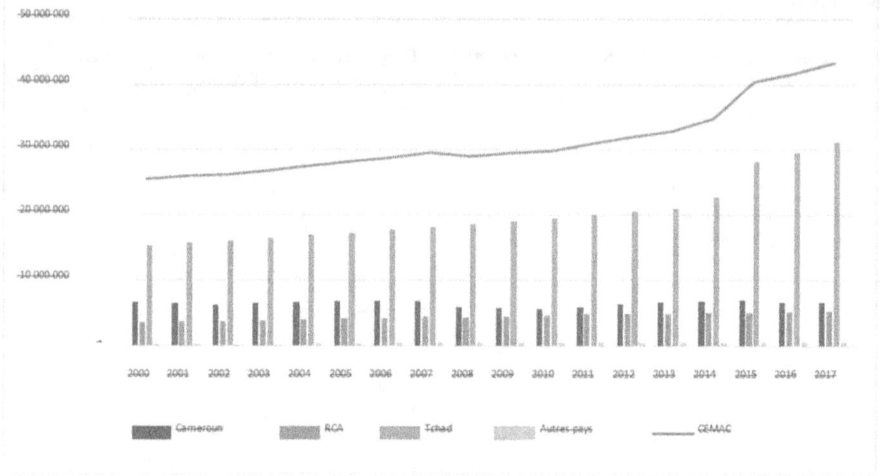

Sources *: Données FAO et Administrations nationales*

Les statistiques mondiales de l'année 2018 (*International Trade Statistics* et FAO) donnent un aperçu sur le volume en valeur des importations de ces quatre produits du cru dans la CEMAC :

- 237 milliards de FCFA par an de viande et abats comestibles ;
- 290 milliards de FCFA par an de poissons et crustacés ;
- 253 milliards de FCFA par an pour le riz ;
- Plus de 2 000 milliards de FCFA pour les hydrocarbures et produits dérivés.

Ces statistiques sont impressionnantes et alarmantes. S'agissant par exemple de la viande et du poisson, la CEMAC a enregistré en valeur, en 2018, 527 milliards de FCFA d'importations, alors que le Tchad possède le troisième cheptel d'Afrique et que le patrimoine halieutique est immense dans la sous-région.

En raison des tensions persistantes sur les réserves de changes dans la CEMAC, comme le montre le graphique 15 ci-dessous, la soutenabilité de la balance des paiements, qui semblait auparavant ne pas être une préoccupation majeure, a fait l'objet d'un examen approfondi lors des réunions du Comité de Politique monétaire de la BEAC entre 2019 et 2021 et de la 15e session du Comité de Pilotage du PREF-CEMAC du 23 décembre 2021. Cela a permis d'approfondir les réflexions sur la capacité des États d'Afrique Centrale à assurer une partie importante de leur approvisionnement à partir des productions régionales.

Graphique 15 : Évolution des importations des produits du cru et des réserves de change dans la CEMAC (en milliards de FCFA)

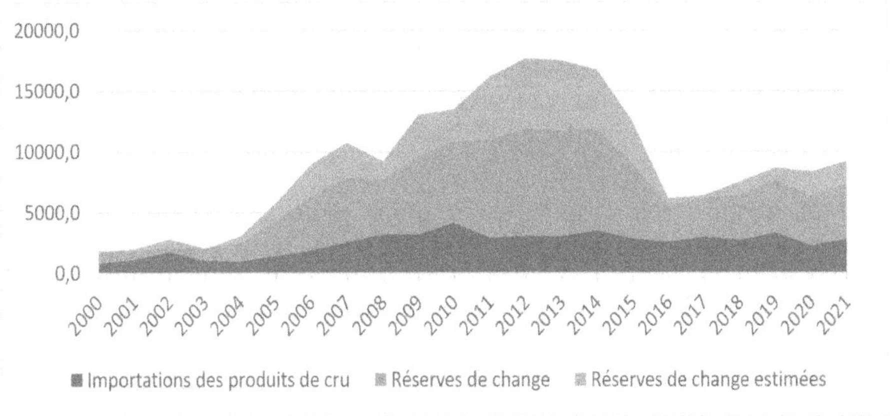

Sources *: Données FAO et Administrations nationales*

Il importe de noter que les réserves de change sont affectées par l'extraversion des économies, car les importations hors CEMAC impactent négativement leur dynamique, contribuant ainsi à réduire la capacité de la CEMAC à défendre vigoureusement la parité de sa monnaie. A contrario, si les demandes en viande bovine, en riz, en hydrocarbures et en poisson de certains pays de la CEMAC sont satisfaites par les offres des autres pays membres, les échanges, étant libellés en FCFA, seraient simplement neutralisés et il y aurait moins de sorties de devises. Il en va de même pour les importations en farine de blé de certains pays de la sous-région. Elles seraient partiellement ou complètement remplacées par la farine de manioc produite localement par des pays comme le Cameroun et le Congo.

Depuis la création de l'Union douanière, le faible volume des échanges de produits agricoles, d'élevage et de pêche a toujours constitué une préoccupation majeure pour les pays de la CEMAC. La mise en place en 1987 de la Commission économique du Bétail, de la Viande et des Ressources halieutiques (CEBEVIRHA) a été l'une des réponses à cette préoccupation. Malgré cela, le volume des échanges est demeuré très faible, en dépit de la croissance démographique. Par exemple, la sous-région est toujours confrontée à une demande accrue de viande et de poisson à laquelle elle n'arrive pas à répondre.

La mise en œuvre de la stratégie d'import-substitution dans la CEMAC aurait donc pour but d'encourager et de développer le commerce intracommunautaire, de créer les conditions d'un renforcement de la diversification des économies de la sous-région et de soutenir la stabilité extérieure.

Il convient de relever que, depuis plusieurs années, la zone CEMAC connait des situations alimentaires déficitaires qui sont aggravées par des niveaux de production inférieurs à la demande du marché. Cette situation s'est exacerbée avec la crise russo-ukrainienne déclenchée en février 2022. La démographie en pleine croissance accentue le déficit alimentaire et des efforts accrus sont donc nécessaires pour assurer la sécurité alimentaire à travers une amélioration des systèmes locaux de production en vue d'une réponse locale efficiente à la demande.

L'élaboration et la mise en œuvre d'une stratégie d'import-substitution commune constituent à cet effet, une initiative nouvelle et un défi pour les pays de la CEMAC. La décision prise de s'engager dans cette voie témoigne de la volonté des États membres de renforcer l'intégration régionale et de mettre en œuvre des réponses communes aux enjeux liés au développement de leur secteur agropastoral et à l'accélération de la commercialisation intracommunautaire de leurs produits du cru.

Il est nécessaire de relever que l'élaboration des lignes directrices de la stratégie d'import substitution commune de la CEMAC répond à une disposition de la Convention régissant l'UEAC qui précise dans son article 35 que dans l'élaboration des lignes directrices de la politique agricole, pastorale et piscicole commune, la Conférence des Chefs d'État de la CEMAC tient compte : i) de l'importance de ces secteurs dans l'économie des États membres, ii) des disparités structurelles et naturelles entre les diverses régions, iii) de la nécessité d'opérer graduellement les ajustements opportuns, iv) de la nécessité de stabiliser les marchés, de garantir la sécurité des approvisionnements, d'assurer la rentabilité des filières et les prix raisonnables dans les livraisons des produits aux consommateurs.

La présente stratégie est élaborée en vue de la mise en place d'une politique commune dans la CEMAC afin de réduire les effets néfastes des importations des produits du cru sur le niveau des réserves de change de la CEMAC. Cette stratégie constitue une étape importante vers l'intégration effective et la participation des pays de la CEMAC à l'accroissement du commerce intrarégional et au financement des États membres. Elle pourrait également modérer les effets négatifs possibles d'une concurrence exacerbée et déséquilibrée entre les acteurs du marché régional. Par ailleurs, si cette concurrence continue d'être mal maîtrisée, elle pourrait affecter négativement les populations de la sous-région, notamment les plus vulnérables.

Cette stratégie doit donc s'inscrire dans le cadre global du développement de la Communauté et doit en priorité s'attaquer aux grands défis de l'heure, notamment la lutte contre l'insécurité alimentaire, la promotion d'une agriculture durable, l'accroissement de la productivité et la compétitivité des filières des cinq produits du cru et leur adaptation au système du commerce international.

II. État des lieux de la production et de la commercialisation des produits du cru dans la CEMAC

Cette partie de l'étude analyse les caractéristiques de la production et de la commercialisation de chacun des cinq produits du cru (viande, poisson, riz, hydrocarbures et manioc). Les problèmes liés à leur production et à leur commercialisation dans la CEMAC sont également présentés en vue de justifier la mise en place d'une stratégie idoine de substitution à leur importation.

A. La viande bovine[19]

1. Principales caractéristiques de la production et de la commercialisation dans la CEMAC.

Dans la CEMAC, trois pays, à savoir le Cameroun, la RCA et le Tchad, sont des producteurs de viande bovine, plus précisément de cheptel bovin. Comme le montre le graphique 16 ci-dessous, le Tchad détient 55,2 % du cheptel, suivi du Cameroun (24,7 %) et de la RCA (18,5 %), entre 2007 et 2017. Au Tchad, la taille du cheptel bovin est considérable. Le cheptel bovin dans la CEMAC est évalué aujourd'hui à 46 millions d'unités de bétail tropical. Sur cette base, le Tchad compte parmi les plus grands pays d'élevage en Afrique.

Graphique 16: Part moyenne des pays dans le cheptel global de la CEMAC (2007-2017)

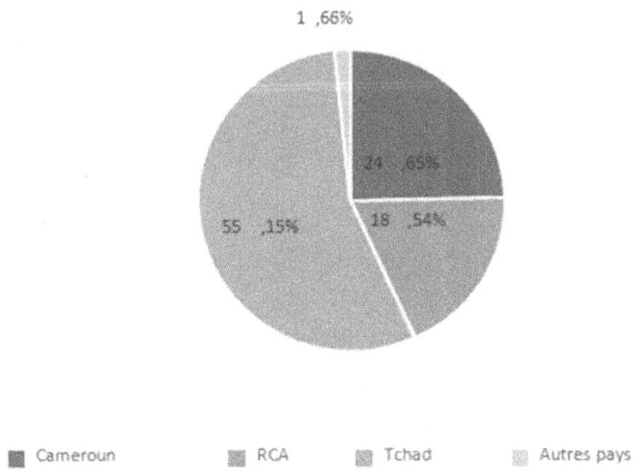

Source *: Données de FAO et des Administrations nationales*

[19] Cette étude faite pour la viande bovine est applicable aussi pour les autres types de viandes animales : volailles, ovins, porcins, caprins, camelins.

En l'état actuel du marché et, compte tenu de la faiblesse des échanges entre les pays de la CEMAC, le taux d'exploitation des troupeaux est estimé en moyenne à 12% du potentiel, et ce, dans le but de préserver la reproduction. Avec un tel taux d'exploitation, l'offre globale de viande (suivant les statistiques de 2012 à 2017) est largement en deçà de la demande potentielle (besoins potentiels) [20]. Le développement du commerce intrarégional de viande pourrait permettre de porter ce taux d'exploitation à 20% et d'augmenter en conséquence l'offre potentielle de viande, tout en la rapprochant de la demande potentielle, comme le montre le graphique 17 ci-dessous.

Graphique 17: Cartographie offre et demande de viande bovine dans la CEMAC

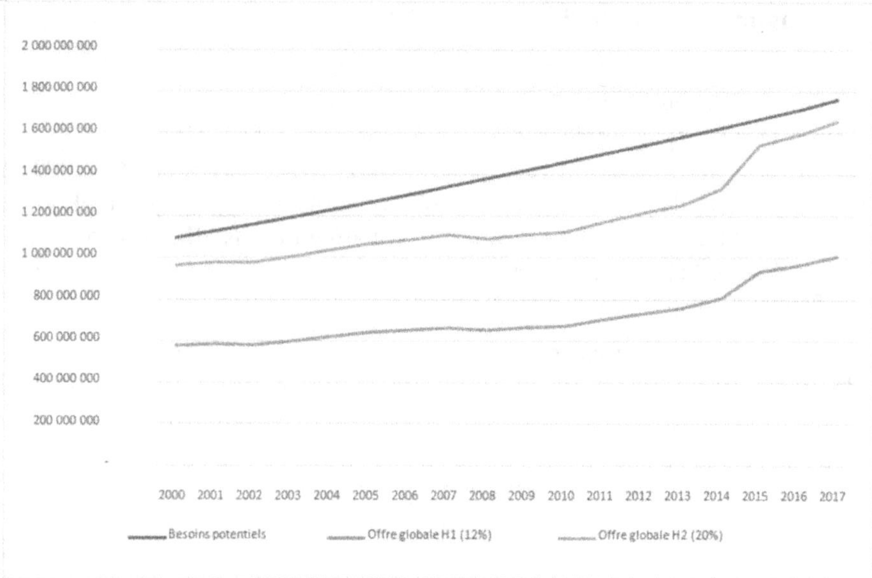

***Sources** : Données FAO et Administrations nationales*

Dans une telle hypothèse, la production du Tchad, de la RCA et du Cameroun dépasserait les demandes potentielles locales et le surplus servirait à couvrir les besoins des autres pays demandeurs.

Ces dernières années, s'agissant de la commercialisation du cheptel bovin, comme le montre la balance des échanges en 2013 entre les différents pays présentés dans la matrice ci-dessous, le Cameroun, bien qu'étant producteur, est importateur net de bétail alors que la RCA et le Tchad sont des exportateurs nets.

---

[20] L'offre globale et l'offre potentielle représentent respectivement 12 % et 20 % du cheptel.

Tableau 12 : Matrice des importations (en colonnes) et exportations (en lignes) de bovins des pays de la CEMAC (têtes de bœuf) en 2013

Importateur ⟹ / Exportateur ⇓	Cameroun	RCA	Congo	Gabon	Guinée Equat.	Tchad	Nigéria	Total Export.
Cameroun	--	0	250	6 300	1 400	0	20 592	28 542
RCA*	22 000	--	3 000	0	0	0	0	25 000
Soudan	0	10 000*	0	0	0	0	0	10 000
Tchad	27 468	8 000	0	0	0	---	800 000	835 468
Total import.	49 468	18 000	3 250	6 300	1 400	0	820 592	899 010

***Source** : CEBEVIRHA*

Sous l'hypothèse d'une structure des échanges relativement stable dans le temps, quelques faits stylisés peuvent être relevés de cette matrice :

i. Bien que le Tchad et la RCA soient exportateurs nets dans la zone, à la différence du Tchad, la RCA importe également du Soudan, en vue d'écouler vers le Congo et la RDC ;

ii. La quasi-totalité des exportations du Tchad est effectuée au profit du Nigéria, qui absorbe ainsi à lui seul environ 80% de la production, suivi du Cameroun et de la RCA ; et

iii. Le Congo, le Gabon et la Guinée Équatoriale s'approvisionnent essentiellement sur les marchés de la zone (en ce qui concerne le bétail sur pieds).

S'agissant de la commercialisation bovine, à l'exception du Tchad, qui est exportateur, comme le Cameroun et la RCA, tous les autres pays de la CEMAC importent de la viande bovine, comme l'illustre le graphique 18 ci-dessous.

Graphique 18: Importations bovines dans la CEMAC (en milliards de FCFA)

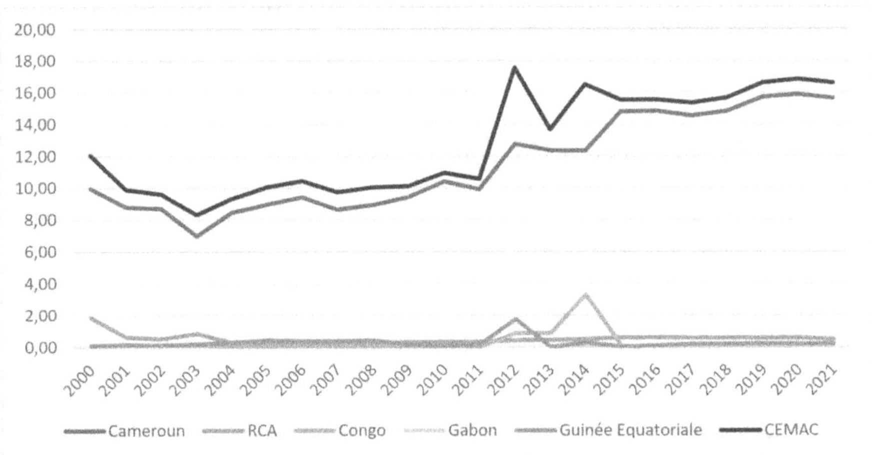

***Sources** : Données FAO et Administrations nationales*

Dans les pays exportateurs de la CEMAC, la filière bétail mobilise divers opérateurs (producteurs, intermédiaires, commerçants et transporteurs) qui sont organisés par famille, voire par groupe ethnique suivant les grands axes routiers et les types de bovins commercialisés. Ils maîtrisent l'ensemble des maillons de la filière et jouent un rôle essentiel dans la fixation des prix. Le circuit de commercialisation est constitué classiquement de trois maillons : i) les marchés de collecte qui sont situés dans les zones de production dans lesquelles ont lieu les transactions d'animaux par petits troupeaux entre producteurs et collecteurs ; ii) les marchés de regroupement à l'intérieur du pays qui approvisionnent les marchés terminaux ou les marchés frontaliers à partir desquels les animaux sont exportés vers les pays voisins ; iii) les marchés terminaux ou de consommation qui sont situés autour des grandes villes à partir desquels les animaux sont généralement transportés à pied vers les lieux d'abattage.

Dans la pratique, plusieurs circuits de commercialisation de viande bovine sont identifiés à l'intérieur et en dehors de la CEMAC. À l'intérieur de la CEMAC, il existe des circuits reliant les pays frontaliers deux à deux (par exemple, le circuit reliant la RCA avec le Congo), mais aussi des circuits qui relient deux pays non frontaliers en transitant par un autre pays (c'est le cas des exportations bovines du Tchad vers la Guinée Équatoriale en transitant par le Cameroun). Les exportations de bovins sur pied du Tchad vers les grandes agglomérations du Nigeria sont effectuées par camion et sur pieds aussi, en transitant par le Cameroun.

2. Contraintes liées à la production et à la commercialisation de la viande bovine dans la CEMAC

Le Cameroun, la RCA et le Tchad bénéficient d'un climat sahélien favorable à l'élevage d'animaux de race bovine. Le Gabon, le Congo et la Guinée Équatoriale situés globalement en zone forestière sont, en revanche, essentiellement importateurs de bétails et de viande. Il se pose ainsi un problème d'acheminement du bétail des lieux d'élevage vers les bassins de consommation. En conséquence, bien que les besoins de ces trois derniers pays puissent être satisfaits par la production du Cameroun, de la RCA et du Tchad, ils couvrent une bonne partie de leurs besoins en viande par des importations en provenance de l'Afrique du Sud, de l'Argentine, du Brésil et de l'Inde.

L'essentiel de la production de la viande bovine dans la CEMAC se fait dans les abattoirs. Les estimations indiquent que, pour la plupart des pays de la CEMAC, les pourcentages d'abattages contrôlés restent très faibles, de l'ordre de 40% pour les bovins.

Du fait de leur emplacement dans les zones urbaines, les abattoirs et les aires d'abattage génèrent incontestablement des nuisances de toute sorte à leur entourage proche. Par ailleurs, en l'absence de système de collecte de sang et de traitement préalable des eaux usées, le rejet direct de ces effluents, en particulier dans le milieu hydrique, nuit gravement à la qualité de l'environnement.

En outre, par manque de moyens, l'évacuation en l'état des déchets solides de viandes pose également un problème à la fois environnemental et sanitaire.

Par ailleurs, en matière de bonnes pratiques d'hygiène aussi bien dans le cas des abattoirs que dans les aires d'abattage, les défaillances majeures concernent principalement : i) le contrôle médical et l'hygiène vestimentaire du personnel ; ii) le nettoyage et la désinfection des locaux et du matériel ; iii) la qualité de l'eau ; et iv) la lutte contre les nuisibles.

Sur le plan institutionnel, l'analyse de la réglementation régissant le secteur de l'abattage des viandes bovines laisse apparaître une situation caractérisée par : i) l'existence d'une législation quasi rudimentaire couvrant le secteur de l'abattage, du transport et de la vente des viandes pour le cas du Congo et du Tchad ; ii) l'existence d'un cadre législatif très hétérogène et parfois dépassé, notamment en matière d'inspection sanitaire des viandes dans certains pays de la CEMAC (FAO, 2013) ; la problématique des maladies bactériennes (charbon par exemple), des zones de quarantaine avant abattage et du classement des pays en zone indemne et non indemne de la fièvre aphteuse, etc.

Enfin, dans la plupart des cas, les infrastructures d'abattage datent d'une trentaine d'années, voire plus, ce qui signifie que le secteur de l'abattage n'a pas évolué dans certains pays depuis, et ne s'est pas modernisé (FAO, 2013). Toutefois, certains pays à forte activité pastorale ont mis en place des unités d'abattage dans quelques villes, telles que Moundou et Djermaya au Tchad et à Ngaoundéré au Cameroun.

Hormis la transformation traditionnelle qui consiste davantage en des procédés de conservation de la viande (salage, séchage et fumage), il n'existe pas réellement d'industries de transformation de la viande bovine dans les pays de la CEMAC.

Dans les systèmes d'abattage contrôlé, les bouchers détaillants s'approvisionnent directement sur les lieux d'abattage auprès des abatteurs-grossistes où il est fréquent d'observer des ventes de bêtes sous forme de quartiers. La viande est commercialisée le jour même dans les boucheries de détail qui disposent d'équipements rudimentaires ou bien sur les étals des marchés où elle est souvent exposée à l'air libre et à température ambiante. Ces conditions compromettent gravement la qualité sanitaire de la viande. La vente dans les rayons « boucherie » de supermarchés, en vitrines réfrigérées, existe. Mais cette forme de vente reste peu développée et a pour réputation d'être beaucoup plus chère et de n'être donc pas à la portée de toutes les bourses.

Le maillon « transport des viandes » reste très critique dans cette filière. En effet, dans la majorité des cas, la situation se caractérise par des défaillances majeures tant sur le plan de la conformité des véhicules (engins de transport non adaptés, véhicules privés, taxis, motocyclettes…) que sur le plan des conditions mêmes de transport (mauvaise hygiène, viande non emballée et absence de réfrigération).

De manière générale, il apparaît que les circuits de commercialisation de viande bovine de la CEMAC sont très peu efficaces, en raison des contraintes suivantes :

- Contraintes infrastructurelles : elles sont liées à l'état des abattoirs, des chambres frigorifiques vétustes, car datant pour la plupart des années 70, et en nombre très insuffisant ; - insuffisances au niveau sanitaire avec un taux de couverture vaccinale très faible : absence d'un système efficace de surveillance des maladies animales et insuffisance des réseaux de distribution des médicaments ;
- Insuffisance et quasi-absence du contrôle des normes de qualité ;
- Contraintes managériales et organisationnelles qui concernent la mauvaise gestion des troupeaux. La professionnalisation des filières est rendue difficile par l'élevage de contemplation ;
- Multiplicité et non-organisation des acteurs le long des circuits de commercialisation.

À ces contraintes s'ajoutent d'autres facteurs, tels que : (i) la faible application de la réglementation communautaire en matière de circulation du bétail ; (ii) la prévalence de divers prélèvements informels sur les acteurs du commerce du bétail ; (iii) le comportement oligopolistique des gros commerçants qui s'assurent des marges élevées au détriment des petits éleveurs non organisés ; (iv) l'insécurité physique et les risques de non-paiement en cas de ventes à crédit ; (v) la concurrence des viandes extracommunautaires.

De manière plus spécifique, pour ce qui est du commerce de bétail et de la viande dans la CEMAC, les activités sont essentiellement freinées par les problèmes ci-dessous, évoqués par les différents acteurs, à savoir :

- Des formalités administratives multiples et relativement onéreuses ;
- Des difficultés de mise en œuvre du principe de libre circulation des personnes, des biens et des services ;
- L'absence de statistiques fiables sur les quantités échangées du fait de la prévalence de circuits parallèles d'exportation et de la pratique de la sous-déclaration des quantités exportées ;
- Le coût élevé des différents modes de transport ;
- Le faible niveau d'organisation des marchés frontaliers, et ;

- La persistance des conflits armés sociopolitique dans les États (situation sécuritaire au nord du Cameroun, à l'ouest du Tchad (lac Tchad) et en RCA ayant impacté négativement le trafic bovin). Il est nécessaire d'accorder la plus grande priorité à la stabilisation du contexte sociopolitique de manière à favoriser des réformes et les échanges commerciaux.

B. Filière poisson

1. Principales caractéristiques de la production et de la commercialisation dans la CEMAC.

Les pays de la CEMAC disposent de plus de 2 300 km de côte qui comptent parmi les plus poissonneuses d'Afrique, en plus des lacs, fleuves et rivières. Il n'est donc pas étonnant que le volume de production dans la CEMAC soit important, comme l'illustre le graphique 19 ci-dessous.

Graphique 19 : Production de poisson et crustacés dans la CEMAC (en tonnes)

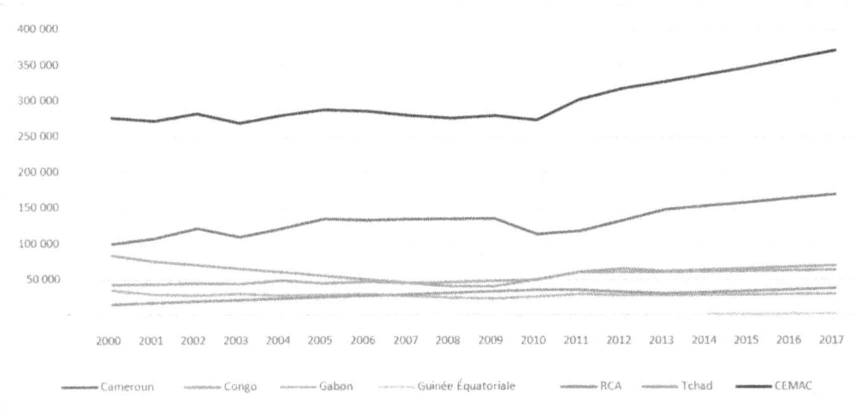

***Sources** : Données FAO et Administrations nationales*

Cependant, les marchés restent sous-approvisionnés du fait d'une offre globale effective largement inférieure aux besoins, tels que le montre le graphique 20 ci-dessous.

Graphique 20: Évolution de l'offre et de la demande de poisson dans la CEMAC (tonnes)

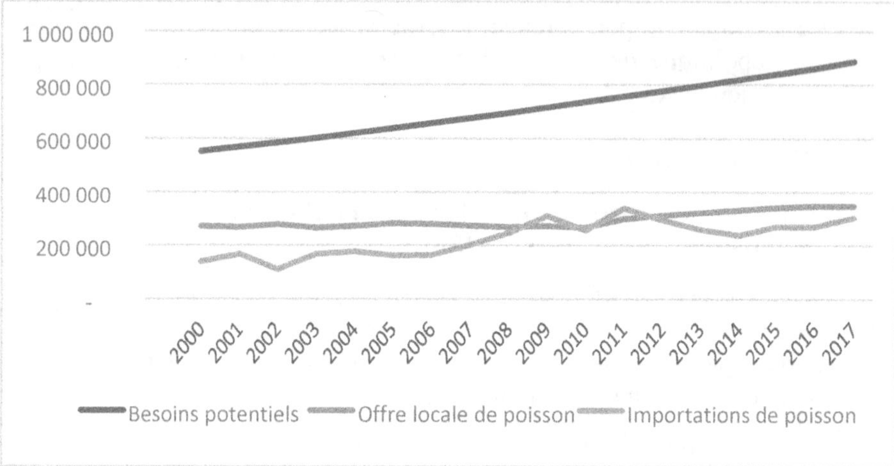

***Sources** : Données FAO et Administrations nationales*

De façon générale, le poisson consommé en zone CEMAC provient soit de la pêche (en mer, dans les fleuves et dans les lacs), soit de la pisciculture, soit des importations destinées à couvrir une demande locale toujours croissante. Il y a lieu de signaler, par ailleurs, que les poissons élevés dans les fermes piscicoles sont des poissons d'eau douce (silures, carpes et mâchoirons), alors que les poissons importés et largement consommés (bars, maquereaux, bossus, crustacés, etc.) sont pêchés en haute mer.

Dans certains pays de la sous-région (Cameroun, RCA et Tchad), une politique de vulgarisation de la pisciculture et de l'aquaculture a été mise en place. Cette politique vise le renforcement de l'offre limitée de poisson issue de la pêche, et la substitution de la pêche artisanale qui n'isole ni les espèces protégées ni les poissons en cours de reproduction. Si une telle politique s'étend à tous les pays de la sous-région, elle pourrait contribuer à augmenter la capacité de production de poissons dans la zone.

Selon les normes FAO, les besoins de poissons pour la sous-région sont estimés à environ 890 000 tonnes en 2017. Ces besoins, qui augmentent chaque année, sont essentiellement couverts par les importations, la pêche locale restant encore embryonnaire et artisanale. Le graphique 21 ci-dessous présente sa cartographie de la commercialisation (importations et exportations).

Graphique 21: Commercialisation du poisson dans la CEMAC (en milliards de FCFA)

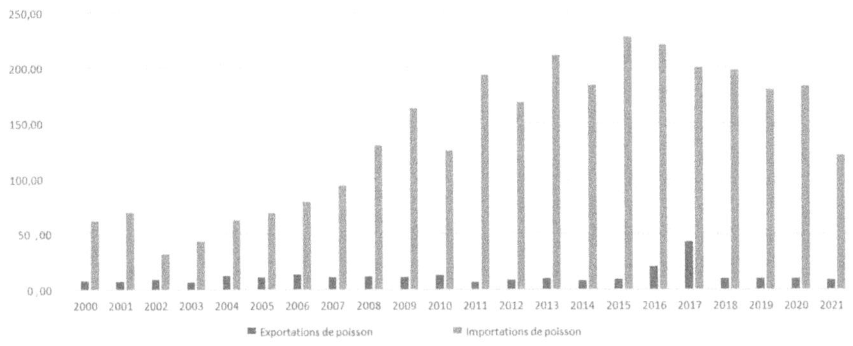

Sources *: Données FAO et Administrations nationales*

Il convient néanmoins de rappeler que tous les pays de la CEMAC importent le poisson depuis de nombreuses années, en complément des quantités pêchées sur le territoire national. Les importations de poisson à destination du Tchad et de la RCA transitent par le Cameroun. Les autres pays importent directement à partir de leurs ports. Le paradoxe est que, dans certains pays, comme la Guinée Équatoriale, la quasi-totalité des poissons pêchés par les armateurs est exportée[21] alors que le pays importe de grandes quantités de poissons congelés pour la consommation locale. Une politique visant à suspendre ou limiter ces exportations pour consacrer la pêche locale à la consommation pourrait résoudre le problème de la qualité et de la disponibilité du poisson.

2. Problèmes liés à la production et à la commercialisation du poisson dans la CEMAC

Malgré les atouts de la CEMAC, notamment un climat favorable, un réseau hydrographique dense, les captures de poissons dans la sous-région, majoritairement réalisées par les armateurs étrangers (européens et chinois), ne peuvent pas satisfaire aux exigences du marché intérieur. En effet, la plus importante partie de la production de ces armateurs étrangers est entièrement exportée. Le graphique 21 ci-dessus l'illustre parfaitement. Par ailleurs, on peut encore relever, comme contrainte à la production de poisson dans la CEMAC, la baisse du potentiel halieutique de la sous-région en rapport avec les conséquences des changements climatiques.

S'agissant des problèmes liés à la commercialisation, il apparaît que les circuits de commercialisation du poisson sont affectés par des contraintes qui sont d'ordre infrastructurel, géographique et sanitaire. Sur le plan des

[21] Ces poissons sont exportés vers les pays d'Europe, notamment en Espagne.

infrastructures, la qualité des chambres frigorifiques et des poissonneries est de qualité insuffisante et celles-ci existent en nombre limité. Par conséquent, le poisson pêché dans la zone CEMAC a du mal à être transporté sur de longues distances. Les contraintes géographiques, par contre, sont dues aux changements climatiques et aux périodes de sécheresse de plus en plus longues. Enfin, les contraintes sanitaires concernent l'absence de contrôle du poisson importé par les autorités compétentes.

Par ailleurs, le pouvoir d'achat des consommateurs peut également constituer une contrainte, car, avec de faibles revenus, les ménages ont une préférence pour les produits importés dont les prix sont moins élevés et la qualité insuffisamment bonne.

Enfin, la filière du poisson dans la sous-région est exposée à deux principales menaces à savoir : i) la qualité des infrastructures de transport qui ne favorise pas l'échange de produits entre pays et ; ii) la concurrence du marché mondial : les importations de poisson ont un impact énorme sur l'activité de pêche et également sur l'équilibre extérieur. Ce constat se fait surtout au Cameroun, où les poissons importés envahissent tous les marchés au détriment de la production locale (205 096 tonnes de poisson importées au Cameroun en 2017).

C. Filière rizicole[22]

1. Principales caractéristiques de la production et de la commercialisation dans la CEMAC

Le riz est la troisième céréale produite dans le monde après le blé et le maïs (FAO, 2020). La production du riz a enregistré des résultats satisfaisants tant en Afrique subsaharienne dans son ensemble qu'au niveau de la CEMAC à travers la dissémination, l'adoption des variétés améliorées, l'extensification et l'accroissement des superficies suite à la croissance démographique, le riz local étant une culture de subsistance. Le développement du secteur rizicole et d'autres secteurs céréaliers, tels que le sorgho, le blé, le mil et le maïs, participe à diversifier l'économie et à assurer la sécurité alimentaire dans la sous-région.

En 2020, le Cameroun n'a couvert que 24,3% de sa demande en riz. Les statistiques officielles du ministère en charge de l'Agriculture affichent une production de 140 170 tonnes de riz pour une demande évaluée à 576 949 tonnes, soit un gap estimé à 436 779 tonnes. La politique mise en place par l'État camerounais vise à augmenter la production locale à 350 000 tonnes de riz par an à l'horizon 2023, à travers des appuis techniques et financiers au bénéfice des coopératives et agro-industries pour la production des semences

[22] Cette étude menée pour le riz tient lieu aussi pour les autres types de céréales : sorgho, blé, mil et maïs.

de qualité, la vulgarisation des techniques modernes de production de riz ainsi que l'amélioration des techniques de récolte et post-récolte à travers différents projets. En attendant, le pays continue d'importer du riz de l'Inde, de la Chine, du Vietnam et des États-Unis d'Amérique pour combler son déficit. Selon l'Institut National de la Statistique (INS), les importations camerounaises de riz sont passées de 561 112 tonnes en 2018 pour exploser à 894 486 tonnes en 2019, soit une hausse de 59,4%. En valeur, la facture des importations du riz s'élève à 231,8 milliards de FCFA, en augmentation de 60,9% par rapport à l'année 2018. Paradoxalement, selon le BMN (Bureau de mise à niveau des entreprises camerounaises), 70% de la production locale de riz au Cameroun est exportée vers le Nigéria, alors que la demande intérieure n'est pas encore totalement satisfaite.

Concernant le Congo, on note une tradition rizicole avec les bassins de production connus, tels que Ewo dans la Cuvette ouest, Kindamba et Vindza dans le Pool, Boko-Songho et Madingou dans la Bouenza, Mossendjo et Makabana dans le Niari. En 1980, par exemple, la production nationale avait atteint un volume record de 4 000 tonnes, avant de décliner à cause de la destruction de la filière, imputable à la fermeture brutale de l'Office des cultures vivrières en raison des programmes d'ajustement structurel. Malheureusement, depuis des années, l'importation du riz ne fait qu'augmenter. Et l'un des objectifs du gouvernement est d'inverser la tendance. Au lieu que le pays importe, il gagnerait plutôt à produire le riz dont il a besoin. En effet, la consommation du riz est en hausse au niveau des ménages congolais. Actuellement, les importations sont estimées à 69 000 tonnes par an, soit environ 15 milliards de FCFA annuellement.

S'agissant du Gabon, il est l'un des grands importateurs du riz dans la CEMAC. Au cours de la dernière décennie, le pays a importé en moyenne 60 000 tonnes de riz par an (FAO, 2021). En 2020, le volume des importations s'est situé à 59 000 tonnes pour une enveloppe de 24 milliards FCFA pour couvrir les besoins alimentaires de la population. Le Gabon souhaite développer de nouvelles zones de riziculture, former les paysans, encourager l'investissement et développer de nouveaux modes de culture. En effet, la production de riz est identifiée depuis plusieurs années comme l'une des priorités du Gouvernement gabonais en raison du coût des importations et de la demande du marché national en pleine croissance.

Le Tchad est l'un des grands producteurs de riz dans la CEMAC. Il a une production de riz dans la zone du Mayo-Kebbi notamment sur de grandes surfaces de terre (Casier A et B de Bongor). Par le passé, et ce, jusqu'au début des années 90, l'OMVSD (Office de Mise en Valeur de SatéguiDressia) a développé dans la région de la Tandjilé de vastes bassins de cultures rizicoles ayant contribué à assurer l'autosuffisance alimentaire. Sur la période 2010-2020, le Tchad a produit en moyenne 171 000 tonnes par an après avoir atteint un volume de production record de 252 410 tonnes en 2013. Bien qu'importateur, la balance commerciale du riz du Tchad est largement excédentaire, les volumes d'importation étant faibles, se situant en moyenne chaque année à hauteur de 4 900 tonnes (FAO, 2021). La stratégie nationale de développement de la riziculture mise en place a visé dans sa première phase (2020-2021) à doubler le niveau de production de riz. La deuxième phase (2022-2025) vise ensuite à réduire le niveau d'importations de riz des deux tiers. Enfin, la troisième phase (2026-2030) correspond à la vitesse de croisière de la stratégie pour parvenir à l'autosuffisance alimentaire et à la génération de surplus en vue de son écoulement sur le marché sous-régional. Le niveau de production visé en 2030 est de 1 440 000 tonnes de paddy, correspondant à un excédent de 220 000 tonnes.

En 2013, la RCA a connu une baisse drastique de sa production, qui est descendue en deçà de 10 000 tonnes par an et est restée à ce niveau sur toute la décennie à cause des tensions sécuritaires. Sur la période 2013-2020, sa production moyenne annuelle s'est établie à 7 080 tonnes alors qu'elle se situait à 21 563 une décennie plutôt (c'est-à-dire sur la période 2000-2012 ; FAO, 2021). Pour compenser ce gap, le pays a vu ses importations exploser pour atteindre un volume record de 13 928 tonnes en 2015.

Graphique 22: Importations de riz en volume dans la CEMAC (en tonnes)

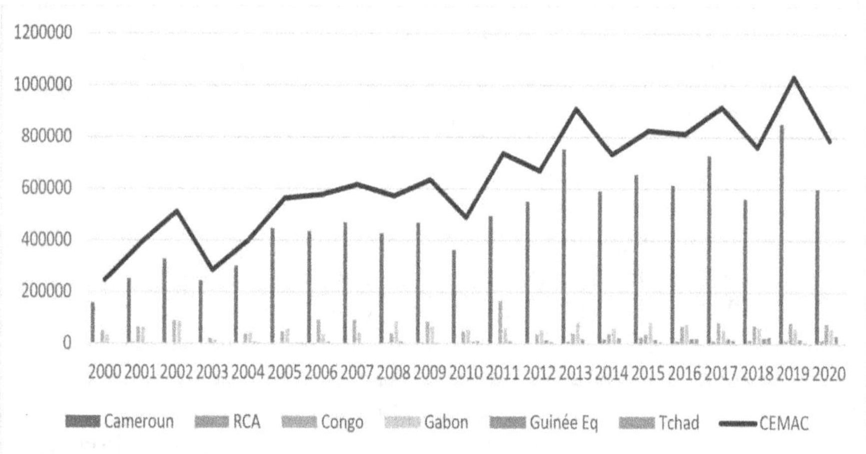

***Sources** : Données FAO et Administrations nationales*

En définitive, tous les pays de la zone CEMAC sont importateurs de riz, comme l'illustre le graphique 22 ci-dessus. En effet, face à l'incapacité de l'offre locale à satisfaire une demande en croissance continue (6% par an), les États ont recours aux importations en provenance de la Thaïlande, le Vietnam, la Chine, l'Inde, le Pakistan et les États-Unis. Les importations de riz représentent, en valeur, plus de 25% des importations totales de produits alimentaires. En termes de perspectives, la consommation de riz devrait continuer de croître en raison de la croissance démographique et des préférences alimentaires des populations tournées essentiellement sur ce produit.

2. Contraintes liées à la production et à la commercialisation du riz dans la CEMAC

Dans la plupart des pays en Afrique subsaharienne, l'essentiel de la production de riz est artisanal. L'activité de production est menée en grande partie par les petits riziculteurs ruraux. Ces derniers, en plus des problèmes fonciers, font face à un manque de moyens financiers ou de facilités de financement pour l'achat des semences, des engrais et des machines agricoles ou pour régler les problèmes d'irrigation afin de produire sur de grandes superficies en vue de booster leur production. Ces petits riziculteurs sont confrontés à un manque de formation et d'actions de vulgarisation.

Il est impératif que la production soit acheminée vers les marchés de consommation de manière efficiente sans perte ou avec des pertes minimes. L'efficacité des opérations post-récolte (transport, battage, séchage, emballage, stockage) devient donc très critique pour maximiser la productivité et la rentabilité des productions rizicoles. La majorité des petits riziculteurs vendent généralement leur surplus de production directement aux commerçants ruraux, après avoir effectué une légère valorisation en procédant au séchage et/ou à l'emballage. En raison du manque de structures réglementaires et des investissements privés inadéquats, l'intégration en aval des producteurs aux réseaux commerciaux est moins organisée dans la plupart des pays de la CEMAC.

Graphique 23 : Commercialisation du riz en tonnes

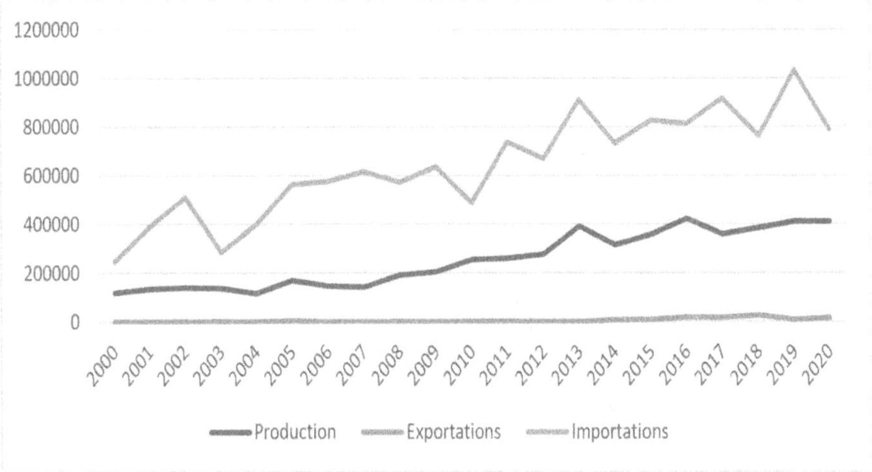

***Sources** : Données FAO et Administrations nationales*

La commercialisation du riz localement produit est rendue aussi difficile par la concurrence des importations, la mauvaise qualité du riz local par rapport au riz importé et l'approvisionnement irrégulier des marchés. En effet, les contraintes majeures relevées dans la commercialisation du riz sont :

- La mauvaise qualité du riz local due principalement : i) au mélange de plusieurs variétés rendant difficile le décorticage et le calibrage du riz usiné, ii) à la présence d'un grand nombre d'impuretés, résultat d'un mauvais usinage, et iii) à la qualité parfois médiocre de l'emballage ;
- L'approvisionnement irrégulier des marchés urbains dû : i) à la dispersion des petites unités de production rendant difficile la collecte, ii) à la faiblesse des infrastructures de transport, iii) au coût élevé du transport, iv) au manque d'organisation et au mauvais fonctionnement de la filière ainsi qu'aux pratiques spéculatives en période de soudure ;
- La concurrence des importations : à qualité égale, le riz importé est généralement moins cher que le riz local. En plus, les consommateurs sont plus friands de ce riz.

Enfin, en dehors du fait qu'elles améliorent l'accès du riz aux " petites bourses " et comblent le déficit céréalier, les importations de riz comportent beaucoup d'inconvénients : i) flux important de devises vers l'extérieur, ii) concurrence faite au riz local et aux autres céréales par la baisse des prix, iii) exode massif des populations rurales, notamment dans les zones à vocation rizicole, vers les villes, etc. Par ailleurs, la réexportation des importations de riz d'un pays à l'autre est un phénomène courant.

Cette étude menée pour le riz tient lieu aussi pour les autres types de céréales : sorgho, blé, mil et maïs.

D. Les hydrocarbures

1. Principales caractéristiques de la production et de la commercialisation.

Dans la CEMAC, à l'exception de la République centrafricaine, les autres pays produisent et exportent les hydrocarbures, notamment les huiles brutes de pétrole, les carburants et lubrifiants, notamment le Cameroun et le Congo. Comme on peut le constater sur les graphiques 24 et 25 ci-dessous, l'essentiel de la production de pétrole brut est destiné aux exportations, une très faible quantité étant vendue aux raffineries, pour la consommation locale de produits pétroliers (carburants et divers lubrifiants), comme le montre le graphique 25 ci-dessous.

Graphique 24: Production de pétrole brut dans la CEMAC (millions de tonnes)

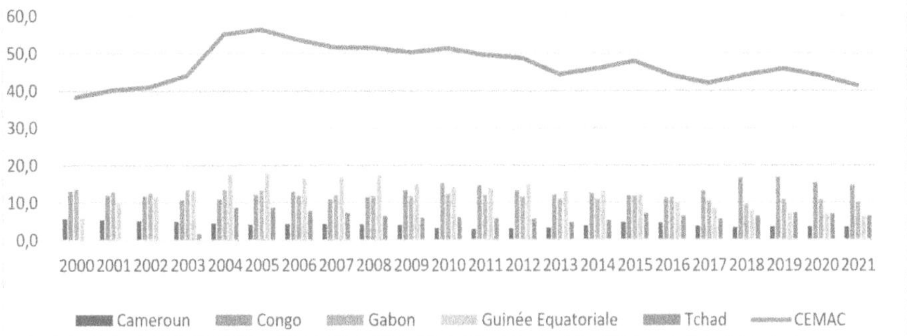

***Sources** : Données des Administrations nationales*

Graphique 25: Exportations de pétrole brut (en millions de tonnes) dans la CEMAC

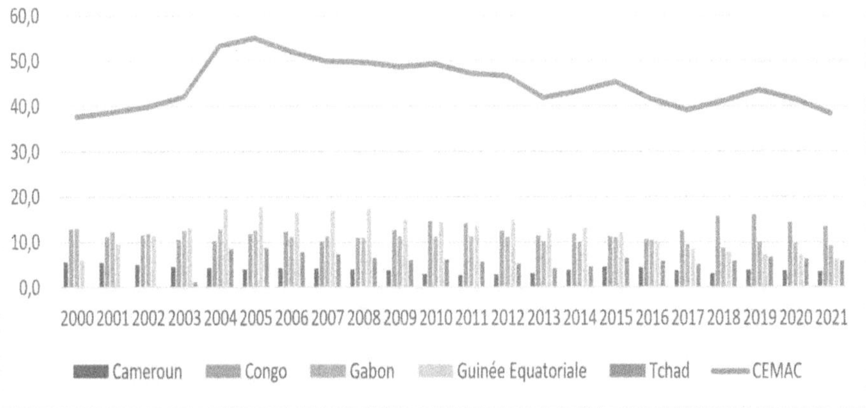

***Sources** : Données des Administrations nationales*

Chaque pays pétrolier de la CEMAC dispose d'une raffinerie pour la transformation d'une partie de cette ressource pétrolière en vue de son utilisation à l'échelle nationale. Cependant, force est de constater que certains pays pétroliers de la sous-région, notamment le Cameroun, importent toujours des produits pétroliers, et d'autres, du pétrole brut en vue d'une transformation locale. En 2017, les échanges des produits pétroliers du Cameroun représentaient 43 % des exportations et 14,5 % des importations. La baisse tendancielle de la production pétrolière camerounaise, la remontée des cours et les difficultés de la Société nationale de raffinage (SONARA) ont eu des effets contrastés sur l'évolution des échanges.

Au Cameroun, les exportations d'huiles brutes de pétrole (qui représentent 39,6 % des exportations totales) enregistrent une baisse de 19,8 % en volume, mais une hausse de 7 % en valeur grâce à la légère remontée des cours observés sur les marchés internationaux. Celles des carburants et lubrifiants s'inscrivent en baisse de 38,8 % en volume et de 10,3 % en valeur en raison des capacités limitées de production de la SONARA. La qualité de la production pétrolière camerounaise ne permettant pas son raffinage dans les infrastructures locales, le pays procède en parallèle à des importations de pétrole, essentiellement en provenance du Nigéria, pour le raffiner et le commercialiser sur le marché local. En 2017, les importations d'huiles de pétrole brut ont reculé de 65,8 % en volume et de 59,1 % en valeur, toujours en lien avec les difficultés de la SONARA. Afin de compenser le déficit de production locale, les importations de carburants et lubrifiants ont quasiment doublé sur un an (+97,2 % en volume et +95,8 % en valeur).

Au cours de ces dernières années, la production des hydrocarbures est en net recul au Cameroun. Elle a baissé de 96 000 à 55 000 barils par jour en 2019 (Review of World Energy, 2020).

Graphique 26: Ventes de pétrole brut aux raffineries de la CEMAC (en millions de tonnes)

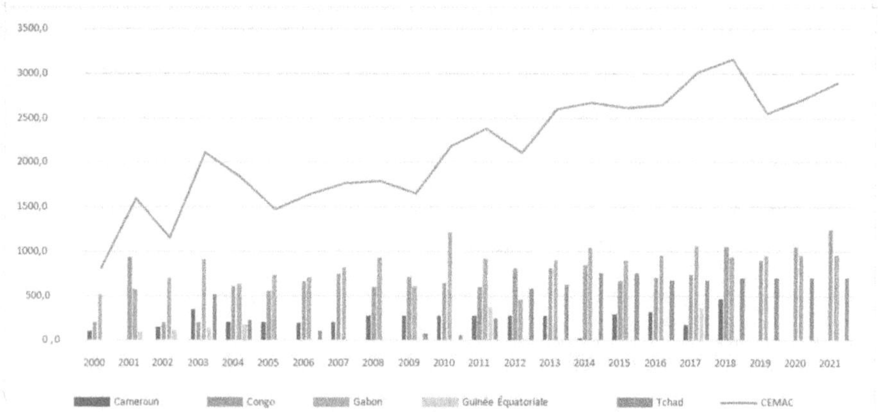

***Sources** : Données des Administrations nationales*

En raison de la faible production des raffineries de la CEMAC, la demande intérieure en produits pétroliers est principalement couverte par des importations (voir graphique 27 relatif à l'évolution des importations des hydrocarbures dans la CEMAC sur la période 2000 à 2021).

Graphique 27: Évolution des importations de la CEMAC en milliards de F CFA sur la période 2000-2021

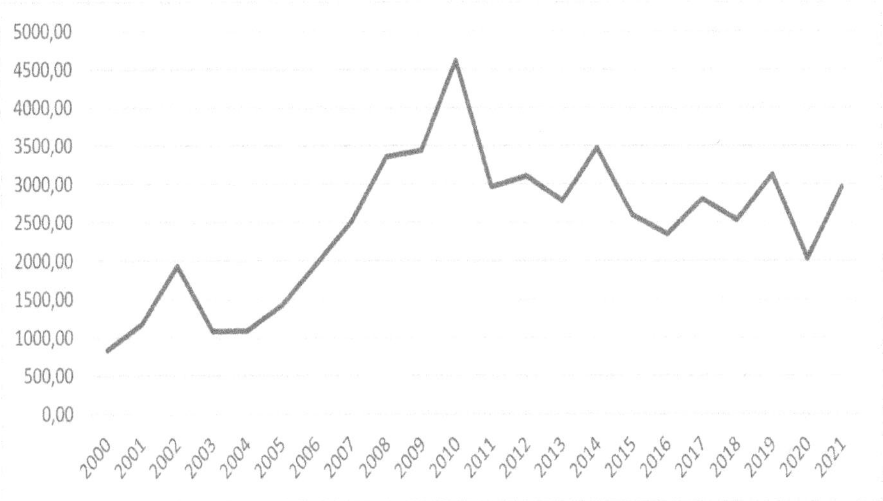

Sources *: Données des Administrations nationales*

La RCA importe la totalité des produits pétroliers destinés à sa consommation, qui avoisine les 100 000 m^3/an. Elle ne dispose cependant que d'une capacité de stockage de 48 000 m^3. Les activités d'importation, de stockage, de distribution et de commercialisation, naguère exercées par la Centrafricaine des pétroles (PETROCA), société d'économie mixte à majorité étatique, ont été libéralisées. Un accord-cadre et deux avenants ont été signés entre l'État et les sociétés exerçant les activités de distribution et de commercialisation en RCA. Il convient de souligner que cet accord, signé en 1999, a donné une exclusivité d'exercice de cinq ans aux « marketeurs » et de dix ans à la Société de gestion des actifs logistiques (SOGAL). Les marchés d'importation et de distribution, entièrement privatisés sont animés depuis 2000 par trois sociétés à savoir : (i) la SOGAL, basée au port pétrolier de Kolongo, elle est chargée de l'entreposage des produits pétroliers pour le compte des marketeurs ; et (ii) Total Centrafrique et Tradex Centrafrique sont chargées, quant à elles, de l'importation, de la distribution et de la commercialisation des hydrocarbures.

S'agissant de la République du Congo, elle a été frappée de plein fouet par la chute des cours du pétrole en 2014. La vente de cargaisons de pétrole qui assurait environ 80% des recettes budgétaires du pays ne représente plus que 50% des recettes budgétaires dans la Loi de finances 2021. Alors que l'année 2019 a été une année record en termes de production avec 339 000 barils par jour, la production pétrolière se serait contractée en 2020 à 300 000 barils par jour en raison du déclin naturel des champs et de la faiblesse des investissements. La Loi de finances 2021 prévoit un niveau de production égal à 344 000 barils par jour.

Concernant le Gabon, il occupe le cinquième rang des producteurs pétroliers en Afrique Subsaharienne, après le Nigeria, l'Angola, le Congo (Brazzaville) et la Guinée Équatoriale. Selon la « *BP Statistical Review* 2014 », le Gabon dispose de 2 milliards de barils de réserves prouvées. Le bassin sédimentaire gabonais couvre ainsi une superficie de 247 000 Km², dont 30% on-shore et 70% off-shore. Environ 47% de la surface attribuée est ouverte à l'exploration. Il a, en juillet 2018, réintégré l'OPEP (Organisation des Pays Exportateurs de Pétrole) et son retour au sein de l'ITIE (Initiative pour la Transparence dans les Industries Extractives) est en cours de préparation. La production gabonaise s'est établie à 10,9 millions de tonnes en 2019, soit environ 220 000 barils par jour, en hausse de 13% par rapport à 2018 du fait de l'entrée en production de sites développés à partir de la fin 2018 et des investissements opérés pour remettre en état certains sites. L'essentiel de la production est exporté, soit 10,5 millions de tonnes en 2019 (+21,2% par rapport à 2018). L'Asie reste la première destination du pétrole produit au Gabon (90%), suivie par l'Europe (10%).

Le Gabon a connu une profonde recomposition du paysage pétrolier dans un contexte économique difficile : Shell a vendu, fin 2017, ses actifs au Fonds Carlyle. À la même période, Perenco a racheté une grande partie des actifs de Total Gabon, devenant le 1er producteur national. Fin juillet 2020, Perenco a racheté les participations de Total dans 7 champs matures et celles du terminal pétrolier du Cap Lopez. Ces « nouveaux » acteurs, qui représentent aujourd'hui près de 75% de la production nationale, ont massivement investi (450 MUSD pour Perenco en 2019) pour développer des champs jusqu'alors inexploités et remettre à niveau les installations.

Pour le Tchad, son économie est largement dépendante de la production du pétrole (20% du PIB en 2019). Il convient de relever qu'en juillet 2003, le pays est entré dans le cercle des pays africains producteurs de pétrole. Les trois champs du sud du pays (Komé, Miandoum et Bolobo) étaient exploités par *Esso Tchad* (EEPCI, *Esso Exploration & Production Chad Inc.*), société issue du consortium composé de *ExxonMobil* (40 %, opérateur), de *ChevronTexaco* (25 %) et de la compagnie d'État (Malaisie) *Pétronas* (35 %). La production journalière s'est progressivement hissée au cours de l'année 2004 à son niveau maximum de 225 000 barils par jour. Avec ce rythme de production, le Tchad s'est situé au même rang que le Gabon, le Congo ou encore le Soudan. La production totale du Tchad sur l'année 2004 aura été de 63 millions de barils. Ce niveau de production a permis au pays de connaitre une période de croissance rapide jusqu'en 2014, atteignant un taux annuel moyen de 13,7%. Une baisse de la production est enregistrée en 2014, se situant à 110 000 barils par jour. Malgré cette baisse, l'activité pétrolière est restée dynamique grâce à la mise en exploitation progressive de nouveaux gisements et de nouvelles techniques extractives qui ont contribué à enregistrer une légère hausse en 2019 avec un volume de production de 120 000 barils par jour (Review of World Energy, 2020). Les entreprises internationales dans le secteur pétrolier jouent un rôle important dans l'exploration, la production et le raffinage du pétrole brut. En effet, les consortiums CNPCI (China National Petroleum Corporation International), EEPCI (Esso Exploration and Production Chad Inc.) et celui composé des sociétés du groupe Glencore sont les plus gros producteurs du pétrole du pays. Au troisième trimestre 2021, le volume de la production de pétrole a diminué de 14,3% par rapport au troisième trimestre 2020. Cette baisse s'explique par la baisse des volumes de la production de l'opérateur EEPCI (-55,2%) et de l'opérateur CNPCI (-1,8%) et ce, malgré la hausse du volume de production de l'opérateur OIPC (22,7%) (OTFIP[23], 2021).

De 6 000 barils par jour avec la mise en service des gisements Zafiro et Alba, en août 1996, la production pétrolière de la Guinée Équatoriale est devenue une source de recettes de plus en plus importante. En 2000, l'exploitation des hydrocarbures a ainsi représenté 117 887 barils par jour. Depuis la découverte d'autres gisements et le début de la production du champ Jade, en novembre 2000 : la production pétrolière totale a avoisiné 200 000 barils par jour en 2001 et 300 000 barils par jour en 2003. Cette production a connu une baisse importante en 2014 pour se situer à 260 000 barils par jour, baisse qui s'est d'ailleurs accentuée en 2019 pour se situer à 110 000 barils par jour.

2. Contraintes liées à la production et à la commercialisation des hydrocarbures

La production des produits pétroliers n'éprouve pas véritablement de contraintes, la technologie de production étant de pointe et la plupart des raffineries disposant des capacités oisives de production.

C'est au niveau de la commercialisation que des contraintes sont identifiées. Celles-ci sont relatives au circuit de distribution aussi bien à l'intérieur des territoires nationaux qu'entre les pays de la CEMAC ; la distribution étant essentiellement assurée par voie terrestre et se heurte bien souvent aux tracasseries de toutes sortes. Par ailleurs, cette activité est soumise à des pesanteurs administratives et infrastructurelles diverses.

S'agissant de la production du pétrole brut, avec des réserves pétrolières en diminution constante, des gisements en déplétion et des coûts de production élevés, les cinq pays producteurs de la CEMAC doivent réformer leur secteur d'hydrocarbures pour tenter de retenir ou d'attirer le cas échéant des sociétés capables de consentir à de lourds investissements. Le contexte actuel se complique d'autant plus que le volume des investissements pétroliers dans le

[23] Observatoire Tchadien des Finances Publiques

monde pourrait baisser du fait des contraintes de la finance verte et des nouvelles stratégies des majors pétroliers (Augé, 2021)[24]. La zone historique de production des pays de la CEMAC pourrait donc connaitre un départ graduel des majors occidentaux qui pourraient être remplacés par des sociétés de plus petite dimension aux coûts de structure plus réduits.

Les relais de croissance de production des nouveaux champs, notamment en mer profonde, ne devraient pas apparaître avant 2030, en raison des nombreux reports des investissements du fait du contexte actuel peu favorable aux opérateurs et des délais nécessaires entre les forages d'exploration, la décision finale d'investissement et le démarrage de la production.

Selon les opérateurs pétroliers, le déclin de la production pétrolière s'expliquerait davantage par le gel du patrimoine pétrolier par les autorités que du manque d'huile. De plus, l'adoption de nouvelles réglementations, parfois appliquées de manière rétroactive, qui sont plus favorables ne stimule pas les entreprises pétrolières à investir. La promulgation de décrets sur le « local content », ciblant, outre la main-d'œuvre, les cadres et cadres supérieurs dans la sous-traitance pétrolière, est aussi une contrainte spécifique.

Concernant les contraintes liées à la commercialisation des hydrocarbures, notamment le pétrole, elles proviennent de manière générale de la volatilité des prix du baril, qui influe sur la décision des opérateurs de réduire leurs investissements, de même que les contraintes sanitaires liées à la COVID-19 qui ont pesé sur les activités du secteur d'un point de vue opérationnel.

E. Filière manioc

1. Principales caractéristiques de la production et de la commercialisation

Le manioc est cultivé par les petits exploitants agricoles, dans plus de 100 pays tropicaux et subtropicaux, parmi lesquels les États de la CEMAC. Le manioc a de multiples usages. Ses tiges sont utilisées comme boutures à planter et servent aussi de fourrage, de paillis pour amender le sol, de combustible. Les feuilles de manioc sont riches en protéines et pilées fraiches ou séchées. Le manioc frais ou sec, riche en glucides, est utilisé en alimentation humaine et animale. Les racines matures d'au moins quinze mois contiennent 25 à 35% d'amidon. Les produits dérivés du manioc sont les provendes, l'amidon et la fécule. La provende contient des proportions variables de manioc selon les espèces et sert à l'alimentation du bétail, des volailles et essentiellement à l'engraissement des porcs. L'amidon extrait de la farine est utilisé dans les industries alimentaires (produits sucrés, produits épaississants, fabrication du tapioca, charcuterie, confiserie, biscuiteries…) et

---

[24] Benjamin, Augé (2021), Conséquences économiques et politiques de la chute de la production pétrolière en Afrique subsaharienne à l'horizon 2030, Études de l'IFRI.

dans les industries du textile et du papier. La fécule est utilisée en biotechnologie comme matière première en glucoserie, en pharmacie pour la fabrication des comprimés, en industrie textile pour l'encolure de tissus et en industrie chimique pour la fabrication de la colle et des piles.

Suivant le rapport de la FAO sur la production mondiale, le manioc est classé comme cinquième production végétale alimentaire du monde, après le maïs, le riz, le blé et la pomme de terre. Sur les vingt premiers consommateurs de manioc dans le monde, dix-huit sont du continent africain, dont six de l'Afrique Centrale et six de l'Afrique de l'Ouest. Actuellement, la production africaine de manioc représente en moyenne 52,4% de la production mondiale.

Des cultures vivrières majeures, à l'échelle planétaire, le manioc a longtemps été considéré comme la culture se prêtant le moins à l'intensification. La FAO, dans de nombreuses études, a suggéré une diversification de la production alimentaire dans les régions où les populations vivent dans une poche de sécheresse qui est à même de provoquer une importante pénurie alimentaire. Les plantes à tubercules et les plantes à racines dont le manioc, ont été dans ce cadre fortement recommandées par la FAO aux pays de l'Afrique Centrale et de l'Ouest. En zone CEMAC, il est plus cultivé en zone forestière et moins dans le sahel. En particulier dans la CEMAC[25], l'on note une forte progression de la production de ce tubercule ainsi que des autres racines substituables, telles que déclinées par le graphique 28 ci-dessous :

[25] Dans la CEMAC, le manioc est le premier tubercule produit à grande échelle, suivi de l'igname et du taro .

Graphique 28: Productions de manioc et autres tubercules dans la CEMAC entre 2000 et 2020 (en milliers de tonnes)

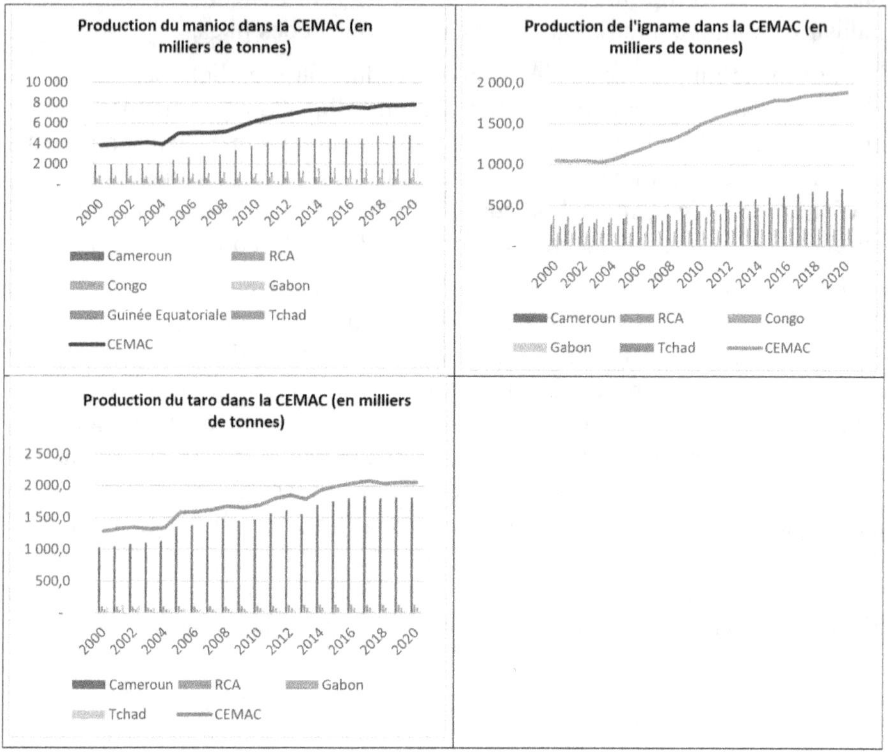

***Sources** : Données FAO et Administrations nationales*

Cette illustration est en droite ligne avec l'analyse de la FAO, selon laquelle, l'Afrique centrale fournit un tiers de toute la production agricole de manioc en Afrique. Cependant, dans les pays de la CEMAC, les niveaux de rendement actuels représentent à peine 20% du potentiel des variétés cultivées du fait en partie de peu de soutien à la recherche ainsi que du peu de liaison entre les principaux acteurs de la production agricole (chercheurs, vulgarisateurs et paysans). La prédominance de la consommation alimentaire du manioc sur toutes ses autres formes d'utilisation fait de ce produit une culture essentiellement de subsistance. Dans les zones rurales des pays de l'Afrique centrale, un grand nombre de ménages disposent de petites superficies de manioc dont la production constitue un complément alimentaire dans l'attente de la prochaine récolte. Le manioc est de plus en plus considéré comme une culture de rente, au regard de sa part contributive au revenu du ménage pour certains producteurs. Par ailleurs, dans la CEMAC, le manioc joue un rôle majeur dans la lutte contre la famine et la crise alimentaire. On assiste à cet effet à une progression de la production de ce tubercule dans la sous-région telle que le précise le graphique 29 ci-dessous :

Graphique 29 : Production de manioc dans la CEMAC (en tonnes)

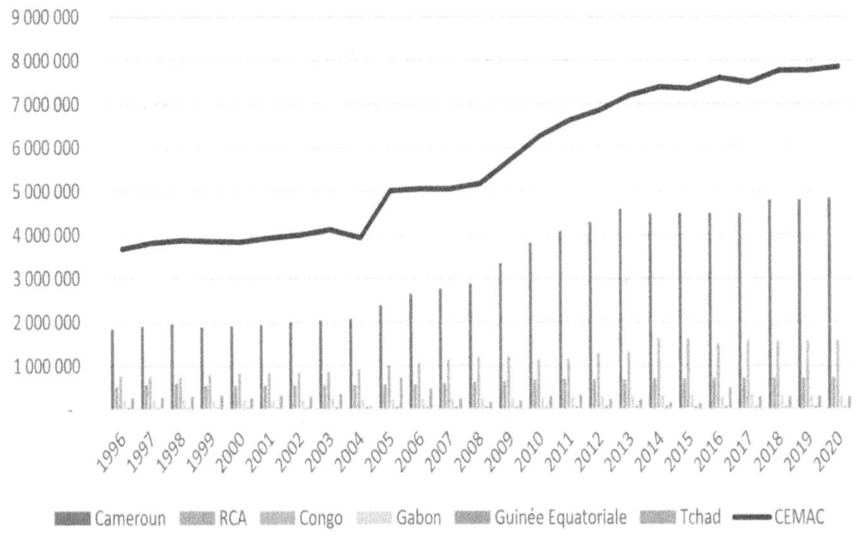

Sources *: Données FAO et Administrations nationales*

Ce graphique 29 montre que les principales zones de production de manioc se trouvent au Cameroun, qui a affiché un rendement de 4,8 millions de tonnes en 2020. Au cours de cette même année, le Congo et la République centrafricaine ont affiché respectivement 1,5 million de tonnes et 728 759 tonnes. Le manioc se consomme généralement sous diverses formes, notamment sous une forme brute (crue, bouillie), ou après avoir subi une transformation primaire ou secondaire. Il convient de noter que toutes ces productions sont destinées à la consommation locale.

De manière générale, l'alimentation de rue est développée dans les villes principales et secondaires de la plupart des pays de la CEMAC. Cette activité constitue ainsi une source de revenus pour les acteurs concernés. Au nombre des aliments commercialisés, ceux à base de manioc occupent de plus en plus une place de choix, car bien appréciés des consommateurs urbains.

Au Cameroun, la production du manioc est en particulier assurée en grande partie par des petits producteurs, dont les exploitations ne dépassent guère 2 ha. À côté de ceux-ci on trouve des exploitants moyens (2ha-4ha) et des gros qui exploitent de grandes parcelles supérieures à 4 ha. Le manioc est largement cultivé et récolté tout au long de l'année comme plante annuelle. Le pays consomme 60% des 5 millions de tonnes qu'il produit par an, le tiers est destiné à la consommation animale. Ngoulémakong, une commune située à 170 km de Yaoundé au Cameroun, est l'un des principaux bassins de production du pays avec ses 7600 tonnes annuelles. Pour les ménages agricoles, les racines et tubercules, cultivés le plus souvent en association de cultures, sont un pivot des systèmes de production. Ce sont principalement les femmes qui les cultivent et tirent de leur transformation un revenu monétaire supplémentaire. Le manioc est avant tout cultivé pour l'autoconsommation, mais face à la demande croissante des centres urbains et à la baisse des prix du café et du cacao, son intérêt en tant que culture commerciale tend à s'affirmer.

En Centrafrique, plus de 80% de la population consomme le manioc sous forme de pâte cuite préparée à partir de la farine de cossette et plus de 50% des besoins énergétiques sont assurés par le manioc en RCA. Le pays possède 15 millions d'hectares de terre arable, dont seulement 6% sont cultivées. La production du pays n'est que de 200 000 tonnes à l'année pour une consommation locale d'environ 600 000 tonnes.

Au Congo, considéré comme l'un des principaux greniers du pays, le département du Pool est connu pour sa production de manioc. Cependant, la culture de cette denrée s'est détériorée au cours des dernières années. En effet, le développement de la culture du manioc a connu un tournant difficile causé par le virus de la mosaïque, une maladie dévastatrice qui cause d'énormes pertes pour les agriculteurs. Mais, grâce à l'assistance technique de la FAO, du FIDA et de la Chine, ces dix dernières années, les agriculteurs utilisent maintenant des boutures de manioc saines et résistantes au virus de la mosaïque. Cela permet ainsi d'augmenter le niveau de productivité des agriculteurs. Malheureusement, la transformation de l'aliment repose en grande partie sur des techniques traditionnelles et se fait donc à domicile.

Au Gabon, la production totale du manioc est estimée à environ 313 738 tonnes en 2016, selon les données de la FAO. Malgré ses atouts, ses différentes variétés sont exposées à de nombreuses contraintes qui affectent manifestement la productivité. En dehors des maladies mineures que représentent les mycoses (cercosporiose, anthracnose, pourridiés) et les bactérioses (feu bactérien, bactériose vasculaire, pourriture molle), les maladies virales demeurent les plus dommageables. De ces maladies, la mosaïque africaine et la striure brune du manioc tiennent une place importante, mais peu soupçonnée par les acteurs de la filière manioc.

Au Tchad et en Guinée Équatoriale, la culture du manioc est considérée par beaucoup d'acteurs comme une des alternatives les plus crédibles pour combler les déficits vivriers, amortir les chocs annuellement encaissés par les petits agriculteurs afin de contribuer à l'impulsion d'une dynamique de développement agricole.

Au regard de ce qui précède, il ressort que le manioc pourrait jouer un rôle très important dans la sécurité alimentaire au niveau national, surtout des ménages les plus pauvres.

Sur le plan commercial, le manioc a l'avantage d'être vendu des feuilles aux racines. Le tubercule compte une série d'applications industrielles qui lui confèrent un fort potentiel en matière de développement industriel rural et d'augmentation des revenus ruraux. En effet, le manioc est la deuxième source d'amidon après le maïs et des variétés mises au point récemment produisent un amidon très recherché par l'industriel. La demande de manioc comme matière première pour la production de bioéthanol, un biocarburant utilisé dans les moteurs à essence est en croissance. Par ailleurs, les dérivés alimentaires du manioc, une fois transformés, sont consommés dans les grandes villes sous forme de chikwangue, bobolo, gari, couscous, beignets, miondo, mitoumba entre autres, et de plus en plus, ces dérivés sont demandés sur le marché international.

Pour les grands producteurs de ce tubercule dans la CEMAC, les principaux produits dérivés alimentaires commercialisés sont les suivants :

Pays	**Principaux produits de manioc commercialisés**
Cameroun	Bâtons de manioc, Miondo, Cosettes de manioc, farine de manioc, Tapioca/Gari et feuilles de manioc.
Centrafrique	Chikwange, racines de manioc, foufou, Cosettes de manioc, manioc trempé et Tapioca/Gari, feuilles de manioc.
Congo	Chikwange, Foufou et Saka-Saka.
Gabon	Bâtons de manioc, racines de manioc, foufou, Cosettes de manioc, manioc trempé et Tapioca/Gari, feuilles de manioc.

Le marché régional (Afrique) du manioc est essentiellement dominé par ses dérivés alimentaires, avec en tête le gari, les farines alimentaires complexes ou boulangères, etc. Les pays les plus gros consommateurs de dérivés de manioc sont l'Angola, le Bénin, la République centrafricaine, les Comores, la République Démocratique du Congo, le Congo, le Libéria, le Mozambique, la Tanzanie et le Togo. La demande est généralement satisfaite par la production nationale. Cependant, certains pays comme le Congo, le Gabon, la Guinée Équatoriale, le Niger, le Burkina Faso sont des importateurs nets de produits dérivés de manioc à la fois pour la consommation des autochtones et des immigrants. Selon la FAO, il existerait des marchés africains encore insuffisamment satisfaits.

De même, il se développe de plus en plus en Afrique des marchés de produits dérivés industriels du manioc, tels que l'alcool (pour des usages médicaux et la préparation de boissons alcoolisées) et l'amidon (pour l'industrie textile, l'industrie de la papeterie et de la cartonnerie, les installations de traitement de l'eau, la fabrication de matériels de construction, etc.). Le Nigeria est le plus gros demandeur de ces produits, suivi du Cameroun, du Sénégal et du Ghana. De même, l'offre régionale est satisfaite par le Togo, le Nigeria et le Bénin pour les produits alimentaires, tandis que les dérivés industriels proviennent d'autres continents.

Au niveau de la CEMAC en particulier, les échanges intrarégionaux susmentionnés s'organisent autour de quatre zones frontalières, à savoir : (i) la province du Nord au Cameroun. C'est la plus grande zone frontalière, carrefour des échanges en provenance et/ou à destination du Nigeria et des pays voisins (Tchad, Cameroun, RCA); (ii) la côte littorale du Cameroun, zone par laquelle les produits vont et viennent par voies maritime, terrestre et aérienne; (iii) la zone Ouest de la RDC qui regroupe les villes de Kinshasa, Mbandika, Matadi, Kikwit, à partir desquelles les produits s'échangent principalement avec le Congo, l'Angola, et la RCA; (iv) le Sud du Cameroun, zone frontalière qui couvre le Cameroun, la Guinée Équatoriale et le Gabon et tous ses marchés transfrontaliers. Les produits du manioc les plus échangés dans ces quatre zones sont, par ordre d'importance : la pâte rouie, les cossettes, la chikwange, la farine de manioc, le saka-saka (ou pondou), les bâtons de manioc, le tapioca et le gari, suivi du miondo. Tous les marchés vivriers de la sous-région CEMAC sont caractérisés par : (i) la haute saisonnalité et irrégularité de l'offre ; (ii) l'instabilité des prix ; (iii) la forte segmentation du marché, et (iv) le niveau élevé de risque et l'incertitude.

En définitive, le manioc utilisé par les unités de transformation provient des zones de grande production. À ce jour, la disponibilité de cette matière première est faible et les unités, même celles situées dans les zones dites de grande production, cherchent à s'approvisionner loin de leur site de production, ce qui renchérit les coûts de production. Cet état de fait est lié en partie au manque de communication entre les acteurs de la production et ceux de la transformation.

2. Contraintes liées à la production et à la commercialisation du manioc dans la CEMAC

En dépit de son importance sur le plan de la sécurité alimentaire et des échanges communautaires dans la sous-région, la filière manioc fait face à plusieurs contraintes sur le plan de la production et de la commercialisation. Ces contraintes sont un frein au développement de la filière dans la CEMAC.

Concernant la production, nous pouvons relever, tout d'abord, la faible utilisation des engrais et la tendance à l'appauvrissement des sols. En effet, le manioc est une plante réputée pour contribuer à l'appauvrissement des sols. Compte tenu des prix élevés des intrants et de l'accès difficile aux engrais, les pratiques de rotation des sols et de jachère sont courantes chez les producteurs. Par ailleurs, l'on peut mentionner l'accès difficile au crédit qui se caractérise par des conditions d'accès (taux d'intérêt et durée de remboursement) aux financements toujours difficiles pour les producteurs de manioc et qui ne sont pas adaptées au calendrier et au cycle agricole du manioc. En outre, les activités de production sont très souvent menées à partir des fonds propres des producteurs, qui sont généralement très insuffisants comme fonds de roulement face à la difficulté d'accès au crédit et à l'absence de garanties demandées par les structures de microfinances locales. De plus, l'accès à la terre constitue une autre contrainte pour les producteurs de manioc qui, pour la plupart, ne sont des propriétaires terriens et peuvent donc être évincés de leurs parcelles, car ne disposant pas de moyens de se procurer des titres fonciers.

Aussi, l'on peut noter la contrainte liée à la question d'accès aux variétés améliorées alors que des centres de recherches autour du manioc existent. Ils ont pour mission d'améliorer le rendement en introduisant des tubercules de qualité supérieure. Seulement il y a un écart de connaissance entre les chercheurs et les planteurs, bien souvent analphabètes ou ignorants, ce qui conduit à une faible lisibilité de la qualité des produits proposés au marché. Il existe donc une absence totale de coordination entre les partenaires (producteurs, transformateurs, négociants, recherche, service de normalisation) pour produire à chaque échelon, des produits dont le marché international et régional a besoin.

Enfin, les effets du changement climatique sont également une contrainte pour la production du manioc. En effet, le manioc est une racine tubéreuse qui a besoin de beaucoup de nutriment et, quand il fait chaud, tout sèche et le tubercule ne peut pas bien se former, entraînant ainsi une baisse des rendements et la chute des gains.

S'agissant de la commercialisation du manioc, plusieurs problèmes se posent avec acuité pour favoriser les échanges intracommunautaires. On peut relever en premier lieu la non-maîtrise et le coût élevé des méthodes de conservation. En effet, la pratique couramment rencontrée est la conservation des tubercules en champ (dans le sol) même plusieurs mois après la maturité. Une fois déterrée, la qualité du tubercule se détériore très rapidement (3 à 4 jours au maximum), ce qui oblige une commercialisation d'un produit au préalable transformé. Ce manioc doit donc nécessairement être transformé en vue d'améliorer sa durée de conservation. Une priorité est la formation des petits producteurs aux techniques rudimentaires de transformation et de commercialisation locales. Deuxièmement, le coût élevé des infrastructures/équipements de transformation, stockage et transport - le prix élevé des matériaux utilisés pour la fabrication des équipements de transformation et de stockage et de leur entretien - les rend peu accessibles aux petits producteurs ruraux. Le coût élevé du transport et du fret réduit les possibilités de profiter des opportunités d'exportation des produits de manioc dans la CEMAC. Troisièmement, les marchés dans les zones de production sont étroits, peu intégrés et avec de forts coûts de transaction. En effet, les variétés locales cultivées dans les bassins de zones de production sont généralement destinées à la satisfaction des besoins d'autoconsommation des ménages, et uniquement les surplus restants sont dirigés vers les marchés. Par ailleurs, la faible organisation des acteurs des marchés de collecte primaires et l'absence d'une pratique des systèmes de ventes groupées dans les villages sont une contrainte notable à la commercialisation des produits de la filière dus aux coûts de transaction importants qu'ils induisent. Dans la même perspective, il faut aussi noter que les zones de production sont enclavées et que les points de vente terminaux sont très éloignés de ces zones de production. Le faible accès aux informations sur les marchés nationaux et internationaux crée une asymétrie d'information qui ne profite qu'aux commerçants et autres négociants, mais très peu aux producteurs (décisions de commercialisation/ transformation) ; cela est renforcé par le manque d'informations sur la filière. Enfin, l'irrégularité des approvisionnements, l'éloignement des marchés urbains de consommation des bassins de production, la mauvaise organisation des centres de collecte primaires, l'absence d'informations sur les marchés, les difficultés de transport, le mauvais état des pistes rurales et le déséquilibre entre l'offre et la demande ne favorisent pas la fidélisation des relations commerciales entre les différents partenaires ; il s'en suit une irrégularité des livraisons et des délais sur les marchés locaux.

Les obstacles relevant du domaine du transport, quant à eux, sont surtout liés aux Infrastructures routières. Il existe une réelle difficulté pour sortir le manioc récolté depuis les zones rurales jusqu'aux zones urbaines. Les camions utilisés ne sont pas toujours adaptés pour transporter le manioc dans des conditions adéquates et de sécurité. Le coût du transport est d'ailleurs trop élevé dans ces circonstances.

III. Principaux axes de la stratégie d'import-substitution des produits du cru dans la CEMAC

Les dispositions réglementaires mises en place dans le cadre de l'Uruguay Round et de l'OMC, par l'ouverture généralisée des marchés et la suppression des régimes préférentiels qu'elles imposent, ainsi que l'ouverture du commerce dans le cadre de la Zone de libre-échange intercontinentale africaine (ZLECAF) représentent des contraintes majeures à la commercialisation des biens produits dans la CEMAC, qui sont déjà peu concurrentiels et pas prêts à affronter la concurrence internationale.

Dans le processus d'intégration régionale de la CEMAC, les politiques de libre circulation des biens et services mises en œuvre par les États de la CEMAC ont été fondées sur les principes de l'OMC et sur la nécessité de créer les conditions idoines pour le renforcement de la compétitivité et de la productivité du secteur agricole et la relance des exportations dans un contexte de libéralisation des marchés et des filières agroalimentaires. Les axes stratégiques les plus fréquemment retenus incluent l'intensification de la production agricole, de l'élevage et de la pêche, la conservation des ressources naturelles et le renforcement des infrastructures rurales.

Au regard du potentiel et des difficultés relevées dans les filières des cinq produits du cru, et conformément aux décisions et recommandations adoptées par les chefs d'État lors de leur sommet extraordinaire du 18 août 2021, puis inscrites par le COPIL du PREF-CEMAC dans la matrice des réformes et actions prioritaires de la deuxième phase (2021-2025), il devient nécessaire d'identifier des actions susceptibles de permettre une plus grande productivité, une large commercialisation de ces filières et donc, l'expansion du commerce intrarégional dans la CEMAC. Ces actions seront orientées vers le renforcement de l'offre locale, l'amélioration des circuits de distribution et de commercialisation, et la réduction progressive des importations hors CEMAC de la viande, du riz, du poisson et des hydrocarbures, les quatre produits sélectionnés en urgence, lors de la quinzième session ordinaire du COPIL. À cet effet, il est proposé d'envisager des mesures urgentes ainsi que celles à moyen terme qui seront mises en œuvre afin d'accroître la production locale et l'intensification de la commercialisation intracommunautaire de ces produits, ainsi que du manioc, un produit local introduit dans la stratégie par le COPIL du PREF-CEMAC lors de sa dix-septième session ordinaire du 26 août 2022.

A. Mesures urgentes

- Adopter des mesures législatives et réglementaires permettant de donner une préférence nationale aux produits locaux et régionaux ;
- Harmoniser la fiscalité dans la sous-région et supprimer certains prélèvements et taxes internes appliqués sur les quatre produits (riz, viande, poisson, manioc) pour faciliter leur commercialisation, sachant que, pour les hydrocarbures, leurs modalités d'importation ou d'exportation sont déjà encadrées par la Réglementation des changes de la CEMAC.
- *Labelliser « Origine CEMAC » les produits du cru.* En réalité, le CECOQDA (Centre de Contrôle de Qualité des Denrées Alimentaires) au Tchad est le premier laboratoire des denrées alimentaires en Afrique centrale à avoir obtenu une certification. Dans un processus de développement par intégration, ce laboratoire pourrait à titre d'exemple, étendre ses expertises dans les autres pays producteurs de viande (Cameroun, RCA).
- *Tenir régulièrement des réunions du Comité de l'origine* et produire des études sur les différents produits du cru identifiés par le Comité en vue d'accroitre leur production et leur commercialisation dans la sous-région.
- Privilégier les produits du cru dans la commande publique.
- Privilégier l'utilisation des produits du cru dans la gestion des situations d'urgence humanitaire dans la sous-région.

- *Limiter la fourniture par la Banque Centrale des devises à hauteur de 60% du volume des importations de ces produits.* Cette mesure devrait permettre de soutenir l'accroissement du commerce intrarégional et renforcer le niveau des réserves des changes de la sous-région. Cette disposition est complémentaire à celle prise notamment par l'État camerounais à la fin des années 2000 pour protéger le poulet local à travers l'interdiction des importations de poulet congelé. À titre d'illustration, la Banque Centrale du Nigéria a décidé de ne plus assurer la couverture en devises des importations de produits alimentaires.

La réussite d'un tel mécanisme nécessite une forte implication de la Banque centrale et un large soutien des États membres, car en définitive, la Banque Centrale a un rôle statutaire reconnu en matière de préservation de la position extérieure. Par ailleurs, ce sont les États qui, en définitive sont responsables de la politique commerciale nationale et de la gestion des exonérations.

B. Action à moyen et long termes

1. Accroissement de la production locale des produits du cru (actions à la charge des États et de la Commission de la CEMAC)

Les mesures visant à accroitre la production locale des produits du cru consistent à :

- Élaborer et mettre en œuvre la stratégie agricole commune des pays de la CEMAC qui inclut les sous-secteurs de l'élevage et de la pêche (CEMAC) et améliorer le cadre politique, stratégique et juridique par l'adoption de plans ainsi que des textes juridiques ;
- Mettre en place des cadres d'incitation pour encourager la production, l'exploitation et la commercialisation des produits du cru. Cette incitation pourrait se faire à travers : i) la mise en place de programmes de développement agricole, pastoral et piscicole qui permettraient d'équiper les producteurs en matériel moderne pour accroître leurs capacités de production ; ii) la promotion du microcrédit ou de crédits adaptés aux activités liées à la riziculture, à la culture du manioc, à la pêche et à l'élevage, tout en accordant des avantages fiscaux aux établissements de crédit opérant dans ces secteurs.
- Développer la recherche-développement en y consacrant des financements ;
- Accélérer l'élaboration de la politique agricole et de l'élevage commune ;
- Rationaliser les agences ou institutions communautaires dans le domaine agricole et de la pêche.

Pour la viande bovine (et les autres viandes animales : volailles, ovins, porcins, caprins, camelins) …

- Élaborer et adopter une directive communautaire régissant l'organisation et le fonctionnement du secteur de l'abattage et des viandes bovines ;
- Construire et équiper les abattoirs modernes au Tchad, au Cameroun et en RCA ;
- Parachever les abattoirs en cours de construction et organiser le circuit de distribution à l'échelle régionale (chaine logistique) ;
- Construire des unités de stockage et de conservation de viande (chambres froides) ;
- Renforcer le contrôle sanitaire et mettre à disposition les vaccins en quantité suffisante.

Pour le poisson

- Élaborer des politiques et plans d'aménagement des pêches s'appuyant sur un code de conduite pour une pêche responsable, en vue de garantir la viabilité de l'exploitation des ressources et un développement durable du sous-secteur, en rapport avec l'épuisement des stocks de poissons ;
- Appliquer rigoureusement les textes en vigueur, en vue de protéger les zones de reproduction de poissons, et alourdir les sanctions à l'encontre des pirates ;
- Appliquer rigoureusement les licences d'exploitation de la pêche, notamment l'obligation d'écouler une partie des captures sur le marché local ;
- Renforcer les brigades de contrôle des ministères de la Pêche en ressources humaines de qualité avec des moyens de contrôle à la pointe pour assurer avec efficience leurs fonctions. L'objectif est de s'assurer que la pêche est pratiquée suivant les normes et que toutes les captures sont écoulées prioritairement sur le marché local pour satisfaire la demande nationale et sous-régionale ;
- Mettre en place un cadre incitatif pour le regroupement des opérateurs en coopératives afin d'avoir accès au financement conséquent en vue d'augmenter leurs capacités de production ;
- Développer l'aquaculture et la pisciculture en vue d'augmenter l'offre de poisson dans les différents pays. Il convient, à cet effet, d'encourager le regroupement et de doter les pêcheurs en équipements de pointe (navires) en vue d'augmenter leur capacité de production ;
- Promouvoir des technologies et des techniques permettant d'intensifier la production, de diminuer les pertes post-captures pour assurer un développement viable à long terme.

Pour le riz (et les autres céréales : sorgho, blé, millet, maïs) ...

- Réduire ou supprimer les taxes et les frais d'assurance des entreprises de production de semences de riz ;
- Octroyer les subventions temporaires ou un soutien financier direct pour l'achat de semences, d'engrais et de machines agricoles ;
- Accroitre l'accès au crédit à faible taux d'intérêt avec des modalités de remboursement flexibles pour les micros, petites et moyennes entreprises le long de la chaine de valeur ;
- Renforcer la recherche rizicole, à travers l'intensification agricole, la mécanisation agricole, l'augmentation des superficies et l'intensification de la production en tenant compte du contexte de changement climatique ;
- Renforcer l'appui aux acteurs de la filière par le développement infrastructurel ; spécifier la production selon la vocation régionale ; développer les échanges et promouvoir la contractualisation entre producteurs et opérateurs, le segment post-récolte et récolte ;
- Améliorer les infrastructures hydro-agricoles. La priorisation et l'allocation des ressources en eau pour l'irrigation doivent être décentralisées et impliquer les communautés riveraines dans le processus décisionnel dès le début de la saison ;
- Appuyer un partenariat public-privé spécial pour promouvoir la prestation de services mécanisés.

Pour les hydrocarbures...

- Optimiser les outils de production des raffineries pour leur permettre d'utiliser à plein régime leurs capacités de production ;
- Mettre en réseau les raffineries pour encourager la production destinée au marché sous-régional ;
- Élaborer et mettre en œuvre une politique de promotion et de développement des sources alternatives d'énergie ou d'énergie durable, telle que l'énergie solaire, l'éolienne, l'hydraulique ou la biomasse pour permettre de réduire les importations des hydrocarbures tout en améliorant l'accès durable à l'énergie dans l'espace CEMAC.

Pour la filière manioc

- Subventionner l'acquisition des équipements et des intrants, leur distribution ainsi que la fourniture des pièces de rechange desdits équipements ;
- Subventionner la création et l'accompagnement des unités de fabrication locale des équipements et des intrants ;
- Accroître le matériel végétal (boutures) en qualité et en quantité ;

- Faciliter l'accès au crédit ou au microcrédit pour les petits producteurs, les micros entreprises, les PME/PMI exerçant le long de la chaine de valeur ;
- Renforcer la recherche sur le manioc pour l'intensification de la production, la mécanisation agricole, les méthodes de conservation et l'augmentation de la superficie des terres arables en tenant compte du contexte de changement climatique ;
- Renforcer l'appui aux acteurs de la filière par le développement infrastructurel et l'accès facile aux terres arables pour les petits producteurs ;
- Promouvoir le partenariat public-privé pour la prestation de services mécanisés et pour développer toute la chaine de valeur.

2. Accroissement de la commercialisation des produits du cru (actions à la charge des États et la Commission de la CEMAC)

Pour accroitre la commercialisation des produits du cru dans la CEMAC, les mesures à prendre consistent à :

- Mettre en place des marchés transfrontaliers et favoriser la création de structures de commercialisation de ces produits, qui s'assureront d'exploiter des circuits d'approvisionnement intra-CEMAC ;
- Améliorer les circuits de distribution de ces produits et prendre des mesures pour éviter le comportement oligopolistique des gros commerçants qui dominent le marché en imposant leur loi ;
- Mettre en place un système d'information sur la commercialisation de ces cinq produits du cru dans la CEMAC ;
- Améliorer la gouvernance dans la commercialisation des produits du cru.

Pour la viande bovine…

- Mettre en place des chaines logistiques couvrant toute la chaine de valeurs de la filière (abattage, production, stockage, transport et distribution auprès des grossistes) en vue d'assurer la distribution de la viande produite au Tchad, au Cameroun et en RCA dans l'ensemble de la sous-région.

Pour le poisson…

- Mettre en place des chaines logistiques couvrant toute la chaine de valeurs de la filière (pêche, stockage, transport et distribution auprès des grossistes) en vue d'assurer la distribution du poisson dans l'ensemble de la sous-région.

Pour la filière rizicole…

- Assurer le désenclavement des bassins de production rizicoles par l'extensification des voies d'accès au marché, tout en procédant à

l'amélioration de la qualité de riz et à l'organisation des marchés et de l'approvisionnement ;
- Améliorer la gouvernance de la filière riz par le renforcement de la filière et la préservation des ressources naturelles.

Pour les hydrocarbures...

- Mettre en réseau les raffineries pour encourager la distribution intracommunautaire des produits pétroliers.

Pour le manioc...

- Assurer le désenclavement des bassins de production du manioc par l'extension des voies d'accès au marché, l'entretien des pistes rurales afin de rapprocher ces bassins des marchés urbains de consommation et de garantir la régularité des approvisionnements ;
- Promouvoir l'organisation des marchés et des circuits d'approvisionnement ;
- Renforcer la recherche sur les méthodes de conservation du manioc afin de développer les chaines de valeur et d'approvisionnement ;
- Améliorer la gouvernance (producteurs, acteurs intervenants dans la commercialisation, associations et groupements des producteurs, des commerçants et consommateurs, et les régulateurs) de la filière manioc ;
- Construire des marchés transfrontaliers.

Les mesures ci-dessus visent à faire du marché de la CEMAC un espace économique ouvert et réellement concurrentiel pour tous les acteurs produisant et apportant des services à l'intérieur de ce marché. Certes, la réforme des textes communautaires en matière de commerce a déjà été effectuée par la Commission de la CEMAC, mais il importe de souligner que ces textes, de même que ceux portant sur les règles d'origine, devront effectivement être appliqués par les États membres.

IV. Modalités et diligences de mise en œuvre de la stratégie d'import-substitution

Pour la mise en œuvre opérationnelle des recommandations qui ont été faites dans le cadre de la stratégie d'import-substitution, on pourrait envisager la création ou la promotion des entreprises à vocation communautaire **dans chacune des filières viande, poisson, riz et manioc**. Deux étapes sont à considérer dans le processus de mise en place de ces entreprises, dont :

- La première porterait sur la phase de création ou de promotion d'une entreprise dans chaque filière. Cette phase pourrait être soutenue par une assistance technique qui sera sollicitée auprès de l'ONUDI, la Banque africaine de Développement et la Banque Mondiale. Elle pourrait être supervisée par la Commission de la CEMAC, qui organiserait le tour de table des principaux acteurs (patronats, chambres consulaires, etc.), rechercherait des partenariats techniques avec des structures internationales spécialisées dans ce type d'activité et recruterait le consultant devant rédiger le business model et le business plan de l'entreprise (sur la base des conclusions de la concertation des principaux acteurs). **Il est indispensable que ces entreprises soient détenues très majoritairement par le secteur privé**;

- La deuxième étape concernerait la phase de montage financier, qui pourrait quant à elle être supervisée par la BDEAC, et pourrait prévoir une prise de participation symbolique du FODEC et un tour de table des investisseurs potentiels.

Les entreprises à créer sont les suivantes :

- Une entreprise chargée de la production et du négoce de la viande. Cette entreprise produira de la viande au Tchad, au Cameroun et en RCA et en assurera la commercialisation dans tous les pays de la CEMAC. Les activités de l'entreprise porteront notamment sur : i) la construction d'abattoirs frigorifiques dans les pays à vocation pastorale en appliquant les règles d'hygiène relatives à l'abattage des animaux, conformément aux normes définies préalablement sur le plan communautaire, ii) la mise en œuvre des mesures visant à réduire les nuisances environnementales des abattoirs et des aires d'abattage, iii) le renforcement du transport du bétail par convoi motorisé au niveau des zones fluviales (exportations bovines de la RCA vers le Congo, par exemple) et la vente de la viande auprès des grossistes nationaux (boucheries).
- Une entreprise de pêche et de distribution des poissons et crustacés. Cette entreprise assurera la pêche industrielle dans les zones de pêche comprises dans les eaux territoriales des pays de la CEMAC et en assurera la vente auprès des distributeurs (poissonneries) qui opèrent déjà dans la sous-région ;
- Une entreprise chargée de la production et du négoce du riz. Cette entreprise pourrait racheter et restaurer les sites de production qui ont été abandonnés (exemple de la SEMRY au Cameroun) tout en développant des rizières là où cela sera possible. C'est cette entreprise qui assurera par ailleurs la vente de riz auprès des distributeurs/grossistes dans la sous-région.
- Une entreprise de production et de commercialisation du manioc ainsi que de ses produits dérivés (alimentaires et industriels). Cette entreprise produira du manioc au Cameroun, en RCA, au Congo et au Gabon et en assurera le stockage, la transformation et la commercialisation dans tous les pays de la CEMAC.

S'agissant en particulier de la filière des hydrocarbures, il conviendrait tout d'abord d'optimiser les capacités de production des quatre raffineries qui opèrent actuellement au Cameroun, Congo, Gabon et au Tchad (SONARA, CORAF, SOGARA et SRN de manière respective), grâce à un financement de la BDEAC ou d'un ou plusieurs bailleurs de fonds multilatéraux, tout en procédant à la création d'une entité qui fusionnera les structures actuelles de stockage et de distribution des produits pétroliers. En s'inspirant de l'expérience de la SCDP (Société Camerounaise des Dépôts Pétroliers), les dépôts pétroliers devraient être reliés aux différentes raffineries à partir des pipelines à construire, qui permettraient ainsi d'assurer la distribution des produits pétroliers dans toute la zone.

Pour le financement des activités ci-dessus, la BDEAC (avec l'appui des partenaires extérieurs, tels que la BAD et la Banque Mondiale) pourrait promouvoir l'amélioration des connaissances des banques et des établissements de microfinance sur les caractéristiques et les contraintes de l'activité du riz, du manioc, de la pêche et de l'élevage, puis le développement de mécanismes de financement et de produits mieux adaptés. Cette connaissance devrait englober non seulement les aspects techniques (systèmes de production, pratiques, etc.), mais également les réalités économiques de ces filières ainsi que le fonctionnement.

Le renforcement des capacités permettrait notamment aux établissements de microfinance d'être des acteurs majeurs du financement sur le segment des petits producteurs ruraux, à travers la fourniture des microcrédits, des services de conseil et de contrôle de la production, la facilitation de la commercialisation en identifiant de potentiels débouchés, la collaboration avec les réseaux de coopératives agricoles.

Les partenaires au développement pourraient aussi être des acteurs de grande importance dans le financement des politiques agricoles dans la CEMAC. À titre d'exemple, la Banque de Développement des États de l'Afrique Centrale (BDEAC) a accordé des prêts destinés au secteur agricole et agro-industriel estimés à 139 milliards de FCFA au cours de la période allant de début 2003 à mi 2020 (57,9 % décaissé à ce jour) ; le Fonds International de Développement Agricole (FIDA), la Coopération allemande (GIZ), la Banque africaine de Développement et l'Agence française de Développement (C2D) ont apporté un soutien financier important à destination de projets agricoles structurants dans l'ensemble de la sous-région.

V. Coût et financement de la stratégie communautaire d'import-substitution de la CEMAC

Conformément aux décisions et recommandations de la dix-septième session ordinaire du COPIL du PREF-CEMAC du 26 août 2022, le plan de financement de la Stratégie communautaire d'import-substitution des produits du cru de la CEMAC intègre : (i) les financements déjà prévus dans les budgets des États membres ; (ii) les possibilités de financement déjà offertes par les programmes dédiés à l'agriculture, à l'élevage et à la pêche dans les Institutions internationales et régionales ; (iii) les ressources issues des bénéfices de la BEAC pour renforcer le fonds de bonification BEAC-BDEAC ; (iv) les ressources mobilisées pour le financement des entreprises nationales et des opérateurs des secteurs agricole, de l'élevage et de la pêche par l'entremise de la BVMAC ; et (v) le recours au fonds de garantie FAGACE, MIGA et FSA.

L'estimation préliminaire des coûts des mesures contenues dans le Plan d'opérationnalisation de la Stratégie communautaire d'import-substitution s'élève à 658,1 milliards de FCFA pour la période 2022-2025. De ce montant, 30 % des financements seront fournis par les États membres, les institutions communautaires et les fonds déjà mobilisés ou en cours de mobilisation dans le cadre des soutiens budgétaires et des ressources provenant des instruments et mécanismes mis en place par les institutions internationales et les pays développés pour soutenir les secteurs de l'agriculture, de l'élevage, de la pêche et des hydrocarbures.

Ces ressources pourraient provenir :

- Des conventions de prêt/don conclues entre les États et les bailleurs et partenaires techniques et financiers pour le financement des programmes de développement des chaines de valeur des filières viande bovine, riz, poisson, manioc et hydrocarbures ou des composantes nationales de projets régionaux et des projets communautaires structurants ;
- Des appuis budgétaires ;
- Des partenaires privés engagés dans la mise en œuvre de certains projets en mode PPP dans les secteurs agricole, de l'élevage, de la pêche et des hydrocarbures ;
- Des investissements directs étrangers dans les secteurs de l'agriculture, de l'élevage, de la pêche et des hydrocarbures ;
- Des programmes de financement de la BDEAC et du FODEC dans les secteurs agricoles, de l'élevage, de la pêche et des hydrocarbures ;
- Des financements prévus par la Banque Mondiale et la BAD dans les secteurs de l'agriculture, de l'élevage, de la pêche et des hydrocarbures ;
- Des financements des programmes de la FAO pour le développement des secteurs agricole, de l'élevage et de la pêche ;

- Des financements prévus pour le développement des secteurs agricole, de l'élevage, de la pêche et des hydrocarbures dans le cadre de l'Aide Budgétaire Globale française (ABG) ;
- Du PNUD, de la CEA et du PNUE.

La mise en œuvre efficiente de la Stratégie communautaire d'import-substitution des produits du cru de la CEMAC ne nécessitera pas seulement des ressources financières. L'assistance technique des institutions suivantes sera sollicitée, suivant le domaine de compétence de chacune d'elles : la Banque Mondiale, la BAD, la CEA, le PNUD, le PNUE, l'AFD et la FAO.

Le Secrétariat permanent du PREF-CEMAC, en collaboration avec les États membres, la Commission de la CEMAC, la BEAC et la BDEAC sont chargés d'élaborer le plan de financement de la Stratégie communautaire d'import-substitution de la CEMAC, qui sera transmis au Conseil des ministres de l'UEAC pour adoption au cours d'une réunion spéciale qui sera élargie aux ministres en charge de l'Agriculture, de l'Élevage, de la Pêche, du Commerce et des Hydrocarbures, en vue de la mise en œuvre de ladite Stratégie.

Le COPIL du PREF-CEMAC, en collaboration avec la Commission de la CEMAC, la BEAC et la BDEAC prendra toutes les dispositions idoines en vue de la mise en œuvre de la présente Stratégie communautaire d'import-substitution

VI. État d'exécution de la stratégie

Depuis l'adoption de la stratégie régionale d'import substitution des biens de cru dans la zone CEMAC, le Président du COPIL du PREF-CEMAC a pris de nombreuses initiatives en vue de sa mise en œuvre par les États membres de la Communauté.

A. S'agissant des mesures urgentes

Conformément aux décisions adoptées lors de la réunion du COPIL du 14 avril 2022, le ministre des Finances du Congo, Président dudit Comité, a saisi les ministres en charge de l'Économie, des Finances et de l'Intégration, ainsi que les premiers responsables des institutions communautaires par la correspondance en date du 2 mai 2022, pour la mise en œuvre dans chacun des pays membres, des six mesures urgentes préconisées.

Dans le cadre des missions de surveillance multilatérale et de suivi de la mise en œuvre du PREF-CEMAC dépêchées dans les six États membres à compter du 12 juin 2022, un état préliminaire des mesures nationales de mise en œuvre de la stratégie communautaire d'import substitution a été fait avec les ministres en charge de l'Économie.

Enfin, les Chefs de mission diplomatique des États membres de la CEMAC en poste à Brazzaville ont reçu mission d'assurer le suivi de la mise en œuvre rapide de ladite stratégie par leurs gouvernements respectifs et d'en faire rapport au Président du COPIL du PREF-CEMAC en vue de la préparation du rapport d'étape qui sera examiné par la dix-septième session ordinaire du COPIL du PREF-CEMAC en vue de sa transmission à la Conférence des Chefs d'État.

B. S'agissant des mesures à moyen et long termes

Il convient de rappeler qu'au cours de sa dix-septième session ordinaire tenue à Douala (Cameroun) le 26 août 2022, le COPIL du PREF-CEMAC a adopté le plan opérationnel de la stratégie communautaire d'import substitution des produits du cru de la CEMAC.

Ce plan opérationnel qui vise à accélérer la mise en œuvre effective de la stratégie comporte les mesures adoptées aussi bien sur le plan communautaire que pour chacun des cinq produits, les actions des réformes devant être entreprises, les indicateurs de performance et les critères de réalisation.

Le plan opérationnel précise également les acteurs en charge de la mise en œuvre de chacune des actions et réformes prioritaires retenues. En outre, il comporte un chronogramme de réalisation permettant un examen à mi-parcours de la stratégie en 2025.

Le Sommet des Chefs d'État tenu à Yaoundé (Cameroun) le 17 mars 2023 a adopté le plan d'opérationnalisation et demandé aux États membres et aux institutions communautaires de mettre résolument en œuvre le plan d'opérationnalisation de la stratégie.

Un appel vibrant a également été lancé aux Partenaires techniques et financiers, aux bailleurs et aux investisseurs privés afin qu'ils puissent accompagner massivement la communauté dans la mise en œuvre de la stratégie communautaire d'import substitution.

À cet effet, une mission conjointe BDEAC-PREF-CEMAC-FAO-Banque Mondiale-BAD se rendra dans les six États membres afin de contribuer à l'identification et à la maturation des projets d'import substitution de la sous-région dont les financements seront mobilisés par le Comité de Pilotage du PREF-CEMAC.

La liste des projets prioritaires nationaux et régionaux d'import substitution de la CEMAC sera examinée lors de la prochaine réunion ordinaire du Conseil des ministres du COPIL en juillet 2023, s'en suivra alors le processus de mobilisation des ressources en vue de leurs réalisations effectives.

CHAPITRE 8 :

L'ADOPTION D'UNE NOUVELLE STRATÉGIE RÉGIONALE DE SORTIE DE CRISE

Au cours de la période 2017-2019, la mise en œuvre des programmes financiers des États et les réformes entreprises par ceux-ci et les Institutions sous-régionales dans le cadre du Programme des Réformes économiques et financières de la CEMAC (PREF-CEMAC) ont produit des résultats significatifs. En effet, au plan macro-économique, le déficit budgétaire global s'est contracté de 7,1 points, passant de 7,2 % du PIB en 2016 à 0,1 % du PIB en 2019. Cet ajustement a été favorisé par la bonne tenue du secteur des hydrocarbures (avec une contribution des recettes pétrolières à l'effort d'ajustement de 2,6 points), mais également par les progrès enregistrés dans la compression des dépenses en capital (contribution de 2,4 points) et la mobilisation des recettes budgétaires hors pétrole (contribution de 1,5 point). En même temps, le solde extérieur courant a été ajusté de manière plus vigoureuse (10,7 points), passant de -12,1 % du PIB en 2016 à -1,5 % du PIB en 2019. Cette hausse est attribuable à l'augmentation des exportations pétrolières et non pétrolières ainsi qu'à la contraction des importations de biens, qui y ont contribué respectivement de 7,8 points, 2,3 points et 2 points de PIB. Par conséquent, les réserves de changes, qui ne représentaient plus que 2,4 mois d'importations de biens et services en 2016, se sont renforcées, pour atteindre 3,22 mois en 2019. Ces résultats ont été atteints dans un contexte de reprise de la croissance du PIB réel, qui a été en moyenne de 1,5 % (contre -1,4 % en 2016).

Bien que l'impact des politiques et réformes mises en œuvre pendant la première phase du PREF-CEMAC jusqu'en 2019 ait été globalement positif, certaines des avancées enregistrées ont malheureusement été effacées par la crise sanitaire de la COVID-19 survenue en 2020, qui a eu des effets néfastes sur la croissance économique (-2,9 %), le solde budgétaire global (-2,6 % du PIB) et le solde extérieur courant (- 5,1 % du PIB).

Sous l'impulsion des Chefs d'État de la CEMAC, une nouvelle stratégie régionale de sortie de crise a donc été décidée par le Comité de Pilotage (COPIL) du PREF-CEMAC au cours de sa onzième session tenue le 3 août 2020 pour mettre en œuvre de nouvelles mesures permettant de juguler de manière durable ces répercussions. Ces mesures ont été définies et consignées dans le Document Cadre Révisé du PREF-CEMAC pour la période 2021-2025 adopté par le COPIL du PREF-CEMAC le 15 avril 2021 au cours de sa treizième session. Ce Document, tout en renforçant les actions en cours de réalisation ou non réalisées des piliers de la matrice initiale du PREF-CEMAC sur les politiques budgétaires, la politique monétaire et le système financier, les réformes structurelles, l'intégration régionale et la coopération internationale, prend également en compte les questions relatives au Cadre Stratégique des Accords de Seconde Génération des Pays de la CEMAC avec les partenaires techniques et financiers (PTF) internationaux et le Plan communautaire de relance économique post-COVID-19 des pays de la CEMAC (2021-2025). Il intègre aussi la matrice révisée du PREF-CEMAC adoptée lors de la douzième session du COPIL et précise les objectifs généraux, les objectifs spécifiques, les actions ciblées devant être menées, les critères de réalisation, le degré de priorisation de chaque action et les indicateurs de performance. Enfin, ce Document, qui est la boussole de la deuxième phase 2021-2025 du PREF-CEMAC, tient compte des réformes structurelles proposées par le Fonds Monétaire international (FMI) et la Banque Mondiale, et qui ont fait l'objet d'un large consensus. Les mesures contenues dans le Document cadre révisé sont structurées autour des politiques budgétaires, de la politique monétaire et le système financier, les réformes structurelles, l'intégration régionale et la coopération internationale.

I. Politiques budgétaires

Dans le domaine des politiques budgétaires, principal pilier d'ajustement dans les unions monétaires à régime de change fixe, d'importantes avancées ont été enregistrées depuis 2016 par les États dans le cadre de la mise en œuvre du PREF-CEMAC, favorisant ainsi une évolution progressive et globalement satisfaisante des positions budgétaires de la sous-région. Cependant, la structuration de l'assainissement budgétaire a été principalement dominée par la réduction des investissements publics, posant ainsi avec acuité la problématique de la qualité de l'ajustement budgétaire.

Les fragiles équilibres ainsi recouvrés ont été à nouveau mis à l'épreuve par le double choc de la pandémie de la COVID-19 et de la baisse des cours du pétrole brut. De sorte qu'en 2020 et 2021, les difficultés budgétaires ont été exacerbées par l'augmentation et le niveau relativement incompressible de certaines catégories de dépenses rigides à la baisse en raison des efforts conséquents de lutte contre cette crise sanitaire déployés par les États. Ces difficultés ont été amplifiées par la baisse drastique des recettes internes affectées par le faible niveau des cours du pétrole, les mesures exceptionnelles d'accompagnement des entreprises en difficulté prises par les pouvoirs publics et la morosité de la croissance économique mondiale et sous-régionale.

La persistance de la vulnérabilité aux chocs des États de la sous-région a mis en relief l'impact encore limité des mesures engagées en vue de l'amélioration de la viabilité budgétaire et du renforcement de l'efficacité de la dépense publique dans le cadre de la première phase (2017-2021) du PREF-CEMAC.

La récente crise sanitaire de la COVID-19 a souligné le besoin de préserver les services publics de base, à savoir ceux qui conditionnent la capacité présente et future des individus à vivre selon leurs propres aspirations. Il s'agit en priorité de la santé et l'éducation, l'accès à l'eau et à l'énergie, mais aussi le transport et la connectivité à travers les nouvelles technologies de l'information et de la communication, qui figurent déjà en bonne place parmi les Objectifs du Développement durable (ODD) soutenus par la communauté internationale. Dans cette perspective, les États devraient, plus que par le passé, accroître en termes réels les allocations budgétaires en faveur des services publics de base.

Aussi, dans le cadre de la nouvelle stratégie de sortie de crise, en termes de politiques budgétaires, il importe tout d'abord de présenter les enjeux et nouveaux défis auxquels font face désormais les politiques budgétaires au cours de la période 2021-2025 avant de présenter les différentes politiques et réformes budgétaires envisagées pour répondre à ces défis.

A. Enjeux et nouveaux défis des politiques budgétaires pour la période 2021-2025

La crise sanitaire de la COVID-19 à travers l'exacerbation des déficits budgétaires qu'elle a induits dans les pays de la CEMAC a soulevé de nouveaux enjeux et défis en termes de politiques budgétaires pour ces pays.

1. Enjeux des politiques budgétaires pour la période 2021-2025

Dans le cadre des programmes économiques et financiers de deuxième génération mis sur pied pour faire face aux effets de la crise sanitaire, il a été décidé, entre autres, de rééquilibrer les priorités en matière de consolidation budgétaire, en privilégiant le renforcement de la mobilisation des revenus non pétroliers (afin de réduire la dépendance à l'égard des recettes provenant du secteur des hydrocarbures), plutôt que la diminution des dépenses publiques, comme c'était le cas avec les anciens programmes. Ce renforcement requiert notamment l'élargissement de l'assiette fiscale, la régularité dans le remboursement des crédits de TVA, la fiscalisation des actifs fonciers et immobiliers et la poursuite de la modernisation des administrations fiscales. Le renforcement devrait permettre de porter le taux de pression fiscale non pétrolière à au moins 17 %, conformément aux critères de convergence de la Zone Franc.

Dans la plupart des pays en développement, l'administration fiscale est faible et les problèmes de fraude et de corruption sont importants. La faiblesse de l'administration fiscale est due à l'interaction des nombreux facteurs, tels que la complexité de la législation et des procédures fiscales, la médiocrité des systèmes d'information, la corruption, la faible motivation du personnel et les ingérences politiques. Ces difficultés administratives sont également à l'origine de la mauvaise répartition de la charge fiscale entre les personnes morales et les personnes physiques. Pour soutenir l'efficacité de la réforme fiscale, le renforcement des capacités des régies financières et la réduction des difficultés administratives peuvent contribuer de manière sensible à l'augmentation des recettes, parallèlement à la croissance économique. Les actions envisageables dans ce contexte portent notamment sur la formation, le renforcement de la gouvernance de l'administration fiscale, l'équipement et la coordination des actions des régies financières, en particulier à travers l'institution d'un système d'identification unique des contribuables et la digitalisation des procédures.

2. Nouveaux défis pour les politiques budgétaires

En dépit des progrès réalisés en matière de consolidation budgétaire au cours des trois premières années de mise en œuvre du PREF-CEMAC et des programmes individuels des pays avec le FMI, la zone CEMAC a enregistré, au cours de l'année 2020, une dégradation rapide des indicateurs budgétaires. Cette dégradation a été consécutive à la baisse des cours du pétrole induite par la pandémie de COVID-19, à la forte baisse de sa demande globale et à un désaccord sur la gouvernance mondiale de cette matière première entre les principaux producteurs.

Cette forte exposition des pays de la CEMAC aux chocs externes rappelle l'urgente nécessité de consolider les fondements budgétaires sur lesquels les pays pourraient s'appuyer au cours des prochaines années en vue de la réalisation des investissements rentables et porteurs de croissance. Ces fondements doivent tous avoir pour fil conducteur l'établissement d'un mur budgétaire susceptible de préserver les économies de la CEMAC des effets de la fluctuation des prix des produits de base, en particulier de la volatilité des cours du pétrole brut, principal pourvoyeur des ressources budgétaires dans les pays de la sous-région. En effet, le pétrole et les autres produits de base ont représenté en 2019 environ 64 % des exportations totales de la CEMAC et 41 % de ses recettes budgétaires. Le niveau d'activité dans le secteur des produits de base affecte directement le financement des dépenses budgétaires et en particulier des investissements. Étant donné la taille et l'empreinte relativement importantes du secteur public dans les économies de la CEMAC, l'impulsion budgétaire, qui dépend principalement des fluctuations des recettes pétrolières, affecte dans une large mesure la croissance globale. Ainsi, pour réduire la vulnérabilité des économies de la CEMAC et renforcer leur résistance aux chocs extérieurs, il faut accroître la capacité et la volonté de s'engager dans des politiques budgétaires susceptibles d'impacter significativement les recettes non pétrolières, en particulier les recettes fiscales qui représentent une véritable source de financement stable des projets d'investissement.

Dans cette optique, il est impératif d'élargir suffisamment la base de mobilisation des recettes, à travers la mise en œuvre rigoureuse des mesures non achevées du PREF-CEMAC ainsi que de nouvelles mesures adéquates et pertinentes, afin de placer la sous-région sur la voie de la stabilité intérieure et extérieure. Sans une mise en œuvre suffisante des mesures visant l'accroissement des recettes non pétrolières, la sous-région resterait exposée à des risques de crise, et ce, malgré d'importants efforts d'ajustement budgétaire entrepris ces dernières années pour rétablir la stabilité intérieure et extérieure.

En tout état de cause, au-delà de la poursuite de l'ensemble des actions identifiées dans le PREF-CEMAC, les défis pour les prochaines années devraient porter sur la priorisation des mesures visant à renforcer la mobilisation des recettes fiscales et les composantes de base d'une administration fiscale efficace. Il est également important de développer de nouvelles sources d'imposition, telles que l'impôt foncier, et d'exploiter les nouvelles technologies de l'information et de la communication qui pourraient contribuer à l'amélioration du niveau des recettes. En outre, le renforcement de la surveillance multilatérale devrait permettre de veiller efficacement à la convergence des économies de la CEMAC.

B. Politiques et réformes budgétaires envisagées pour répondre à ces défis

Les objectifs généraux poursuivis par les politiques budgétaires pour rétablir les équilibres budgétaires portent sur le renforcement de la politique fiscale, la rationalisation de la gestion financière des États, la rationalisation et l'amélioration de la qualité et de l'efficacité de la dépense publique par la conduite des politiques budgétaires ciblées et l'harmonisation des procédures et règles budgétaires et l'amélioration de la coordination des politiques budgétaires.

1. Renforcement de la politique fiscale

Le but ultime du renforcement de la politique fiscale est de donner la priorité à l'amélioration des recettes budgétaires non pétrolières. Dans le cadre de cette deuxième phase du PREF-CEMAC qui couvre la période 2021-2025, la réalisation de cet objectif est mesurée par le taux de pression fiscale qui doit s'établir à au moins 17% du PIB, comme la règle fixée dans les pays de la zone Franc. En effet, bien que le taux de pression fiscale (ratio recettes/produit intérieur brut) ait relativement progressé dans la CEMAC sur la période 2017-2019, cette progression a globalement été en deçà de l'objectif de 0,5 % attendu chaque année. En outre, le taux de pression fiscale de la CEMAC demeure inférieur à celui enregistré au niveau de la zone sœur de l'Afrique de l'Ouest. Au cours de la même période, il s'est établi à 12,0 % en moyenne dans la CEMAC, contre 16,0 % dans la Zone UEMOA. Ces insuffisances du système fiscal s'expliquent par la prépondérance des ressources pétrolières dans la CEMAC, qui annihile les effets des réformes mises en œuvre.

Le rééquilibrage des priorités en matière d'ajustement budgétaire, voire de viabilité de la dette publique, requiert une augmentation notable des recettes fiscales non pétrolières, la régularité dans le remboursement des crédits de TVA et la poursuite de la modernisation des administrations fiscales. Aussi, les actions suivantes doivent être mises en œuvre à savoir :

(i) L'augmentation du taux de pression fiscale non pétrolière : en matière de fiscalité directe, des efforts sont à fournir sur le plan de la fiscalisation des actifs fonciers et immobiliers, dont la non-fiscalisation actuelle permet de les détourner de la canalisation vers la production de biens échangeables et constitue par ailleurs un facteur d'accroissement des inégalités, compte tenu du fait que le foncier est un actif refuge des ménages urbains aisés. Le relèvement de la fiscalité indirecte, de la TVA et des droits d'accise est quant à lui un chantier important qui reste largement ouvert. L'objectif dans ce domaine serait d'élargir l'assiette et l'effectivité de la collecte par les administrations publiques. La hausse des recettes fiscales non pétrolières passe également par la revue critique et la réduction sensible des dépenses fiscales ;

(ii) L'automatisation des remboursements des crédits de TVA : les retards observés dans plusieurs pays dans le remboursement des crédits de TVA ont été à plusieurs égards une source majeure de dysfonctionnement, avec des conséquences inévitables sur la compétitivité, la solvabilité et la viabilité des entreprises. La réforme de la TVA devrait donc être complétée par la rationalisation de la gestion des crédits de TVA, à travers principalement leur automatisation ;

(iii) La poursuite de la modernisation des administrations fiscales : cette modernisation reposerait principalement sur l'amélioration et l'intégration des administrations fiscales, grâce à l'unification de l'identification des contribuables et la digitalisation des procédures.

2. Rationalisation de la gestion financière des États

La rationalisation de la gestion financière des États vise au parachèvement de la mise en œuvre du Compte unique du Trésor (CUT) qui aiderait les pays de la CEMAC à réaliser des économies en minimisant les liquidités inutilisées et en réduisant le recours aux emprunts à court terme, diminuant ainsi les coûts du service de la dette publique. Le CUT devrait permettre d'optimiser l'utilisation des liquidités disponibles pour une exécution budgétaire harmonieuse et d'accroître l'exhaustivité des rapports d'exécution budgétaire, améliorant ainsi la transparence des finances publiques. Les mesures pertinentes comprendraient l'expansion des entités gouvernementales exécutant leurs budgets par le biais de CUT, la réduction des comptes et dépôts gouvernementaux dans les banques commerciales, la consolidation régulière - idéalement quotidienne - des soldes de trésorerie et le calendrier de déblocage des fonds aux entités budgétaires sur la base de plans de trésorerie régulièrement mis à jour. Le succès de cette réforme dépendrait cependant du renforcement de l'Agence Comptable du Trésor et de la mise sur pied d'un système d'information efficace pour faciliter l'exécution des opérations des comptables publics et autres administrations publiques nationales qui disposaient auparavant de comptes dans les banques commerciales.

3. Rationalisation et amélioration de la qualité et de l'efficacité de la dépense publique par la conduite des politiques budgétaires ciblées

La rationalisation et l'amélioration de la qualité et de l'efficacité de la dépense publique visent à éviter la diminution de celle-ci. Cet objectif vise à améliorer le solde budgétaire de référence qui devrait être supérieur ou égal à -1,5% du PIB. En effet, la période précédant la crise des matières premières de 2014 était principalement marquée par une augmentation substantielle et généralisée des dépenses publiques dans les pays de la CEMAC. Aussi, pour juguler celle-ci, l'ajustement visait leur diminution, puisque n'ayant pas un impact réel sur la croissance économique ou la réduction de la pauvreté. L'ajustement par l'amélioration des recettes publiques étant limité par la lenteur de son impact, la priorité dans le cadre de cette deuxième phase du PREF porte sur la promotion de la qualité et de l'efficacité de la dépense publique, gages d'une bonne allocation budgétaire des ressources internes et externes, sources d'une croissance économique forte, durable et inclusive. Aussi, il est impératif de réaliser les investissements sociaux conséquents dans les domaines de l'éducation, de la santé, de la protection sociale et de réduire les subventions des États aux entreprises publiques.

4. Harmonisation des procédures et règles budgétaires et amélioration de la coordination des politiques budgétaires

L'harmonisation des procédures et des règles budgétaires ainsi que l'amélioration de la coordination des politiques budgétaires visent à renforcer la coordination des politiques budgétaires des États membres de la sous-région et à favoriser le respect des critères de surveillance multilatérale. Le respect de ces principes contribue à un meilleur suivi de l'endettement des États dans le respect de la norme régionale, qui doit être inférieure à 70% du PIB, et l'évitement de l'accumulation des arriérés de paiement. Pour atteindre cet objectif, il importe (i) de systématiser l'orientation contracyclique des politiques budgétaires ; (ii) de mettre sur pied un dispositif permettant de lisser la dépense publique à travers un fonds multilatéral destiné à regorger l'épargne financière sur les ressources pétrolières ; (iii) d'éviter les accumulations des arriérés qui constituent un facteur de blocage de l'activité économique ; (iv) de rationaliser les stratégies nationales de gestion de la dette publique, notamment intérieure, pour que l'émission de la dette intérieure se fasse en lien avec la planification de la trésorerie publique et le profil de remboursement de la dette existante et ; (v) d' opérationnaliser les dispositifs d'alerte précoce des déséquilibres macroéconomiques.

II. Politique monétaire et système financier

Pendant la première phase du PREF-CEMAC, la mise en œuvre des actions relatives à la politique monétaire et au système financier a été globalement satisfaisante, en raison de la reconstitution significative des réserves de change, du renforcement de l'autonomie de la Banque Centrale ainsi que de l'amélioration de l'efficacité de sa politique monétaire, de la consolidation de la résilience du système financier, de la dynamisation du marché des titres publics, de l'intégration financière et de la restructuration de la Banque de Développement des États de l'Afrique Centrale.

Malgré ces avancées, et compte tenu des contraintes imposées par la crise sanitaire de la COVID-19, plusieurs défis restaient à être relevés dans la CEMAC et des politiques appropriées ont été envisagées pour y faire face dans le cadre de la deuxième phase du PREF-CEMAC. Il s'agit notamment, (i) de l'uniformisation de l'application de la réglementation des changes et du renforcement du suivi des flux de capitaux internationaux qui permettront d'assurer la stabilité à long terme de la monnaie ; (ii) du renforcement de l'efficacité de la politique monétaire à travers l'amélioration de la qualité de l'information financière, l'accroissement de l'accès des banques à des sources de financement à long terme, l'assouplissement dans la constitution des garanties, la création d'un marché dynamique hypothécaire dans la zone CEMAC et la réforme du système judiciaire et de la réglementation sur l'insolvabilité pour réduire la perception du risque de crédit ; (iii) du renforcement de la stabilité financière, de l'inclusion financière et de la lutte contre le blanchiment des capitaux et le financement du terrorisme en vue d'améliorer le suivi et la résilience du système financier, de réformer les cadres juridiques nationaux relatifs au foncier et aux transactions immobilières et leur arrimage au dispositif communautaire, de mettre en place une cartographie des risques de blanchiment des capitaux dans le secteur de l'immobilier, d'améliorer l'accès des populations aux services financiers de base tout en les sécurisant et de mettre en place une stratégie sous-régionale d'inclusion financière avec un accent sur la digitalisation des services financiers; (iv) l'approfondissement et la dynamisation du marché financier régional à travers la promotion de l'offre des titres sur le marché financier par l'action volontariste des États, l'élaboration et la mise en œuvre d'un plan stratégique pour assurer la liquidité du marché financier par l'existence d'un marché secondaire dynamique ; et enfin, (v) le renforcement de l'implication de la BDEAC au financement des économies de la CEMAC.

A. Enjeux et nouveaux défis de la politique monétaire et du système financier

Avec la crise sanitaire, de nouveaux défis se sont imposés à la politique monétaire commune des États membres de la CEMAC auxquels se sont greffés des enjeux tant pour le développement du système financier que pour la stabilité monétaire et financière dans la sous-région.

1. Enjeux de la politique monétaire et du système financier dans la CEMAC

L'une des principales difficultés rencontrées par la Banque Centrale a porté sur le non-respect de certaines obligations réglementaires par les compagnies pétrolières et minières, qui estimaient en effet que respecter la réglementation des changes déstabiliserait les équilibres juridiques et financiers dont bénéficient les investisseurs de ce secteur, grâce aux exemptions accordées dans les contrats et conventions d'établissement signés avec les différents États de la CEMAC. Après plusieurs discussions entre la BEAC et les entreprises du secteur pétrolier et minier, un moratoire leur a été accordé jusqu'au 31 décembre 2021 pour se mettre en conformité. Des séances de travail avec tous les acteurs de ce secteur ont permis de définir les modalités d'application des dispositions de la réglementation des changes en tenant compte de leurs spécificités. En tout état de cause, les Chefs d'État de la CEMAC ont, au cours de leur sommet extraordinaire du 18 août 2021, réaffirmé leur engagement au renforcement de la stabilité extérieure de la monnaie, à travers l'application judicieuse de la réglementation des changes à tous les secteurs d'activités.

Par ailleurs, malgré les progrès enregistrés dans le cadre de la mise en œuvre de la première phase du PREF-CEMAC, l'amélioration de la transmission de la politique monétaire se heurte encore à la fragmentation du marché interbancaire de la CEMAC, qui se caractérise notamment par une double injection de la liquidité bancaire par les facteurs autonomes de liquidités bancaires (FALB) et par le refinancement de la BEAC. Pourtant, la Banque Centrale a sensiblement renforcé l'efficacité de sa politique monétaire en supprimant le financement direct des États et en réformant le cadre institutionnel et le cadre stratégique de sa politique monétaire. Ces actions ont amélioré la transmission de la politique monétaire grâce à l'implémentation à partir de juillet 2018 d'une nouvelle stratégie de politique monétaire basée sur : (i) le pilotage du taux interbancaire de référence (TIMP) autour du taux directeur de la BEAC (TIAO), à l'intérieur d'un corridor constitué d'un taux plancher (taux de la facilité de dépôt) et d'un taux plafond (taux de la facilité de prêt marginal) ; (ii) la détermination du taux d'intérêt de référence en tenant compte des préférences des autorités de la Banque Centrale relatives à la stabilité monétaire ; (iii) l'utilisation d'une multiplicité d'indicateurs et de modèles d'analyse et de prévisions et (iv) l'élaboration et la publication d'un rapport trimestriel sur la politique monétaire de la BEAC destiné à l'information d'un large public.

2. Nouveaux défis pour la politique monétaire et le système financier pour la deuxième phase du PREF-CEMAC

En avril 2020, le Groupe de la Banque Mondiale a publié une étude sur le financement du logement en zone CEMAC, qui relève que le secteur financier de la CEMAC est insuffisamment développé et l'accès au financement reste un obstacle majeur au développement du secteur privé. L'approfondissement financier et la stabilité du secteur financier constituent en effet un levier important d'une croissance durable dans la sous-région. Or, le secteur financier de la CEMAC demeure peu profond et principalement bancaire, le financement à long terme, condition sine qua non du financement du logement à coût abordable, reste à un stade de balbutiement et les institutions pouvant promouvoir l'offre de financement à long terme sont peu développées, le marché secondaire est peu liquide. En outre, on observe une insuffisance d'informations relatives aux marchés des capitaux, l'absence de transparence et la non-liquidité des marchés, toutes choses qui sapent les efforts déployés pour dynamiser les marchés des capitaux.

La CEMAC affiche par ailleurs l'un des taux de pénétration de l'hypothèque les plus bas d'Afrique subsaharienne, soit moins de 1 % du PIB (contre 20 % au Maroc) tandis que les hypothèques représentent en moyenne 2 % de l'encours total des prêts dans la région, contre 23 % au Maroc. Le sous-développement des marchés hypothécaires de la zone CEMAC est la conséquence de secteurs bancaires relativement étroits, qui sont caractérisés par de faibles niveaux d'inclusion financière et une capacité limitée à lancer des produits de financement du logement adaptés aux besoins de la population. Par ailleurs, pour de multiples raisons, l'accès du système bancaire aux financements à long terme est limité par la prédominance des dépôts de courte durée dans les ressources, une capitalisation insuffisante et un faible recours au marché des capitaux.

La répartition de l'encours des titres par nature des détenteurs finaux a montré qu'au 31 décembre 2020, 94,44 % des valeurs du Trésor en circulation sont détenues par les spécialistes en valeur du Trésor (SVT) et les banques. Les placements des investisseurs institutionnels (sociétés d'assurance, fonds de pension, etc.) et des personnes physiques sur ces instruments financiers restant marginaux, avec moins de 6 % de l'encours des titres. Cette situation s'explique notamment par : (i) l'inertie de certains SVT et des banques n'ayant pas ce statut, qui n'enregistrent pas toujours les titres acquis pour le compte des investisseurs dans les comptes dédiés, biaisant ainsi le principe de la ségrégation des comptes titres ; (ii) les niveaux des taux d'intérêt et de rendement des titres, jugés encore faibles par certains investisseurs institutionnels, ce qui limite leur incitation à souscrire notamment aux BTA ; (iii) la faible culture financière des agents économiques (investisseurs institutionnels et physiques) qui demeurent très peu imprégnés des opportunités de placements offerts sur le marché des valeurs du Trésor.

B. Réformes monétaires et financières envisagées pour répondre à ces défis

Les réformes monétaires et financières entreprises par les autorités de la CEMAC pour répondre efficacement aux répercussions de la crise sanitaire portent sur la stabilité externe à long terme de la monnaie ; le renforcement de l'efficacité de la politique monétaire ; le renforcement de la stabilité et de l'inclusion financières ; l'approfondissement et la dynamisation du marché financier sous-régional ; et le renforcement de l'implication de la BDEAC dans le financement des économies de la sous-région.

1. Stabilité externe à long terme de la monnaie

Pour assurer la stabilité externe à long terme du FCFA d'Afrique Centrale, en portant notamment le niveau des réserves de change au moins à 5 mois d'importations de biens et services, les États de la CEMAC devraient renforcer leur coopération avec les bailleurs de fonds internationaux et les institutions internationales pour continuer à bénéficier d'une aide extérieure consistante. L'action de la Banque Centrale, à cet égard, porterait principalement sur la mise en œuvre généralisée de la réglementation des changes, à travers son application aux entreprises pétrolières et minières, et le renforcement du suivi des flux de capitaux étrangers.

Lors de la phase initiale de mise en œuvre de la réglementation des changes, les principales difficultés rencontrées par la Banque Centrale ont porté sur le non-respect des modalités d'exécution des opérations de transferts par les établissements de crédit, la mauvaise utilisation des comptes en devise par les représentations diplomatiques et le non-respect de certaines obligations réglementaires par les compagnies pétrolières et minières. À la fin de l'année 2020, la quasi-totalité de ces difficultés était résolue, à l'exception de l'application de la réglementation des changes aux compagnies pétrolières et minières, qui continuaient de vouloir se soustraire à l'application de l'obligation de domiciliation des exportations, d'interdiction de détention des comptes en devises on-shore et off-shore et de rapatriement des recettes d'exportation.

En vue d'uniformiser l'application de la réglementation des changes dans la CEMAC, la BEAC a entrepris: (i) de continuer de déployer son plan de communication à l'échelle de la CEMAC, (ii) de sensibiliser les bureaux de change et les entités nationales en charge de ces questions sur les dispositions du cahier de charge qui encadrent l'activité de change manuel et recenser les difficultés rencontrées dans leur mise en œuvre, (iii) d'élaborer un cahier des charges devant préciser, d'une part, les conditions et modalités d'exercice de l'activité des transferts de fonds rapides à l'international par des sociétés agréées et, d'autre part, celles afférentes à la commercialisation des produits des sociétés de renommée internationale en matière de transferts transfrontaliers à l'instar de Western Union, Money Gram, RIA, et (iv) de se concerter avec les administrations en charge des douanes pour préciser les modalités pratiques de domiciliation des exportations et des importations.

Par ailleurs, pour renforcer le suivi des flux de capitaux internationaux dans la CEMAC, la BEAC a poursuivi : (i) l'automatisation de son dispositif opérationnel de suivi des rapatriements et des rétrocessions des devises issues des opérations internationales des résidents[26] et (ii) le développement en interne de l'application dédiée au traitement et au suivi des dossiers de transferts et des autres opérations internationales dans le respect des dispositions réglementaires en la matière.

2. Renforcement de l'efficacité de la politique monétaire

Dans le cadre de la réforme du cadre opérationnel de la politique monétaire, plusieurs actions ont été mises en œuvre pour corriger les dysfonctionnements entravant le développement du marché interbancaire et pour stimuler les transactions sur ce compartiment. Ces actions ont principalement porté sur (i) l'adoption d'une méthodologie de fixation des volumes d'intervention adaptée à une gestion active de la liquidité bancaire ; (ii) la modernisation des instruments et des modalités d'intervention de la BEAC sur le marché monétaire ; (iii) la réforme du dispositif de gestion du collatéral des opérations de refinancement des établissements de crédit par la BEAC ; (iv) le renforcement de l'animation du marché monétaire.

La réforme du cadre opérationnel de la politique monétaire de la BEAC a permis de moderniser les instruments d'intervention et de renforcer l'efficacité de la politique monétaire commune ainsi que le développement du secteur financier sous-régional. Ces mesures confèrent de plus en plus de flexibilité et de réactivité au marché et renforcent le rôle des taux d'intérêt comme indicateurs du coût de la liquidité sur la place financière de la CEMAC. En concourant à l'amélioration de l'efficacité de la politique monétaire, le nouveau cadre opérationnel permet à la Banque Centrale de contribuer encore plus activement à la quête d'une croissance économique

[26] Depuis le 1er septembre 2020 l'application *eTransfer* qui permet aux banques de la CEMAC de soumettre en ligne leurs demandes de devises à la BEAC est entrée en production. Un module *eTracking* permettant aux agents économiques de la CEMAC de suivre en ligne à tout moment le traitement de leurs demandes de devises est également fonctionnel depuis novembre 2020.

créatrice d'emplois. Par ailleurs, la formalisation du rôle de prêteur en dernier ressort que la BEAC peut jouer en temps de crise lui permet désormais de répondre efficacement à certains chocs de liquidité pouvant affecter la stabilité financière dans la CEMAC et perturber le processus d'allocation de l'épargne aux investissements productifs, notamment ceux à forte valeur ajoutée.

3. Renforcement de la stabilité et de l'inclusion financières ainsi que de la lutte contre le blanchiment dans la CEMAC

Les risques pesant sur la stabilité du système financier de la sous-région ont été contenus en 2019 à la faveur des programmes de réformes économiques et financières en cours entre les États et les partenaires financiers ainsi que l'amélioration de la gestion des finances publiques, en dépit de la persistance des foyers de tensions socio-sécuritaires dans la sous-région. Le risque de crédit est demeuré l'un des principaux risques auxquels les banques de la CEMAC sont exposées, en dépit du renforcement du dispositif prudentiel y afférent. L'encours des créances en souffrance s'est accru en lien avec les tensions de trésorerie des États, acteurs économiques majeurs, confrontés à la persistance des effets néfastes de la chute des cours des matières premières et des chocs socio-sécuritaires. Avec une proportion de 60,3 %, les créances douteuses ont représenté la composante la plus importante des créances en souffrance en 2019, contre 57,4 % un an plus tôt.

Pour renforcer le cadre de suivi de la stabilité financière dans la CEMAC, plusieurs actions ont été mises en œuvre, en vue, entre autres, de renforcer le cadre d'analyse macro prudentielle (pour collecter régulièrement les données indispensables à l'analyse des risques et vulnérabilités pesant sur le système financier sous-régional ainsi qu'à développer des outils de *reporting*), de développer des stress tests macroprudentiels[27], de refondre la cartographie des risques du Comité de stabilité financière en Afrique centrale (CSF-AC)[28] et de réviser la grille des indicateurs de stabilité financière.

En Afrique centrale, les actions en matière de lutte contre le blanchiment des capitaux et le financement du terrorisme se sont traduites par : (i) la

---

[27] Un stress-test macroprudentiel est un outil permettant d'évaluer la résilience du système financier face à des chocs macroéconomiques sévères potentiels. Il permet, une fois les zones de vulnérabilités identifiées, de programmer le déclenchement des mesures prévues par les textes existants (alertes).

28 Afin d'apprécier les principaux risques pesant sur la stabilité du système financier, le CSF-AC utilise une matrice comprenant sept familles de risques (macroéconomiques, pays, solvabilité, crédit, liquidité, marché et opérationnel), évaluées chacune sur une échelle de 1 à 4 (faible, modéré, élevé et critique). Cette cartographie est principalement basée sur le jugement d'expert. Pour consolider cet outil, des travaux ont été engagés pour fournir un cadre plus formel d'évaluation des risques, en se basant, entre autres, sur une approche développée par le FMI et adaptée par d'autres banques centrales. Il s'agit, en particulier, de : i) définir des critères objectifs pour déterminer les seuils de risque ; ii) préciser les indicateurs rattachés aux différentes familles de risques et iii) clarifier les concepts utilisés.

conduite d'une étude de typologie des risques de blanchiment des capitaux en Afrique centrale inhérents au secteur de l'immobilier ; (ii) la réalisation du bilan des évaluations mutuelles des États ; (iii) les avancées dans la mise en place des comités de coordination des politiques nationales de lutte contre le blanchiment des capitaux et le financement du terrorisme ; (iv) l'opérationnalité des cellules de renseignement financier.

Afin de consolider la confiance des consommateurs vis-à-vis des produits et services bancaires dans la CEMAC, la Commission bancaire a fait adopter par le Comité ministériel de l'UMAC le 03 juillet 2020 le règlement sur la protection des consommateurs. Ce cadre réglementaire et institutionnel a été élaboré suivant les principaux axes qui portent entre autres sur (i) la promotion de l'inclusion financière par l'encadrement de l'accès aux produits et services bancaires, notamment l'instauration d'un service minimum garanti ; (ii) le rétablissement de la confiance des consommateurs, à travers la réduction de l'asymétrie d'information, le rétablissement de l'équilibre contractuel, ainsi que le renforcement de la confidentialité et la sécurisation de leurs informations financières et personnelles ; (iii) la prévention et la répression des abus, ainsi que l'édiction des règles permettant aux consommateurs d'avoir accès à des mécanismes indépendants, rapides, efficaces et peu coûteux de résolution des différends ; (iv) l'instauration d'un dispositif effectif de supervision des pratiques commerciales et de sanction des établissements assujettis.

4. Approfondissement et dynamisation du marché financier sous-régional

Le marché financier de la CEMAC a évolué dans un contexte marqué, d'une part, par la fusion effective des régulateurs, des bourses et des dépositaires centraux des deux marchés financiers en 2019 et, d'autre part, par l'adoption du règlement relatif à l'introduction en bourse des participations des États et de leurs démembrements, dans les entreprises exerçant dans la CEMAC. Le marché financier est resté très peu actif, dans tous ses compartiments, bien que la fusion des deux bourses des valeurs mobilières ait contribué à l'augmentation des encours et du volume des transactions sur le compartiment secondaire.

Plusieurs actions ont été envisagées par la BEAC pour approfondir le marché régional des valeurs du Trésor. Il s'agit principalement de : (i) la modernisation de l'infrastructure des marchés et du dispositif statistique : outre la modernisation de l'infrastructure des marchés et une visibilité accrue sur les activités de marché, un Bulletin Trimestriel du Marché des Titres publics de la CEMAC (BTMTP) a été institué ; (ii) la réforme du corpus réglementaire et opérationnel du marché des valeurs du Trésor : l'ensemble du corpus réglementaire du marché des valeurs du Trésor a été révisé en 2019, avec l'appui technique et financier de la Banque africaine de Développement

(BAD). Les aménagements apportés à ce corpus réglementaire se rapportent principalement au Cahier des charges des SVT et aux textes supérieurs et subséquents du Cahier des charges des SVT ; (iii) les aménagements de l'ensemble des textes réglementaires qui encadrent le fonctionnement du marché des valeurs du Trésor, en particulier, la révision du Règlement CEMAC sur le marché des titres publics a été faite à travers l'élargissement du statut de SVT aux sociétés de Bourse, l'institution des offres non concurrentielles et l'introduction de la syndication domestique.

5. Renforcement de l'implication de la BDEAC dans le financement des économies de la sous-région

Le renforcement de l'implication de la Banque de Développement des États de l'Afrique centrale (BDEAC) dans le financement des économies de la sous-région au cours de la période 2021-2025, doit se faire, d'une part, par l'accroissement de sa contribution aux financements des économies de la CEMAC et, d'autre part, par l'accélération de son processus de notation par une agence internationale.

En vue d'accroître l'efficacité de sa contribution au financement des économies de ses États membres, la BDEAC a adopté en 2017, un Plan stratégique sur la période 2017-2022. À travers ce plan, la Banque prévoit en matière de prise d'engagement (i) de privilégier des projets majoritairement cohérents avec les Plans Nationaux de Développement (PND) et les principaux axes stratégiques des États, notamment ceux des secteurs agricole, agro-industriel, élevage et pêche dans une optique du rééquilibrage du commerce extérieur des denrées alimentaires de la zone ; (ii) de privilégier les projets ayant une composante ou des impacts significatifs en termes de création d'emplois et d'utilisation de la main-d'œuvre locale ; (iii) de s'inscrire systématiquement dans une logique de complémentarité et de subsidiarité, donc en co-financement avec d'autres institutions de développement ou avec le réseau des banques commerciales intervenantes à l'échelle de la sous-région.

En matière de mobilisation des ressources, le plan de financement va se développer (i) au niveau interne avec les ressources provenant des obligations des actionnaires qui permettront de renforcer les fonds propres de la BDEAC, améliorant ainsi les ratios financiers pouvant servir d'effet levier pour la mobilisation des ressources extérieures ; (ii) au niveau sous-régional avec la poursuite du programme d'appel public à l'épargne de FCFA 300 millions sur la période 2020-2022. Ce qui permettra à la BDEAC par ces ressources en monnaie locale d'animer le marché communautaire en offrant aux ménages l'opportunité de faire fructifier leurs épargnes en participant concomitamment au développement économique des pays ainsi qu'à l'inclusion financière des populations les plus vulnérables et ; (iii) au niveau international, la BDEAC envisage de poursuivre sa levée de ressources auprès des partenaires extérieurs pour diversifier ses sources de financement. Il est dans ce contexte envisagé de mobiliser un montant total de FCFA 600 millions sur la période 2023-2026.

III. Réformes structurelles

D'importantes contraintes continuent d'entraver la transformation structurelle des économies de la CEMAC, pourtant nécessaire au renforcement de leur capacité de résilience aux chocs externes et à l'ancrage d'une dynamique de croissance durable, inclusive et créatrice d'emplois.

Au terme des trois premières années de la mise en œuvre du PREF-CEMAC, il a cependant été relevé que le rythme d'exécution des actions a été insuffisant dans le domaine des réformes structurelles, avec un taux de réalisation limité à 38 % à fin 2019, soit un niveau d'exécution très inférieur à celui des efforts consentis dans d'autres piliers qui ont davantage trait aux politiques conjoncturelles. L'insuffisance dans la mise en œuvre des réformes structurelles, par ailleurs exacerbée par les effets de la crise récente liée à la pandémie de COVID-19 tant sur le plan économique que sur la santé des populations, s'accompagne d'une persistance, voire d'une aggravation dans certains cas, de nombreux facteurs de vulnérabilité déjà identifiés par le passé. Il s'agit notamment : (i) de la forte concentration des exportations axées sur les filières de la production brute des matières premières ; (ii) du manque de compétitivité lié en grande partie à l'inadéquation de la formation à l'offre d'emploi ainsi qu'aux contraintes de rigidité des coûts des facteurs de production ; (iii) de la perception d'un climat des affaires peu attractif ; (iv) du manque de culture d'entrepreneuriat, etc. La persistance de ces facteurs de vulnérabilité constitue un obstacle majeur au renforcement de la résilience et à l'approfondissement de la diversification de la base productive des économies, qui constituent des objectifs maintes fois réaffirmés par les Chefs d'État dans le cadre de la mise en œuvre du PREF-CEMAC.

Sur la base de ce constat, l'appropriation et l'accentuation du rythme d'exécution des réformes structurelles se sont imposées comme étant prioritaires pour la mise en œuvre du PREF-CEMAC sur la période 2021-2025, de manière à jeter les bases robustes d'une véritable dynamique de croissance forte et durable. Outre l'encadrement approprié des politiques conjoncturelles, notamment sur les plans monétaire et financier, la levée urgente des contraintes d'ordre structurelles revêt une importance cruciale pour les décideurs politiques, afin que les économies de la CEMAC puissent pleinement tirer profit de leur potentiel de croissance économique.

A. Enjeux et défis des réformes structurelles en afrique centrale

Les réformes structurelles sont des mesures qui visent à modifier la structure d'une économie en vue d'accroitre la productivité, l'investissement et l'emploi en réduisant les obstacles à une production efficace des biens et services. Elles consistent donc pour les pays de la CEMAC à diversifier leurs économies, à développer le secteur privé, à améliorer le climat des affaires, à faciliter l'accès à l'éducation et à diversifier les sources de financement de l'économie. La réussite de la mise en œuvre de ces réformes au cours des prochaines années passe tout d'abord par l'analyse des enjeux et des défis auxquels font face les pays de la sous-région.

1. Enjeux des réformes structurelles

Les réformes structurelles permettent d'accroître la productivité en améliorant l'efficacité de l'affectation des ressources, et peuvent de ce fait avoir une incidence considérable sur la croissance. C'est la raison pour laquelle l'accélération des réformes structurelles pour une croissance durable, soutenable et plus inclusive constitue l'une des cinq mesures importantes de sortie de crise du Plan Communautaire de Relance économique Post-COVID 19 de la CEMAC.

La CEMAC reste une économie très peu diversifiée, fortement dépendante de la production pétrolière. Il est donc impératif de diversifier l'économie en élargissant la base de production au-delà des exportations du pétrole et des autres produits de base, pour placer la CEMAC sur un chemin de croissance soutenue et inclusive à travers le renforcement de la diversification économique et le développement du secteur privé.

Depuis l'élaboration de la théorie des industries entrainantes par Rosenstein-Rodan, la littérature a établi de nombreux avantages procurés par la diversification économique en termes de croissance et de développement économiques. La diversification économique consiste à disperser la structure productive d'une économie en un grand nombre d'activités différentes les unes des autres par la nature des biens et services produits. Pour tirer profit de tous ces avantages de la diversification économique, les pays de la CEMAC et la Commission doivent mettre sur pied une stratégie intégrée de diversification des économies de la CEMAC qui repose sur : (i) l'élaboration d'un schéma directeur d'industrialisation communautaire, (ii) le soutien direct des secteurs ayant une dimension structurante sur le long terme, en relation avec les activités en amont et en aval liées aux matières premières exportées en étendant l'obligation de transformation locale de plus de 80% à celles-ci, comme c'est le cas pour le bois, (iii) la création des conditions de l'émergence du secteur privé et de développement des activités industrielles dans les filières stratégiques à travers les actions du secteur public.

2. Défis pour la mise en œuvre des réformes structurelles en Afrique centrale

Au cours des deux dernières décennies, la contribution du capital humain à la croissance dans la CEMAC est restée faible et constante à 0,5 %. Ce chiffre est bien inférieur aux progrès enregistrés dans les pays de l'UEMOA, où la part du capital humain dans la croissance a fait un bond le long de la contribution du stock de capital public pour atteindre une moyenne soutenue de 0,8 % depuis 2011. Cela suggère que, dans la CEMAC, le capital public dépensé pendant les années de la manne pétrolière n'a pas réussi à jeter les bases d'une plus grande accumulation de capital humain, essentielle à la création d'une croissance productive et à la diversification économique. Exploiter pleinement le potentiel du capital humain de la région est une grande opportunité de croissance pour les pays la CEMAC. Aussi, ces pays devraient réorienter leur enveloppe des dépenses publiques vers l'investissement dans les personnes, à travers le développement des ressources humaines pour propulser et soutenir la dynamique de croissance non pétrolière dans la région de la CEMAC.

L'éducation est un droit humain universel qui ne devrait pas être interrompu lors d'une situation de crise, telle que celle induite par la pandémie de COVID-19. Aussi, les politiques, la planification et le financement des réponses aux effets économiques et sociaux de la COVID-19 devraient inclure une protection sociale, une santé et une éducation équitables et de qualité dans toutes les actions locales, nationales et communautaires pendant et après cette crise sanitaire. L'égalité d'accès à l'éducation, à la santé et à la protection sociale relative au genre, au statut socio-économique, au contexte familial ou géographique devrait être au cœur des plans d'intervention des pouvoirs publics, grâce à des stratégies ciblées et destinées aux femmes, aux enfants, aux jeunes et aux pauvres ruraux et urbains précédemment déscolarisés et vulnérables. Par ailleurs, l'administration en charge de l'éducation, de la santé et de la protection sociale devrait mettre en œuvre des stratégies programmatiques collaboratives et multisectorielles qui contribuent à renforcer la résilience à l'échelle nationale et au niveau de la communauté, notamment dans la protection de l'enfance, la santé et la nutrition en milieu scolaire, la protection sociale, la réduction des risques de catastrophe ou de crise, l'éducation au changement climatique, la prise en compte des questions de conflit ou de guerre et de consolidation de la paix.

Selon la dernière note conjointe FMI/BM de l'année 2021 sur les réformes structurelles suggérées pour renforcer la croissance durable et inclusive dans la CEMAC, les analyses empiriques montrent que les réformes de la gouvernance et du climat des affaires sont les plus grandes opportunités de croissance manquées par la CEMAC. En effet, les résultats de ces analyses montrent qu'une amélioration de 10 % des scores de gouvernance et de climat des affaires dans la CEMAC se traduit, respectivement, par une augmentation de 5,8 et 0,6 % du PIB réel par habitant. Cette situation contraste fortement avec celle de l'UEMOA, où la contribution de l'amélioration du climat des affaires à la croissance est en moyenne de 1,2 point et où le nombre de réformes du climat des affaires était deux fois plus élevé que dans la CEMAC. Pour capter les gains de croissance générés par l'amélioration du climat des affaires dans les pays de la CEMAC, il est fortement recommandé de (i) définir, sous la coordination de la Commission de la CEMAC, une stratégie régionale de révision du régime fiscal pour simplifier la structure fiscale et mettre en place des solutions en ligne pour permettre la déclaration et le paiement des impôts en ligne ; (ii) réviser le code des procédures civiles et commerciales afin d'y intégrer les meilleures pratiques internationales en matière de justice commerciale ; (iii) renforcer le système judiciaire et les tribunaux de commerce en créant des capacités spécifiques pour traiter les crimes commerciaux et financiers ; (iv) améliorer la modernisation des douanes et introduire des solutions automatisées dans les procédures de dédouanement des marchandises et (v) renforcer la capacité à surveiller le commerce du pétrole en suivant les flux en temps réel et en échangeant des données avec les juridictions importatrices.

B. Politiques et réformes structurelles envisagées pour répondre à ces défis

Pour apporter une réponse appropriée aux nouveaux défis induits par la crise sanitaire de la COVID-19 et la crise économique, plusieurs pistes de solutions ont été envisagées en termes de réformes structurelles par les pouvoirs publics de la sous-région, notamment le renforcement de la diversification économique et le développement du secteur privé, l'amélioration du climat des affaires et le développement des formes alternatives de financement de l'économie.

1. Renforcement de la diversification économique et développement du secteur privé

Les activités des pays de la CEMAC demeurent caractérisées par une très forte concentration de la production axée sur les filières d'exportation brute des matières premières. Le pétrole et les autres produits de base continuent de représenter environ 64 % des exportations totales de la sous-région et 41 % de ses recettes budgétaires, avec des risques importants, car les produits de base sont à la fois épuisables et soumis à des fluctuations de prix importantes. Cette spécialisation étroite, et de faible valeur ajoutée, a pour principale conséquence de brider le potentiel de croissance et de développement sous-régional et de contribuer faiblement à la création d'emplois.

Or, la CEMAC dispose d'un énorme potentiel minier encore peu valorisé. Le sous-sol des pays de la CEMAC est riche en ressources minières : manganèse, fer, bauxite, cobalt, nickel, potasse, uranium, or, argent, diamant, cuivre, chaux et pierres (marbre, calcaire, pouzzolane), tungstène, niobium, etc. À titre d'illustration, le Cameroun possède la 6e réserve mondiale de bauxite (non encore exploitée). Le Gabon est le deuxième producteur mondial de manganèse avec 30% des réserves mondiales. Au niveau du fer, les réserves du Gabon, du Cameroun et du Congo sont respectivement évaluées à plus d'un milliard de tonnes avec des teneurs en fer différentes. Plusieurs pays de la CEMAC disposent d'importants gisements de cobalt et de nickel, dont la mise en exploitation pourrait permettre des alliages spécialisés. Cependant, la CEMAC ne tire pas assez profit de ces importantes ressources minières, qui sont faiblement exploitées et surtout exportées en l'état, sans création d'une quelconque valeur ajoutée. L'inventaire des ressources minières de la CEMAC permet de distinguer les filières à haut potentiel de création de valeur ajoutée pour la sous-région et celles dont l'exploitation serait une source de revenus pour les pays, ce qui nécessite une véritable synergie régionale.

À l'ère de la mondialisation, la diversification passe par le développement des chaines de valeur internationales. La stratégie implique alors soit d'être présent sur des petits segments d'activités dans des filières largement extérieures au pays et à la région, soit de développer des activités en amont ou en aval des filières principalement structurées par les matières premières. Si les deux axes de la stratégie peuvent être envisagés pour la CEMAC, il est néanmoins clair que le premier nécessite une efficacité dans le transport et la logistique, sans quoi les opportunités nées de la décomposition mondiale des processus de production pour les pays enclavés ne pourront pas être capitalisées. Cependant, les deux axes méritent des actions qui amènent à des changements profonds de paradigme.

Par ailleurs, l'industrialisation horizontale devrait être développée et étendue à tous les secteurs d'activité à forte valeur ajoutée. Ainsi, l'expérience récente des mesures prises par l'ensemble des pays de la CEMAC pour faciliter la transformation locale du bois, notamment l'obligation de transformation locale de plus de 85 % des grumes de bois appliquée par presque tous les pays de la zone, devrait être étendue au secteur minier ainsi qu'à d'autres secteurs pour favoriser la création des chaînes de valeur et le développement de tissus industriels nationaux.

Le constat général indique que la formation dans la CEMAC demeure insuffisamment adaptée à l'offre d'emploi. En effet, la situation actuelle met en exergue l'insatisfaction des entreprises, souvent incapables de couvrir leurs besoins d'emplois autrement que par l'appel à des travailleurs étrangers, et un niveau important de chômage des diplômés. Aussi, l'augmentation de la productivité du facteur travail passe par une amélioration des systèmes publics de formation. Dans cette perspective, les dépenses d'éducation doivent faire une plus large place à la formation technique et professionnelle. Malheureusement, dans les budgets publics, ces dépenses sont à la fois faibles et allouées inefficacement. Une revalorisation et une réallocation des ressources sont donc nécessaires en privilégiant les formations techniques, professionnelles et scientifiques, en concertation avec le secteur privé.

2. Amélioration du climat des affaires

Depuis le démarrage du PREF-CEMAC, les efforts réalisés dans la mise en œuvre des réformes visant l'amélioration du climat des affaires restent peu perceptibles, et ne s'accompagnent pas d'un relèvement substantiel de l'attractivité des investissements dans la CEMAC. Cette tendance traduit des lacunes dans la conception et la mise en œuvre des politiques nationales visant à remédier à la situation ainsi que des retards persistants à l'échelle communautaire dans l'exécution soutenue des réformes dans ce domaine.

Au plan institutionnel, les urgences apparaissent évidentes, notamment en ce qui concerne l'instauration d'un environnement plus attractif en matière de création d'entreprises, l'accès à la propriété foncière, le règlement des obligations fiscales, la facilitation du commerce transfrontalier, les procédures simplifiées de recouvrement des créances et des voies d'exécution, la fourniture de l'électricité, la protection des investisseurs, et le traitement des entreprises en difficulté. Pour faire face à ces défis, de nombreuses réformes restent encore à approfondir, à court et à moyen terme. Toutes ont pour objectif d'accroître la compétitivité et l'attractivité des pays de la CEMAC, condition *sine qua non* d'une diversification des économies en vue de les rendre moins dépendantes du pétrole. La plupart de ces réformes devraient intervenir dans un cadre régional de manière coordonnée.

L'environnement institutionnel demeure en effet peu favorable à la compétitivité des entreprises dans la CEMAC. Le développement du système productif doit donc reposer pour une part importante sur la capacité à faire éclore des petites et moyennes entreprises (PME) de caractère formel. En la matière, l'appui institutionnel consistera d'abord à apporter les services appropriés à la création d'organisations viables et à susciter un environnement propice à leur croissance ultérieure. Il est notamment question d'approfondir les réformes visant à assurer la fonctionnalité du guichet unique de création des entreprises en simplifiant et en dématérialisant les procédures administratives. Il s'agit également de faire émerger des incubateurs permettant de rompre l'isolat de l'entrepreneur et de favoriser la survie des organisations à trois ans et de contribuer ainsi à la formalisation de l'économie. Ces structures de services aux entreprises auront pour mission de dispenser des conseils, de diminuer les limites liées à la taille et à l'inexpérience des structures naissantes. Pour consolider cette stratégie, une attention particulière devrait par ailleurs porter sur le renforcement de l'efficacité du système judiciaire, en créant des capacités spécifiques pour traiter les crimes commerciaux et financiers, ainsi que sur l'augmentation du nombre de tribunaux de commerce pour la facilitation du règlement des différends commerciaux.

Pour accompagner le changement, des efforts subséquents devraient aussi être réalisés dans le domaine de la gouvernance et de la lutte contre la corruption qui, malgré les améliorations récentes, demeure un obstacle à la transformation économique. L'importance du renforcement du cadre de la gouvernance est d'autant plus avérée que la plupart des institutions internationales qui interviennent financièrement dans les États et fournissent de l'aide au développement conditionnent généralement leurs appuis à la mise en place de réformes concrètes pour obtenir des résultats palpables dans ce domaine. La progression des États membres dans l'Indice de perception de la corruption publié périodiquement par *Transparency International* devrait ainsi constituer un signal fort de la communauté et un effet de levier considérable.

Enfin, on ne saurait sous-estimer la question de l'insécurité qui sévit dans plusieurs pays de la CEMAC et qui est en grande partie due à des facteurs exogènes. Les États membres et la Commission de la CEMAC accordent une grande importance à la lutte contre les exactions commises par Boko-Haram, qui entravent le développement du Tchad et du Cameroun, ainsi qu'à celle menée contre Daech au nord du Tchad. Ils accordent également une grande importance à la stabilisation de la situation sécuritaire en République centrafricaine.

Dans la perspective d'une relance économique et d'une diversification de la base productive, la CEMAC a mis en place un observatoire sous-régional de l'environnement des affaires et des investissements. Cette initiative est d'un intérêt évident pour le suivi-évaluation de la dynamique du système productif.

3. Développement des formes alternatives de financement des économies

La prépondérance du financement bancaire au détriment d'autres formes de financement représente une des contraintes majeures à l'ambition d'une transformation structurelle et profonde des économies, en raison notamment des contraintes de coûts qui limitent l'accès au crédit bancaire pour une grande frange des entreprises dans la CEMAC. En effet, la plupart des entreprises en Afrique Subsaharienne comptent sur leurs ressources propres pour financer leurs investissements et leur fonds de roulement. En particulier, le financement des PME reste une préoccupation majeure dans la CEMAC, car bien que constituant l'essentiel du tissu économique et industriel dans la plupart des pays de la zone, l'accès au financement bancaire des PMI et PME reste difficile.

Or, la stabilité du secteur financier et les progrès réalisés en matière d'innovations dans la région offrent une opportunité d'élargir l'accès aux produits financiers et de réduire potentiellement les effets du coût des services financiers sur l'inclusion financière. Aussi, faut-il envisager la mise en place d'instruments financiers appropriés ou de mécanismes de financements innovants afin de favoriser l'inclusion financière des Très Petites et Moyennes Entreprises. Il est un fait que l'accès au financement reste difficile en raison d'inefficiences liées aux caractéristiques économiques, politiques et juridiques des économies de la Zone. L'un des challenges à relever est la formalisation des activités économiques qui suppose la sortie de l'informel et la constitution de sociétés commerciales dans la perspective de leur intégration dans le tissu économique pour bénéficier des mesures d'inclusion financière que pourraient promouvoir les autorités nationales.

Le financement du secteur privé passe également par la mise en place d'instruments encore peu utilisés, tels que le leasing ou encore l'affacturage, ainsi que par la levée des obstacles à la mobilisation de l'épargne longue dans la CEMAC, à l'instar des sociétés de capital-risque, de capital-investissement, de crédit-bail et d'instruments de placements tels que les OPCVM. Certains de ces instruments n'ont qu'une existence embryonnaire en zone CEMAC. Aussi, le développement des formes alternatives de financement des économies de la sous-région CEMAC passe par la promotion et le développement de ces instruments ainsi que la promotion et le développement des partenariats publics privés (PPP), la mise en place d'un mécanisme permettant l'accès facile à la finance islamique et la création d'un cadre favorable à la mobilisation et à l'utilisation des transferts des migrants comme source alternative de financement pour l'amélioration des conditions de vie des populations. Dans le cas particulier des transferts des migrants, selon le rapport de la Banque Mondiale 2019, les transferts de fonds de la diaspora africaine en direction de leurs pays d'origine d'Afrique subsaharienne ont atteint 46 milliards de dollars en 2018, contre 42 Milliards en 2017. Ces transferts de fonds sont donc devenus la principale source de financement extérieur pour le développement de nombreux pays, concurrençant dans certains cas des flux d'aide publique au développement qui ont été considérablement réduits.

IV. Intégration régionale

La CEMAC présente l'un des marchés régionaux les moins développés. Le commerce intracommunautaire, de l'ordre de 3 %, est le plus faible comparativement à celui d'autres unions économiques ou d'autres formes d'intégration régionale en Afrique et même dans le monde. Ce niveau d'intégration faible est particulièrement dû à la faible connectivité transfrontalière, à la faible diversification des économies, aux progrès insuffisants réalisés dans le renforcement de la facilitation des échanges et de la mise en œuvre d'un régime de transit unique au sein de la sous-région.

Pourtant, une abondante littérature a montré, en s'appuyant sur des arguments fondés, à la fois, sur des connaissances théoriques et pratiques, que l'intégration régionale est particulièrement bénéfique en termes de croissance inclusive, d'accélération des progrès sur le front du développement économique et humain et de la pérennisation des avancées enregistrées à ce titre.

C'est ainsi qu'à la suite de la crise économique qui a frappé de plein fouet les pays de la CEMAC suite à la chute brutale du cours du pétrole en 2014, les Chefs d'État de cette sous-région ont décidé, lors de leur sommet extraordinaire de juillet 2016 à Malabo, de réexaminer l'intégration régionale et les modalités de sa mise en œuvre afin qu'elle puisse pleinement contribuer à la stimulation de la demande intérieure, à la dynamisation de l'emploi, au renforcement de la stabilité économique et à la réalisation des objectifs du développement. À cet effet, ils ont pris des mesures concrètes pour la mise en place de cadres favorables à l'investissement dans les infrastructures transfrontières (énergie, télécommunications, transport), au développement du secteur privé, à la coordination des politiques économiques, à la mobilité de la main-d'œuvre et des autres facteurs de production ainsi que des politiques axées sur le développement du capital humain, notamment dans la santé, l'éducation et la protection sociale.

A. Fondements, enjeux et nouveaux défis de l'intégration régionale en Afrique centrale

La crise sanitaire de la COVID-19 a entrainé de nouveaux défis et enjeux à l'intégration régionale des pays de l'Afrique centrale, qui en ont fait un des fondements de leur développement économique.

1. Fondements de l'intégration régionale dans la zone CEMAC

L'intégration est un processus qui facilite les échanges de biens et de services entre pays. Elle œuvre à l'harmonisation des normes et des cadres réglementaires, à une réduction des restrictions imposées à la mobilité des capitaux et de la main-d'œuvre, à l'adoption d'approches communes en matière de politique fiscale et financière, à la promotion de la paix et de la prévention des conflits, et à la mise en œuvre commune d'investissements dans les infrastructures transfrontières pour les transports, l'énergie et les communications.

Depuis la création de l'Union africaine (UA) en 1963, l'intégration des États africains est considérée comme l'une des voies privilégiées pour créer les conditions propices à un développement durable. Cette vision a été formalisée dans le Traité d'Abuja de 1991 instituant la Communauté économique Africaine (CEA) qui prévoit la consolidation de la dynamique d'intégration au niveau des communautés économiques régionales (CERs), avec, à terme, l'établissement de l'union douanière continentale et la mise en place du marché commun africain. Cette vision repose sur l'idée que l'intégration des échanges Sud-Sud participerait à renforcer les économies nationales et accroitre leur résilience, que les blocs soient ou non intégrés dans les marchés du Nord.

La mission première de la CEMAC est de promouvoir la paix et le développement harmonieux des États membres, dans le cadre de l'institution de deux unions : une union économique et une union monétaire. Dans chacun de ces deux domaines, les États membres entendent passer d'une situation de coopération, qui existe déjà entre eux, à une situation d'union susceptible de parachever le processus d'intégration économique et monétaire[29]. Si le processus de la constitution d'une intégration monétaire est plus abouti de nos jours avec une monnaie commune, le FCFA, et une relative solidité du système financier, le processus d'intégration économique semble être plus lent du fait de certaines pesanteurs au niveau national et régional, pourtant sur le plan institutionnel, les ambitions de ce processus sont clairement définies. En effet, l'Union Économique de l'Afrique Centrale (UEAC)[30] a pour missions: (i) de renforcer la compétitivité des activités économiques et financières par l'harmonisation des règles contribuant à l'amélioration de l'environnement des affaires et régissant leur fonctionnement ; (ii) d'assurer la convergence vers des performances soutenables par la coordination des politiques économiques et la mise en cohérence des politiques budgétaires nationales avec la politique monétaire commune ; (iii) de créer un marché commun fondé sur la libre circulation des personnes, des biens, des services et des capitaux, et ; (iv) d'instituer une coordination des politiques sectorielles nationales, pour la mise en œuvre des actions communes et des politiques communes, notamment dans les domaines de l'agriculture, de l'élevage, de la pêche, de l'industrie, du commerce, du tourisme, des transports, de l'aménagement du territoire communautaire, des grands projets d'infrastructures, des télécommunications, des technologies de l'information et de la communication, du dialogue social, des questions de genre, de la bonne gouvernance, des droits de l'Homme, de l'énergie, de l'environnement, des ressources naturelles, de la recherche, de l'enseignement et de la formation professionnelle.

2. Enjeux et nouveaux défis de l'intégration régionale dans la CEMAC pour la période 2021 – 2025

Les efforts accomplis dans le cadre de l'intégration régionale restent encore insuffisants au regard des enjeux et des nouveaux défis. Le parachèvement de la construction du marché commun reste un impératif pour la sous-région avec l'avènement de la zone de libre-échange continentale africaine. De plus, l'intégration régionale se présente comme un des déterminants du processus de diversification des économies de la CEMAC. La poursuite de la construction du

[29] Article 3 du traité révisé de la Communauté économique et monétaire de l'Afrique Centrale, 2008

[30] Article 2 de la Convention régissant l'UEAC révisée en 2008.

marché commun et le renforcement de l'union douanière devraient ainsi à terme rendre les économies plus compétitives du fait de la fluidité des mouvements des facteurs de production, en application du principe de liberté de circulation des travailleurs, de liberté d'établissement, de liberté de prestations de services, de liberté d'investissement et de mouvements des capitaux, prévu par la convention régissant l'UEAC.

Par ailleurs, au-delà des questions économiques générales de renforcement des infrastructures transfrontalières, d'amélioration des services logistiques et du climat des affaires, d'investissement dans les secteurs de l'éducation et de la santé essentiels pour renforcer la compétitivité dans chaque pays de la CEMAC, il est primordial de continuer à simplifier les politiques tarifaires, d'améliorer la transparence et la prévisibilité des politiques commerciales en vue de faciliter l'accès au marché des pays voisins et d'accroitre les capacités en matière de normes et d'évaluation de la conformité.

En outre, la mise sur pied du nouveau programme statistique de la CEMAC devrait être une priorité pour permettre de disposer dans les prochaines années de données fiables, harmonisées et régulières pour le suivi et l'évaluation efficaces des politiques et stratégies nationales et régionales de développement.

Enfin, le démarrage effectif des onze projets intégrateurs prioritaires de la CEMAC de la phase II (2017-2021) du Programme économique régional, dont les financements ont été mobilisés à la Table ronde de Paris des 16 et 17 novembre 2020, constitue un défi majeur dans le processus d'intégration régional.

B. Politiques et réformes pour relever ces défis d'intégration régionale en Afrique centrale

Pour relever les nombreux défis auxquels font face les pays de la CEMAC en termes d'intégration régionale, les autorités nationales et communautaires ont pris des mesures pour accélérer l'édification du marché commun, renforcer l'appareil statistique de la sous-région, réaliser le PER, tranche opérationnelle (2021-2025), accélérer le processus de rationalisation des institutions communautaires spécialisées, créer un fonds spécial pour la solidarité et l'autonomie sanitaire et promouvoir et valoriser le patrimoine culturel de l'Afrique centrale.

1. Accélération de l'édification du marché commun

La constitution d'une union douanière repose sur l'adoption et l'application d'un tarif extérieur commun (TEC) et la libre circulation des biens entre ses membres. Le TEC est le régime de droit commun appliqué aux importations de marchandises d'origine hors union destinées au marché intérieur. La définition et l'adoption d'un TEC ne suffisent pas, celui-ci doit être correctement appliqué, c'est-à-dire strictement retranscrit dans les systèmes informatiques douaniers des pays membres. La pratique des exonérations douanières accordées à certains importateurs permet aux différents États de déroger au TEC en toute légalité, puisque celles-ci ne sont pas harmonisées. Leur harmonisation est un objectif prioritaire pour l'Union Douanière.

Dans la CEMAC, les droits de douane pour les échanges intracommunautaires ont été supprimés, en revanche des obstacles non tarifaires persistent, ce qui nuit au développement du commerce entre les États membres. Aussi, pour accélérer l'édification du marché commun, les États membres et les institutions communautaires ont entrepris, d'une part, de renforcer l'union douanière en assurant l'application effective du TEC et de veiller à sa transposition dans la version 2017 du système harmonisé, en mettant en exécution la surveillance par la Commission de la CEMAC de l'application de la législation douanière et fiscale communautaire, en mettant en application le texte portant création du sous-comité technique douanier de la CEMAC auprès du comité régional de facilitation des échanges-Afrique centrale, en appliquant le texte relatif à l'harmonisation de la catégorisation des exonérations douanières utilisées par l'administration des douanes. D'autre part, les États membres et les institutions régionales ont entrepris de lever au plus tard le 31 décembre 2022 toutes les barrières et entraves au commerce à l'intérieur de la sous-région, et de mettre en place et faire fonctionner le comité régional et tous les comités nationaux de l'origine.

Le marché de la téléphonie mobile a connu une très forte croissance en Afrique depuis le début des années 2000. Une baisse des tarifs en communication locale a accompagné ce développement des usages téléphoniques. Cependant, le marché reste marqué par les coûts élevés des tarifs de communication en roaming, freinant ainsi le développement des échanges entre pays dans les mêmes aires géographiques et, par conséquent la marche vers l'intégration économique en particulier.

Une étude, avec pour objectif d'analyser l'évolution du marché de la téléphonie mobile en zone CEMAC, et, en s'inspirant des expériences précédentes de mise en place d'un réseau unique téléphonique, a été réalisée afin de proposer les différentes options envisageables pour la CEMAC. Cette étude a débouché sur l'adoption d'un texte communautaire relatif à l'itinérance sur les réseaux mobiles de communications électroniques ouverts au public en zone CEMAC, assorti d'une feuille de route pour sa mise en œuvre.

2. Renforcement de l'appareil statistique de la sous-région

Depuis le lancement de la CEMAC en 1999, la question de la disponibilité des données statistiques fiables, harmonisées, cohérentes et régulières, nécessaires pour l'évaluation des politiques nationales et régionales dans tous les domaines d'activité, demeure l'une des priorités de la Commission de la CEMAC. Le renforcement des systèmes statistiques nationaux doit contribuer à la production des statistiques de qualité pour le suivi et l'évaluation des politiques de développement des États de la sous-région et du processus d'intégration.

Conscients de l'importance du renforcement de la convergence des politiques et des performances macroéconomiques, les Chefs d'État de la sous-région ont insisté en mars 2019 à N'Djamena sur la nécessité de la mise en place d'un système performant en matière d'information statistique pour le renforcement de la coordination des politiques économique, budgétaire et sectorielle. Le comité sous-régional a validé le nouveau programme statistique sous-régional, dénommé STAT-CEMAC, qui doit couvrir la période décennale 2021 – 2030 et qui s'arrime à la Stratégie pour l'harmonisation de la statistique en Afrique (SHaSA 2) adoptée par le Sommet des Chefs d'État de l'Union africaine en janvier 2018 à Addis-Abeba.

STAT-CEMAC est un projet intégrateur ayant pour vision d'être un système statistique performant qui génère des informations statistiques fiables, harmonisées, disponibles à temps, couvrant toutes les dimensions du développement et de l'intégration politique, économique, sociale, environnementale et culturelle de la CEMAC. Il est bâti autour de quatre axes stratégiques qui portent sur l'amélioration de la production des statistiques de qualité sous-régionale, la coordination de la production des statistiques de qualité de la sous-région, le développement des capacités institutionnelles durables du système statistique sous-régional, et la promotion d'une culture de politique et de prise de décisions de qualité. STAT-CEMAC est le cadre stratégique sous-régional de développement de la statistique avec un plan d'action décennal assorti d'une matrice de cadre logique axée sur les résultats.

3. Réalisation du PER (tranche opérationnelle 2021-2025)

Dans la perspective d'impulser le développement du secteur privé et la diversification des économies, un appui aux infrastructures et aux secteurs moteurs de l'économie, comme le secteur de télécommunication est un levier d'action privilégié pour les États membres. Un tel appui a été prévu dans la phase 1 (2010-2015) et la phase 2 (2017-2021) du PER de la CEMAC. Suite aux difficultés de mise en œuvre des projets programmés dans la première phase du PER, la deuxième phase a recentré l'effort communautaire sur 13 projets phares, dont huit contribuent au renforcement de l'intégration physique dans la CEMAC via le développement des infrastructures de transport (routières, ferroviaires et maritimes), numérique et énergétique. En effet, après une mise en œuvre insuffisante de la phase 1 du PER, la Conférence des Chefs d'État a décidé, dans le cadre de la phase 2 (PER 2017-2021) de se focaliser sur un portefeuille limité et réaliste de projets phares, susceptibles d'accélérer l'intégration physique et commerciale de la CEMAC durant la période (2021-2025).

Après examen des 13 programmes du Programme économique régional 2017-2021, qui comporte 84 projets, onze projets intégrateurs prioritaires ont été sélectionnés compte tenu de leur état de maturité[31]. Ces projets portent sur les corridors régionaux de transport, la production et l'interconnexion énergétiques, le marché unique, la libre circulation des biens, des services et des personnes et le capital humain et la diversification économique. L'impact attendu de l'exécution de ces projets intégrateurs prioritaires sélectionnés est : (i) l'accélération du bitumage de tronçons routiers situés sur les corridors de transports qui relient les États membres de la CEMAC et notamment toutes les capitales entre elles. Ainsi, il est attendu que soient optimisées les conditions de déplacement en temps et en coût et une augmentation du volume du trafic passager et des marchandises entre les États membres ; (ii) la fluidification du transport des marchandises entre les ports maritimes existants qui sont congestionnés (Douala notamment) et les grands centres de consommation enclavés, comme N'Djamena et Bangui ; (iii) la fourniture d'une énergie stable, bon marché et accessible aux habitants de la zone CEMAC ; (iv) la mise en place des postes-frontières entre les différents pays voisins dans l'espace CEMAC pour promouvoir l'intégration, la libre circulation des biens et des personnes et renforcer la sécurité de la région, et ; (v) la création d'un label « centre d'excellence » attribué à toutes les écoles de l'espace CEMAC répondant à des critères prédéfinis par la Commission.

Le coût estimatif global des projets s'élève à 2 672 milliards de francs CFA, dont 466 milliards de ressources mobilisées par les États membres et par les partenaires techniques et financiers. La Table ronde, tenue à Paris les 16 et 17 novembre 2020, a permis de mobiliser plus de 2492 milliards et 8 projets sur les onze ont vu leur financement être bouclé. Il revient donc aux autorités de la sous-région de tout mettre en œuvre pour la réalisation effective de ces projets. La mise en œuvre effective de ces onze projets intégrateurs prioritaires rentre ainsi dans la réalisation du PER dans sa tranche opérationnelle (2021-2025).

4. Accélération du processus de rationalisation des institutions communautaires

La CEMAC compte, à ce jour, six Institutions Spécialisées de Formation (ISF-CEMAC), à savoir : le Centre Inter-États de l'Enseignement supérieur en Santé publique (CIESPAC) ; l'École d'Hôtellerie et de Tourisme (EHT) ; l'École Inter-États des Douanes (EIED) ; l'Institut d'Économie et des Finances-Pôle régional (IEF-PR) ; l'Institut Sous-régional de Statistique et d'Économie Appliquée (ISSEA) ; l'Institut Sous-régional Multisectoriel de Technologie Appliquée, de Planification et d'Évaluation de Projets (ISTA).

[31] La maturité des projets est appréciée au regard de la disponibilité des Termes de référence (TDR), des études de faisabilité technique et économique, d'un Avant-Projet Sommaire (APS), d'un Avant-Projet Détaillé (APD), d'un Appel à Manifestation d'Intérêt (AMI), d'un Dossier d'appel d'offres (DAO), de l'existence d'un MOU entre États concernés et bailleurs, de rapports d'évaluation des projets.

La rationalisation de ces ISF-CEMAC est une urgence politique définie par les Chefs d'État. Elle a été décidée lors de la session ordinaire de la Conférence des Chefs d'État des 16 et 17 janvier 2010 à Bangui en RCA, réaffirmée par la session extraordinaire de la Conférence des Chefs d'État du 30 juillet 2016 à Malabo en Guinée Équatoriale et rappelée lors du sommet des Chefs d'État du 24 mars 2019 à N'Djamena au Tchad.

Dans le contexte de crise financière aiguë et de rareté des moyens financiers, la rationalisation des ISF-CEMAC s'est imposée comme étant la solution pour arriver à une organisation et une gestion plus efficiente de ces institutions, dont plusieurs apparaissent en doublons au sens des offres de formation et des diplômes qu'elles délivrent. Il s'agit aussi, et surtout, de revitaliser ces établissements afin qu'ils puissent mieux assurer leur rôle de levier du développement de la zone CEMAC dans les domaines de l'enseignement supérieur, la recherche scientifique et la formation professionnelle.

Par ailleurs, depuis plusieurs années déjà, la Commission de la CEMAC fait face à de nombreuses difficultés qui l'empêchent de remplir pleinement et efficacement sa mission. Sur le plan opérationnel, bien que stabilisés depuis près de trois ans en s'installant de manière provisoire à Malabo, les services de la Commission ont dû être délocalisés dans certains pays membres de la CEMAC en raison des crises sociopolitiques récurrentes en RCA, pays de siège de la Commission. Cette situation a entrainé d'énormes coûts imprévus pour la Commission, un impact négatif sur la stabilité et la motivation de son personnel, causant ainsi des contreperformances de ses programmes d'activité.

En outre, les difficultés budgétaires récurrentes affectent le fonctionnement normal de la Communauté, notamment dans l'exécution efficace des programmes et des activités de la Commission ainsi que de tous les Organes et Institutions spécialisées de la CEMAC. En effet, la Taxe Communautaire d'Intégration (TCI), principale source de financement de la Communauté fait l'objet de non-reversement par les États membres en dépit des dispositions réglementaires pertinentes actées par les Chefs d'État sur la question. Toutes ces difficultés impactent négativement la performance des ressources humaines et l'efficacité de l'institution.

L'impératif visant à parachever le processus d'intégration régionale impose donc le renforcement des capacités des Institutions communautaires en général, de la Commission en particulier avec la stabilisation de l'ensemble de son personnel dans l'une des capitales des pays de la CEMAC, le reversement mensuel et intégral de la TCI, le recrutement de personnels qualifiés et la mise en place des programmes de formation, dans le but, entre autres, de renforcer les différentes directions techniques de tous ses départements et de garantir l'efficacité de leurs missions.

5. Création d'un fonds spécial pour la solidarité et l'autonomie sanitaire

La pandémie de COVID-19 a mis en lumière et exacerbé les faiblesses des systèmes de santé des pays de la CEMAC, en lien avec la faiblesse de leurs plateaux techniques. Avant la récente crise sanitaire, les faiblesses des systèmes de santé se traduisaient par de nombreuses évacuations sanitaires, coûteuses et inéquitables, car ne profitant qu'à une minorité de privilégiés. Il convient de relever que la sous-région dispose d'une seule véritable unité de production de produits pharmaceutiques qui est située à Douala au Cameroun. Par ailleurs, quelques usines de fabrication de matériels et équipements sanitaires existent dans la CEMAC, notamment au Cameroun et au Gabon, mais leur plateau technique et leur capacité de production sont limités. En conséquence, le matériel médical dont les populations de la sous-région ont besoin est essentiellement importé. Les études de l'OMS et de l'Organisation pour la Coordination de la lutte contre les Endémies en Afrique Centrale (OCEAC) ont relevé les faiblesses dans les services nationaux de contrôle de la qualité des produits pharmaceutiques, importés pour la plupart de certains pays semi-industrialisés. Un changement de paradigme s'impose donc dans la conception, la mise en œuvre et le financement des politiques sanitaires dans cette zone.

C'est dans ce contexte qu'il est proposé la création d'un fonds spécial pour la solidarité et l'autonomie en matière sanitaire visant la création et le financement d'outils communautaires spécialisés en matière sanitaire, dont : (i) un hôpital de référence communautaire disposant d'un plateau technique de qualité pour prendre en charge les pathologies donnant généralement lieu à des évacuations sanitaires à l'étranger, (ii) la construction de cinq unités pharmaceutiques et de biochimie spécialisées dans la fabrication locale des produits médicaux génériques, (iii) la création d'au moins trois usines supplémentaires de fabrication de matériel et équipements médicaux dans la sous-région et, (iv) la mise en réseau des centres de recherche et des instituts universitaires de santé, pour mutualiser et optimiser la gestion des ressources et les retours d'expérience.

6. Promotion et valorisation du patrimoine culturel de l'Afrique centrale

La culture de manière générale, a été reléguée aux oubliettes. Les pertes sont incommensurables. Le continent africain s'est longtemps privé d'une source génératrice de richesse et d'emplois. En effet, les mutations sociales ont conduit la région à subir une violente rupture dans la génération de valeurs, de sens et d'identité. De fait, les formes, les figures et les configurations de la culture se sont retrouvées spoliées. Le bilan est lourd, se traduisant par la perte économique et l'extinction des modes expressifs. C'est l'effritement de l'homme comme identité constituée. Pourtant, la culture est un levier important de développement socioéconomique des peuples.

Dans des pays à forte diversité culturelle, la prise en compte des différentes cultures nationales favorise l'équilibre interethnique et intercommunautaire et, en conséquence, la stabilité politique et sociale. Le développement d'une culture diversifiée et accessible aux populations participe à la prise de conscience des différences, à la connaissance mutuelle et à l'ouverture des esprits des individus et des communautés.

Malgré l'existence de frontières artificielles héritées de la période coloniale, les peuples de l'Afrique centrale n'ont jamais cessé de maintenir entre eux des liens de parenté et d'identité culturelle. Ceux-ci peuvent constituer un terreau sur lequel des initiatives fédératrices peuvent se développer. À ce titre, il apparait important de mettre en œuvre des activités devant valoriser le patrimoine culturel qui doit nécessairement accompagner le processus de développement de la sous-région.

V. Coopération internationale

En matière de coopération internationale, bien que tous les pays aient conclu un programme économique et financier avec le FMI comme souhaité par les hautes autorités de la CEMAC, il est à noter que la mise en œuvre des programmes de première génération n'a pas permis de retrouver le niveau de croissance économique observé avant la crise de 2014. Par ailleurs, des retards dans la mise en œuvre de certaines réformes qui conditionnent les décaissements des bailleurs ont allongé l'échéance des programmes de la plupart des pays avec une répercussion sur la conclusion des négociations pour la deuxième génération du programme, à l'exception de la RCA qui a conclu en 2020 un nouvel accord pour un programme triennal au titre de la Facilité élargie du Crédit (FEC) du FMI.

Pour remédier à ces insuffisances, la deuxième phase du PREF-CEMAC envisage de rendre plus dynamique la stratégie de coopération internationale à travers des actions ciblées. De manière générale, les objectifs assignés dans le cadre de la phase 2 en termes de coopération internationale concernent la conclusion des négociations avec les PTF et le renforcement des capacités des cellules nationales de suivi de la mise en œuvre des programmes nationaux.

Les défis que doit relever la deuxième phase des actions à mettre en œuvre sur ce pilier sont nombreux et complexes. La traduction de ces défis dans les programmes de deuxième génération à envisager pour les pays de la CEMAC, qui sont plus que jamais confrontés à un environnement extérieur défavorable ainsi qu'à des défis démographiques et sécuritaires importants, vise à assurer l'équilibre entre un ajustement financier compatible avec la reprise de la croissance et le traitement des questions de la dette.

A. Limites et enjeux de la mise en œuvre de la coopération internationale en Afrique centrale

Les répercussions de la crise sanitaire de la COVID-19 ont eu le mérite d'amener les États membres de la CEMAC à prendre conscience des limites et enjeux de la coopération internationale en Afrique centrale induits par cette nouvelle situation inédite.

1. Limites dans la mise en œuvre de la coopération internationale

Les limites dans la mise en œuvre de la coopération internationale sont d'ordre factuel. Il s'agit entre autres : (i) des retards dans la complétude de la stratégie sous-régionale de sortie. À l'entame, tous les pays devaient conclure un accord financier avec le FMI en 2017, mais c'est seulement vers fin 2019 que certains pays sont entrés en programme, réduisant ainsi le potentiel de mobilisation des financements externes; (ii) des fortes contraintes en matière de financements externes tant en volume qu'en matière de délais de décaissements, avec un impact sur l'exécution de la trésorerie publique; (iii) du biais optimiste des prévisions macroéconomiques initiales des programmes, qui appelle à davantage de réalisme dans leur conception, et ; (iv) des contraintes exogènes, dans le cas de certains pays, qui ne leur ont pas permis de conclure des négociations bilatérales, notamment en lien avec les préoccupations en matière de restructuration de la dette extérieure et la mise en œuvre de certains repères structurels.

En plus de ces faiblesses, il convient de noter que l'environnement international, marqué par la crise sanitaire liée à la COVID-19 et ses effets néfastes sur l'activité économique mondiale, conjuguée avec le recul des cours des principaux produits exportés par les pays de la CEMAC, a conduit au ralentissement de la mise en œuvre des réformes retenues dans les programmes pays et à l'expiration de certains programmes avec les bailleurs de fonds. Toutefois, le manque à gagner induit par cette expiration a été compensé par le relèvement de l'accès aux ressources du FMI qui a permis aux États de bénéficier des montants conséquents au titre des appuis d'urgence.

Enfin, la faible coordination entre les institutions sous-régionales et la lenteur des autorités nationales à mettre en œuvre dans les délais les réformes attendues, ainsi que l'instabilité sur le plan du maintien des équipes des cellules nationales de suivi des programmes, ont fortement impacté l'atteinte des objectifs de ce pilier dans les délais requis.

2. Enjeux de la coopération internationale pour la deuxième phase du PREF-CEMAC

De manière générale, la pandémie de COVID-19 et la baisse des cours du pétrole brut ont induit un recul de la situation des pays de la CEMAC en matière d'ajustement budgétaire et une augmentation des besoins de financement, évalués pour l'année 2021 à 2189 milliards de FCFA. Cette situation milite en faveur de l'impérieuse nécessité de préserver des relations privilégiées avec les partenaires au développement par l'entremise des programmes avec le FMI, de manière à tirer profit de toutes les initiatives et les appuis extérieurs proposés par la communauté internationale des bailleurs pour soutenir la stabilisation du cadre macroéconomique sous-régional et la phase de relance des économies de la CEMAC. Cette situation nécessitera la mise en place des nouveaux programmes des pays avec le FMI orientés vers la recherche d'une croissance plus forte et inclusive.

D'ores et déjà, le FMI s'est montré favorable au plaidoyer des plus hautes autorités de la CEMAC en portant la durée des programmes de trois ans à quatre ans, bien que la volonté initiale des pays de la CEMAC fût de parvenir à la mise en place des programmes d'une durée de cinq ans. Cet accord de principe a au moins l'avantage de consacrer des efforts aussi bien pour la phase de stabilisation du cadre macroéconomique de la CEMAC impactée par la crise sanitaire que celle dédiée à la relance des économies.

Dans cette veine, d'importants efforts doivent être consentis par les États afin de recueillir des assurances de financement robustes auprès des autres bailleurs pour la couverture des défis que requiert la deuxième phase des programmes et de parvenir à l'exécution satisfaisante des nouveaux accords financiers. Dans cette même veine, les pays dont les programmes devraient expirer en avril et juin 2021, respectivement le Congo et la Guinée Équatoriale, compte tenu des délais requis pour la conclusion de la première revue du programme (18 mois après l'accord), doivent tout mettre en œuvre afin de satisfaire les prérequis attendus. Par ailleurs, compte tenu de la nécessité d'assurer un suivi régulier des progrès réalisés dans la mise en œuvre des programmes, il apparait utile de renforcer les cellules techniques nationales.

Il convient de relever que, dans le cadre de la nouvelle approche de sortie de crise des unions monétaires, les institutions communautaires ont joué un rôle important au cours de la première phase du PREF-CEMAC, notamment à travers le choix et la mise en œuvre des politiques critiques qui ont favorisé le redressement progressif du cadre macroéconomique de la CEMAC. Dans le cadre de la deuxième phase, l'implication des institutions communautaires s'avère davantage nécessaire pour soutenir efficacement les États membres dans le processus de stabilisation et de relance des économies. À titre de rappel, à la suite d'une évaluation du Bureau Indépendant d'Évaluation du FMI, une transcription formelle de l'intervention des institutions sous-régionales dans les lignes directrices du FMI en matière de conception de programmes dans les unions monétaires, consacrée en décembre 2017, accorde une importance capitale aux engagements pris par les institutions communautaires en vue de soutenir les efforts de sortie de crise des États membres. De la sorte, la mise en œuvre satisfaisante des mesures à l'échelle sous-régionale conditionne la validation des revues des programmes respectifs des pays avec le FMI et, par conséquent, les décaissements des ressources prévues.

Aussi, la problématique de l'accroissement du volume des investissements publics au cours des prochains programmes devrait-elle faire valoir la nécessité de l'identification de ressources adéquates associées à la réalisation des critères convenus d'accord partie avec les pays de la CEMAC. Sur cette base, l'assistance des partenaires au développement devrait être améliorée pour lever définitivement les contraintes liées à l'imprévisibilité et à la faiblesse des financements extérieurs, afin de soutenir la concrétisation des réformes. Dans cette veine, il conviendrait pour les bailleurs de revoir les conditionnalités requises pour l'accès des pays de la CEMAC à certaines ressources comparativement au volume des ressources mobilisées en Afrique de l'Ouest. De même, il apparait nécessaire, pour les pays de la CEMAC, d'élaborer et de présenter des demandes conjointes en vue d'obtenir des financements dans le cadre des guichets de financement des projets régionaux.

Ainsi, les objectifs assignés dans le cadre de la phase 2 en lien avec la coopération internationale concernent l'engagement des négociations avec les PTF et le renforcement des équipes nationales de suivi de la mise en œuvre des programmes nationaux. Pour atteindre chacun de ces deux objectifs généraux, des objectifs spécifiques avec des actions bien précises ont été fixés, dont les délais de réalisation s'étendent jusqu'en 2025.

B. Politiques et réformes envisagées pour booster la coopération internationale en Afrique centrale

Pour booster la coopération internationale en Afrique centrale, les autorités nationales ont mis l'accent sur les négociations avec les PTF ainsi que sur le renforcement des capacités des cellules nationales de suivi des programmes et projets.

1. Négociations avec les PTF

De manière générale, la pandémie de COVID-19, couplée à la baisse des cours du pétrole brut, a induit un recul de la situation des pays de la CEMAC en matière d'ajustement budgétaire et une augmentation des besoins de financement. Cette situation nécessite de préserver des relations privilégiées avec les partenaires au développement par l'entremise des programmes avec le FMI, de manière à tirer profit de toutes les initiatives et des appuis extérieurs proposés par la communauté internationale des bailleurs pour soutenir la stabilisation du cadre macroéconomique sous-régional et la phase de relance des économies de la CEMAC. Les États de la sous-région devaient par ailleurs coordonner leurs démarches auprès des partenaires bilatéraux et multilatéraux en vue d'obtenir un large accès aux financements concessionnels et non concessionnels, ainsi que des avantages non financiers, tels que l'assistance technique.

Compte tenu de la nécessité de trouver des solutions harmonisées et coordonnées au sein de la sous-région, il est indiqué d'achever d'abord les programmes de 1re génération et de conclure pour tous les pays de la CEMAC des négociations avec le FMI pour les programmes de deuxième génération, en cohérence avec la matrice du PREF-CEMAC 2021-2025.

Dans l'ensemble, les États membres devraient entreprendre des négociations sur un programme avec le FMI basé sur une transformation structurelle des économies à travers leur diversification et leur industrialisation plus large et de lutte contre la pauvreté. Ces programmes de deuxième génération devraient relever des défis structurels majeurs au rang desquels, la conception des politiques budgétaires destinées à soutenir une croissance forte, soutenable et inclusive, et à réaliser les objectifs sociaux des pays tout en procédant à l'ajustement nécessaire à la viabilité extérieure.

L'importance que les programmes de deuxième génération devraient accorder à la promotion de la croissance par l'investissement et les réformes structurelles oblige à étendre le champ de ces programmes au-delà du périmètre d'action traditionnel du FMI, pour intégrer notamment des actions qui sont en général conduites par les organismes internationaux de développement.

Bien que les programmes financiers de deuxième génération soient placés sous l'égide du FMI, celui-ci devrait coopérer plus étroitement avec les autres institutions internationales de développement à leur conception (objectifs, politiques et réformes et calibration des actions), leur mise en œuvre (programmation et planification) et leur suivi/évaluation (critères et indicateurs de performance).

Afin de trouver des solutions harmonisées et coordonnées au sein de la sous-région, il est indispensable que tous les États membres de la CEMAC engagent des négociations et concluent un accord avec le FMI.

2. Renforcement des capacités des cellules nationales

Pour favoriser l'appropriation et le suivi efficace de la mise en œuvre desdits programmes, il est indispensable de procéder au renforcement des capacités des cellules nationales de suivi des programmes et projets. Cette activité passera par l'assistance technique des PTF traditionnels ainsi que les apports et l'accompagnement des organes sous-régionaux de suivi des programmes.

Parmi les facteurs clés de succès dans la mise en œuvre des programmes et des réformes, l'existence d'une capacité institutionnelle structurée et coordonnée de la conduite du changement s'avère tout aussi déterminante que l'expression de la volonté politique. En effet, l'expérience montre que les promesses d'action restent bien souvent des lettres mortes, parfois même sans commencement d'exécution, plusieurs années après leurs annonces, si un dispositif réaliste et efficace n'existe pas. Pour assurer la coordination efficace de la mise en œuvre des programmes, il serait opportun de renforcer les attributions et les capacités des membres de la cellule nationale pour couvrir toutes les réformes et actions inscrites dans les programmes de deuxième génération.

Les capacités renforcées des membres des cellules nationales sont importantes en raison de leur lien avec la performance, eu égard notamment à la nécessité de développer un cadre propice au suivi des réformes structurelles consignées dans les programmes de deuxième génération.

L'expérience de la première génération du PREF-CEMAC montre que les changements des personnes-ressources au cours des négociations ou de la mise en œuvre des programmes, sans un transfert d'expérience, ont joué sur le suivi étroit et approprié des programmes. Au cours de la deuxième génération des programmes, il serait opportun de maintenir sur toute la durée du programme les mêmes interlocuteurs qui ont la compréhension approfondie du programme pour assurer le suivi de la mise en œuvre et des discussions avec les services du FMI lors des missions de revue.

CHAPITRE 9 :

L'ADOPTION ET LA MISE EN ŒUVRE DES PROJETS INTÉGRATEURS PRIORITAIRES DE LA CEMAC

Avec le plus faible réseau d'infrastructures, notamment de transport, d'énergie et des technologies de l'information et de la communication (TIC) ainsi que le plus faible taux des échanges commerciaux intracommunautaires (moins de 3% contre une moyenne de 10% pour les autres Communautés économiques régionales (CERs)) en Afrique, la CEMAC peine à tirer avantage de l'intégration régionale pourtant moteur de croissance et de développement. En effet, le déficit en infrastructures régionales de qualité et accessibles à l'échelle régionale, le faible niveau de production des biens échangeables, un tissu industriel embryonnaire, de nombreuses barrières tarifaires et non tarifaires ainsi que la faible volonté des États à mettre en œuvre des réformes pour la libre circulation des personnes et des biens constituent un handicap sérieux au développement économique et social et à l'accélération du processus d'intégration dans la sous-région.

Pour faire face à ces défis, les pays de la CEMAC ont conçu et adopté un Programme économique régional (PER) en 2010 comme principal cadre d'action et de mise en cohérence de l'ensemble des projets susceptibles d'accélérer et de renforcer l'intégration régionale en vue de faire de la CEMAC un espace économique intégré émergent où règnent la sécurité, la solidarité et la bonne gouvernance au service du développement humain à l'horizon 2025. Ce programme s'appuie sur trois piliers à savoir : (i) l'énergie, (ii) l'agriculture et l'économie forestière, et (iii) les mines et la métallurgie.

Au terme de la première phase opérationnelle du PER pour la période 2011-2015, les résultats atteints ayant été insatisfaisants, la Conférence des Chefs d'État de la CEMAC a décidé d'opter pour une approche plus pragmatique et inclusive dans le cadre de la deuxième phase opérationnelle 2017-2021 du PER en se focalisant sur un portefeuille limité et réaliste de projets phares, susceptibles d'accélérer l'intégration physique et commerciale de la sous-région.

C'est sur cette base que les douze projets intégrateurs prioritaires de la CEMAC ont été identifiés pour être mis en œuvre pour la période 2017-2021. L'objectif global de ces douze projets est de (i) contribuer au développement des infrastructures physiques en soutien au développement et à la compétitivité des économies de la CEMAC et de (ii) favoriser le développement du capital humain. De manière spécifique, il s'agit d'apporter une réponse adaptée aux besoins du développement durable, de la croissance économique, de l'intégration et aux attentes des populations et d'anticiper les besoins futurs en infrastructures et en développement humain.

I. Adoption des projets intégrateurs prioritaires

Sur un total de 84 projets que comptent les 13 programmes de la deuxième phase opérationnelle du PER 2017-2021, l'adoption de certains de ceux-ci en projets intégrateurs prioritaires a été faite par le Comité de Pilotage (COPIL) du Programme des Réformes économiques et Financières de la CEMAC (PREF-CEMAC). En effet, suite à la décision de la Conférence des Chefs d'État de la CEMAC prescrivant la mise en œuvre des projets intégrateurs phares du PER 2017-2021 afin d'accélérer le processus d'intégration physique et commerciale en zone CEMAC, le COPIL du PREF-CEMAC, lors de sa huitième session ordinaire du 31 mars 2019, a demandé aux États membres, à la Commission de la CEMAC et à la Banque de Développement de l'Afrique Centrale (BDEAC) d'engager une concertation pour établir un ordre de priorité de projets intégrateurs parmi les 13 projets phares du PER en s'assurant de leur maturité et de leur évaluation financière actualisée en vue de sélectionner les projets intégrateurs prioritaires devant faire l'objet d'une mobilisation des financements.

A. Priorisation des projets intégrateurs de la CEMAC

La priorisation des projets intégrateurs s'est faite à Douala du 4 au 6 juillet 2019 par le groupe de travail composé des experts de la Commission de la CEMAC, de la BDEAC et du PREF-CEMAC. Le processus de sélection de projets était basé sur les critères de maturité, de faisabilité, de dimension régionale et du niveau d'impact des projets sur les populations.

1. Processus de sélection des douze projets intégrateurs prioritaires

Le processus d'identification et de sélection des douze projets intégrateurs prioritaires s'est fait selon une démarche participative et itérative sur la base des orientations données par les Chefs d'État des pays membres de la CEMAC et du PER dans la phase opérationnelle 2017-2021.

La méthode utilisée pour la priorisation et la sélection s'est basée prioritairement sur le critère de maturité. D'après ce critère, les projets matures sont ceux pour lesquels il existe des termes de référence validés, un avant-projet sommaire (APS), un avant-projet détaillé (APD), une étude de faisabilité économique bouclée, une évaluation financière et les dossiers d'appel d'offres (DAO).

Après avoir établi l'ordre de priorité des projets intégrateurs parmi les 13 programmes du PER et s'être assuré de leur maturité, le groupe de travail a préparé les fiches techniques de projets et identifié les partenaires et les bailleurs intéressés. Les projets sélectionnés portent sur les corridors régionaux de transport (axe 1), la production et l'interconnexion énergétiques (axe 2), la libre circulation des personnes, des biens et des services (axe 3) et le capital humain et la diversification économique (axe 4).

2. Les risques et hypothèses inhérents à la réalisation des projets intégrateurs prioritaires adoptés

Les risques inhérents à la réalisation des projets intégrateurs prioritaires sont de plusieurs ordres. On peut mentionner entre autres (i) la viabilité et la soutenabilité de la dette ; (ii) la persistance de la détérioration du contexte politique et sécuritaire dans certains pays de la sous-région ; (iii) le non-redressement des cours du pétrole et la faiblesse des prix des autres matières premières ; (iv) les difficultés de mobilisation des ressources financières dans un contexte marqué par la COVID-19 ; et (v) la faiblesse des capacités humaines et organisationnelles dans la Communauté, notamment pour le suivi dans la mise en œuvre des projets multinationaux.

S'agissant de la solvabilité et de la soutenabilité de la dette, son cadre sera en nette amélioration dans la mesure où le retour attendu sur les investissements des projets intégrateurs occasionnerait un accroissement des recettes budgétaires hors dons, et par ricochet une amélioration du ratio de la valeur actuelle de la dette extérieure sur les recettes budgétaires projetées. Par ailleurs, en dépit du triple choc pétrolier, sécuritaire et sanitaire, mettant certains pays en difficulté, il faut s'attendre à une amélioration des indicateurs de solvabilité et de viabilité à moyen terme du fait des retours attendus sur les investissements des projets intégrateurs.

Concernant la persistance de la détérioration du contexte politique et sécuritaire dans certains pays de la CEMAC, ce risque pourrait être contenu par un suivi et un appui des efforts de stabilisation à travers le Conseil de paix et de sécurité (COPAX) ou encore par un usage adapté des instruments des Partenaires techniques et financiers (BAD, BM, FMI) disponibles pour les États fragiles (RCA, Tchad).

Pour ce qui est du non-redressement des cours du pétrole et des faiblesses des prix des autres matières premières, ce risque pourrait être maîtrisé grâce au soutien des initiatives de stabilisation en cours dans la sous-région, telles que le PREF-CEMAC, les programmes d'appui budgétaire et le renforcement de la diversification des économies de la CEMAC.

Enfin, s'agissant de la faiblesse des capacités humaines et organisationnelles dans la CEMAC, notamment pour le suivi de la mise en œuvre des projets multinationaux, le renforcement de la gouvernance et des appuis en matière de développement du capital humain dans la sous-région seraient bénéfiques pour réduire ce risque.

B. Les projets intégrateurs prioritaires adoptés

Au cours de sa deuxième session extraordinaire du 3 octobre 2019, le COPIL du PREF-CEMAC a procédé à la sélection et à l'adoption de onze projets intégrateurs prioritaires sur la base du critère de maturité et dressé la liste des bailleurs susceptibles d'accompagner leur mise en œuvre.

1. Les onze projets intégrateurs prioritaires sélectionnés et adoptés

Au terme d'une sélection rigoureuse par le groupe de travail des experts, les douze projets suivants ont été retenus :

a. Le projet de construction d'un pont sur le fleuve Ntem et facilitation du transport, et de la sécurité routière sur la route transnationale Kribi-Campo-Bata reliant le Cameroun et la Guinée Équatoriale

Contexte

L'absence d'un ouvrage de franchissement permanent entre les deux rives du fleuve Ntem entre le Cameroun et la Guinée Équatoriale constitue un handicap majeur à la mise en œuvre des politiques de développement économique et d'intégration de la CEMAC et du continent. La construction de ce pont permettra d'assurer, de façon permanente, le franchissement du fleuve Ntem et de jouer un rôle décisif dans le développement de l'interconnexion des réseaux routiers régionaux. Le pont constituera un maillon important de l'infrastructure d'intégration et de développement des échanges entre les pays de la CEEAC et probablement au-delà.

Description du projet

Dans la situation actuelle, le trafic des marchandises usagers est obligé d'emprunter des itinéraires alternatifs, avec de grandes distances de parcours (la route Kribi – Ebolowa – Kyi Ossi – Bata de 515 km, non aménagée par endroits et en très mauvais état par ailleurs), ce qui engendre des temps de voyages encore plus longs et des dépenses additionnelles liées aux coûts d'exploitation des véhicules. En ce qui concerne les passagers, la traversée se fait actuellement dans des pirogues artisanales payantes, avec des mesures de sécurité très limitées, voire précaires.

Objectif

L'objectif du projet est l'amélioration du niveau de service sur le Corridor Yaoundé-Bata-Libreville en vue d'accroitre les échanges commerciaux transafricains. Spécifiquement, le projet vise : (i) la promotion des échanges commerciaux Inter États, en particulier, entre la Guinée Équatoriale et le Cameroun ; (ii) l'amélioration de la fluidité du trafic sur le corridor Yaoundé-Bata-Libreville et ses ramifications routières ; (iii) la réduction du temps de parcours et les coûts de transport ; et (iv) l'amélioration de l'accessibilité des populations de la zone d'influence du projet aux services de base.

Résultats attendus

Les principaux résultats attendus du projet sont :

- La construction du pont et de ses raccordements routiers,
- La réduction des coûts généralisés de transport,
- La fluidité de circulation des personnes et des biens,
- L'amélioration des conditions de vie des populations de la zone d'influence,
- L'accroissement et le renforcement des échanges économiques Inter - États à travers une amélioration quantitative et qualitative des infrastructures de transport, pour répondre aux besoins du développement durable et de l'intégration régionale.

Coût du projet

Le coût total du projet est estimé à 111,94 millions d'euros environ.

b. Le projet de construction de la voie express Lolabe-Campo (39 km) entre le Cameroun et la Guinée Équatoriale.

Contexte

La principale route Kribi – Campo – Bata est bitumée à l'exception du tronçon Lolabé – Campo long de 39 km en territoire camerounais. La route multinationale Kribi – Campo – Bata permettra l'accessibilité et le développement du complexe industriel et portuaire de Kribi. Le diagnostic des conditions de circulation dans la zone du « Complexe industriel et portuaire de Kribi » a relevé un certain nombre de dysfonctionnements majeurs portant notamment aussi bien sur l'état physique des routes existantes que sur l'insuffisance des voies d'accès aménagées. Ces dysfonctionnements entravent la fluidité de la circulation dans la zone du « Complexe industriel et portuaire de Kribi » et rendent ainsi difficile son accès, ce qui impacte négativement sa compétitivité et donc de tous les corridors nationaux et transafricains associés, notamment, Kribi – Douala, Kribi – Yaoundé, Kribi – Bangui, Kribi – N'Djamena.

Description du projet

L'aménagement progressif de la section Lolabé – Campo (39 km) par la construction d'une chaussée unidirectionnelle à 2 x 2 voies de largeur 3,50 mètres séparées par un terre-plein central de 1,50 m et deux accotements de 2,00 mètres chacun. Cet aménagement s'inscrit dans la continuité de la construction de la route Kribi – Lolabé – Campo dont la première section Kribi – Lolabé est déjà réalisée. Le présent projet débute à la sortie du port en eau profonde de Kribi au village Lolabé. Il longe la côte atlantique sur la totalité de sa longueur jusqu'à Campo.

Objectif

Le projet consiste en la construction d'une voie express qui permettra de fluidifier complètement le transport des biens et des personnes entre la Guinée Équatoriale et le Cameroun, tout en développant la ville de Campo. De manière précise, il permettra de relier la zone portuaire de Kribi à la ville frontalière de Campo, avec un raccordement à l'autoroute Kribi-Lolabé actuellement achevée. Ce sera une infrastructure de 2x2 voies, avec une largeur de la plateforme de 20 m ; une largeur de chaussée de 2x3-5x2 ; une largeur des accotements de 2x2m et un terre-plein central de 2 m. La vitesse de référence 80km/h. Selon la fiche technique du projet, la durée prévisionnelle des travaux est de 36 mois pour la construction. La voie expresse entre Kribi et Campo va ainsi permettre d'améliorer les échanges avec la Guinée Équatoriale ; faciliter l'accès aux grandes villes du Cameroun ; améliorer les conditions de circulation sur les trajets des villes camerounaises à forts potentiels sur les économiques (Edéa, Douala, Kribi, etc.) ; réduire la congestion routière en milieu urbain ; faciliter les échanges transfrontaliers dans la sous-région ; faciliter les échanges entre les pôles porto-industriels de Kribi, de Limbe et Douala.

Résultats attendus

Les principaux résultats attendus du projet sont :

- La construction et le bitumage d'environ 39 km de route ;
- L'amélioration des conditions de vie des populations de la zone d'influence ;
- L'accroissement et le renforcement des échanges économiques Inter - États à travers une amélioration quantitative et qualitative des infrastructures de transport, pour répondre aux besoins du développement durable et de l'intégration régionale, et ;
- La mise en valeur des ressources naturelles et des richesses minières de la région.

Coût du projet

Le coût de la première phase de l'aménagement progressif de la route Lolabé – Campo est de 62,20 millions d'euros. Le financement de la Banque africaine de Développement de 53 millions d'euros couvre 85% des besoins. Le gap de financement recherché est de 9,4 millions d'euros, soit 15% du coût du projet.

c. Le projet de construction des tronçons manquants de la route Ndende-Dolisie (144 km) du corridor Libreville-Brazzaville entre le Gabon et le Congo

Contexte

La mise en œuvre du Plan directeur Consensuel des Transports en Afrique Centrale (PDCT-AC), dont l'un des objectifs est de relier les capitales par une route bitumée en bon état, justifie pleinement la construction de la route. Le présent projet s'inscrit dans le cadre de l'exécution du PDCT-AT et doit permettre de relier Libreville à Pointe-Noire et Brazzaville. Le Gabon et le Congo partagent plus de 1.900 km de frontière sans être pour autant reliés par une liaison routière pérenne, praticable en toutes saisons.

Description du projet

La situation actuelle du projet de la route Ndendé - Dolisie d'une longueur de 402 km est la suivante :

- Au Gabon, la Banque a approuvé, en novembre 2019, un prêt BAD de 92,778 millions EUR et un prêt AGTF de 44,839 millions EUR pour financer la première phase du Projet d'Appui au Secteur des Infrastructures au Gabon (PASIG) consistant, entre autres, à la construction du tronçon routier Ndendé - Doussala (49 km) et du pont frontalier sur la rivière Ngongo,
- Au Congo, le projet routier d'une longueur de 353 km est conçu en deux (2) phases :
  - Phase 1 (en cours d'exécution) et consistant, essentiellement, en la réhabilitation de la section en terre Ngongo - Kibangou (130 km) et le bitumage de la section Kibangou - Dolisie (93 km),
  - Phase 2 est relative à la construction et bitumage des 130 km restant entre Ngongo et Kibangou.

Objectif

Le Projet d'Aménagement de la route Ndendé-Doussala-Dolisie et de Facilitation du Transport sur le Corridor Libreville-Brazzaville-Point Noire s'inscrit dans l'ambition affichée par les deux gouvernements de renforcer l'intégration régionale en assurant des liaisons pérennes et praticables en toutes saisons. Le tronçon Ndendé-Doussala-Dolisie constitue l'important maillon manquant du corridor Yaoundé-Libreville-Brazzaville, qui fait partie de la Transafricaine Tripoli- Windhoek. La réalisation de cette route permettra le désenclavement intérieur des Provinces de la Ngounié et de la Nyanga au Gabon et du Département du Niari au Congo. Ces provinces et départements disposent, en effet, d'immenses superficies agricoles non exploitées à cause principalement du mauvais état des infrastructures de transport. Ils disposent également d'importants gisements miniers et de réserves naturelles forestières. En outre, la réalisation de cette route accompagnée des différentes mesures de facilitation (Poste de Contrôle unique Frontalier, levée des barrières non physiques, etc.) va induire un accroissement substantiel du volume des échanges commerciaux (surtout des produits agricoles et pastoraux) entre les deux pays, et va entrainer la baisse des coûts de transports.

Résultats attendus

Les principaux résultats attendus du projet sont :

- La construction et le bitumage de 179 km de route ;
- L'amélioration du niveau de service sur le corridor et l'accroissement du trafic et des échanges commerciaux en Afrique Centrale ;
- La réduction des coûts du transport et logistique, et ;
- L'amélioration des conditions de vie des populations riveraines et de leur accès aux services sociaux de base (eau potable, écoles, etc.).

Coût du projet

Le coût total est estimé à 221,98 millions d'euros

d. Le projet de construction de la route Kogo-Akurenam (Sud-Est Guinée Équatoriale – Gabon)

Contexte

La faiblesse des infrastructures de transport et le mauvais état de l'existant ne favorisent pas le développement des économies de la sous-région ni la libre circulation des personnes et des biens. Au Gabon et en Guinée Équatoriale, l'intégration physique n'est plus une option, mais une exigence de survie des économies. L'une des préoccupations majeures du Gabon et de la Guinée Équatoriale est la mise en place rapide des conditions propices à une croissance économique durable et, en conséquence, à la réduction de la pauvreté.

Description du projet

Ce projet vise l'augmentation de 20 % des échanges entre le Cameroun, le Gabon et la Guinée Équatoriale continentale. Il s'inscrit dans le développement de la zone des trois frontières.

Résultats attendus

Les principaux résultats attendus du projet sont :

- La construction et le bitumage de la route ;
- L'amélioration du niveau de service sur le corridor et l'accroissement du trafic et des échanges commerciaux en Afrique Centrale ;
- La réduction des coûts du transport et logistique, et ;
- L'amélioration des conditions de vie des populations riveraines et de leur accès aux services sociaux de base (eau potable, écoles, etc.).

Coût du projet

Le coût total est estimé à 397 millions d'euros.

e. Le projet de construction du corridor Brazzaville-Ouesso-Bangui-Ndjamena (Congo/ RCA/ Tchad)

Contexte

La route Ouesso-Bangui-N'Djamena est un maillon du corridor transafricain Pointe-Noire-Brazzaville-Bangui - N'Djamena, lequel fait partie du réseau du premier programme prioritaire du Plan directeur consensuel des transports en Afrique centrale. Ce corridor de près de 3.300 km constitue non seulement une liaison directe entre Brazzaville-Bangui-N'Djamena, mais encore et surtout, il permet de relier trois capitales et de fournir à la RCA et au Tchad un accès à la mer (par Pointe-Noire au Congo ou Matadi en RDC), additionnel à celui de Douala (Cameroun).

Description du projet

L'étude a subdivisé la route Ouesso-Bangui-Mbaikoro en 19 lots distincts, dont 8 au Congo, 9 en Centrafrique et 2 au Tchad. La route traverse un relief relativement doux sur tout son itinéraire. Il est marqué en territoire Congolais par une zone marécageuse importante sur le tronçon Ouesso-Mbirou et par un pont de 616 m situé sur la rivière Sangha dans la ville de Ouesso. Le tronçon de Mbaïki-Bangui-Bossembele est bitumé, mais présente un défaut de portance dans la majeure partie de l'itinéraire. Il a été retenu de procéder à sa réhabilitation. Le linéaire de la route Ouesso – Bangui – Mbaikoro d'environ 1.384 km (y compris des pénétrantes et des voiries dans les localités traversées) se répartit comme suit : - Congo : 542 km environ, soit 39% du linéaire, - RCA : 724 km environ, soit 52% du linéaire, -Tchad : 118 km environ, soit 9% du linéaire.

Objectif

L'objectif global du projet est de contribuer à l'efficacité du sous-secteur des transports routiers pour soutenir le développement économique et social ainsi que l'intégration régionale. Il participe ainsi à la mise en œuvre du Plan directeur Consensuel des Transports en Afrique Centrale (PDCT-AC) dont l'une des priorités est d'assurer, à brève échéance, des liaisons fiables et pérennes entre les capitales des différents États de la Région. De façon spécifique, il s'agit d'améliorer le niveau de service de la chaine logistique de transport sur l'axe routier Ouesso – Bangui - Mbaikoro pour transformer le corridor Pointe Noire – Brazzaville – Bangui — N'Djamena : une route commerciale viable qui améliorera les conditions de vie des populations de la zone d'influence.

Résultats attendus

Les principaux résultats attendus du projet sont :

- La construction et le bitumage d'environ 1.310 km de route ;
- La construction et le bitumage de 25 km de pénétrantes et 49 km de voiries ;
- L'amélioration des conditions de vie des populations de la zone d'influence ;
- L'accroissement et le renforcement des échanges économiques Inter - États à travers une amélioration quantitative et qualitative des infrastructures de transport, pour répondre aux besoins du développement durable et de l'intégration régionale, et ;
- L'accès direct aux ports de Pointe Noire et de Matadi par où pourront transiter les marchandises en provenance et à destination de la RCA et du Tchad, - la mise en valeur des ressources naturelles et des richesses minières de la région.

Coût du projet

Le coût total est estimé à 955.453.183.616 FCFA, soit 605,37 millions d'euros. Les coûts du projet par pays sont les suivants :

- Congo : 385.582.564.712 FCFA soit 40% environ du coût total,
- RCA : 486.491.159.137 FCFA, soit 51% environ du coût total,
- Tchad : 83.379.459.767 FCFA, soit 9% environ du coût total.

En raison de l'ampleur du programme nécessitant la mobilisation d'importantes ressources financières, le développement de la route Ouesso – Bangui – Mbaikoro est programmé en deux phases.

f. Le projet d'aménagement hydroélectrique de Chollet et des lignes électriques associées (Cameroun/ Congo/ Gabon/ RCA)

Contexte

Selon les prévisions de la demande en électricité sur le réseau interconnecté Sud du Cameroun, réalisées dans le PDSE 2035, sur la période 2010-2035, la demande en puissance à la pointe à l'horizon 2025 sera d'environ 2200 MW. Cette valeur ne tient pas compte des grands projets industriels énergivores ni des interconnexions dont la demande cumulée sera de 2000 MW à cette même échéance. Quant à la République du Congo, la prévision de la demande à l'horizon 2035 est d'environ 2000 MW. Cependant, les deux pays possèdent chacun un fort potentiel énergétique bien que n'étant pas assez développé pour couvrir toutes les attentes. Le Cameroun possède le troisième plus grand potentiel hydroélectrique en Afrique subsaharienne, évalué à plus de 20 000 MW en capacité d'équipement, avec un bassin versant de la rivière Sanaga qui fournit près de la moitié du potentiel inexploité. La capacité de production installée à ce jour sur le Réseau Interconnecté Sud (RIS) est estimée à environ 1.235 MW. La mise en service à court et moyen termes des projets de nouvelles centrales (Mekin, Kribi, Memve'ele) permettra de porter cette capacité installée à environ 1980 MW à l'horizon 2020. La République du Congo dispose de 04 centrales hydroélectriques en plus de 05 centrales thermiques.

Description du projet

Le barrage de Chollet est une centrale hydroélectrique en projet avec une capacité prévue de 600 MW pour une hauteur de 108 m sur le cours inférieur du fleuve Dja. Les rapides de Chollet se trouvent sur les eaux transfrontalières du fleuve Dja entre le Cameroun et le Congo. Deux lignes à haute tension d'évacuation d'énergie sont prévues. Une de 700 km sera construite au Cameroun et l'autre de 1500 km au Congo. Le projet prévoit également d'alimenter la RCA, le Gabon et la Guinée Équatoriale. Il est envisagé, dans le cadre de ce projet, de couvrir en partie les besoins énergétiques du Cameroun et du Congo avec une interconnexion projetée vers la RCA et à long terme vers le Gabon et la Guinée Équatoriale.

Objectif

L'objectif global du projet est de résorber le déficit énergétique des pays concernés par un approvisionnement additionnel régulier en électricité des réseaux interconnectés adjacents. L'objectif sectoriel est d'augmenter le taux d'électrification de chaque pays.

Résultats attendus

Parmi les résultats liés au projet, on peut citer l'amélioration de la disponibilité d'une source d'électricité fiable et durable, qui se traduira par une forte croissance économique et servira de catalyseur à de nouveaux investissements.

Coût du projet

Le coût du projet d'aménagement hydroélectrique de Chollet et des lignes électriques est estimé à 1,832 million d'euros environ. Le financement déjà mobilisé est de 49,47 millions d'euros, soit 3% environ des besoins.

g. Le projet d'interconnexion des réseaux électriques (Cameroun - Tchad)

Contexte

L'interconnexion des réseaux électriques Cameroun - Tchad répond à la volonté des deux pays d'optimiser l'utilisation de leurs ressources énergétiques par l'intégration des infrastructures de production, de transport et de distribution de l'énergie électrique. En effet, le Cameroun et le Tchad font face à des difficultés majeures de développement économique et social qui résultent de contraintes diverses, dont, les coûts très élevés de l'énergie. Les taux d'accès à l'électricité des deux pays sont très faibles en raison d'une disponibilité insuffisante et se situent aux environs de 18% au Cameroun et de 3% au Tchad.

Description du projet

Le projet consistera en la construction : (i) d'une ligne principale HT 225 kW entre Ngaoundéré, Maroua (Cameroun) et Ndjamena (Tchad), (ii) d'une bretelle de ligne HT 225 kW entre Maroua (Cameroun), Bongor, Guelendeng et Ndjamena (Tchad), (iii) des postes de transformation HT/MT associés, (iv) ainsi que des réseaux de distribution, pour l'électrification rurale, le long des couloirs de ligne. La longueur totale des lignes HT à construire est d'environ 1024 km (786 au Cameroun et 238 au Tchad), et le nombre de localités à électrifier le long de ces lignes est de 478 (409 au Cameroun et 69 au Tchad).

Objectif

L'ambition régionale dans le sous-secteur de l'électricité cible trois objectifs stratégiques spécifiques : (i) un accès universel à l'électricité (100% à l'horizon 2025 contre une moyenne de 17% aujourd'hui), (ii) un prix moyen du kWh compris entre 30 et 40 F CFA en 2025 (supérieur à 100 FCFA actuellement), (iii) la valorisation de 54% du potentiel hydroélectrique (contre moins de 3% actuellement) et d'au moins 5% du potentiel gazier pour la production d'électricité (moins de 1% actuellement). L'objectif global du projet est de résorber le déficit énergétique des pays concernés par un approvisionnement additionnel régulier en électricité des réseaux interconnectés adjacents. L'objectif sectoriel est d'augmenter le taux d'électrification de chaque pays.

Résultats attendus

L'interconnexion des moyens de production et de transport de l'énergie électrique du Cameroun et du Tchad permettra des gains importants en coûts de production au profit direct des sociétés nationales d'électricité. Le projet permettra, par l'électrification des localités riveraines des lignes d'interconnexion, d'augmenter le taux d'accès à l'électricité dans les deux pays. Il contribuera d'une manière générale à l'amélioration des conditions de vie des populations et à la lutte contre la pauvreté.

Coût du projet

Le coût du projet est estimé à 466 millions d'euros environ.

h. Le projet d'interconnexion du Cameroun avec les pays de la CEMAC par la fibre optique

Contexte

Initié en avril 2007 par les pays de la Communauté économique et monétaire d'Afrique Centrale, lors du sommet de Ndjamena, au Tchad, le projet central African Backbone (CAB) vise à favoriser l'intégration sous-régionale et à réduire la facture numérique grâce à des infrastructures terrestres de haut débit à fibre optique. L'ambition affichée à travers ce projet est de doter les pays membres d'un réseau de télécommunications haut débit par le maillage en fibre optique des États de la CEMAC. Le Cameroun occupe potentiellement une position stratégique pour le développement des TIC en Afrique centrale, car étant frontalier avec trois pays côtiers ayant des points d'atterrage des câbles sous-marin (SAT3, WACS et ACE) et qui pourraient lui fournir une alternative à l'unique sous-marin (WACS) auquel il a accès jusqu'à date. Le déploiement de cette « dorsale » est décliné en programmes nationaux dans chacun des pays concernés.

Description du projet

Le projet consiste en :

- La mise en place d'un point sous-régional d'échanges internet (IXP),
- La mise en place des infrastructures d'interconnexion directe par fibre optique entre le Gabon et le Cameroun (Kye-ossi au Cameroun et Bitam au Gabon) ;
- La mise en place des infrastructures d'interconnexion directe par fibre optique entre la Guinée Équatoriale et le Cameroun (Kye-ossi et Ebebiyin) ;
- La mise en place des infrastructures d'interconnexion directe par fibre optique entre le Cameroun et le Congo (Sangmelima - Djoum - Ntam) ;
- La mise en place des infrastructures d'interconnexion directe par fibre optique entre la RCA et le Cameroun (Garoua Boulaï - Cantonnier), et ;
- La mise en place des infrastructures d'interconnexion directe par fibre optique entre le Tchad et le Cameroun (Yagoua - Bongor). Les études techniques, économiques, sociales et environnementales ainsi que les dossiers d'appels d'offres sont disponibles.

Objectifs

Les objectifs assignés au projet sont de contribuer à : (i) l'augmentation effective de la connectivité au niveau national et régional, (ii) l'accroissement des services à large bande, (iii) la réduction du coût élevé des télécommunications/TIC sur le climat des affaires et (iv) l'extension de la production des biens et services.

Résultats attendus

Les principaux résultats attendus sont :

- L'amélioration de l'accès des populations, des administrations et des entreprises à des services de télécommunications/TIC de qualité et avec un prix abordable,
- La contribution à l'inclusion sociale, économique et financière des populations de la zone CEMAC, - l'amélioration de l'offre de formation et de l'accès aux TIC dans l'enseignement.

Coût du projet

Le coût du projet est estimé à environ 8,4 millions d'euros.

i. Le projet de construction du port sec de Beloko (Corridor Douala - Bangui)

Contexte

La République centrafricaine (RCA) est un vaste pays enclavé se situant au cœur de l'Afrique Centrale. La position d'enclavement de la RCA constitue une contrainte majeure, pour un pays avec une économie très dépendante de l'extérieur. La problématique réside alors dans la recherche des voies pour relever ce défi qui handicape les échanges avec les partenaires économiques. Cette réalité se traduit par : (i) une lenteur et une irrégularité du circuit d'approvisionnement en transit de principaux secteurs économiques et des exportations centrafricaines, proximité de la frontière et (ii) un système fragile de ravitaillement des populations en produits de première nécessité. Le port sec de Beloko aura pour rôle de réduire les coûts et le temps d'acheminement des marchandises et d'utiliser rationnellement des espaces portuaires, à l'avantage aussi bien des usagers des populations de Beloko, que des armateurs et sociétés de manutention.

Description du projet

Le port sec sera aménagé à un point de rupture de charge et constituera un terminal multimodal, avec statut d'entrepôt sous douane, où peuvent arriver des convois routiers avec des engins de logistique appropriés en chargement ou déchargement des produits pour diverses destinations.

Objectif

L'objectif général est de contribuer au désenclavement et au développement de la RCA. L'objectif spécifique est : (i) la régularité et l'accélération du circuit des importations et des exportations permettant l'accroissement de la consommation, (ii) la maîtrise du volume des échanges ainsi que la maîtrise des statistiques nationales qui constituent un outil stratégique de politique économique et (iii) une facilitation du recouvrement des recettes fiscales à travers un centre unique de traitement. L'objectif sectoriel est de : (i) disposer d'un circuit d'approvisionnement d'urgence efficace, (ii) constituer et mobiliser rapidement un stock de sécurité (produits stratégiques comme les hydrocarbures, produits alimentaires, intrants industriels, autres produits), (iii) contribuer à la lutte contre les fraudes fiscales à travers les modes de gestion de magasins cales ou sous douane et (iv) le paiement des frais d'entreposage et de passage dans l'entrepôt aux opérateurs économiques nationaux.

Résultats attendus

La construction d'un port Sec à Beloko est motivée par plusieurs raisons dont les principales sont :

- Résoudre le problème important de désenclavement et d'approvisionnement de la RCA
- Faciliter les opérations de transit de l'import et de l'export de et vers la RCA.

Coût du projet

Le coût du projet est estimé à 183 millions d'euros.

j. Le projet de construction du port sec de Dolisie (Corridor Gabon - Congo)

Contexte

Le port sec de Dolisie a pour rôle de réduire les coûts et le temps d'acheminement des marchandises et d'utiliser rationnellement des espaces portuaires, à l'avantage aussi bien des usagers du port de Pointe-Noire, des populations de Dolisie, que des armateurs et sociétés de manutention, sur le corridor Pointe Noire-Brazzaville-Ouesso-Bangui et Port-Gentil - Brazzaville.

Description du projet

Le port sec constituera un terminal multimodal, avec statut d'entrepôt sous douane, où peuvent arriver des convois routiers avec des engins de logistique appropriés en chargement ou déchargement des produits pour diverses destinations.

Objectif

L'objectif général est de contribuer au développement des infrastructures physiques en soutien à la compétitivité des économies de la sous-région. Pour la République du Congo, le port sec de Dolisie vient désengorger le port de Pointe-Noire et faciliter les opérations portuaires et administratives qui alourdissent la gestion rationnelle de cette dernière infrastructure portuaire. L'objectif spécifique est : (i) la régularité et l'accélération du circuit des importations et des exportations permettant l'accroissement de la consommation, (ii) la maîtrise du volume des échanges ainsi que la maîtrise des statistiques nationales qui constituent un outil stratégique de politique économique et (iii) une facilitation du recouvrement des recettes fiscales à travers un centre unique de traitement.

Résultats attendus

La construction d'un port Sec à vocation industrielle sur une superficie de 200 hectares à Dolisie est motivée par plusieurs raisons dont les principales sont :

- Résoudre le problème important de la facilitation de transport de marchandises entre le port Autonome de Pointe-Noire, l'arrière-pays et les pays voisins (Gabon, République Démocratique du Congo, Angola, Tchad),
- Valoriser les corridors terrestres, car le port sec de Dolisie est situé dans une zone de convergence de corridors contenus dans le plan directeur consensuel des transports en Afrique Centrale,
- Renforcer la stratégie de l'intégration sous-régionale et d'équilibrage intra-départemental qui va instaurer un système intégré de port sec, des routes, du chemin de fer, améliorant ainsi les services de transports et de logistiques, levier de la reconquête de la vocation de pays de transit.

Coût du projet

Le coût du projet est estimé à 183 millions d'euros. Pour le financement, le développement et l'exploitation du port sec, trois options peuvent être envisagées : (i) Option 1 : financement par le secteur public et externalisation de l'exploitation par le biais d'un contrat de gestion avec le secteur privé, (ii) Option 2 : financement et exploitation par le secteur privé et (iii) Option 3 : formes variées de Partenariat public – privé.

k. Le projet de construction de l'Université inter-États (Cameroun - Congo)

Contexte

La demande de formation au sein de la CEMAC est considérable et croissante. En effet, pour atteindre les objectifs d'émergence affichés par les États, il est nécessaire de disposer de cadres, en particulier dans ses filières « moteurs de croissance » (hydrocarbures, mines, filières agricoles et agro-industrie, forêt et industrie du bois, pêche, tourisme, économie numérique, secteurs financiers…), d'ouvriers qualifiés (en particulier dans l'agriculture et l'industrie) et d'une grande masse de techniciens supérieurs (de bac-2 à bac+2), notamment dans des métiers transversaux comme la maintenance, la mécanique, l'électricité… Aujourd'hui, les formations offertes ne sont malheureusement pas assez adaptées à ces besoins, renforçant le chômage des jeunes et handicapant la compétitivité des entreprises. Par ailleurs, des sommes considérables sont dépensées, par les parents ou les budgets des États à travers les bourses, pour la formation des cadres de la CEMAC à l'étranger, constituant ainsi une source de sortie de devises pour la zone. De ce fait, il est donc impératif qu'une offre de formation adaptée, conséquente et de qualité se développe dans la Zone CEMAC. Conscient du rôle majeur que l'Université doit jouer dans la stratégie d'émergence, les pays de la CEMAC se sont engagés dans un processus de réforme du système d'enseignement supérieur à travers trois axes principaux de développement : (i) la professionnalisation, (ii) la qualité et (iii) les technologies de l'information et de la communication.

Description du projet

Créée le 21 décembre 2012 par une convention signée entre la République du Congo et la République du Cameroun, l'Université Inter-États Cameroun-Congo (UIECC) est un pôle d'excellence technologique et scientifique à vocation sous-régionale installée sur deux sites, à Sangmélima au Cameroun et à Ouesso au Congo. L'UIECC doit fournir des formations de haut niveau dans les domaines suivants : Agriculture et TIC au Cameroun et Agroforesterie et Environnement, Sciences et Techniques au Congo. Cette ambition d'excellence est matérialisée par l'intégration des milieux professionnels dans le projet de performance, et avec qui l'UIECC devrait signer des conventions de partenariats pour la définition des programmes, la formation et les stages.

Objectif

L'objectif général est le renforcement du capital humain de la sous-région dans les domaines de l'Agro-industrie, de l'Agroforesterie, de l'Environnement et des Technologies de l'Information et de la Communication.

Résultats attendus

- Construction de bâtiments administratifs, de salles de classe dans les campus de Sangmélima et de Ouesso ;
- Construction de laboratoires scientifiques aux normes fixées par l'UNESCO, et ;
- Aménagement d'une cité universitaire et des résidences pour les étudiants.

Coût du projet

Le coût du projet est estimé à 4,50 millions d'euros environ. 2,5 millions ont déjà été mobilisé auprès du FODEC.

2. Les effets attendus de l'exécution des onze projets intégrateurs adoptés

De manière générale, les effets attendus de l'exécution des douze projets intégrateurs prioritaires portent sur des investissements dans la construction ou la réhabilitation des infrastructures qui sont essentiels pour la transformation structurelle et la diversification des économies de la CEMAC. Ces investissements permettront de renforcer les infrastructures régionales (énergie, transport et TIC) grâce à la construction des infrastructures de surface (routes, ponts ...), les barrages hydroélectriques, les infrastructures portuaires en vue d'optimiser les réseaux multimodaux des transports, de faciliter la libre circulation des personnes, des biens et des services, d'amplifier les échanges intracommunautaires, d'augmenter la production d'électricité et les raccordements des réseaux, d'accroitre l'accès à l'énergie et d'améliorer les TIC. Tous ces investissements permettront de stimuler les secteurs productifs à travers le développement des chaines de valeur régionales et concourront ainsi à soutenir la compétitivité des économies de la sous-région et une croissance économique durable.

(i) De manière spécifique, les effets attendus de l'exécution de ces onze projets sont : L'accélération du bitumage de tronçons routiers situés sur les corridors de transports qui relient les États membres de la CEMAC et notamment toutes les capitales entre elles. Ainsi, il est attendu que soient optimisées les conditions de déplacement en temps et en coût et une augmentation du volume du trafic des passagers et des marchandises entre les États membres. L'intégration physique de l'espace communautaire et la facilitation des transports permettra de doper de plus de 30% les échanges commerciaux au sein de la CEMAC ;

(ii) La fluidification du transport des marchandises entre les ports maritimes existants qui sont congestionnés (Douala notamment) et les grands centres de consommation enclavés comme N'Djamena et Bangui ;

(iii) La fourniture d'une énergie stable, bon marché et accessible aux habitants de la zone CEMAC. Cinq millions de personnes supplémentaires auront accès à l'électricité grâce à une production électrique plus importante et mieux partagée ;

(iv) La mise en place des postes-frontière entre les différents pays voisins dans l'espace CEMAC pour promouvoir l'intégration, la libre circulation des personnes et des biens et renforcer la sécurité de la région ;

(v) La création d'un label « centre d'excellence » attribué à toutes les Écoles de l'espace CEMAC répondant à des critères prédéfinis par la Commission. Le programme « Centre d'Excellence » permettra également de renforcer de manière significative l'offre de formation au sein de la CEMAC.

II. Stratégies de recherche et mobilisation des financements des projets intégrateurs prioritaires

En novembre 2020, le coût estimatif global des douze projets intégrateurs prioritaires s'élevait à 4.074,64 millions d'euros, dont 709,92 millions d'euros de ressources mobilisées par les États membres et par les PTF. Les financements à mobiliser auprès des bailleurs et des PTF étaient évalués à 3.364,72 millions d'euros. Il est à noter que certains projets dans les domaines de l'électricité, de la fibre optique et des infrastructures portuaires sont de nature à intéresser des investisseurs sous le format d'un modèle de financement en partenariat public-privé (PPP). Dans le cas d'espèces, cette configuration atténuerait les besoins à couvrir par des emprunts auprès des bailleurs.

A. Stratégies de recherche des financements des projets intégrateurs prioritaires

Les financements à rechercher auprès des bailleurs représentaient 85,58% du montant du coût global. Les stratégies de financement et de recherche des financements des projets intégrateurs prioritaires tiennent compte non seulement du type de projet, du coût de chaque projet, mais aussi de la répartition par axe stratégique du PER du coût global des douze projets prioritaires.

1. Stratégie de financement des projets

Pour la mobilisation des ressources nécessaires au financement de ces projets, les Chefs d'État des pays membres de la CEMAC ont mandaté le Président du COPIL du PREF-CEMAC et le Président de la Commission de la CEMAC pour organiser une Table ronde des Partenaires techniques et financiers. La Table ronde vise à rechercher, auprès de partenaires bilatéraux et multilatéraux, traditionnels et émergents, publics et privés, des ressources financières pour couvrir le besoin de financement des onze projets intégrateurs. Elle constitue la première étape dans la stratégie de mobilisation des ressources pour le financement de la phase II du PER.

Le schéma de financement retenu consistait à mobiliser auprès des bailleurs institutionnels des prêts à des conditions concessionnelles ou des mixages prêts/dons (blended finance) dans le strict respect des ratios de viabilité et de soutenabilité des dettes publiques des pays. Ce schéma de financement prévoyait également d'impliquer le secteur privé dans la réalisation de projets en PPP, notamment ceux des axes n° 2 et n° 3. Pour le financement, le développement et l'exploitation de ces projets, plusieurs options peuvent être envisagées, notamment : (i) le financement par le secteur public et l'externalisation de l'exploitation par le biais d'un contrat de gestion avec le secteur privé, (ii) le financement et l'exploitation par le secteur privé et (iii) les autres formes de PPP.

2. Stratégie de recherche et de mobilisation des financements des projets

Des bailleurs susceptibles d'accompagner la mise en œuvre des projets intégrateurs ont été identifiés, en tenant compte de leur mandat, de leurs modes d'intervention, et de la disponibilité des enveloppes prévues pour la coopération régionale et surtout de l'intérêt manifesté par ces bailleurs lors de la préparation de certains projets retenus. Il s'agit notamment :

Pour les Institutions : la BDEAC, la Banque Mondiale, la BAD, l'UE, la BID, le Fonds Koweïtien, la BADEA, la BEI, la Nouvelle Banque de Développement des BRICS (NDB), et les Banques islamiques du Golfe notamment Al-Rajhi Bank (Arabie Saoudite), Kuwait Finance House (Koweït), Dubaï Islamic Bank (Émirats Arabes Unis) et Abu Dhabi Islamic Bank (Émirats Arabes Unis).

Pour les États : la France à travers l'AFD, les États-Unis d'Amérique, l'Allemagne à travers la Coopération allemande, les pays nordiques, la Chine, l'Inde, la Turquie, et la Coopération japonaise.

Plus généralement, le processus de recherche et de mobilisation des financements a tenu compte des règles et procédures en vigueur au sein des trois catégories de bailleurs ci-après pour l'approbation des projets et l'octroi des financements : (i) les bailleurs traditionnels qui disposent en interne de procédures précises de préparation, d'approbation de projets, de décaissement et de contrôle de l'exécution des projets ; ii) les nouvelles banques de développement (BRICS) et les banques islamiques dont les statuts précisent le processus d'examen des accords de prêts ou de dons ; iii) les nouveaux programmes annoncés dans le cadre de rencontres au Sommet avec l'Afrique (Japon/ Afrique ; Europe/ Afrique ; Chine/ Afrique ; Russie/ Afrique ; Turquie/ Afrique, etc.) et dont les modalités d'introduction, de réception et de demandes de prêts/ de dons et d'assistance technique sont fixées par le Pays Donateur.

Par ailleurs, l'Ambassade du Pays Donateur dans les Pays africains concernés est le point d'entrée de la requête de financement qui doit être présentée par les Pays concernés et l'Institution régionale qui parraine le projet intégrateur.

Relativement à la composition de la délégation qui devait présenter les projets aux Partenaires techniques et financiers et aux autres Partenaires au développement en vue de leur financement, la composition suivante avait été proposée à la haute attention du COPIL du PREFCEMAC : (i) le Président de la Commission de la CEMAC ; (ii) le Président du COPIL du PREF-CEMAC ; (iii) le Président du Conseil des ministres de l'UEAC ; (iv) le Président du Comité ministériel de l'UMAC ; (v) le Gouverneur de la BEAC ; et (vi) le Président de la BDEAC.

Conformément au mandat qui lui a été confié et à la lumière des décisions et recommandations des 8e et 9e sessions du COPIL du PREF-CEMAC, le groupe de travail avait proposé que la date de la mission en vue de la présentation des projets intégrateurs puisse se situer entre le 15 et le 30 novembre 2019. La date et le lieu probables de la table ronde étaient prévus dans la période de janvier à février 2020 à Bruxelles en Belgique.

B. Mobilisation des financements des projets intégrateurs prioritaires

La mobilisation des financements des projets intégrateurs prioritaires de la CEMAC s'est faite au cours de la Table ronde organisée à Paris les 16 et 17 novembre 2020 et au cours de laquelle des financements avaient été annoncés par les bailleurs de fonds et les investisseurs privés.

1. Organisation de la Table ronde de Paris

Compte tenu de la situation de la pandémie de COVID-19, cette Table ronde s'est déroulée à la fois en présentiel et par visioconférence. Y ont pris part en étant présents en salle, les membres des Gouvernements des États de la CEMAC, les Représentants du Gouvernement français, les Responsables des Institutions communautaires, les Représentants des Institutions internationales, les bailleurs et investisseurs privés. Quatre cents (400) autres personnes ont participé à la Table ronde par visioconférence.

Cinq temps forts ont marqué cet événement : la cérémonie d'ouverture, la présentation détaillée des projets, les témoignages sur les succès des PPP en Afrique et les possibilités de financements des projets intégrateurs par la Finance islamique, les rencontres B to B, et les annonces des partenaires et bailleurs.

La cérémonie d'ouverture a été ponctuée par six allocutions, celles du Président de la Commission de la CEMAC, du Président de la BDEAC, du Directeur général par intérim de la Région Afrique Centrale du Groupe de la Banque africaine de Développement (BAD), du Vice-Président pour l'Afrique occidentale et centrale du Groupe de la Banque Mondiale, du Représentant du Président de la Commission de l'Union africaine et du Premier ministre, Chef du Gouvernement de la République du Congo. Il a rappelé l'objectif principal de cette Table ronde qui consiste à mobiliser les PTF traditionnels, les bailleurs de fonds et les investisseurs privés pour qu'ils apportent des fonds et de l'expertise en vue de la réalisation des onze (11) projets intégrateurs de la zone CEMAC. Il a par ailleurs présenté les potentialités des pays de la CEMAC, tout en précisant que la sous-région reste encore confrontée à des défis qui ralentissent sa marche vers l'émergence, notamment le déficit criant dans le domaine des infrastructures. Le développement économique et social des différents pays membres de la CEMAC, qui reste tributaire de ces infrastructures vitales, en pâtit énormément, a-t-il ajouté. Il a enfin indiqué que les financements mobilisés au cours de cette Table ronde permettront aux pays de l'espace CEMAC de poursuivre une action globale de développement optimisée, structurée et efficace, capable d'accélérer la croissance économique de la région, de réduire significativement la pauvreté et de promouvoir l'intégration régionale.

Les ministres des pays de la CEMAC ont fait des exposés détaillés sur les onze projets, en indiquant le contenu, les objectifs, les évaluations financières, les modes de financement et les résultats attendus de chaque projet. Les onze projets intégrateurs portent globalement sur : (i) la facilitation du transport et des échanges, (ii) la Production et interconnexion des réseaux électriques et de communications, (iii) le marché commun et la diversification économique et (iv) le capital humain.

Les PTF, les organisations régionales, les bailleurs et investisseurs privés se sont engagés à financer et à participer à la mise en œuvre de tous ces projets qui s'étaleront sur cinq ans (2021-2025).

S'agissant des témoignages sur la réalisation des projets et la mise en œuvre des PPP en Afrique, les investisseurs privés et publics ainsi que les Cabinets-Conseils, OLAM, SOGEA-SATOM, STOA, MERIDIAM et FIDAL, ont partagé leurs expériences de réalisation des projets en mode PPP en Afrique centrale et manifesté leur intérêt et leur disponibilité à accompagner la sous-région dans la réalisation des projets intégrateurs. La Banque Islamique a également fait une communication sur la finance islamique (SUKUK) comme source de financement des projets structurants et des projets intégrateurs.

Dans le cadre des rencontres B to B : (i) les ministres ont échangé avec les bailleurs sur les caractéristiques spécifiques de certains projets, (ii) la BEAC avec les investisseurs sur la question de la réglementation des changes et l'environnement financier dans la CEMAC, et (iii) la BDEAC avec les bailleurs pour des précisions sur leurs intentions et modes de financement.

2. Annonces de financements

Au cours de la session consacrée aux déclarations et annonces des partenaires, trois types d'annonces ont été faites :

i) Financements acquis :

- Afreximbank s'est engagée à apporter un financement d'un montant d'un milliard d'euros portant sur les projets suivants : (i) Construction d'un pont sur le fleuve Ntem (y compris raccordements routiers) et facilitation du transport, et de la sécurité routière sur la route transnationale Kribi-Campo-Bata reliant le Cameroun et la Guinée Équatoriale, (ii) Construction des tronçons manquants de la route Ndende-Dolisie du corridor Libreville-Brazzaville, (iii) Construction de la route Kogo-Akurenam (Sud-Est Guinée Équatoriale-Gabon), (iv) Aménagement hydroélectrique de Chollet et des lignes électriques (Cameroun/Congo/Gabon/RCA), (v) Construction du port sec de Beloko (corridor Douala-Bangui), et (vi) Construction du port sec de Dolisie.

- La BDEAC s'est engagée à apporter un financement d'un montant global 471 millions euros portant sur les projets suivants : (i) Construction d'un pont sur le fleuve Ntem (y compris raccordements routiers) et facilitation du transport, (ii) construction de la voie express Lolabe-Campo entre le Cameroun et la Guinée Équatoriale, (iii) Construction des tronçons manquants de la route Ndende-Doussala-Dolisie du corridor Libreville-Brazzaville, (iv) Construction de la route Kogo-Akurenam (Sud-Est Guinée Équatoriale-Gabon), (v) Aménagement du corridor Brazzaville-Ouesso-N'Djamena, et (vi) interconnexion du réseau de fibre optique entre le Cameroun et les autres pays de la CEMAC.
- La Banque africaine de Développement s'est engagée à apporter un financement d'un montant global un milliard d'euros, dont 470 millions d'euros 4 déjà disponibles portant sur les projets suivants : (i) Construction d'un pont sur le fleuve Ntem (y compris raccordements routiers) et facilitation du transport, et de la sécurité routière sur la route transnationale Kribi-Campo-Bata reliant le Cameroun et la Guinée Équatoriale, (ii) construction de la voie express Lolabe-Campo entre le Cameroun et la Guinée Équatoriale, (iii) Construction des tronçons manquants de la route Ndende-Dolisie du corridor Libreville-Brazzaville, et (iv) interconnexion des réseaux électriques Cameroun-Tchad.
- La Banque Mondiale s'est engagée à apporter un financement d'un montant global de 385 millions de dollars déjà engagés pour les projets suivants : (i) Aménagement hydroélectrique de Chollet et des lignes électriques (Cameroun/Congo/Gabon/RCA) et (ii) interconnexion du réseau de fibre optique entre le Cameroun et les autres pays de la CEMAC.
- SX CAPITAL HOLDINGS s'est engagée à fournir un financement global de 2 millions d'euros pour le projet de construction de l'Université Inter-États (Cameroun Congo).

ii) Financements en cours de finalisation : certains bailleurs et partenaires ont indiqué les projets pour lesquels ils sont intéressés, notamment sur les axes 2 et 3, et ont sollicité des précisions complémentaires pour affiner leurs intentions. Il s'agit de : JMC PROJETCTS INDIA, STOA, Banque Islamique de Développement et OLAM.

iii) Manifestations d'intérêt : certains bailleurs et partenaires ont manifesté leur intérêt de financement sans préciser les montants à engager. Ce sont : Chambre de commerce scandinave, SOGEA-SATOM, BADEA et OLAM.

La Chambre de commerce scandinave a annoncé une mobilisation d'une ligne de crédit d'un milliard d'euros auprès des Fonds nordiques en faveur de la BDEAC pour le financement des projets et d'une prise de participation de 13% dans le capital de ladite institution. Pour garantir une meilleure efficacité des projets au bénéfice des populations, il a été rappelé la nécessité pour les États d'accélérer les réformes économiques et d'améliorer le climat des affaires.

Le montant total des financements mobilisés à cette table ronde s'élève à 3,8 milliards d'euros. Le financement de 8 projets intégrateurs sur les 11 présentés a été entièrement bouclé.

III. Mise en œuvre des onze projets intégrateurs prioritaires

Au terme de la Table ronde de Paris, il a été décidé de la mise en place d'un Comité tripartite : Commission de la CEMAC, BDEAC et PREF-CEMAC pour le suivi de la mobilisation des ressources et de la mise en œuvre des projets intégrateurs. En 2021, ce comité a déjà tenu quatre (04) réunions de suivi.

Grâce au suivi constant mené par le Comité de Pilotage du PREF-CEMAC, avec l'appui déterminant de la Commission de la CEMAC, de la BEAC, de la Banque Mondiale, de la BAD, et en particulier de la BDEAC, le processus de mise en œuvre des projets intégrateurs de la CEMAC connait, pour la première fois dans la sous-région, une évolution satisfaisante.

A. Dispositif institutionnel de mise en œuvre des projets intégrateurs prioritaires

Le dispositif institutionnel de mise en œuvre des projets intégrateurs prioritaires est structuré autour des instances communautaires et nationales.

1. Les instances communautaires

La Conférence des Chefs d'État, en tant qu'organe suprême de la CEMAC, est en charge de l'orientation politique et de la prise des décisions stratégiques. Le Conseil des ministres assure le pilotage et l'impulsion nécessaires à la mise en œuvre des décisions des Chefs d'État. Le COPIL du PREF-CEMAC veille à la mise en œuvre des réformes économiques et financières dans la zone CEMAC, notamment l'exécution des décisions des Chefs d'État portant sur l'accélération des réformes structurelles et le renforcement de l'intégration régionale. La Commission de la CEMAC est chargée de coordonner la mise en œuvre des projets en s'appuyant sur les Comités techniques spécialisés et les structures compétentes au sein des États.

Les projets sont mis en œuvre au niveau des États membres par les structures techniques compétentes sous la coordination de la Commission qui travaille également en synergie et en complémentarité avec les différentes organisations régionales et les partenaires au développement.

2. Les instances nationales

Chaque État membre ou son représentant désigné, en collaboration avec l'expert chargé du portefeuille de projets au niveau de la Commission, le secteur privé et les organisations de la société civile sont impliqués dans la mise en œuvre et l'exécution des projets intégrateurs. À cet effet, les États membres produisent des rapports narratifs et financiers trimestriels de suivi destinés à informer les parties prenantes, les PTF sur le déroulement de l'exécution des projets.

B. Suivi de la mise en œuvre des onze projets intégrateurs prioritaires

Depuis la tenue de la Table ronde de Paris, sept projets prioritaires ont déjà effectivement démarré. Il convient de rappeler à titre d'information que, dans la pratique des projets internationaux, un projet passe de la phase de démarrage à celle de lancement effectif sur le terrain dès lors que les trois conditions suivantes sont remplies :

- Les décaissements sont approuvés et disponibles ;
- L'équipe du projet est désignée et installée par les Autorités nationales compétentes conjointement avec les bailleurs impliqués dans l'exécution du projet ;
- Les avis d'appel d'offres sont lancés par l'équipe du projet en vue de la sélection du prestataire et du démarrage du projet.

1. Les projets intégrateurs prioritaires déjà démarrés en 2023

Sur les douze projets prioritaires présentés à la Table ronde de Paris, huit ont déjà démarré, soit trois années après la tenue de la Table ronde. Il s'agit des projets :

- **D'interconnexion des réseaux électriques Cameroun-Tchad** dont le financement a été bouclé dès l'ouverture de la Table ronde par la BAD, pour une enveloppe de 265,5 millions de dollars, la Banque Mondiale pour 39 millions de dollars et le Cameroun pour 13,5 millions de dollars. Le recrutement de l'assistance à la maîtrise d'ouvrage a été effectué en février 2021. Par Décision N° 000467/MINEE/CAB du 21 septembre 2021, communiquée au Président du COPIL du PREF-CEMAC, le ministre camerounais de l'Eau et de l'Énergie a désigné les membres du Comité inter-États de Pilotage de ce projet, pour la partie camerounaise. L'équipe de Direction du projet se met ainsi en place pour la réalisation effective du projet. La partie tchadienne a également désigné les membres de l'équipe de direction du projet. Cette équipe de direction du projet est en place et les avis d'appel d'offres ont été validés et lancés. L'Accord de prêt a été signé par le Cameroun. La partie tchadienne a également déjà désigné les membres et mis en place l'équipe de direction du projet. Cette équipe de direction du projet est en place et les avis d'appel d'offres ont été validés et lancés. La Banque Mondiale a déjà effectué un premier décaissement d'un montant de 39 millions USD pour ce projet au profit des deux États concernés. L'enveloppe allouée par la Banque Mondiale pour ce projet a été revue à la hausse et s'élève à 385 millions de dollars. Les équipes d'exécution du projet ont été désignées et installées, et le premier décaissement a déjà été effectué par la Banque Mondiale. Le processus de recrutement de l'ingénieur-conseil est en cours, BAD/Banque Mondiale. Le Cameroun et le Tchad sont dans l'attente de l'Avis de non-objection (ANO) de la BAD pour la sélection de l'entreprise qui doit réaliser les travaux. Une première réunion du Comité technique du projet est prévue le 6 octobre 2023. Le lancement officiel de ce projet a été effectué à Yaoundé le 21 novembre 2023 par le ministre de l'Eau et de l'Énergie du Cameroun en présence de la délégation tchadienne.

- **De construction de l'Université inter- États Congo-Cameroun** dont les deux pays ont entrepris d'accomplir les diligences requises pour le lancement de la partie congolaise dudit projet, et l'obtention des équipements de pointe requis, suite à la réunion de projet qui s'est tenue le 5 avril 2021 par visioconférence sous la coordination de la Commission de la CEMAC. Six Capital Holding, en réponse à la requête du Président du COPIL du PREF-CEMAC, a confirmé les dispositions prises pour la livraison au Campus de Sangmélima, des équipements didactiques de pointe, d'une valeur de 2 millions d'euros. Le Gouvernement du Congo a inscrit une provision de F CFA 750 000 000 (sept cent cinquante millions) à son budget de 2022 pour la construction du campus de Ouesso de l'Université inter-États Congo-Cameroun. Une mission gouvernementale conduite par la ministre congolaise de l'Enseignement supérieur, de la Recherche Scientifique et de l'Innovation Technologique a séjourné à Ouesso dans le département de la Sangha, du 05 au 09 décembre 2021, à l'effet de finaliser le processus d'acquisition du terrain devant servir à la construction de l'Université inter-États Congo-Cameroun (UIE-CC), ainsi que des Établissements chargés d'assurer la formation en Agroforesterie, Environnement et Sciences Appliquées. À l'occasion, un protocole d'accord a été scellé entre l'État congolais et les populations locales qui ont gratuitement cédé un site de 117 hectares de terrain au village Mbalouma, dans le district de Mokéko, pour la construction de la partie congolaise de ladite Université. L'équipe de direction du projet a accompli les diligences nécessaires pour la réalisation des travaux et l'obtention du don. Un rapport d'étape sera présenté à la prochaine session du COPIL du PREF-CEMAC. Par ailleurs, le Président du Comité de Gestion du FODEC a été saisi par le Président du COPIL, conformément aux engagements pris à Paris, en vue du déblocage de la somme de 900 millions de FCFA pour la finalisation des travaux de construction au campus de Sangmélima et le règlement du volet indemnisation dans le processus de construction du campus de Ouesso. À cet effet, une provision supplémentaire de 500 millions de FCFA a été allouée à ce projet dans le budget du FODEC pour l'exercice 2023.

À ce jour, les travaux de construction des bâtiments sont en cours de finalisation sur le campus de Sangmelima, les équipements didactiques sont installés et le processus de sécurisation des emprises du campus de Ouesso est achevé. La BDEAC a approuvé la demande de décaissement du Cameroun et ceci pourra être effectif d'ici décembre 2023. Le ministre de l'Enseignement supérieur du Cameroun a procédé le 28 février 2024 à Sangmelima à la pose de la première pierre pour la construction du Centre d'Incubation des Innovations et des Entreprises de l'École Supérieure Internationale de Génie numérique de l'Université inter-États au Campus de Sangmelima en présence du Représentant du ministre de l'Enseignement supérieur du Congo.

- **D'aménagement de la route NDENDE-DOLISIE** : dont le Gouvernement de la République du Congo a saisi la BDEAC pour le financement. La BDEAC a approuvé en date du 9 juin 2021 un prêt de 32.759.000.000 FCFA en faveur de l'État congolais pour sa mise en œuvre. Le prêt a été confirmé en date du 16 août 2021 par la signature de l'accord de prêt. Ce financement est en complément des ressources mises en place par la BAD, qui ont permis de bitumer 32 km de route au départ de Dolisie y compris la construction d'un pont de 385 m sur le Niari. La BDEAC avait déjà procédé à trois décaissements au bénéfice du projet pour un montant total de 4,7 milliards FCFA au 15 novembre 2022, soit 14% du montant global du financement. À ce jour, 39% des financements ont déjà été décaissés par la BDEAC. Les travaux de construction et de bitumage de la section Dolisie - Ndembo (31 km) y compris le pont sur le Niari, sont terminés et ceux de la section Ndembo-Kibangou (30 km) sont en cours et prévus s'achever à la fin de l'année 2023. La participation de la BDEAC permet de boucler la première phase du projet du côté du Congo, notamment 61 km de route entre Dolisie et Kibangou, y compris la construction du pont sur la rivière Niari. Le consultant SCET Tunisie a soumis l'APD des études des bretelles Kayes-banda et Nyanga-Divénié.

En ce qui concerne les travaux d'aménagement de la section Kibangou-Doussala (Frontière Gabon), la BDEAC reste dans l'attente de la requête de financement du Gouvernement de la République du Congo.

S’agissant de la section Ndendé – Doussala, les dispositions nécessaires à la mise en œuvre du projet ont démarré, notamment : (i) la mise en place de la Cellule de Projet (ii) les procédures de consultation pour l’actualisation des études et (iii) le plan d’action de réinstallation des populations ;

Le financement global mobilisé par la BAD comprend : 30,49 millions d’UC pour la construction de la première phase (côté Congo) et 137,63 millions d’euros (90,3 milliards FCFA) pour la construction de la partie gabonaise de ladite route (Gabon/PASIG). Le projet a déjà démarré. Sa Cellule d’exécution a bénéficié d’une avance en compte spécial de la BAD d’un montant de 395, 877 millions FCFA destinée à son fonctionnement. De même, le Gouvernement a réussi à mobiliser sur fonds propres 1 milliard FCFA nécessaire au financement des études de faisabilité. La Cellule dispose déjà des instruments de pilotage permettant d’accélérer la mise en œuvre du projet, de l’avenant du Plan travail budget annuel couvrant la période janvier 2022 à juin 2023, du Plan de passation des marchés et du planning des activités. Le processus de recrutement de 8 experts, la préparation du dossier de déclaration d’utilité publique et l’adoption du plan d’action de réinstallation sont en cours. Le Plan d’action de réinstallation des personnes affectées par le projet (PARA) a déjà été validé par la BAD. Le recrutement du Consultant en charge de la mise en œuvre du PARA est en cours et ce processus s’achèvera au plus tard en fin 2023, et le démarrage de l’indemnisation des personnes affectées par le projet s’effectuera avant fin janvier 2024. Le Gouvernement gabonais a transmis à la BAD la liste restreinte de six cabinets pour l’actualisation de l’étude et le contrôle des travaux. La déclaration d’utilité publique de la zone du projet a été adoptée en Conseil des ministres. La mise en œuvre des activités préalables de l’indemnisation des populations riveraines affectées par le projet est en cours. La BAD a mis une équipe dédiée afin de faciliter les ANO. L’actualisation des études est en cours. La finalisation du DAO est prévue en mi-mars 2024. Le lancement de l’appel d’offres pour le recrutement de l’entreprise pour l’exécution des chantiers s’effectuera en mi-avril 2024. La sélection de l’entreprise est prévue en août 2024. Le lancement des travaux s’effectuera le 17 août 2024 par le Président de la République. Le poste de contrôle unique frontalier (PCUF) a fait l’objet de signature d’un mémorandum d’entente et deux (2) actes additionnels entre la République gabonaise et la République du Congo. Le poste de contrôle sera situé au Congo et la Cellule du projet installé au Gabon. L’équipe projet est installée.

- **D’aménagement de la route Kogo-Akurenam :** pour lequel la BDEAC a effectué, début 2022, une mission d'évaluation. À la suite de cette évaluation, le projet a été soumis à l'approbation des organes de décision de la BDEAC. Le Conseil d’administration de la BDEAC a approuvé, le 21 février 2022, un prêt de 88,3 milliards de FCFA pour le financement de la section Akurenam-Minang. L’accord de prêt a été signé le 24 février 2022 entre les parties. Un premier décaissement de FCFA 23,2 milliards a été effectué par la Banque en mars 2022, pour le démarrage des travaux. Le Gouvernement de la Guinée Équatoriale a financé sur fonds propre le bitumage de 65 km de ce tronçon. La BDEAC a reçu le 10 décembre 2021 la requête de financement du Gouvernement de la Guinée Équatoriale pour la finalisation des travaux de continuité des tronçons PK0-PK65 (signalisation) et PK65-PK76 (11km) pour les travaux de terrassement qui sont en cours ; PK76-Kogo (35km) pour la construction du reste de ce tronçon.

- **D'aménagement du corridor Brazzaville- Ouesso-Bangui-N'Djamena :** dont le financement de la première phase est bouclé. Cette phase couvre les sections routières de la République du Congo et de la RCA. En effet, à la demande de la République du Congo, une première enveloppe de 16.800.000.000 FCFA a été approuvée le 10 juillet 2020 par la BDEAC et décaissée en 2021 pour la réalisation des travaux de réhabilitation des tronçons les plus dégradés de la route nationale n°2 entre Brazzaville et Ouesso. Le Conseil d'administration de la BDEAC a approuvé, le 17 novembre 2021 et confirmé, le 10 décembre 2021, un prêt de 99.570.000.000 FCFA, pour les travaux d'aménagement de la section Ouesso-Pokola (56 km), ainsi que le pont sur la Sangha. Les travaux d'aménagement de construction et de bitumage de cette section sont en cours. Il en est de même de ceux d'entretien de la route Pokola – Gouga – Frontière de la RCA (455 km). Par ailleurs, les travaux de réhabilitation des tronçons dégradés entre Brazzaville et Ouesso, plus précisément le tronçon Inga-Owando, sont achevés, fluidifiant ainsi la circulation entre Douala-Ouesso-Brazzaville. Pour l'attribution du marché des travaux routiers et de construction du pont sur la Sangha, la BDEAC a déjà donné un avis de non-objection. Le Gouvernement du Congo a ratifié les deux accords de prêt. En outre, le Gouvernement de la République centrafricaine a saisi la BDEAC au profit de ce même projet. L'intervention attendue de la BDEAC au profit de la RCA sous forme de subvention est de 1.900.000.000 FCFA. Par ailleurs, le Comité de Gestion du FODEC a autorisé l'inscription d'une enveloppe de 1.000.000.000 FCFA pour permettre la construction du pont transfrontalier Congo-Centrafrique sur la rivière Gouga.

De plus, Le 23 novembre 2021, les Conseils d'administration de la BAD ont approuvé d'importantes ressources sous forme de don pour le financement de ce projet. Il s'agit de l'octroi, au profit de la RCA, d'un don (i) FAT de 1,5 million d'UC (dont 1 million d'UC sur le solde de l'allocation courante du pays au titre du pilier I et 0,5 million d'UC sur les ressources non allouées du Pilier I et (ii) FAD de 207,92 millions d'UC (dont 206,42 millions d'UC sur l'enveloppe régionale du FAD-15 et 1,50 MUC sur l'ABP courante du pays).

Le Gouvernement de la République centrafricaine a procédé le 11 avril 2022 au lancement technique du projet. Les décaissements étant déjà approuvés et les fonds disponibles, le démarrage effectif des travaux est envisagé à la fin du premier semestre 2023. Le Gouvernement centrafricain a déjà procédé à la désignation des membres de la Cellule d'exécution du projet. Les procédures d'appels d'offres des travaux de construction et de bitumage de la route Gouga-Mbaïki (109 km) et de réhabilitation de la route Mbaïki – Bangui (120 km) sont en cours. La RCA a engagé des consultations avec la BAD, la Banque Mondiale et la BDEAC pour le financement de la seconde phase. Le Conseil d'Administration de la Banque mondiale a approuvé le 29 juin 2023 un Don IDA de 240 millions de dollars à la RCA pour la réalisation des activités comprenant entre autres la construction des infrastructures routières, notamment le tronçon Bossembélé-Bossangoa (150 km).

Par ailleurs, la requête du Tchad pour bénéficier d'un financement de l'enveloppe régionale du FAD est en cours d'instruction à la BAD.

Enfin, un accord de prêt a été signé à N'Djamena le 23 mars 2023 entre le Tchad, l'UE et la Banque Européenne d'Investissement à hauteur de 115 milliards de FCFA pour la réhabilitation du corridor routier entre N'Djamena (Tchad) et Douala (Cameroun) en passant par Moundou. Le tronçon Kélo-N'Djamena fait partie de la section tchadienne du corridor Pointe-Noire-Brazzaville-Ouesso-Bangui-N'Djamena, dont les sections congolaises et centrafricaines sont en cours de réalisation.

- **D'interconnexion du Cameroun avec les pays de la CEMAC par la fibre optique :** destiné à renforcer la connectivité des pays de l'Afrique centrale, le réseau de fibre optique régional est la pièce maîtresse des ambitions numériques de la région. Ce projet adopté par les Chefs d'État de la CEMAC lors de leur sommet tenu à N'Djamena le 25 avril 2007 vise la mise en œuvre d'un réseau de télécommunications haut débit à fibre optique en Afrique centrale appelé Central African Backbone (CAB). Constitué d'une composante régionale et de six composantes pays, il a pour objectifs de faciliter l'accès des États et des populations d'Afrique centrale à l'internet et aux nouvelles technologies de l'information et de la communication par l'accès au haut débit et la réduction des coûts, de contribuer également à la réduction du coût élevé des télécommunications et TIC sur le climat des affaires dans la sous-région, à la création d'emploi et à l'extension de la production des biens et services. Le 15 juillet 2021, le Cameroun et le Gabon ont été interconnectés par un câble de fibre optique long de 22 km allant de Bitam (Gabon) à la ville frontalière de Kyé-Ossi au Cameroun ; Plus tôt, en fin 2020, c'est une autre jonction interétatique qui était achevée entre le Congo et le Gabon et entre le Cameroun et le Tchad. La construction du réseau d'interconnexion par fibre optique entre le Cameroun et le Congo s'est achevée en décembre 2021. Lors de la réunion tenue à Brazzaville le 31 mars 2022, le Comité de pilotage du projet CAB pour le Congo a adopté pour l'exercice 2022 un budget de 12 266 515 860 FCFA pour le début des travaux d'interconnexion par fibre optique du Congo et de la RCA ainsi que pour la construction d'un datacenter national au Congo. Les Comités de pilotage de ce projet pour le Cameroun et la RCA travaillent sur l'interconnexion entre les deux pays et l'appui de la BDEAC est attendu pour compléter les ressources accordées par la BAD. Il convient enfin de préciser que la République de Guinée Équatoriale a mis en service sa dorsale internet du réseau backbone. Il s'agit d'un accès garanti au câble sous-marin pour améliorer la connexion internet sur l'ensemble de son territoire et réduire la fracture numérique en démocratisant l'accès à internet haut débit.

La BDEAC reste dans l'attente de la requête de la RCA pour le financement de ce projet sur le territoire centrafricain.

À ce jour, les travaux d'interconnexion entre le Cameroun-Congo, Cameroun-Gabon, Congo-Gabon, Congo-RCA et Cameroun-Guinée-Équatoriale sont déjà achevés. L'appui de la BDEAC est attendu pour compléter les ressources attribuées par la BAD pour l'interconnexion entre le Cameroun et la RCA. La cérémonie officielle de réception provisoire de l'infrastructure fibre optique construite sur l'axe fluvial, pour l'interconnexion du Congo avec la RCA et celle de lancement des travaux de construction et d'opérationnalisation du Datacenter, sous le patronage du ministre de tutelle avec la participation des Experts de la BAD, se tiendront dans les prochaines semaines.

- **De construction de la voie expresse Lolabé-Campo entre le Cameroun et la Guinée Équatoriale :** Les Conseils d'Administration de la Banque africaine de Développement ont approuvé, le 20 octobre 2021 à l'unanimité, l'octroi d'un Prêt BAD d'un montant de 114,336 millions d'euros à la République du Cameroun pour le financement du projet d'aménagement des routes d'accès à la zone industrialo-portuaire de Kribi. Cette opération comprend notamment : (i) les travaux routiers portant sur la réhabilitation et la mise à niveau de 110 km du tronçon Edéa – Kribi et (ii) l'aménagement de 39 km du tronçon Lolabé – Campo – pont transfrontalier avec la Guinée Équatoriale sur le fleuve Ntem, dont le projet de construction devrait être présenté au Conseil d'administration de la Banque africaine de Développement en 2023. Bien plus, le 22 juin 2022, le Conseil d'Administration de la BAD a approuvé l'octroi d'un financement additionnel de 40 millions d'euros pour l'aménagement des routes de désenclavement de la zone industrielle et portuaire de Kribi. L'objectif est de fluidifier et sécuriser le trafic routier entre la ville d'Edéa et celle de Kribi, localité dotée d'un port en eau profonde. À cet effet, les 110 kilomètres fortement dégradés qui les relient vont être réhabilités. Il convient de relever que l'autoroute Kribi-Lolabé a été mise en service le 29 juillet 2022. L'infrastructure est exploitée par la Kribi Highway Management (KHM), une société créée par la China Harbour Engineering Company (CHEC). Au terme des premiers mois d'exploitation, KHM enregistre un montant total de 158,9 millions de FCFA. À titre de rappel, l'autoroute Kribi-Lolabé a coûté 250 milliards de FCFA financés à 85% par un prêt d'Eximbank of China et à 15% par le CHEC. Pour le remboursement de ce financement et pour permettre au constructeur chinois de rentabiliser son investissement, la Kribi Highway Management va exploiter cette infrastructure pendant 31 ans, selon l'accord signé le 30 décembre 2020 avec l'État du Cameroun.

Pour accélérer la réalisation des tronçons manquants de cette voie expresse, une requête de financement a été adressée par le Gouvernement de la République du Cameroun à la BDEAC le 30 mars 2022, pour un montant de FCFA 30 milliards. Pour mémoire, le coût total du projet a été établi à FCFA 141,5 milliards au terme de la mission d'évaluation conduite par la Banque africaine de Développement. Les ressources à mettre en place par la BDEAC devraient permettre de boucler le schéma de financement de ce projet. La mission d'évaluation de la BDEAC avait été annoncée au Gouvernement pour le mois de juillet 2022. Mais en raison d'un conflit d'agendas, celle-ci a été annulée pour être finalement programmée pour décembre 2022, l'objectif étant d'obtenir un accord de financement du Conseil d'Administration de la BDEAC au cours du premier trimestre 2023. À cet effet, la BDEAC reste dans l'attente de la requête de financement signée conjointement par les Gouvernements de la République du Cameroun et de la République de Guinée Équatoriale pour entamer le travail de préparation du projet.

- De construction d'un pont sur le fleuve Ntem et facilitation du transport, et de la sécurité routière sur la route transnationale Kribi-Campo-Bata reliant le Cameroun et la Guinée Équatoriale.

Une mission d'évaluation conjointe BAD, UE, BDEAC, CEEAC s'est effectuée au Cameroun et en Guinée Équatoriale du 3 au 17 juillet 2023. En Guinée Équatoriale, une inspection sur le terrain a été réalisée en août 2023. Le certificat de conformité environnementale du Cameroun est disponible depuis le 23 juillet 2023. Ce document est en attente pour la Guinée Équatoriale. Il convient de relever que ledit document a été déjà finalisé, il ne reste que la formalisation administrative pour la transmission. L'APS et l'APD de ce projet sont déjà disponibles. Le projet a été approuvé au Conseil d'Administration de la BDEAC le 28 septembre 2023, pour un montant de 45,76 milliards de FCFA. La BAD a octroyé un prêt souverain de 75 millions d'euros au Cameroun. Ce projet a démarré en décembre 2023 et s'achèvera en novembre 2028.

S'agissant de l'étude sur la facilitation du transport et la sécurité routière, un Consultant, en l'occurrence, CIRA a été recruté et est sur le terrain. Il a rendu un rapport sur le choix du site qui n'attend que la validation imminente des deux États, sous l'impulsion de la CEEAC. Les spécificités techniques seront donc transmises aux bailleurs dès la validation et la réception des études susmentionnées. Les requêtes avaient déjà été envoyées à la BDEAC, à la JICA, et à l'UE et les financements sont en cours de mobilisation.

2. Les projets en cours de restructuration

Suite aux efforts déployés par les États membres, les Institutions communautaires concernées, les Partenaires techniques et financiers et les investisseurs privés, trois autres projets intégrateurs seront restructurés en PPP en vue de leur construction-exploitation en mode BOT au plus tard en 2024.

Il s'agit des projets :

- **De construction du port sec de Dolisie au Congo** sur le corridor Gabon-Congo

Le gouvernement congolais a déjà pris les dispositions idoines en vue de la restructuration de ce projet dans une logique de construction-exploitation en PPP, comme proposé par la troisième session du Comité technique de suivi et entériné par le président du COPIL. À la faveur de la visite officielle effectuée à Brazzaville et à OYO par le Président de la République du Rwanda du 11 au 13 avril 2022, un accord a été signé entre la République du Congo et la société Macefield Ventures Congo Holding S.A.S.U, pour la conception, la construction et l'exploitation de ce port sec ;

- **D'aménagement hydroélectrique de Chollet et des lignes électriques associées** (Cameroun, Congo, Gabon, RCA)

Ce projet a connu, en effet, un retard en raison du désistement, depuis le 26 septembre 2022, du groupe français TPF, spécialisé dans le BTP, qui avait été retenu dans le cadre de l'appel d'offres international restreint du 24 juin 2021 relatif à la sélection d'un ingénieur-conseil chargé de l'assistance au maître d'ouvrage pour le contrôle et la surveillance de la conception, la construction et la mise en service du projet. L'appel d'offres international a par conséquent été déclaré infructueux par les ministres camerounais et congolais en charge de l'Énergie au cours de la onzième session du Comité Inter-États de Pilotage de ce projet du 30 septembre 2022.

La douzième session de ce comité, tenue le 20 mars 2023, a procédé, d'une part, à la résiliation de l'Accord de projet signé le 24 juin 2021 entre les ministres en charge de l'Énergie du Congo et du Cameroun et la société China Gezhouba Group International Engineering Co. LTD (CGGC INTERNATIONAL) sélectionné pour la réalisation du projet, et d'autre part, au lancement de deux appels d'offres internationaux pour la sélection du

Bureau d'études pour la réalisation des Études (APS, APD, évaluation environnementale et sociale) et de l'avis d'appel d'offres international ouvert pour la sélection d'un Ingénieur-Conseil du projet en charge des budgets des Maîtres. La treizième session du Comité de pilotage de ce projet se tiendra au plus tard à la fin du mois de mars 2024 et le lancement de ces appels d'offres est prévu pour mi-avril 2024. C'est à l'issue du dépouillement de ces deux appels d'offres que l'on envisagerait le lancement de l'appel d'offres pour le recrutement de l'entreprise qui sera en charge de la construction du barrage ; et,

- **De construction du port sec de Beloko** sur le corridor Douala-Bangui

La RCA a marqué son Haut Accord pour une restructuration du projet dans une logique de développement en PPP. La RCA a saisi à cet effet la BAD, AFREXIMBANK et la BDEAC en juin 2021. AFREXIMBANK reste dans l'attente d'une requête de financement de la RCA et de la documentation technique en rapport avec le projet. Le Gouvernement centrafricain a désigné le 7 septembre 2023 le point focal en charge de ce projet. Les partenaires techniques et les investisseurs privés, notamment SCATEC et les fonds de pension nordiques, ont manifesté leur intérêt pour la réalisation de ce projet et restent en attente des études en cours.

TROISIÈME PARTIE

DÉFIS ET PERSPECTIVES DES RÉFORMES EN AFRIQUE CENTRALE

Après l'épisode de la prédominance des programmes d'ajustement structurel, au cours des deux dernières décennies du 20e siècle, marquées par des échecs de ceux-ci dans la plupart des pays de l'Afrique subsaharienne, les années 2020-2020 se sont caractérisées par plusieurs initiatives de réformes dans la quasi-totalité des pays de l'Afrique centrale en vue de rétablir les équilibres macroéconomiques et de placer leurs économies sur le sentier de l'émergence.

Les défis majeurs qui pèsent sur ces réformes portent non seulement sur leur réussite, afin de ne plus revivre les travers des programmes d'ajustement structurel, mais aussi sur leur crédibilité et durabilité. En effet, la faisabilité politique d'une réforme est la clé de sa réussite. Autrement dit, la caution des pouvoirs publics est une condition nécessaire pour garantir le succès de tout programme de réformes. Par ailleurs, les agents économiques doivent être convaincus que les autorités mettront effectivement en œuvre les réformes économiques. De plus, les effets d'une réforme doivent perdurer, même si le financement qui a induit le changement initial de comportement des différents acteurs ciblés par ladite réforme est retiré. Tous ces défis sont présentés et discutés au chapitre 10 du présent manuel qui analyse les conditions de réussite des programmes de réformes économiques et financières en Afrique centrale.

L'Afrique centrale se caractérise par la prolifération de Communautés économiques régionales (CER) à savoir la CEEAC, la CEMAC, la Communauté économique des pays des Grands Lacs (GEPGL) ainsi que par le chevauchement des mandats qui entrainent une dispersion des efforts et créent des conflits de légitimité nés de la multitude des Traités. C'est ainsi que la 13e Conférence des Chefs d'État et de gouvernement de la CEEAC, qui s'est tenue en octobre 2007 à Brazzaville, a instruit la CEEAC et la CEMAC de mettre en place un comité de pilotage du processus de rationalisation des CER en Afrique centrale (COPIL/CER-AC) dont le Cameroun assure la Présidence dédiée. Le chapitre 11 analyse le rôle du PREF-CEMAC dans la perspective de la fusion CEEAC/CEMAC.

CHAPITRE 10 :

LES CONDITIONS DE RÉUSSITE DES PROGRAMMES DE RÉFORMES ÉCONOMIQUES ET FINANCIÈRES EN AFRIQUE CENTRALE

« Ce n'est pas de la bienveillance du boucher, du brasseur et du boulanger que nous avons notre diner, mais bien du soin qu'ils apportent à leurs intérêts ». Cette assertion de Adam Smith dans son ouvrage la *Richesse des Nations* de 1776 illustre à suffisance que, malgré la raison noble de rétablissement des équilibres macroéconomiques, d'amélioration des conditions de vie des populations ou encore de relance de l'économie à la suite des chocs exogènes ou endogènes qui créent des dysfonctionnements dans les marchés, les programmes des réformes économiques et financières menés par les pouvoirs publics ou les Institutions de Bretton Woods doivent, pour garantir leur réussite, prendre en compte non seulement les mobiles de ces chocs, mais aussi les aspirations des différentes parties ainsi que celles des bénéficiaires et lésés de ces réformes.

Les décennies 80, 90 et le début des années 2000 ont été marqués par la prédominance des programmes d'ajustement structurel (PAS) dans les pays de l'Afrique subsaharienne (ASS) en général et d'Afrique centrale en particulier. La plupart des travaux qui se sont intéressés au bilan de ceux-ci en Afrique centrale ont montré que ces programmes ont certes rétabli les équilibres macroéconomiques, mais au prix d'une plus grande pauvreté. En effet, la Banque Mondiale a constaté à la fin des années 90 et au début des années 2000 qu'environ un tiers des nombreuses réformes impulsées par la Banque Mondiale et le Fonds Monétaire international (FMI) dans le cadre des PAS ont échoué. Dollar et Svensson (2000) ont identifié l'origine de ces échecs en examinant plus de deux cents réformes entre 1980 et 1995, et sont arrivés à la conclusion que la réussite des réformes en ASS et plus spécifiquement en Afrique centrale repose sur la qualité des institutions et non sur le volume des moyens octroyés.

Parmi les multiples raisons de l'échec de ces programmes de réformes, plusieurs études reconnaissent l'importance des obstacles politiques. Par exemple, pour Williamson (1994), la faisabilité politique des réformes est la condition sine qua non de la réussite d'un ajustement réel. La caution des pouvoirs publics devient de ce fait une condition nécessaire au succès des programmes des réformes économiques et financières, dans les pays de l'Afrique centrale qui ont en commun d'être de jeunes démocraties.

Il n'est donc pas surprenant, comme le soulignent Amprou et Doret (2000), que, pendant les périodes d'ajustement, une partie des ressources soit affectée à des fins politiques. L'objectif est de ne pas compromettre l'exécution des réformes économiques et financières à long terme. Une telle stratégie poursuit un triple objectif à savoir : (i) envoyer des signaux positifs aux acteurs économiques et financiers qui vont conduire et bénéficier de la réforme ; (ii) apporter des compensations financières partielles aux groupes lésés ; et (iii) maintenir les rentes de ceux qui détiennent le pouvoir et de leurs alliés proches. Cette stratégie considère ainsi la convergence de vues des parties prenantes aux réformes comme une condition nécessaire de leur réussite.

Aussi, la réussite des programmes des réformes repose sur la caution des pouvoirs publics, la qualité des institutions et sur la convergence de vues des parties prenantes aux réformes.

I. La caution des pouvoirs publics comme gage de réussite des programmes de réformes

Toute réforme dans le domaine économique, juridique et social aura toujours peu de chance de succès sans qu'au préalable, elle bénéficie de l'appui ou de l'engagement des autorités publiques qui déterminent et conduisent l'action politique. Cela est d'autant plus vrai dans les pays de l'Afrique centrale, qui sont tous de jeunes démocraties. Cet appui est donc une condition essentielle, bien que non suffisante, à la réussite de tout programme de réformes. En effet, les acteurs et cibles des réformes économiques observent et interprètent très souvent chacun des signaux des dirigeants politiques. La réussite des programmes de réformes dépend donc de l'engagement politique, du rattachement au système décisionnel national de la réforme, c'est-à-dire son ancrage, mais aussi de la communication sur ladite réforme.

A. L'engagement politique et l'ancrage des réformes facteurs accélérateurs de la réussite des programmes de réformes

La réussite des programmes de réformes économiques et financières en Afrique centrale repose sur l'engagement politique des pouvoirs publics, mais aussi sur l'ancrage de celles-ci.

1. Engagement politique des pouvoirs publics

L'engagement actif et constant d'un leadership politique univoque et clair est essentiel pour garantir la réussite des programmes de réformes économiques et financières. En effet, la conception, l'élaboration et la mise en œuvre desdites réformes requièrent des investissements en ressources financières, humaines et politiques. Les États de l'Afrique centrale étant majoritairement des régimes présidentiels, les dirigeants politiques et administratifs sont les premiers responsables qui statuent sur le volume et la qualité des investissements à consentir pour mobiliser ces ressources. Ils doivent à cet effet donner leur onction aux programmes de réformes en acceptant clairement leurs projets, en garantissant les fonds, en assurant la coordination et en assumant les éventuels conflits qui pourraient naître.

Aussi, le Chef de l'État, le gouvernement ou le Premier ministre doivent s'engager publiquement, énergiquement et de manière constante au processus de réformes. Ils doivent être ainsi perçus comme étant collectivement à l'avant-garde des réformes. La nécessité de réformer sera ainsi largement perçue ou ressentie par l'opinion publique et par tous les groupes d'acteurs les plus importants de la société. Les dossiers des réformes pourront demeurer en haut de l'agenda des priorités lorsque d'autres besoins pourraient se manifester à l'intention du gouvernement. Pour cela, il faut que les gouvernants soient en première ligne pour expliquer et justifier le ou les projets de réformes ainsi que pour répondre aux réserves ou arguments des inévitables opposants auxdites réformes lorsque les effets de celles-ci se trouveront être contestés.

L'intensité de la volonté politique fait la différence entre le succès et la perte d'intérêt à l'égard de la réforme. Cette intensité doit se sentir, s'entendre, se lire et s'observer concrètement. Les membres du gouvernement doivent alors s'engager dans la réforme, s'en faire les champions et non pas seulement pratiquer la neutralité bienveillante. Le manque de convergence entre les principaux acteurs fait souvent échouer les initiatives stratégiques qui portent les réformes. Une forte tradition de fonctionnement du conseil des ministres comme institution politique intégrée et collégiale, pratiquant la solidarité ministérielle, concourt à ce besoin de cohérence des signaux d'appuis politiques aux programmes des réformes qui fait très souvent défaut dans certains pays de l'Afrique centrale.

2. Ancrage des réformes

Pour qu'une réforme réussisse, elle doit s'inscrire dans la durée, peu importe qu'il y ait des renouvellements à la tête des organes ou institutions étatiques. Pour cela il lui faut un point de rattachement. L'ancrage des réformes est donc ce point de rattachement au système décisionnel et au système du passage à l'acte. Il repose sur la volonté des dirigeants politiques réunis dans un leadership durablement unifié. L'efficacité de l'ancrage fait en sorte qu'il devient impossible, pour les forces du statu quo, de freiner les réformes, de les atténuer ou de les détourner. L'ancrage se fait autour d'acteurs ou d'un évènement particulièrement significatif, tel que le budget, l'agenda de réconciliation nationale. Le budget sert très régulièrement de point d'ancrage idéal à plusieurs types de réformes. Par exemple, c'est très souvent le cas lorsque les réformes portent sur des compromis ou des arrangements budgétaires.

En situation de stabilité politique, l'ancrage permet le maintien du consensus autour de la réforme. Un gouvernement fort, cohérent et rigoureux est un gage de succès (Sedjari, 1997). Cela est particulièrement le cas des pays où la transition institutionnelle est faible. En effet, les divisions entre dirigeants politiques peuvent entamer la cohésion des hauts fonctionnaires lorsque les rivalités entre ministres génèrent des luttes entre hauts fonctionnaires qui doivent leur survie à ces derniers. Dans un tel contexte, comme c'est le cas en Afrique centrale, la réforme devient un enjeu de rapports de puissance et les grands corps, comme celui des finances, finissent par imposer le statu quo qui sert leurs intérêts.

Il est donc souhaitable de situer la direction de la réforme auprès de l'instance politique la plus puissante. Les réformes ancrées auprès d'instances marginales ou de seconde importance se voient dépouillées de leurs effets lorsque les forces de contestation ont accès aux niveaux supérieurs pour en diluer les effets. Il importe donc, pour garantir la réussite des programmes de réformes, de les ancrer dans un processus gouvernemental ou budgétaire visible, légitime et contraignant. Par exemple, les actions des réformes peuvent être budgétées sous forme de programmes aux budgets annuels. Ces réformes seraient financées en partie par les organismes d'aide et en partie par les fonds normalement attribués aux ministères, lesquels seraient recyclés pour le programme des actions de réformes.

B. La communication sur les réformes : facteur déclencheur de la réussite des programmes

Dans les PED comme ceux de l'Afrique centrale, un grand nombre de citoyens sont souvent ignorants du processus de mise en œuvre des réformes en cours ou en projet. Cette situation rend difficile leur adhésion ou facilite leur opposition, non pas en raison de la bonne ou mauvaise foi, mais simplement parce qu'il y a une incompréhension due au manque de communication. Pourtant, la communication est un outil puissant pour rendre efficace l'exécution des réformes.

1. La communication : un instrument peu utilisé

Les documents de réformes comprennent généralement de nombreuses études présentant les principes, les conventions, les données factuelles et les textes réglementaires et législatifs. Ces documents, très souvent volumineux et techniques, ne sont généralement pas diffusés, mais plutôt réservés et accessibles à très peu de personnes. Il y a donc lieu de justifier formellement toute réforme, de l'expliquer dans un discours simple et continuellement mis à jour, de mobiliser les forces, de les garder mobilisées, de combattre ou de convaincre les tendances à l'inertie ou les opposants à la réforme qui veulent la diluer ou la faire retirer. Malheureusement, en Afrique centrale, les actions de mise en œuvre des réformes sur les terrains se trouvent régulièrement précédées de trop peu de documentation explicative des objectifs généraux et spécifiques, des actions, des critères de réalisation de ces actions et la méthodologie de suivi-évaluation de l'exécution des réformes. Or, les réformes s'imposent très souvent de manière autoritaire aux populations qui y adhèrent très peu ou pas du tout, car ne maîtrisant pas les tenants et aboutissants. Les réformes doivent être diffusées et partagées par l'entremise de la communication.

2. La communication : un outil opérationnel fort utile à la mise en œuvre des réformes

La communication, sur le plan tactique, justifie l'approche, la méthode et les choix, tandis que sur le plan opérationnel, elle supporte les actions des réformes en diffusant la vision et les moyens auprès des populations. Elle implique aussi l'écoute de ces populations, de leurs idées, et la mise à contribution de l'expertise des agents. La communication doit se faire de façon stratégique et proactive plutôt que seulement réactive et défensive lorsque les voix s'élèvent pour critiquer ou pour demander le retrait de la réforme. La voie de la communication implique des efforts multiples et constants pour justifier le besoin de changement et les modalités de la réforme, pour coordonner les efforts et pour mobiliser toutes les parties prenantes.

Le succès de la réforme repose donc sur la production, dès le départ, d'une vision intégrative des éléments de la réforme qui devient le discours sur la réforme. Le soutien communicationnel constant auprès des publics de la réforme joue ainsi un rôle critique. Une réforme qui a du succès prévoit la recherche hâtive et en continu des réactions de ces publics et la capacité de réagir rapidement aux préoccupations, besoins et suggestions manifestés par ceux-ci. Il n'est donc pas étonnant de constater que, grâce à la communication, des réformes tronquées ont une bonne image, tandis qu'au contraire, en son absence, des réformes justifiées échouent (OCDE, 2001). La communication sur les réformes économiques et financières en Afrique serait donc un facteur accélérateur de la réussite de celles-ci.

II. La qualité des institutions : source de réussite des programmes de réformes économiques et financières

Les pays de l'ASS et singulièrement ceux de la CEMAC sont caractérisés par de mauvais résultats économiques et de faibles institutions. Une abondante littérature a montré que ces pays pourraient sensiblement améliorer ces résultats en renforçant leurs institutions et que les gains potentiels augmentent fortement à mesure que les institutions s'améliorent (Edinson, 2003 ; Dollar et Svensson (2000)).

Les institutions représentent l'ensemble des règles informelles et formelles conçues par l'homme pour structurer ses interactions politique, économique et commerciale. Elles sont spécifiquement définies en référence à la protection des droits de propriété, à l'application équitable des lois et règlements, et mettent l'accent sur des organismes, des procédures et réglementations spécifiques (North, 1991).

La qualité des institutions influe de manière significative non seulement sur le revenu, mais aussi sur la croissance, sur l'instabilité de celle-ci et sur la mise en œuvre des réformes économiques et financières permettant de maintenir l'économie sur une trajectoire de croissance. Plus la qualité des institutions est élevée, mieux les réformes aboutissent et moins la croissance est instable. La corrélation entre les institutions et l'action des pouvoirs publics semble indiquer qu'une action avisée doit être appuyée par les bonnes institutions, tandis que des institutions défaillantes réduisent les chances qu'une politique avisée soit adoptée ou compromettent peut-être son efficacité (Edinson, 2003).

Ainsi, étant donné que les mesures de la qualité des institutions et de l'action des pouvoirs publics sont souvent étroitement liées - en partie parce que les indicateurs de la qualité des institutions (perception de l'efficacité des pouvoirs publics, poids de la réglementation ...) permettant également d'apprécier l'efficacité de l'action des pouvoirs publics -, la réussite des programmes de réformes induite par la qualité des institutions dépend donc des éléments qui conditionnent une meilleure action des pouvoirs publics que sont la bonne gouvernance, la démocratie politique et la confiance aux réformes.

A. La bonne gouvernance comme accélérateur de la réussite des programmes de réformes

L'une des premières grandes causes des échecs d'adaptation, de redressement et de stratégies économicopolitiques d'évolution de la plupart des économies des PED en général, et de l'Afrique centrale en particulier, est la mauvaise gouvernance. Elle résulte d'un manque de capacités institutionnelles de ces pays. Pour remédier à l'échec des PAS mis en œuvre dans la plupart de ces pays, la Banque Mondiale a fondé, au cours de la décennie 90, ses programmes d'aide et de développement sur la « bonne gouvernance ».

La gouvernance représente les règles (traditions) et les institutions par lesquelles l'autorité dans un pays est exercée (Kaufman, 2010). La bonne gouvernance renvoie, a priori, à la prise en compte du comportement politique dans le développement. Plus clairement, elle est la capacité de l'État à fournir les institutions qui favorisent la croissance, la réduction de la pauvreté (Banque Mondiale, 1992) ainsi que la mise en œuvre aboutie des réformes économiques et financières.

1. Les indicateurs de gouvernance

Les indicateurs de mesure de la qualité ou de la bonne gouvernance portent principalement sur (i) la possibilité de s'exprimer et l'obligation de rendre compte ; (ii) la stabilité politique ; (iii) l'efficacité du gouvernement ; (iv) la qualité de la réglementation ; (v) l'État de droit ; et (vi) le degré de corruption. Pour tous ces indicateurs, les pays de la CEMAC arrivent en queue de classement. Ces indicateurs montrent que la bonne gouvernance ne relève pas uniquement du domaine public, mais qu'elle dépend de la relation et de la coopération qui existent entre les différentes sphères de la gouvernance, à savoir les sphères publique, privée et de la société civile (Coghill, 2003).

2. La qualité de la réglementation

La qualité de la réglementation mesure le nombre de politiques non conformes aux lois du marché, comme le contrôle des prix et l'insuffisance des contrôles. La réglementation permet ainsi aux marchés de fonctionner efficacement dans des conditions caractérisées par des externalités, une asymétrie d'information et la présence de monopoles. Une réforme économique visant à encadrer ces défaillances de marché a de fortes chances d'atteindre cet objectif lorsqu'il y a une réglementation de qualité. Par ailleurs, pour pouvoir être socialement responsables, compétitives et résilientes, les entreprises ont besoin d'un cadre réglementaire stable et solide qui applique les normes de commerce légal et de qualité, et qui est favorable à la mise en œuvre de toute réforme. Les pays de l'Afrique centrale sont malheureusement caractérisés par une faible qualité de la réglementation.

3. La stabilité politique

La stabilité politique se mesure dans le temps et se caractérise par une absence de retournements politiques, c'est-à-dire la mise en place de lois rétroactives remettant en cause des accords passés. L'illustration la plus éclatante de la forme extrême de l'instabilité politique est la fréquence des coups d'État et de changements de régime. L'instabilité politique s'illustre surtout par un phénomène d'incohérence temporelle, développé par Kydland et Prescott (1977), de la part de certains acteurs ayant le pouvoir de remettre en cause les accords passés. En effet, ils reviennent sur la parole donnée, car ils y trouvent leur intérêt. Nous assistons alors à un phénomène d'apprentissage de la part de tous les acteurs. Les négociations ultérieures ont beaucoup plus de difficultés à aboutir, car échaudées par l'expérience passée, les acteurs sont plus méfiants. Dans un tel climat de méfiance, toute réforme économique d'envergure a très peu de chance d'être mise en œuvre. Certains pays de l'Afrique centrale vivent ce type de situation.

La mise en place des réformes économiques nécessite alors de la stabilité politique. Cette dernière est nécessaire au moment des accords entre les acteurs, mais elle doit perdurer. La réforme de l'État-providence en

Allemagne illustre assez bien cette question de la prise en compte du temps institutionnel lié à la stabilité politique. En effet, dans cet État-providence, la multitude des acteurs institutionnels ayant un pouvoir de véto sur les réformes ainsi que sur la présence d'élections quasi annuelles a empêché la mise en place de réformes profondes pendant plusieurs années (Streek et Trampusch, 2005).

La stabilité politique repose aussi sur l'idée de consultations de chacun des acteurs institutionnels. En effet, la présence de nombreux acteurs institutionnels n'offre pas l'assurance de la consultation. Or, celle-ci est nécessaire, car elle justifie d'une part l'existence de la structure institutionnelle et, d'autre part, son absence favorise la remise en cause de choix politiques. Les agents victimes de l'absence de consultation vont, dès qu'il sera possible, remettre en cause les décisions prises si elles leur sont défavorables.

L'examen de multiples expériences menées depuis des décennies dans de nombreuses régions du monde, tel que l'ASS fournit une conclusion claire à savoir que le manque de transparence, la faible crédibilité du gouvernement et de l'administration ainsi que la corruption sont les pires ennemis des réformes économiques et financières (Cahuc et Zylberberg, 2009). Toute réforme dans le domaine économique et social aura toujours peu de chance de succès sans, qu'au préalable, des modifications importantes de la démocratie politique soient mises en œuvre.

B. La démocratie politique comme gage de réussite des réformes économiques et financières

Un pays est une démocratie politique lorsque (i) il s'y tient des élections compétitives à intervalles réguliers ; (ii) les individus peuvent créer des organisations ou s'y joindre librement ; (iii) la liberté d'expression existe, la presse est raisonnablement libre, etc. (O'Donnel, 2001). La démocratie politique se caractérise par ses attributs. Se référant à la typologie de ses attributs définie par Dahl (1987) et enrichie par O'Donnel (1996), on peut relever parmi ceux-ci, entre autres (i) des fonctionnaires élus ; (ii) des élections libres et équitables ; (iii) le droit de se présenter aux élections ; (iv) les fonctionnaires élus ne doivent pas être démis de leurs fonctions avant la fin du mandat que leur accorde la constitution.

D'après cette définition strictement politique et fondamentalement schumpétérienne, si un pays est une démocratie politique, mais qu'il est cependant rongé par une importante pauvreté, par de mauvais résultats économiques et par de profondes inégalités, ce pays fait partie du groupe des pays démocratiques. Cette vision associe ainsi la démocratie au régime politique, indépendamment de l'État et de la société. Cependant, se référant à cette définition de la démocratie et de ses attributs, certains pays de l'Afrique centrale ne la remplissent pas entièrement.

1. Démocratie et réformes

La littérature a montré que les réformes économiques ont une grande probabilité de succès en démocratie, parce qu'il existe dans de tel régime politique un rapport étroit avec certains aspects de l'égalité entre les individus en tant que personnes légales et, conséquemment citoyens, c'est-à-dire, porteurs de droits et obligations qui émanent de leur appartenance à une communauté politique et de l'autonomie et de la responsabilité qui leur sont conférées. En effet, dans les démocraties politiques, les citoyens ont au minimum le droit de voter lors des élections compétitives entre plusieurs parties opérant ainsi un choix. Ce choix est le reflet d'un degré d'autonomie personnelle suffisant pour prendre cette décision consciemment. Par ailleurs, dans un système démocratique, chaque individu est une personne légale, porteuse d'obligations et de droits formellement égaux dans le domaine politique, mais aussi dans la législation relative aux contrats, aux dommages et intérêts, à l'impôt, dans les relations avec des organismes d'État et dans plusieurs sphères de la vie sociale.

Dollar et Svensson (2000) montrent ainsi que les pays dont le gouvernement n'est pas élu démocratiquement, ou dont le Chef de l'État est au pouvoir depuis longtemps, échouent bien plus que les autres à mettre en œuvre des réformes économiques, quels que soient les moyens mobilisés. Dans la même veine, Acemoglu et al. (2007) montrent, par ailleurs, que dans les pays où les lacunes démocratiques existent, les réformes de la législation ne sont pas suffisantes et celles-ci peuvent même accentuer les dysfonctionnements de l'économie si les groupes puissants continuent à exploiter les privilèges dont ils jouissaient avant les réformes.

L'expérience des pays de l'Est est édifiante à cet effet. En effet, après la chute du mur de Berlin en 1989, la libéralisation des prix s'imposait comme une des principales réformes des économies postsocialistes. Mais, cette libéralisation n'a pas touché les secteurs en même temps. Les entreprises publiques ont continué à vendre des matières premières selon des prix administrés très bas, tandis que les prix des biens finaux qui utilisaient ces matières premières étaient libérés. Les membres bien placés de l'ancien régime ont pu alors s'approvisionner en matières premières bon marché auprès des entreprises publiques pour produire des biens finaux dont ils avaient le monopole. Ils engrangeaient ainsi des profits exceptionnels et faisaient ensuite pression pour que les prix des matières premières restent régulés et que leur monopole sur les biens finaux soit conservé.

Ainsi, dans le cas de ces pays anciennement socialistes, la réforme du système de fixation des prix sous la forme de libéralisation partielle, a conduit à une situation pire que celle qui existait lorsque tous les prix étaient administrés. Des réformes qui auraient pu améliorer substantiellement le fonctionnement de l'économie ont eu des effets opposés.

Contrairement à cet échec du modèle socialiste à mettre en œuvre des réformes économiques, Braud (1997), dans sa synthèse sur la démocratie, montre que ce régime politique est un terreau des réformes. Il évoque à cet effet la nature des liens qui associent la démocratie politique à l'économie des marchés en prenant comme principaux exemples les pays où la démocratie s'est implantée historiquement à savoir l'Europe occidentale et septentrionale, l'Amérique du Nord, l'Australie et la Nouvelle-Zélande. Cet auteur montre le rôle joué par la démocratie sur le développement en relevant dans ces pays la concomitance dans les phases de leur développement, d'où il est impossible de ne pas reconnaitre de véritables convergences entre leurs logiques respectives de fonctionnement.

2. Démocratie et développement

Le développement ne peut avoir lieu dans sa conception globale si la démocratie dysfonctionne. La place des institutions démocratiques reste donc importante et bénéfique à la mise en œuvre des réformes. Une abondante littérature a mis l'accent sur l'existence de corrélations positives globales entre démocratie et réussite des réformes économiques porteuses de croissance économique, la démocratie facilitant le développement en garantissant une stabilité des règles générales du jeu sur le long terme et en instituant le contrôle des dirigeants à travers l'imputabilité et la responsabilité (Burkhart, Lewis-Beck, 1994 ; Helliwell, 1994 ; Feng, 1997 ; Muller, 1997). Par ailleurs, certains travaux ont souligné l'avantage relatif des démocraties pour mener à bien certaines réformes économiques, car réussissant à conserver malgré tout et plus facilement que d'autres types de pouvoir, le soutien des catégories sociales qui pâtiront facilement des changements induits par ces réformes (Haggard, 1997).

Dans son ouvrage intitulé, *Un nouveau modèle économique, développement, justice, liberté*, Sen (2003) montre qu'il y a un lien entre la démocratie et le développement. Il pense que, de manière générale, la démocratie est nécessaire, voire indispensable pour le développement, et donc pour la réussite des réformes économiques. Pour Annan-Yao (2005), le développement durable en Afrique s'avère impossible sans la démocratie. Cette idée est également partagée par Marchesin (2004) lorsqu'il affirme, dans son ouvrage *Démocratie et développement*, que « la démocratie est le seul régime politique compatible avec le développement humain dans son sens le plus profond, car, dans une démocratie, le pouvoir politique est accordé et contrôlé par le peuple sur lequel il s'exerce ».

3. La confiance aux réformes

La crise globale, financière et économique, déclenchée au printemps 2007, a placé au centre du débat public mondial le thème de la confiance. La confiance entre les individus est le facteur essentiel de la réussite des réformes économiques et donc du dynamisme économique d'une nation. Le bien-être d'une nation, de même que la capacité à être compétitive, tient à un seul trait culturel général à savoir le niveau de confiance inhérent à la société (Fukuyama, 1995). Elle est donc à ce titre l'une des forces de synthèse les plus importantes au sein de la société.

Deux principales théories de la confiance s'opposent à savoir la théorie de la confiance intéressée et celle de la confiance généralisée. Pour la première, la confiance est le produit d'une relation interpersonnelle qui s'appuie sur un calcul stratégique reposant in fine sur l'intérêt, et par contre, pour la seconde théorie, la confiance est un acte de foi reposant sur une disposition culturelle encline à la bienveillance envers un autre anonyme. On ne peut donc parler de confiance que là où il y a un engagement personnel en faveur de quelqu'un à qui l'on s'en remet du soin de quelque chose à quoi l'on tient, en lui concédant un pouvoir quasi-discrétionnaire, sans craindre qu'il n'exploite la vulnérabilité ainsi créée en sa faveur (Quéré, 2005). Adam Smith décrit ainsi une transaction qui repose sur la confiance interpersonnelle dans la *Richesse des Nations* à travers son concept de « main invisible ». Il y aurait alors un « bras invisible » qui ne serait autre chose que la confiance dans la capacité et la volonté des parties à l'échange de veiller à leurs propres intérêts (Laurent, 2009).

Ainsi, sans la confiance, il n'y a point d'échange. Et si cette confiance est trahie, les réformes économiques entamées pour retrouver les équilibres économiques ne peuvent aller jusqu'au bout, et c'est le système économique dans son ensemble qui peut dérailler. En effet, la plupart des transactions dans une économie de marché se passent en réalité hors marché, c'est-à-dire hors du système de prix, et la confiance interpersonnelle est une des « institutions invisibles » (selon l'expression d'Arrow, 1974) qui permet l'échange.

Étant donné que la confiance met en jeu des sentiments humains à la fois plus nobles, moins volatils et plus durables, elle est un atout majeur pour garantir la réussite d'une réforme économique en ce sens qu'elle est fondée sur le consentement. En effet, pour Hardin (2006) : « je te fais confiance parce que je crois qu'il est dans ton intérêt sur une question donnée (une réforme, par exemple) de prendre en compte mes intérêts dans ton action. Parce que tu attaches du prix à la poursuite de notre relation, tu auras à cœur tes propres intérêts lorsque tu prendras en compte les miens. On passe ici de la confiance à la fiabilité ».

Dans un système démocratique, la puissance publique réduit la nécessité pour les citoyens de se faire confiance en réduisant les problèmes d'information, de transparence, de contrôle et d'application des règles (Levi,

1998). Parce qu'ils ont davantage de raisons de se faire confiance entre eux. Or, tel n'est pas le cas dans des démocraties balbutiantes comme celles des pays de l'Afrique centrale. Williamson (1993) qualifie ainsi le contrat de « confiance institutionnelle », qui cristallise la confiance et réduit sa nécessité.

III. La convergence de vue des parties prenantes condition nécessaire à la réussite des programmes de réformes

Au-delà de telle ou telle culture nationale ou régionale, l'interaction entre usagers, société civile et administration publique est universelle. Cette interaction doit être prise en compte lors du processus de mise en œuvre des programmes des réformes économiques et financières. En effet, les réformes visent à améliorer le bien-être collectif et individuel de tous ces acteurs. Aussi, pour éviter des blocages et garantir leur réussite, il importe de créer les conditions d'une convergence de vues de toutes ces parties prenantes en les associant dans le processus de conception, d'élaboration ou de mise en œuvre des réformes. Pour les pays de l'Afrique centrale, cela passe par la participation de la société civile, la prise en compte des intérêts des groupes de pression et de la diversité ethnique, le développement du capital humain et par le renforcement des mécanismes de coordination de suivi-évaluation des réformes.

A. La participation de la société civile et prise en compte des intérêts des groupes de pression

L'État ne prétend plus incarner aujourd'hui tout seul l'intérêt général ni les valeurs fondamentales de la nation. Il doit à cet effet désormais composer avec tous les autres acteurs institutionnels que sont la société civile, les groupes de pression, pour une action efficace de ses interventions sur la sphère publique ou privée en vue, par exemple du rétablissement des équilibres macroéconomiques ou de la résorption des défaillances de marché.

1. La participation de la société civile

Constituée de corps intermédiaires liant les individus, les groupes de pression et l'État, la société civile se veut médiatrice entre les idéaux et les intérêts des uns, la rationalité identitaire des autres (Jans-Louis, 2019). La société civile représente ainsi l'ensemble des associations de citoyens (autres que celles qui concernent leurs familles, leurs amis et leurs activités professionnelles) auxquelles ceux-ci ont décidé d'adhérer pour promouvoir leurs intérêts, leurs idées et leurs idéologies. La société civile exprime au nom de la patrie, l'exigence de justice, la liberté de pensée associée au mouvement des Lumières du 18e siècle, la reconnaissance du citoyen.

À partir de la fin du 20e siècle, un mouvement nouveau fait en effet interagir fortement plusieurs facteurs à savoir : (i) des crises économiques, sociales et environnementales sans précédent ; (ii) une prise de conscience par les administrations elles-mêmes des limites de la seule action publique ; (iii) une attente forte des réformes de la part de l'opinion publique. Cet ensemble d'éléments interdépendants a logiquement entrainé une montée en puissance de l'influence des acteurs de la société civile par rapport à l'État, celui-ci reconnaissant progressivement l'autonomie de la société civile et la faisant participer à la mise en œuvre des politiques publiques.

Les expériences de collaboration entre la société civile et l'administration publique sont légion tant dans les pays développés qu'en développement. Par exemple, au Canada et aux États-Unis, l'État central n'occupe pas une position hégémonique dans les institutions publiques d'États constitutionnellement fédéraux. Des organisations privées qui rassemblent des dizaines de milliers d'adhérents s'y expriment au nom de la société civile dans son ensemble en veillant jalousement à leur autonomie par rapport au pouvoir fédéral qu'il s'agit d'influencer les décisions sans le laisser diviser ou influencer les associations et les organismes issus de la société civile. En Europe continentale, des « personnalités qualifiées » d'influentes et de représentativités très inégales au sein de la société civile sont souvent choisies par l'État lui-même pour devenir des interlocuteurs quasi institutionnels d'administrations publiques. Dans les PED et plus particulièrement dans les pays de l'Afrique centrale, la collaboration entre la société civile et l'administration publique centrale a été imposée par les institutions de Bretton Woods au cours de la décennie 90 dans le cadre des PAS.

Associée à des réformes, la société civile joue un rôle d'aiguillon ou d'accélérateur de réformes dans les PED. En effet, face à l'échec des PAS au cours de la décennie 90, dû à la mal gouvernance, les organismes d'aide extérieure (Banque Mondiale, FMI), pour garantir le succès de ces programmes, ont révisé leurs politiques d'aide au développement en faisant de la société civile un acteur clé pour satisfaire l'exigence d'une meilleure gouvernance des financements. Les acteurs de la société civile sont ainsi devenus au même titre que les autorités nationales ou locales, les acteurs de terrain dont l'action est, dans l'ensemble, jugée positivement par les bailleurs internationaux dans la lutte contre la corruption et le gaspillage de l'argent public. C'est ainsi que, récemment par exemple, dans le cas de Haïti, la société civile s'est engagée au cours de ces quatre dernières années dans le processus de transformations publiques. Après sa participation au forum international sur les réformes organisé dans ce pays, la société civile s'est activement engagée en juin 2018 au côté des fonctionnaires haïtiens et de représentants des bailleurs internationaux, dans l'élaboration du Programme de Modernisation de l'État (PME-2023). Elle participe depuis octobre 2018 à la mise en œuvre de ce programme depuis sa validation par le Chef de l'État. La participation de la société civile dans la mise en œuvre de ce programme a permis d'obtenir des résultats satisfaisants.

La participation de la société civile aux réformes économiques et financières dans les pays de l'Afrique centrale constitue d'une part un gage de leur succès, comme en Haïti, et d'autre part un enjeu majeur d'intérêt général. En effet, le consentement à l'impôt, le respect de la légalité et la cohésion sociale sont actuellement en grande souffrance dans de nombreux pays, développés, émergents ou en voie de l'être, comme ceux de l'Afrique centrale.

2. Prise en compte des intérêts des groupes de pression

Parmi les multiples raisons de l'échec des PAS au cours de la décennie 90 et des réformes engagées dans ces pays depuis le début des années 2000, les obstacles politiques ont joué un rôle majeur. Cette situation explique pourquoi certains organismes d'aide au développement ont accepté qu'une partie des ressources mobilisées pour la mise en œuvre des réformes soit affectée à des fins politiques de façon à ne pas compromettre cette mise en œuvre dans le long terme en servant des compensations aux groupes de pression lésés par les réformes.

Dans les PED, il existe très souvent des coalitions dominantes qui s'appuient sur l'armée, l'administration publique, les syndicats des entreprises parapubliques et des compagnies des secteurs industriels protégés (Waterburg, 1989). Si les réformes menacent leurs intérêts, ces coalitions, qui sont en fait des groupes de pression, vont entreprendre des actions pour bloquer ou freiner la mise en œuvre de ces réformes. On peut mentionner à cet effet, les tentatives de coups d'État, les émeutes urbaines après, par exemple l'arrêt des subventions des produits alimentaires ou pétroliers, ou encore les grèves et manifestations dans les entreprises parapubliques qui sont sur les listes des privatisations. Les groupes de pression ou d'intérêt sont des structures constituées de personnes physiques ou morales dont la principale mission est de défendre exclusivement les intérêts communs de leurs membres auprès des personnes et institutions chargées de prendre des décisions. Leurs actions visent ainsi à rendre ces décisions avantageuses pour leurs membres.

Un comportement rationnel des pouvoirs publics est donc de maintenir de bonnes relations avec les appuis politiques. La gestion politique des groupes de pression peut ainsi avoir deux types de répercussions sur les réformes : leur application incomplète ou leur report pur et simple (Alesina, Drazen, 1991). Pour permettre une meilleure exécution de ces réformes, les groupes de pression doivent être associés dans la réflexion, la conception, l'élaboration ou la mise en œuvre de celles-ci en tant que partie prenante. Il faut aussi éviter l'application à la carte des réformes qui pourrait compromettre la cohérence et précipiter leur échec, comme ce fut le cas au Sénégal pour les PAS dans le cadre de sa politique industrielle (Banque Mondiale, 2003).

En présence de groupes de pression, Dessus, Lafay et Morrisson (1993) ont montré que deux attributs s'offrent aux bailleurs de fonds pour qu'augmente la probabilité de mise en œuvre réussie des réformes dans les PED : offrir un volume d'aide considérable (option peu réaliste dans un contexte de réduction de flux d'aide publique au développement) ou accepter qu'une partie de l'aide serve à compenser les torts induits aux groupes de pression. Selon Casella et Eichengreen (1996), la seconde option est la plus appropriée pour accélérer la mise en œuvre du processus d'ajustement, à condition que l'écart entre l'annonce et la matérialisation de l'aide soit faible. Ce résultat montre bien que la prise en compte des intérêts des groupes de pression est nécessaire pour la réussite des réformes économiques et financières dans les pays de l'Afrique centrale.

3. Prise en compte de la diversité ethnique

Au cours des décennies 80 et 90 et du début des années 2000, les résultats des réformes économiques mises en œuvre dans les pays de l'ASS ont été décevants. Hormis quelques cas isolés, tels que le Ghana, l'Ouganda ou le Botswana, la faiblesse générale des réactions de l'offre lors des réformes entreprises a suscité des interrogations au sujet de l'efficacité et de la soutenabilité des mesures appliquées. Certaines analyses (dont l'étude effectuée par la Banque Mondiale en 1994, « Adjustment in Africa ») montrent que, même si les pays de l'ASS ont pu éliminer certaines distorsions les plus importantes en matière de commerce et de fiscalité, la majorité de ces pays n'a pas adopté des réformes suffisamment vigoureuses dans le domaine macroéconomique, en ce qui concerne les marchés des matières premières, le cadre institutionnel et juridique, et le système d'allocation des devises, lequel détermine souvent le degré de protection effective de l'industrie locale.

La plupart des réformes entreprises au cours de cette période dans les pays de l'Afrique centrale visaient à favoriser l'évolution vers la liberté des échanges commerciaux et la réduction des distorsions fiscales considérées comme bénéfiques à leurs économies. Toutefois, les contraintes politiques n'ont pas été prises en compte dans la conception et l'élaboration de ces réformes dans ces pays caractérisés par la diversité ethnique.

Selon l'indice de diversité ethnique employée par Easterly et Levine (1995), 14 des 15 pays du monde présentant la plus grande diversité ethnique sont situés en Afrique et particulièrement en Afrique centrale. Les contraintes résultant d'une telle diversité ethnique dépassent largement les problèmes traditionnels d'économie politique qui surgissent lors des réformes dans des régions dont la population est plus homogène, telles qu'en Amérique du Sud dans les pays comme le Chili ou l'Argentine, ou encore en Asie dans le cas de la Corée du Sud ou de Taïwan.

Une grande diversité ethnique peut conduire à des tensions sociales accrues, à l'instabilité politique et à une concurrence destructrice entre les factions ethniques pour accéder aux situations de rente (Easterly et Levine, 1995). Ces contraintes issues de la diversité ethnique devraient être prises en compte lors de la détermination des politiques optimales en matière commerciale et fiscale. Schiff (1995) a montré à cet effet que le cas où les changements induits par les réformes dans la distribution des revenus affectent l'efficience est celui où, dans un pays caractérisé par la diversité ethnique, chaque groupe ethnique dispose de facteurs de production différents. Les groupes ethniques tendront alors à se conformer aux règles du jeu national et à coopérer les uns avec les autres dans un pays donné aussi longtemps qu'ils auront le sentiment que la répartition des revenus et de richesse entre eux est d'une façon équitable. Plus l'écart entre la répartition effective et la répartition « acceptable » est grand, plus les groupes lésés sont incités à poursuivre leurs propres intérêts plutôt que de coopérer avec les autres. Easterly et Levine (1995) corroborent ces résultats en montrant à leur tour qu'une grande diversité dans un pays est souvent associée à une moindre probabilité d'adopter de bonnes réformes et politiques économiques. Ainsi, pour la réussite des programmes des réformes économiques et financières, les pays de l'Afrique centrale doivent prendre en compte les contraintes liées à la diversité ethnique.

B. Le développement du capital humain et les mécanismes de mise en œuvre des réformes

La réussite de la mise en œuvre des réformes économiques et financières en Afrique centrale repose sur le développement du capital humain et le renforcement des mécanismes de coordination et de suivi-évaluation de ces réformes.

1. Développement du capital humain

La richesse des nations ne se compose pas seulement de leurs ressources naturelles et de leur capital produit, mais aussi de leurs populations, de leur santé, de leurs compétences et de leur résilience aux chocs, comme en témoigne la récente pandémie de covid-19 (Banque Mondiale, 2022).

Pour faire face à cette pandémie, la plupart des pays dans le monde et en Afrique centrale ont mis en œuvre des réformes économiques, financières et sociales pour contenir les effets néfastes de cette crise sanitaire. L'expérience a montré que la réussite de ces réformes, y compris celles engagées pendant les décennies 80 et 90 dans les pays de l'Afrique centrale, dépendait de la disponibilité des ressources humaines de qualité, compétentes et dotées d'une expertise pointue dans les montages financiers, la gestion des projets structurants, et de l'expertise internationale requise dans le monde financier international.

Il est donc essentiel, dans ces pays, d'investir dans le capital humain si l'on veut faire réussir les réformes économiques et financières permettant de générer une productivité et une croissance économique inclusive en vue de réduire la pauvreté, d'industrialiser et de diversifier leurs économies. Le capital humain est l'ingrédient le plus vital de la transformation et de la diversification des économies africaines (Banque Mondiale, 2022).

Selon des estimations récentes de la Banque Mondiale, un enfant moyen né aujourd'hui, en Afrique centrale et plus précisément en zone CEMAC, n'aura qu'une productivité à l'âge adulte de 37% de ce qu'elle aurait pu être. En effet, l'indice du capital humain (ICH) de la Banque Mondiale, qui mesure la contribution de la santé et de l'éducation à la productivité de la prochaine génération de travailleurs, montre que la sous-région de la CEMAC, dont l'ICH est de 0,37, est à la traine par rapport à la moyenne de l'ASS qui s'élève à 0,40. Cette situation montre que les pays de la CEMAC doivent mettre sur pied des mesures visant à développer leur capital humain afin de retrouver au moins le niveau continental s'ils veulent résolument mettre en œuvre de manière efficace les réformes économiques et financières.

Pour réussir un tel pari, les pays de la CEMAC doivent, comme le recommande la Banque Mondiale, (i) mettre les ménages au cœur des interventions liées au développement du capital humain ; (ii) améliorer la budgétisation, la gouvernance et la gestion de la prestation de services ; et (iii) adopter des politiques sectorielles à haut rendement et des approches transversales.

S'agissant de la mise des ménages au cœur des interventions, les approches politiques doivent être fondées sur le principe selon lequel les ménages eux-mêmes investissent dans leur capital humain et le produisent. Ainsi, les décisions des ménages et la qualité des services fournis sont les deux déterminants essentiels du renforcement du capital humain dans les pays de l'Afrique centrale.

En ce qui concerne l'amélioration de la budgétisation, la gouvernance et la gestion de la prestation de services, par exemple en santé, les interventions les plus rentables sont généralement celles qui se situent au niveau de base. Cela veut dire que les gouvernements devraient assurer et suivre la part des dépenses de santé publique consacrée aux soins de santé de base.

Pour ce qui est de l'adoption des politiques sectorielles à haut rendement et des approches transversales, dans les secteurs sociaux essentiels de la santé et de l'éducation, les politiques devraient être conçues de manière à créer, soutenir et améliorer les systèmes qui offrent un apprentissage de qualité et une bonne santé. Par ailleurs, les programmes de protection sociale agissent du côté de la demande, aidant les familles pauvres à investir dans le capital humain de leurs membres tout au long du cycle de vie de manière à leur assurer une vie productive et épanouissante.

Les améliorations dans les prestations de services de santé et d'éducation ne se traduiront pas par de meilleurs résultats en matière de développement humain si les familles ne sont pas en mesure d'utiliser les services. Ainsi, les efforts visant à développer le capital humain devraient s'accompagner d'efforts pour créer des emplois plus nombreux et de meilleure qualité afin d'augmenter le taux de rendement du capital humain, notamment en enseignant les compétences qui sont demandées par le secteur privé aujourd'hui et à l'avenir (Banque Mondiale, 2022).

2. Le renforcement des mécanismes de coordination et de suivi-évaluation des réformes

Parmi les facteurs clés de succès dans la mise en œuvre des programmes de réformes, l'existence d'une capacité institutionnelle structurée et coordonnée de la conduite des réformes s'avère tout aussi déterminante que l'expression de la volonté et de l'engagement politique. En effet, l'expérience des multiples réformes menées dans les pays de l'ASS en général, et de l'Afrique centrale en particulier, montre que les promesses d'action restent souvent des lettres mortes, parfois même sans aucun début d'exécution, plusieurs années après leur annonce, à moins qu'un dispositif réaliste et efficace de coordination et de suivi-évaluation des réformes soit mis en place.

Pour assurer la réussite des programmes de réformes économiques et financières dans ces pays, des améliorations significatives doivent être apportées dans les corpus nationaux existants en matière de coordination et de suivi des programmes, étant donné que les instances régionales, comme le Programme des Réformes économiques et financières de la CEMAC (PREF-CEMAC) dans la zone CEMAC assurent de manière satisfaisante la coordination et le suivi-évaluation des réformes au niveau régional. Le rôle de ces structures nationales est de renforcer l'appropriation des réformes et de dynamiser leur rythme d'exécution.

En ce sens, il est essentiel de renforcer et de généraliser la mise en place de comités techniques nationaux de suivi des réformes économiques et financières dans chaque pays de la sous-région. Ces comités devraient être élargis à tous les départements ministériels et autres entités impliqués dans l'exécution et le suivi des réformes et des actions des programmes, englobant les réformes structurelles ainsi que celles relatives au renforcement de la gouvernance, à l'industrialisation et à la diversification économique. En outre, à l'instar des programmes conclus avec le FMI, qui en règle générale, font l'objet d'une transcription dans les Lois de finances pour en assurer l'appropriation. Le succès de la coordination des programmes pourrait grandement s'appuyer sur un ancrage plus pertinent des programmes de réformes, comme le PREF-CEMAC, dans les programmes triennaux de convergence et de développement des États. S'agissant spécifiquement des réformes relatives à la politique monétaire et au système financier, leur appropriation au plan national pourrait se faire par le biais des comités nationaux économiques et financiers existants. Les orientations susmentionnées ont pour objectif de renforcer la cohérence et d'assurer un suivi plus efficace de la mise en œuvre de toutes les réformes consignées dans les programmes de réformes.

CHAPITRE 11 :

LE PREF-CEMAC DANS LA PERSPECTIVE DE LA FUSION CEEAC/CEMAC

Les termes de la Déclaration de Brazzaville des Chefs d'État et de gouvernement de la Communauté économique des États de l'Afrique Centrale (CEEAC) sur la rationalisation des Communautés économiques régionales (CERs) invite les États membres de la CEEAC et de la Communauté économique et monétaire de l'Afrique Centrale (CEMAC) à œuvrer à « l'élaboration d'une feuille de route définissant les actions d'harmonisation des politiques, des programmes et instruments d'intégration des deux Communautés, pour aboutir à terme, à une seule Communauté économique régionale dans la région Afrique Centrale ».

Cette Déclaration se fonde d'une part, sur les valeurs continentales en matière d'intégration telles que définies dans l'Acte constitutif de l'Union africaine (UA) de juillet 2000 à Lomé, le Plan d'action et l'Acte final de Lagos d'avril 1980, et le Traité d'Abuja du 3 juin 1991 portant création de la Communauté économique Africaine et, d'autre part, sur la littérature économique (Bela Balassa, Paul A. Samuelson, ...) qui montrent que l'intégration des économies africaines constitue l'un des moyens les plus efficaces pour accélérer le développement du Continent africain, et donc de l'Afrique Centrale, afin de mieux tirer profit de la mondialisation.

Faisant suite à cette Déclaration, les Présidents en exercice de la CEEAC et de la CEMAC ont signé, le 31 mars 2015, une décision conjointe CEEAC-CEMAC portant création, organisation et fonctionnement du Comité de Pilotage de la Rationalisation des Communautés Économiques Régionales en Afrique Centrale (COPIL/CER-AC) dont la conduite du processus de rationalisation a été confiée au Cameroun.

Au cours de la phase 2 de ce processus de rationalisation, le COPIL/CER-AC a tenu des assises à Yaoundé, du 24 au 28 mai 2021. Durant ces assises, les membres ont examiné et approuvé les projets de textes pour la nouvelle Communauté économique régionale de l'Afrique centrale, incluant le Traité constitutif, la Convention régissant la Cour des comptes, la Convention régissant la Cour de Justice, la Convention régissant le Parlement, le Protocole régissant la Haute Autorité monétaire, le Protocole régissant la Haute Autorité des Marchés Financiers et la Décision portant Cadre Organique de l'Union/Communauté de l'Afrique Centrale.

Depuis sa création en 1994 et son entrée en vigueur en 1999, la zone CEMAC a subi de multiples crises économiques, dont la plus rude fut celle de 2014, qui a entrainé l'effondrement des prix des matières premières et, en particulier, du pétrole brut dont sont tributaires la plupart des pays de cette sous-région. Face à l'ampleur de cette crise, qui était de même ordre que celle subie par la zone dans la décennie 1980, et à la menace sérieuse qui pesait sur la stabilité monétaire, les Chefs d'État et de gouvernement de la CEMAC ont, lors de la Session extraordinaire de la Conférence des Chefs d'État de la CEMAC, tenue le 30 juillet 2016 à Malabo, décidé d'apporter une réponse appropriée au choc subi dans les États membres de la CEMAC en instituant un Programme des Réformes économiques et financières de la Communauté économique et monétaire de l'Afrique Centrale, en abrégé PREF-CEMAC, placé sous la Présidence dédiée de Son Excellence Monsieur Denis SASSOU N'GUESSO, Président de la République du Congo. Ce Programme a pour objectifs de concevoir et de mettre en œuvre des actions rapides, vigoureuses et coordonnées, aussi bien au niveau national que sous-régional, pour la stabilisation du cadre macroéconomique et une transformation structurelle et profonde des économies de la sous-région, afin d'en renforcer la résilience et de les placer sur le chemin de l'émergence.

La création du PREF-CEMAC a été une réponse des Chefs d'État de la CEMAC aux limites de coordination des politiques économiques et financières dans la zone soulevée par le principe de subsidiarité qui prévaut dans la CEMAC, mais aussi à l'absence d'une mise en œuvre coordonnée tant au niveau national que sous-régional des réformes économiques et financières permettant aux États de la zone de juguler très rapidement les effets négatifs de cette crise d'une part, et d'autre part, de placer leurs économies sur une trajectoire de croissance forte, durable, inclusive et créatrice d'emplois.

Depuis sa mise en œuvre en 2017, le PREF-CEMAC a obtenu des résultats positifs sur le redressement global des économies de la CEMAC et des perspectives macroéconomiques en 2021 sont globalement satisfaisantes grâce aux actions menées dans la sous-région et dans les pays membres dans le cadre de ce Programme.

La réussite du processus d'intégration en une union économique et monétaire découlant de la fusion annoncée en 2023 de la CEEAC et de la CEMAC en une Union/Communauté de l'Afrique Centrale exige un degré élevé d'engagement politique, une forte coordination des politiques économiques et une imbrication toujours plus étroite entre les économies de la région. Il est donc nécessaire pour relever les défis de la réussite de cette fusion en une CER dynamique sur le plan économique, commercial, financier et social de créer ou d'instituer une instance ad hoc de coordination des réformes économiques et financières dotée d'une personnalité juridique au niveau de la Conférence des Chefs d'État de la nouvelle Union/Communauté de l'Afrique Centrale. Pour plus d'efficacité, cette instance devrait être conçue sous le modèle du PREF-CEMAC enrichi des spécificités de la nouvelle Union/Communauté, pour permettre aux économies de l'Afrique Centrale, dans cet environnement mondialisé et toujours incertain, de répondre de manière solidaire et efficace aux défis de maintien des équilibres macroéconomiques, de stabilité monétaire et financière, de stabilité externe, et de quête permanente d'une trajectoire de croissance forte, durable, inclusive et créatrice d'emplois pour le bien-être des populations.

I. Défis et conditions de réussite des réformes économiques et financières dans le contexte de la fusion des communautés économiques régionales de l'Afrique centrale

Depuis la création de l'Union africaine (UA) en 1963, l'intégration des États africains est considérée comme l'une des voies privilégiées pour créer les conditions propices à un développement durable. Cette vision a été formalisée dans le Traité d'Abuja de 1991 instituant la Communauté économique Africaine (CEA) qui prévoit la consolidation de la dynamique d'intégration au niveau des CERs, avec, à terme, l'établissement de l'union douanière continentale et la mise en place du marché commun africain. Pour atteindre cet objectif, l'UA a demandé à chaque CER de zones géographiques similaires de se rapprocher dans le but d'accélérer leur intégration. Cette démarche permettrait de faciliter la mise en œuvre de cet agenda. Ainsi, l'accélération du processus d'intégration régionale constitue une nécessité pour favoriser la compétitivité, accroitre les flux d'investissement et la création des valeurs en Afrique Centrale.

Dans ce sillage, la 14e Conférence des Chefs d'État et de gouvernement de la CEEAC d'octobre 2009 à Kinshasa a mandaté la République du Cameroun de conduire le processus de rationalisation. Par la suite, la Décision conjointe CEEAC-CEMAC du 31 mars 2015 a institué un cadre régulier de concertation et de coordination entre la CEEAC, la CEMAC et d'autres institutions comme l'Union africaine, la Commission économique des Nations Unies pour l'Afrique (CEA) et la Banque africaine de Développement (BAD).

Dans le cadre de la mise en œuvre de cette feuille de route, l'option retenue par le COPIL/CER-AC, sur la base du diagnostic réalisé par le Cabinet CARLETAS, consiste à procéder à la fusion de la CEMAC et de la CEEAC, pour constituer une nouvelle Communauté par la rationalisation de leurs institutions et la mutualisation des acquis obtenus sous l'impulsion de celles-ci.

Ce choix est affirmé dans le projet de Traité constitutif de l'Union/Communauté de l'Afrique Centrale, notamment en son préambule, par la volonté de « renforcer une intégration assurant une plus grande convergence des économies et l'avènement d'un marché commun réellement intégré », et en son Article 43-2 qui vise à créer une Haute Autorité monétaire chargée de coordonner le processus de mise en place d'une union monétaire, d'une banque centrale et d'une monnaie unique.

A. Défis de la réussite de l'intégration en Afrique centrale dans le contexte de la rationalisation des deux CERs

L'édition 2019 de l'Indice de l'Intégration régionale en Afrique (IIRA)[32] montre que les scores (sur une échelle de 0 à 1) de l'Afrique Centrale en matière d'intégration régionale sont faibles. Seuls le Rwanda et le Gabon se démarquent positivement, avec des scores supérieurs à la moyenne continentale. En effet, sur le plan commercial, les scores des pays sont très disparates. Certains pays maintiennent encore d'importantes barrières tarifaires et non tarifaires qui freinent le développement des échanges intra-régionaux. Les pays d'Afrique Centrale occupent les rangs inférieurs de l'échelle de notation en ce qui concerne l'intégration productive. Cette situation reflète leur faible capacité à produire des biens et services pour lesquels ils ont un avantage comparatif et qui leur permettraient de participer aux chaînes de valeur régionales et mondiales. Ainsi, malgré ses immenses potentialités humaines et naturelles (en particulier pétrolières, minières, halieutiques et agro-forestières), l'Afrique Centrale est encore confrontée à de nombreux défis qu'elle devra nécessairement surmonter si elle veut asseoir les bases d'une intégration régionale réussie et d'un développement durable et inclusif.

B. Cadre d'analyse des défis de la réussite de l'intégration en Afrique centrale dans le contexte de la rationalisation des deux CERs

Les défis de la réussite de l'intégration en Afrique Centrale peuvent être appréciés à l'aune des théories traditionnelle et récente des Zones Monétaires Optimales (ZMO) qui évaluent l'opportunité d'une union monétaire entre plusieurs pays, perçue comme l'aboutissement du processus d'intégration régionale.

1. Théorie contemporaine des Zones Monétaires Optimales

La théorie de la zone monétaire optimale traditionnelle a connu un renouvellement important dans les années 1990 en montrant que, lorsque les conditions préalables à la création d'une union monétaire ne sont pas

---

[32] L'Indice de l'Intégration régionale en Afrique (IIRA) est élaboré conjointement par la Commission de l'Union africaine (UA), la Commission économique des Nations Unies pour l'Afrique (CEA) et la Banque africaine de Développement (BAD). Il permet d'évaluer l'état et les efforts visant à réaliser une plus grande intégration régionale en Afrique. Il est composé de 16 indicateurs regroupés en 5 dimensions, à savoir l'intégration commerciale, l'intégration productive, l'intégration macroéconomique, l'intégration des infrastructures et la libre circulation des personnes.

satisfaites *ex-ante*, celle-ci est tout de même légitimée par des critères endogènes qui postulent que l'union monétaire produit elle-même les conditions de son optimalité. De cette manière, l'écart entre la théorie et la réalité de la zone monétaire ne devrait plus être constaté a priori, mais plutôt a posteriori. Les principaux critères endogènes ou secondaires sont les suivants :

- L'homogénéité des préférences : pour Cooper (1977)[33] et Kindleberger (1986)[34], une union monétaire est avant tout un bien collectif qui suppose pour fonctionner que les objectifs de politique économique des différents pays convergent, notamment en matière d'inflation (stabilité monétaire), de protection sociale et de lutte contre le chômage.
- La crédibilité d'une politique monétaire anti inflationniste : un argument en faveur de l'appartenance à une union monétaire est qu'elle impose une certaine discipline sur les politiques monétaires et budgétaires nationales et renforce de ce fait la capacité des pays à garantir la stabilité des prix.
- L'intégration commerciale et économique : l'union monétaire devrait favoriser l'intégration commerciale entre les pays membres et leur ouverture économique, ce qui pourrait réduire le risque de chocs asymétriques dans l'avenir. Il en résulte que l'union monétaire pourrait bien porter en elle-même, de façon endogène, les conditions de sa propre réussite du fait de la réduction de l'asymétrie des chocs.

2. Conformité des pays d'Afrique Centrale aux théories des ZMO

L'application des critères d'optimalité mise en évidence par la théorie traditionnelle des ZMO révèle que les pays d'Afrique Centrale ne réunissent pas, pour le moment, les conditions ex-ante pour constituer une zone monétaire optimale.

En effet, ils disposent de bases de production différentes. D'un côté, il y a des pays producteurs et exportateurs d'hydrocarbures (Angola, Cameroun, Congo, Gabon, Guinée Équatoriale et Tchad), un pays producteur de minerais (République Démocratique du Congo), et d'autres pays non producteurs de mines, mais tout aussi dépendants des activités du secteur primaire (Burundi, République centrafricaine et Rwanda).

Du fait de l'hétérogénéité des structures économiques et de l'étroitesse des bases productives de ces pays, ils sont soumis à des chocs asymétriques et

[33] COOPER, RICHARD, « Worldwide versus Regional Integration, The Optimum Size on the Integrated Area», *in Economic Integration, Worldwide, Regional, Sectoral*, F. MATCHLUP, (éd), Londres, 1977.

[34] KINDLEBERGER, CH, « International Public Goods without International Government», *American Economic Review*, 75(1), 1986.

leurs cycles économiques ne convergent pas, ce qui rendrait difficile la mise en œuvre d'une politique monétaire commune, en tant qu'outil conjoncturel de réponse aux chocs, notamment aux chocs d'offre (par ex, variation des prix du pétrole, des produits agricoles, forestiers et miniers).

En l'occurrence, la faible complémentarité entre ces économies et la divergence de chocs sont si importantes que les coûts d'une union monétaire risqueraient d'être plus élevés que les bénéfices attendus, ce qui compromettrait la viabilité de l'union monétaire. De la sorte, une politique monétaire commune à des pays en opposition de phase dans le cycle économique, a priori, ne peut être optimale. Elle est susceptible d'induire, tôt ou tard, des retards dans la mise en place de la monnaie unique ainsi que la tentation pour certains pays, une fois l'union monétaire créée, de récupérer leur souveraineté monétaire afin de faire face à leurs défis spécifiques.

En outre, le critère relatif à la mobilité des facteurs de production entre les pays et la flexibilité des prix et des salaires n'est pas non plus satisfait du fait de la faible intégration physique qui aurait pu favoriser la circulation et l'établissement des personnes entre les pays, encourageant ainsi la mobilité de la main-d'œuvre.

Par ailleurs, le commerce intra régional est faible tandis que les salaires et les prix sont globalement rigides du fait, d'une part, de la rigidité des législations du travail et, d'autre part, du caractère structurellement oligopolistique des économies qui ne favorise pas la flexibilité des prix relatifs.

Les systèmes de paiement et les marchés financiers ne sont pas du tout intégrés, tandis que la faiblesse de l'épargne ne favorise pas la mobilité des capitaux, au demeurant, libellés dans des monnaies différentes. Cette situation pourrait rendre inefficaces les mécanismes d'ajustement, tels que la mobilité des facteurs et des transferts intra régionaux.

De ce qui précède, les pays de l'Afrique Centrale ne sont pas, a priori, dans une configuration régionale propice à une union monétaire. Le coût d'une union monétaire est élevé, et c'est la raison pour laquelle les pays membres devraient se mettre d'accord sur une politique monétaire commune qui réduirait fortement leurs champs d'action pour répondre à des chocs économiques.

C. Conditions de réussite d'un programme de réformes dans la nouvelle CER d'Afrique centrale

Le programme de réformes de la nouvelle Communauté d'Afrique Centrale devrait viser, au mieux, de faire de la future union une zone monétaire optimale ou, au minimum, de réunir les conditions de son optimalité.

Dans cette perspective, les réformes devraient permettre que les gains de l'intégration en Afrique Centrale soient supérieurs à ses coûts. Ainsi, l'un des objectifs fondamentaux de la nouvelle CER en constitution sera la rationalisation des processus de réformes dans les CERs existantes à travers une harmonisation des instruments de coopération commerciale (TEC, Code douanier commun, zone de libre-échange, politique commerciale) et des programmes sectoriels ou régionaux de développement (PER- CEMAC, PREF-CEMAC, PDCTAC, etc.). L'idée étant de capitaliser sur ceux qui sont plus porteurs d'une intégration véritable et efficace. Il y aura lieu, donc, de penser une articulation entre les différentes réformes structurelles en cours dans les CERs de l'Afrique Centrale. Cette articulation devra tenir compte de leurs spécificités pour en dégager des propositions fortes et innovantes en vue de l'atteinte de l'Agenda 2063 de l'UA et des impératifs de développement durable et inclusif de la sous-région.

Ainsi, les conditions nécessaires, mais non suffisantes au succès de la nouvelle CER d'Afrique Centrale se rapportent notamment à l'harmonisation du cadre de gestion des finances publiques, à la coordination des politiques macroéconomiques, monétaires et financières, au renforcement de la compétitivité et du marché commun ainsi que de la coopération régionale et internationale.

1. Harmonisation du cadre de gestion des finances publiques

L'harmonisation du cadre juridique et des procédures de gestion des finances publiques est une composante essentielle du processus d'intégration en Afrique Centrale. En effet, elle permettrait : (i) la conformité des systèmes de finances publiques aux bonnes pratiques et aux normes internationalement admises ; (ii) l'harmonisation des règles de préparation, de présentation, d'approbation, d'exécution, de contrôle et de reporting du budget ; (iii) la gestion efficace et transparente des finances publiques ; (iv) la comparabilité des données des finances publiques pour une surveillance multilatérale efficace des politiques budgétaires nationales.

Dans ce contexte, la mise en place d'un cadre spécifique pour la coordination des politiques budgétaires est indispensable pour permettre notamment de doter le futur ensemble d'une politique douanière commune (assortie d'un tarif extérieur commun) et d'une harmonisation de plusieurs politiques dans lesquelles les pays sont susceptibles de se faire une concurrence dommageable à l'intégration économique.

2. Coordination des politiques macroéconomiques, monétaires et financières

La coordination des politiques macroéconomiques, monétaires et financières est indispensable pour une véritable intégration régionale. Si les pays de l'Afrique Centrale ont déjà entrepris de faire converger leurs politiques afin de parvenir à une intégration monétaire plus poussée à long terme, des efforts supplémentaires restent nécessaires pour faire de la convergence une réalité. Par ailleurs, l'étroitesse des marchés financiers et de capitaux limite les perspectives de mobilisation de l'épargne et des investissements domestiques et étrangers.

Aussi, la création de marchés financiers régionaux, l'élimination des barrières aux placements transfrontaliers et la mise en place d'institutions financières régionales aideraient les pays à surmonter les contraintes inhérentes à une approche exclusivement nationale du développement financier. Une perspective régionale faciliterait la formation d'une masse critique et la réalisation de gains de productivité et d'efficacité dans le secteur financier.

3. Renforcement de la compétitivité et création du marché commun

L'intégration commerciale et économique est une raison supplémentaire pour que les pays de l'Afrique Centrale participent à une union monétaire qui devrait leur permettre, en raison de la réduction du risque de change, d'intensifier leurs échanges commerciaux, la libre circulation et d'établissement des personnes (nécessaire à la mobilité des facteurs de production et à la flexibilité des salaires et des prix), de promouvoir leur intégration financière et plus largement de créer un marché commun. La diversification des bases productives, qui s'accompagnerait notamment d'une industrialisation accrue des économies, pourrait tirer profit de l'intégration économique pour promouvoir une spécialisation intra-branche (l'un des critères favorables à l'union monétaire) et le commerce intra-branche garantissant la synchronisation des cycles économiques et réduisant l'asymétrie des chocs (grâce au lissage intra régional des chocs affectant les économies des pays membres de l'union).

Pour tirer le meilleur parti du potentiel de la Zone de Libre Échange Continentale africaine (ZLECA), les pays de l'Afrique Centrale doivent concevoir des politiques qui garantissent la compétitivité et un climat attractif pour les investisseurs. Ils doivent, pour cela, adopter des législations permettant aux marchandises, aux capitaux et aux informations de circuler librement et facilement à travers les frontières. La levée des obstacles au commerce et au développement des marchés régionaux est indispensable pour exploiter les économies d'échelle, ce qui augmenterait la productivité et la compétitivité.

Ces réformes viseraient notamment à assurer l'élimination des obstacles aux échanges pour favoriser la symétrie des chocs, l'harmonisation des réglementations pouvant segmenter les marchés et l'augmentation de la mobilité du travail et du capital qui contribuerait à rapprocher les coûts des facteurs, les structures économiques et les taux de croissance.

4. Coopération régionale et internationale

Le financement constitue une contrainte fondamentale qui se traduit par l'insuffisance des ressources financières pour financer les programmes d'intégration régionale. Les priorités devraient être de mieux négocier les accords avec les partenaires au développement afin d'accroitre leurs contributions au financement à la région.

Le rôle du secteur privé dans le développement du commerce intra régional et l'intégration des marchés en Afrique Centrale est également primordial et mériterait d'être encouragé et renforcé. Les investissements privés transfrontaliers dans les secteurs industriel, agricole et dans le domaine des infrastructures devraient être soutenus par des politiques communautaires adéquates.

II. Éléments fondamentaux d'un programme des réformes économiques et financière dans le contexte de la fusion CEEAC/CEMAC

Bien que les pays de l'Afrique Centrale ne réunissent pas, au stade actuel, toutes les conditions définies dans la littérature économique pour constituer une zone monétaire optimale, la mise en œuvre des politiques et des réformes adéquates permettrait de renforcer l'homogénéité économique de la région et de favoriser un meilleur partage des risques. La coordination des politiques économiques permettrait, en effet, de poser les jalons d'une union monétaire et de parvenir à un système financier régional intégré et compétitif.

Au regard des défis à surmonter et des conditions de réussite de l'intégration en Afrique Centrale, la mise en place d'un programme régional serait un atout pour la réussite de la gouvernance des réformes économiques et financières dans la nouvelle Communauté. Ce cadre de coordination devrait, à cet effet, être adapté à la nouvelle configuration institutionnelle, de sorte à relever les nombreux défis auxquels la Communauté mise en place serait confrontée.

S'inspirant des acquis d'un tel dispositif qui a fortement contribué à stabiliser le cadre macroéconomique de la CEMAC pendant la période 2017-2019 et de contenir les effets néfastes de la pandémie de COVID-19, le Programme de Réformes économiques et financières en Afrique centrale (PREF-AC) proposé pourrait, compte tenu des spécificités des pays membres de la nouvelle Communauté, s'articuler autour de l'harmonisation du cadre de gestion des finances publiques (Pilier 1), la coordination des politiques macroéconomiques, monétaires et financières (Pilier 2), le renforcement de la compétitivité et de la diversification économique (Pilier 3), la création du marché commun et l'harmonisation des politiques commerciales (Pilier 4), le développement des infrastructures régionales et l'intégration régionale (Pilier 5), l'harmonisation des politiques environnementales (Pilier 6) et le renforcement de la coopération internationale (pilier 7).

A. Pilier 1 : harmonisation du cadre de gestion des finances publiques

La mise en place d'un cadre spécifique pour la coordination des politiques budgétaires est indispensable pour permettre notamment de doter le futur ensemble d'une politique douanière commune, assortie d'un tarif extérieur commun, et d'une harmonisation des politiques budgétaires sans lesquelles les pays seraient susceptibles de se faire une concurrence dommageable à l'intégration économique. Ce cadre de coordination sera constitué par l'harmonisation du dispositif juridique et des procédures de gestion des finances publiques. Il permettra (i) la conformité des systèmes des finances publiques aux bonnes pratiques et aux normes internationalement admises (notamment la méthodologie PEFA), (ii) l'harmonisation des règles de préparation, de présentation, d'approbation, d'exécution, de contrôle et de reporting du budget, (iii) la gestion efficace et transparente des finances publiques, (iv) la comparabilité des données des finances publiques pour une surveillance multilatérale efficace des politiques budgétaires nationales.

Les objectifs poursuivis devront ainsi concourir à l'harmonisation des politiques fiscales (OG 1), à la rationalisation de la gestion des finances publiques (OG 2), et l'amélioration de la gestion des entreprises publiques (OG 3).

1. Objectif général 1 : harmonisation des politiques fiscales

L'harmonisation de la politique fiscale dans le futur ensemble aura pour but de renforcer l'efficacité des stratégies et des instruments de mobilisation des recettes intérieures et de financement des déficits budgétaires. Cette harmonisation des politiques fiscales permettra en outre de faciliter l'allocation optimale des facteurs de production dans l'espace régional, et consistera en la définition d'un régime fiscal de droit commun d'application générale, aussi favorable que possible à l'intégration régionale et à la croissance. Le système d'incitation à l'investissement visera ainsi la réduction du coût du capital, qui devra être non discriminatoire, transparent et stable pour les investisseurs, et concourir à limiter les occasions d'optimisation fiscale.

Les actions à mettre en œuvre pour cet objectif général devront conduire ainsi à l'augmentation de la pression fiscale, en phase avec le système d'incitation à l'investissement, à la modernisation et au renforcement des capacités des Administrations fiscales. Les objectifs spécifiques potentiels seront donc les suivants :

- Renforcer la mobilisation des recettes non pétrolières ;
- Harmoniser les politiques fiscales nationales ;
- Moderniser et renforcer les capacités de l'administration fiscale.

2. Objectif général 2 : rationalisation de la gestion des finances publiques

Cet objectif général visera la mise en place d'instruments permettant de garantir l'efficacité des dépenses publiques. À cet effet, il consistera à renforcer les systèmes d'information spécifiques qui consacrent la transparence budgétaire par le rapprochement entre les objectifs budgétaires et l'administration des dépenses. Il s'agira aussi de définir une méthode commune d'évaluation de la rentabilité économique et sociale des projets publics, comme ceux financés par l'aide extérieure. Enfin, l'harmonisation des procédures et l'amélioration de la coordination des politiques budgétaires qui sont essentielles à la cohésion de l'Union Monétaire et à l'intégration financière aideront entre autres à créer un espace budgétaire pour les investissements propices à la croissance et au développement du capital humain.

Les potentiels objectifs spécifiques pourraient donc être les suivants :

- Harmoniser les procédures et règles en matière de gestion des dépenses publiques (amélioration de la qualité de la dépense publique et rationalisation du processus budgétaire) ;
- Procéder à la sélection des projets sur la base de l'évaluation de la rentabilité économique et sociale ;
- Optimiser la gestion de la trésorerie publique afin de réduire les coûts d'opportunité liés à la dispersion des dépôts publics ;
- Optimiser la gestion de la dette publique.

3. Objectif général 3 : amélioration de la gestion des entreprises publiques

Cet objectif général visera la rationalisation des portefeuilles des entreprises publiques, afin d'améliorer leurs performances et réduire les risques découlant de leur défaillance, en particulier sur les budgets des États.

Les potentiels objectifs spécifiques seraient donc :

- Mettre en place des critères et des normes de performance des entreprises publiques ;
- Développer les cadres réglementaires de performance et de viabilité financière des entreprises publiques ;
- Mettre en place des systèmes harmonisés de reporting et d'audit.

B. Pilier 2 : coordination des politiques macroéconomiques, monétaires et financières

La coordination des politiques macroéconomiques, monétaires et financières devra améliorer la capacité des pays membres de l'Union à répondre de façon harmonieuse aux chocs asymétriques, augmenter l'efficacité de la politique monétaire et de change, et favoriser la création d'une monnaie unique et d'une banque centrale commune et d'une politique monétaire efficace. Elle devra également favoriser l'intégration des marchés financiers régionaux, l'élimination des barrières aux placements transfrontaliers et la mise en place d'institutions financières régionales qui aideraient les pays à surmonter les contraintes inhérentes à une approche exclusivement nationale du développement financier.

Quatre objectifs généraux peuvent être définis pour ce pilier. Il s'agira de la coordination des politiques macro-économiques et de la surveillance multilatérale (OG 4), l'harmonisation des politiques monétaires et de change et la construction de la monnaie unique (OG 5), l'intégration financière et le développement des marchés financiers (OG 6), et le renforcement des systèmes statistiques dans la sous-région (OG 7).

1. Objectif général 4 : coordination des politiques macro-économiques et la surveillance multilatérale

Il sera question de mettre en place un dispositif régional de suivi qui devra s'inscrire en droite ligne des orientations du Programme de Coopération monétaire en Afrique (PCMA) en vue d'une évaluation efficace de la performance économique ainsi que des politiques et réformes appropriées nécessaires pour remédier à la mauvaise performance macroéconomique et au non-respect des critères de convergence. La coopération entre les Autorités budgétaires et monétaires à travers un cadre permanent et régulier sera nécessaire pour assurer le respect du processus de convergence et rendre effectif le PCMA.

Enfin, la mise en place d'un outil d'alerte précoce sur les déséquilibres macroéconomiques peut s'avérer avantageuse. En effet, des déséquilibres macroéconomiques et les politiques économiques défavorables dans un pays peuvent compromettre le bon fonctionnement de la Communauté par des effets de contagion. Ces effets pourront être amplifiés du fait de la volatilité des cours des matières premières dont sont fortement dépendants les pays de la Communauté à fusionner. Ainsi, les objectifs spécifiques potentiels pourraient être de :

- Élaborer et faire appliquer un cadre régional de convergence et de surveillance multilatérale ;
- Déployer dans l'espace communautaire l'outil d'alerte précoce des déséquilibres macroéconomiques.

2. Objectif général 5 : Harmonisation des politiques monétaires et de change et construction de la monnaie unique

La multiplicité de monnaies et de régimes de taux de change dans les pays de la communauté milite en faveur d'une coordination des actions de politique monétaire et de stabilité financière des différentes banques centrales et d'une évolution vers la convertibilité des monnaies locales afin de faciliter les flux des capitaux et de préparer la transition vers une monnaie unique régionale.

La politique monétaire et de change à mettre en œuvre devra privilégier l'orientation de ces politiques vers un taux de change fixe comme ancrage nominal pour les transactions entre les pays de la Communauté. Il faudra donc signer des accords de change pour stabiliser le taux de change et favoriser la convertibilité entre d'une part le FCFA des pays de la CEMAC et les monnaies des autres pays de la région.

Les objectifs spécifiques qui pourraient être définis sont entre autres :

- Harmoniser les cadres de politiques monétaires et de change ;
- Mettre en place des accords de stabilisation des taux de change entre les pays ;
- Faciliter les flux des capitaux par la convertibilité des monnaies nationales ;
- Élaborer le calendrier et accélérer le processus de transition vers la monnaie unique.

4. Objectif général 6 : Intégration financière et développement des marchés financiers

Le système financier régional, majoritairement dominé par le secteur bancaire, n'est pas suffisamment dynamique. Seule la CEMAC dispose d'un marché financier relativement intégré à l'échelle sous-régionale. Pour les autres pays de la CEEAC, le secteur financier est national. Cette configuration entrave la capacité de financement des économies dans une optique de développement des marchés régionaux. Les réformes à mettre en œuvre devront donc concourir à la libre circulation des capitaux, à la fixation des taux d'intérêt par les mécanismes de marché, à une bonne évaluation des risques financiers et permettre aux transferts financiers de corriger les déséquilibres internes des balances des paiements.

Afin de réaliser l'approfondissement de l'intégration des marchés financiers et de capitaux dans la Communauté issue de la fusion des deux CERs, les objectifs spécifiques potentiels suivants peuvent être définis :

- Harmoniser les cadres réglementaires et législatifs des banques et des marchés financiers ;
- Moderniser et intégrer les infrastructures de marché et les systèmes de paiement ;
- Mettre en œuvre des mesures visant à améliorer l'éducation financière et à inciter les émetteurs potentiels à faire leur entrée sur le marché ;
- Renforcer les capacités des organes de régulation des banques et des marchés financiers ;

- Développer les plateformes modernes de diffusion des informations financières.

5. Objectif général 7 : Renforcement des systèmes statistiques

L'existence d'un dispositif de production, de collecte, de centralisation et de diffusion des informations statistiques est un élément essentiel pour la coordination et la surveillance effective des politiques économiques et budgétaires nationales ainsi que des politiques sectorielles.

Afin de pouvoir alimenter le dispositif de surveillance multilatérale en données, il est nécessaire de renforcer les appareils statistiques nationaux existants en améliorant significativement la disponibilité, la fiabilité et la comparabilité des données et statistiques dans les domaines suivants : la comptabilité nationale, les prix, les finances publiques, le commerce extérieur et intracommunautaire, les statistiques sociales et démographiques, etc.

Les objectifs spécifiques de renforcement des systèmes statistiques pourront être les suivants :

- Mettre en place des Stratégies nationales de Développement de la Statistique (SNDS) ;
- Renforcer les capacités (financières, matérielles, humaines) et la coordination des Systèmes Statistiques Nationaux ;
- Harmoniser les méthodologies et améliorer la production statistique (macroéconomiques, comptes nationaux, commerce extérieur, commerce intracommunautaire, finances publiques, sociodémographiques, environnementale, climatique, etc.) ;
- Analyser, promouvoir et assurer la diffusion de l'information statistique fiable ;
- Étendre le projet d'indice harmonisé des prix à la consommation finale des ménages (IHPC) à l'ensemble des pays de la nouvelle communauté.

C. Pilier 3 : renforcement de la compétitivité et de la diversification économique

L'Afrique Centrale est caractérisée par un climat des affaires peu attrayant, ne permettant pas d'attirer suffisamment d'investissements et de stimuler le secteur privé. Selon les rapports Doing Business, la plupart des pays d'Afrique Centrale sont classés parmi les moins performants. En effet, en dehors du Rwanda, qui figure dans le Top 50 des pays les mieux classés dans les récents classements du Doing Business de la Banque Mondiale, tous les autres pays de la future Communauté connaissent des problèmes liés à la compétitivité de leurs économies et sont donc parmi les nations les moins bien classées.

De plus, la faiblesse des échanges intracommunautaires en Afrique Centrale (moins de 2 % contre une moyenne de 10 % pour le commerce intraafricain), au regard d'autres CERs, est largement imputable à la faible diversification des pays de l'Afrique Centrale. Les pays de la région devraient diversifier leurs économies en s'orientant vers la production et l'exportation des biens manufacturés et à forte valeur ajoutée.

Trois objectifs généraux peuvent ainsi être définis : le renforcement de la compétitivité (OG 8), le renforcement de la diversification économique et le développement du secteur privé (OG 9), et le développement du capital humain (OG 10).

1. Objectif général 8 : renforcement de la compétitivité

Les réformes nécessaires pour améliorer l'environnement régional des affaires se déclinent suivant les objectifs spécifiques suivants :

- Améliorer le climat des affaires ;
- Renforcer la lutte contre la corruption ;
- Mettre en place un observatoire du climat des affaires.

2. Objectif général 9 : renforcement de la diversification économique et développement du secteur privé

Le développement des échanges intra régionaux de l'Afrique Centrale résultera surtout du développement industriel tant au plan national que régional. À ce niveau, la transformation locale des ressources énergétiques, minières, agricoles et forestières en vue de la fabrication des biens industriels à forte valeur ajoutée sera une priorité fondamentale et jouera un rôle majeur.

De même, le secteur manufacturier ne pourra connaître une véritable croissance qu'avec l'appui de la modernisation des infrastructures économiques et sociales de base.

Les objectifs spécifiques à poursuivre seront en lien avec :

- Concevoir et mettre en œuvre une stratégie intégrée de diversification des économies ;
- Accélérer la transformation locale des ressources naturelles.

3. Objectif général 10 : développement du capital humain

Les objectifs spécifiques potentiels pour cet objectif général sont entre autres :

- Définir et mettre en place les critères de convergence en matière éducative ;
- Intégrer les systèmes éducatifs ;
- Accélérer les réformes destinées à renforcer le capital humain et à faciliter les réorientations professionnelles ;
- Créer des institutions universitaires inter-états professionnelles et spécialisées.

D. Pilier 4 : création du marché commun et harmonisation des politiques commerciales

La mobilité des facteurs n'est pas totalement effective en Afrique Centrale, bien que la libre circulation des personnes et leurs droits de séjour et d'établissement au-delà des frontières font partie des principes fondateurs de la Communauté économique africaine. Ce frein à la mobilité constitue une entrave à la circulation des capitaux et donc à l'édification d'un marché commun. Les tracasseries administratives, les contrôles le long des corridors routiers, l'insécurité et la mauvaise qualité des infrastructures routières sont autant de défis à relever dans la mise en place de ce marché commun et du développement du commerce intra régional.

Trois objectifs généraux seront poursuivis dans ce pilier : il s'agira de : la création du marché commun (OG 11), l'harmonisation des politiques commerciales (OG 12) et de la réforme du marché du travail (OG 13).

1. Objectif général 11 : création du marché commun

La levée des restrictions qui pèsent sur la mobilité des facteurs de production renforcera le sentiment d'appartenance à la communauté, augmentera la circulation des connaissances et des compétences au-delà des frontières, et contribuera à l'intégration de tous les marchés.

Les objectifs spécifiques poursuivis concerneront :

- Mettre en place un cadre juridique pour la libre circulation et le droit d'établissement dans la Zone ;
- Etc.

2. Objectif général 12 : harmonisation des politiques commerciales

En termes d'harmonisation des politiques commerciales, les objectifs à poursuivre devront se concentrer sur les mesures visant à faciliter le commerce intra régional, à assurer le respect des engagements régionaux en la matière et à instaurer les mécanismes de surveillance contraignants de ces engagements.

Les potentiels objectifs spécifiques sont :

- Élaborer un cadre d'harmonisation des politiques commerciales ;
- Surveiller les pratiques non concurrentielles ;
- Protéger les consommateurs ;
- Lever toutes les entraves au commerce intra régional ;
- Instaurer un mécanisme de sanctions pour le non-respect des engagements commerciaux sur les plans régionaux ;
- Opérationnaliser et améliorer l'efficacité du comité régional et des comités nationaux de l'origine.

3. Objectif général 13 : réforme du marché du travail

La complexité des réglementations nationales différentes du marché du travail décourage les mouvements transfrontières de la main-d'œuvre, et les immigrants temporaires en particulier se heurtent à des obstacles redoutables lorsqu'ils tentent d'accéder au secteur structuré dans le pays hôte. Dans cette configuration, les réformes consisteront à harmoniser les politiques qui contribuent à l'emploi productif, facilitent la mobilité de la main-d'œuvre et garantissent la coopération dans la collecte des données sur le marché du travail.

Les objectifs spécifiques potentiels seront :

- Harmoniser les politiques nationales de l'emploi et leur alignement sur les bonnes pratiques internationales ;
- Faciliter la mobilité de la main-d'œuvre ;
- Mettre en place un observatoire sous-régional de l'emploi.

E. Pilier 5 : développement des infrastructures et intégration régionale

Le déficit d'infrastructures dans la Zone touche principalement les transports (routes, réseaux de chemin de fer, voies fluviales, ports maritimes et transport aérien), l'énergie ainsi que les technologies de l'information et de la communication. Ce déficit est l'une des raisons pour lesquelles la sous-région est peu intégrée.

Afin de remédier à ce déficit infrastructurel, les objectifs généraux dans ce pilier devraient concerner : la mise en œuvre des projets intégrateurs (OG 14), et la diversification des sources de financement (OG 15).

1. Objectif général 14 : mise en œuvre des projets intégrateurs

Il sera question dans cet objectif général de sélectionner les projets d'infrastructure intégrateurs à partir de ceux qui existent déjà. Ces projets devront concourir à la résorption du déficit énergétique, à l'amélioration de l'offre d'infrastructures routières, maritimes et ferroviaires en priorité. Les critères de sélection de ces projets devront ainsi être clairement définis afin de sélectionner ceux qui ont le plus grand effet d'intégration et d'amélioration de vie des populations. Les objectifs spécifiques pourraient ainsi être :

- Définir les critères de sélection au niveau régional des projets intégrateurs ;
- Améliorer l'offre énergétique ;
- Améliorer l'offre d'infrastructures de transport ;
- Améliorer l'offre des technologies de l'information et des télécommunications.

2. Objectif général 15 : diversification des sources de financement

Le développement économique requiert des investissements importants dans le domaine des infrastructures. La charge de ces investissements a longtemps échu à l'État en raison des ressources à mobiliser et des risques souvent indivisibles à assumer. Toutefois, de par leur nature, les infrastructures et les secteurs productifs requièrent des financements importants que les budgets des États ne sont pas en mesure de satisfaire. C'est pour cette raison fondamentale que le Partenariat Public-Privé (PPP) est privilégié par de nombreux gouvernements comme mode de réalisation et de gestion de ces projets. Le secteur privé, et particulièrement sa composante internationale, est désormais plus enclin qu'autrefois à participer à ces financements structurants.

La finance islamique s'annonce comme une autre alternative qui pourrait être viable, permettant de contribuer à une meilleure mobilisation de l'épargne locale, d'améliorer l'inclusion financière et économique des populations musulmanes et d'attirer une nouvelle catégorie d'investisseurs dans la région. Basée principalement sur les transactions commerciales comme sous-jacent des opérations de financement, fondamentalement inspirée par l'éthique musulmane et encadrée par le droit musulman des affaires, la finance islamique connait un engouement international indéniable depuis plus d'une décennie.

Enfin, les diasporas des pays constituent une opportunité indéniable d'accroissement des sources de financement destinées en priorité au développement des zones rurales et aux couches de populations défavorisées. Il serait donc utile pour les pays de la communauté de se doter de cadres juridiques et institutionnels favorisant l'accroissement du volume et l'abaissement des coûts des transferts de leurs migrants ainsi que leur orientation vers la mise en œuvre des projets sociaux.

Les objectifs spécifiques à poursuivre sont entre autres :

- Promouvoir et développer les Partenariats Public-Privé (PPP) ;
- Mettre en place un cadre réglementaire de développement de la finance islamique ;
- Mettre en place un cadre incitatif à la mobilisation des envois de fonds des migrants et leur canalisation vers les objectifs de développement ;
- Mobiliser les financements verts et bleus ;
- Promouvoir les Appels publics à l'Épargne (APE).

F. Pilier 6 : harmonisation des politiques environnementales

Les vingt années qui séparent la première Conférence des Nations Unies sur l'environnement de 1972 à Stockholm de celle sur l'environnement et le développement de Rio de 1992 ont été marquées sans contexte par une prise de conscience générale à l'égard de l'environnement et des menaces qui l'affectent. Cette prise de conscience intervient suite à quelques faits marquants : les catastrophes écologiques du Torrey Canyon en 1968 ; les accidents technologiques majeurs de Bhopal de 1984, de Seveso en 1986 ou de Tchernobyl de 1986 ; le « trou » dans la couche d'ozone, l'effet de serre, les pluies acides ou encore la destruction de la forêt amazonienne, pour ne citer que ceux-là.

Cette conscience environnementale s'est davantage manifestée en 2006 lors de la présentation publique, par le Premier ministre britannique, Tony Blair, du Rapport Stern sur les conséquences des changements climatiques, qui montre que, sans action forte et rapide, le développement économique de l'humanité engendrerait des risques de perturbations majeures dans ce 21e siècle et dans le siècle suivant d'une ampleur comparable à celles qui ont été associées aux grandes guerres et à la dépression de la première moitié du 20e siècle. Autrement dit, ramenés à une annuité constante, les dommages climatiques pourraient représenter de 5 à 20% du produit mondial brut annuel dès aujourd'hui et pour l'éternité.

Dans l'avant-projet de Traité constitutif instituant une Union/Communauté de l'Afrique Centrale issue de la fusion de la CEEAC et de la CEMAC, et en son article 67, les États membres de cette nouvelle Union/Communauté s'engagent à développer et à mettre en œuvre une politique de l'environnement, des ressources naturelles, de l'économie bleue et de l'économie verte qui découle de l'harmonisation de leurs politiques environnementales.

Pour consolider les acquis de l'intégration dans divers domaines dans la région, notamment en matière d'harmonisation des politiques et programmes communautaires, mais aussi pour approfondir fortement les liens entre les États membres de la nouvelle Union/Communauté, l'harmonisation des politiques environnementales devra s'articuler autour des quatre objectifs généraux suivants :

- Promouvoir le développement et l'exploitation durables des ressources naturelles ;
- Créer, maintenir et agrandir les aires de conservation ;
- Prévenir, atténuer et éliminer les effets nuisibles sur l'environnement, notamment ceux causés par les substances et déchets dangereux ;
- Promouvoir la protection, la conservation et l'utilisation durables du couvert végétal.

1. Objectif général 16 : Promotion du développement durable et de l'exploitation durable des ressources naturelles

Cet objectif général vise la pleine prise en compte par les États membres dans leurs plans de développement des facteurs écologiques, économiques, sociaux et culturels afin de garantir la conservation et la gestion durable des ressources naturelles. Les États doivent à cet effet prendre des mesures nécessaires pour que des activités et projets de développement soient fondés sur des politiques écologiquement rationnelles n'ayant pas d'effets nuisibles sur les ressources naturelles, les écosystèmes et l'environnement en général.

Les objectifs spécifiques susceptibles de permettre aux États membres de respecter les engagements pris dans l'avant-projet de Traité constitutif de la nouvelle Union/Communauté en son article 62 en rapport avec l'harmonisation des politiques environnementales comprennent entre autres :

- Harmoniser et coordonner les politiques dans le domaine des ressources naturelles ;
- Promouvoir la gestion intégrée des ressources en eau dans l'espace communautaire ;
- Coordonner les positions dans toutes les négociations internationales sur les matières premières ;
- Mettre en place une politique régionale de gestion durable des ressources océaniques en faveur de la croissance économique, l'amélioration des revenus et des emplois, et la santé des écosystèmes océaniques ;
- Etc.

2. Objectif général 17 : Création, maintien et agrandissement des aires de conservation

Cet objectif général vise d'une part, à engager les États membres à créer, maintenir et, si besoin, agrandir les aires de conservation et, d'autre part, à évaluer dans le cadre des politiques, législations et programmes relatifs à l'environnement et aux ressources naturelles, les impacts potentiels et la nécessité de créer de nouvelles aires, en vue d'en assurer la conservation à long terme de la diversité biologique, des écosystèmes les plus représentatifs en termes de diversité biologique importante, ou des espèces menacées présentant une valeur scientifique ou esthétique spéciale. Cet objectif général pourra être sous-tendu par les objectifs spécifiques suivants :

- Préserver et améliorer l'environnement naturel de l'espace communautaire ;
- Etc.

3. Objectif général 18 : Prévention, atténuation et élimination des effets nuisibles sur l'environnement, notamment ceux causés par les substances et déchets dangereux

L'atteinte de cet objectif général vise à engager les États membres à prendre individuellement, collectivement et en collaboration avec les organisations internationales compétentes concernées, toutes les mesures appropriées pour prévenir, atténuer et éliminer les effets nuisibles sur l'environnement, notamment ceux causés par les substances radioactives, toxiques et autres substances et déchets dangereux. À cette fin, les États membres mettent en œuvre les meilleures pratiques disponibles et s'efforcent d'harmoniser le plan mondial, régional ou sous-régional. Cet objectif général peut comprendre des objectifs spécifiques qui sont en droite ligne des engagements pris par les États dans le cadre de l'avant-projet de Traité constitutif instituant la nouvelle Union/Communauté, à savoir :

- Interdire l'importation, du transit, du dépôt et d'enfouissement des déchets toxiques et nocifs sur les territoires respectifs des États membres ;
- Mettre en place un système de transfert des connaissances et d'échanges de données scientifiques, techniques et économiques en matière de télédétection entre les États membres ;
- Etc.

4. Objectif général 19 : Protection, conservation et utilisation durable du couvert végétal

Le bassin du Congo a le deuxième grand couvert forestier mondial après l'Amazonie. Cet objectif général vise à engager les États membres de la nouvelle Union/Communauté de l'Afrique Centrale à adopter des plans scientifiquement établis et qui s'appuient sur une relation judiciaire pour la conservation, l'utilisation et l'aménagement des forêts, terres boisées, pâturages, zones humides et autres zones de couvert végétal, en tenant compte des besoins sociaux et économiques des populations concernées, de l'importance du couvert végétal pour le maintien de l'équilibre hydrologique de la région, pour la productivité des sols et la conservation des habitats des espèces. Cet objectif général se fonde sur les objectifs spécifiques suivants :

- Promouvoir la gestion durable des ressources des écosystèmes forestiers et de la biodiversité ;
- Protéger les ressources naturelles et de la biodiversité ;
- Lutter contre l'érosion côtière ;
- Etc.

5. Pilier 7 : coopération internationale

Dans le cadre de la révision de la stratégie d'intégration de la Banque Mondiale en Afrique Centrale, il est apparu que l'Afrique Centrale capte des parts très faibles des financements extérieurs, en comparaison avec les autres communautés économiques. Cette statistique reste vraie, lorsque l'on étend l'échantillon aux pays de l'actuelle CEEAC. Il apparait nécessaire de faire évoluer cette part de financement vers les proportions acceptables, en actionnant les différents mécanismes de montage et de séquençage des projets au niveau communautaire. L'un des objectifs généraux en termes de coopération internationale sera donc d'accroitre la part des pays de la Communauté dans les financements internationaux.

Pour parvenir aux objectifs de transformation structurelle des économies vers leur diversification et leur industrialisation plus large, et de lutte contre la pauvreté, des défis structurels majeurs au rang desquels, la conception des politiques budgétaires destinées à soutenir une croissance forte, soutenable et inclusive et à réaliser les objectifs sociaux des pays tout en procédant à l'ajustement nécessaire à la viabilité extérieure, doivent être relevés. Cette ambition va étendre le périmètre de la coopération internationale avec les bailleurs de fonds traditionnels, en particulier le FMI.

Compte tenu de cette extension, et de la nécessaire coopération entre les institutions internationales qui devrait les caractériser, le financement extérieur de ces nouveaux types de programmes devrait être hybride, en combinant les caractéristiques des appuis financiers des différents bailleurs de fonds. Ceci irait du reste dans le sens d'une meilleure harmonisation et d'un alignement des bailleurs. Ainsi, l'un des objectifs majeurs de cette coopération internationale sera non seulement de viser la stabilité macroéconomique et financière, mais aussi la croissance, la réduction de la pauvreté et la transformation structurelle des économies. L'équilibre recherché entre la stabilité macroéconomique et la croissance sera assuré par l'importance à accorder aux politiques de stabilisation macroéconomique, aux aspects structurels des politiques macroéconomiques et aux politiques de l'offre et des réformes structurelles dans la définition des critères et indicateurs de performance des programmes de coopération.

Les objectifs à poursuivre dans ce pilier seront entre autres :

- Négocier avec les partenaires techniques et financiers sur la base des documents de stratégie commune ;
- Renforcer et harmoniser les capacités des cellules nationales de suivi des programmes ;
- Accorder la priorité aux objectifs de croissance inclusive, de transformation structurelle et de diversification des économies dans les négociations avec les Partenaires techniques et financiers ;
- Accroitre la part de la Communauté dans les financements des partenaires techniques et financiers.

III. Le PREF-CEMAC dans le cadre de la nouvelle structure CEEAC/CEMAC

L'aboutissement du processus de fusion de la CEEAC et de la CEMAC en une CER de l'Afrique centrale appelée à être à terme une union économique et monétaire repose sur la réussite de la coordination des réformes économiques et financières nécessaires à la convergence économique, financière et commerciale des différentes économies de la nouvelle Communauté. Cette réussite a pour socle l'harmonisation du cadre de gestion des finances publiques, la coordination des politiques macroéconomiques, monétaires et financières, le renforcement de la compétitivité, la création du marché commun et la coopération internationale. Pour garantir et satisfaire ces conditions, la mise en place d'une instance ad hoc de coordination des réformes économiques et financières à l'instar du PREF-CEMAC semble indiquée dans le cadre de la nouvelle structure CEEAC/CEMAC.

A. De la nécessité d'une instance ad hoc de coordination des réformes économiques et financières au niveau des chefs d'État de la nouvelle structure CEEAC/CEMAC

Une réforme économique et financière est une action des pouvoirs publics ciblant les instruments de la politique économique (politique budgétaire, politique monétaire, politique de change) et visant à introduire des changements dans le comportement des agents économiques publics et/ou privés en vue de l'accroissement de leur demande soutenable et non inflationniste, ou de l'augmentation de leurs investissements productifs avec pour finalité d'accomplir des progrès vers la réalisation des objectifs nationaux ou régionaux de croissance économique et de création d'emplois. Une réforme économique et financière a un caractère correctif et permanent. Elle ne saurait donc être assimilée à une politique économique, qui désigne l'ensemble des interventions des pouvoirs publics en vue d'orienter l'activité économique d'un pays ou d'une région dans un sens souhaitable. La réforme économique doit donc être menée en permanence pour anticiper les chocs ou les changements futurs, mais surtout pour apporter des réponses rapides, ciblées et correctrices permettant de préserver ou de consolider les fondamentaux économiques.

Dans la nouvelle Union/Communauté issue de la fusion de l'UEEAC et de la CEMAC, l'harmonisation, la mise en œuvre des politiques communes dans les États membres ainsi que la coordination des politiques d'intégration économique sont du ressort du Conseil des ministres de l'Union/Communauté comme stipulé par l'avant-projet de son Traité constitutif. Par ailleurs, le Conseil des ministres coordonne entre autres les activités des Organes telles que la Haute Autorité monétaire et la Haute Autorité des Marchés Financiers de l'Union/Communauté. Le Premier Organe a pour rôle principal de coordonner le processus de mise en place d'une Union Monétaire et d'une Banque Centrale de l'Union/Communauté à travers notamment le suivi de la convergence macroéconomique, l'harmonisation des politiques monétaires et de la régulation bancaire, l'intégration du secteur financier et le développement des systèmes de paiement. Le second Organe, la Haute Autorité des Marchés financiers, est chargé d'harmoniser la régulation des marchés financiers de l'Union/Communauté, de veiller à la protection de l'épargne publique, au bon fonctionnement des marchés financiers de la région et à la stabilité financière.

Il en résulte donc que, comme pour les textes régissant la CEMAC avant le 30 juillet 2016, date de création du PREF-CEMAC, et ceux régissant la CEEAC et l'UA, il n'existe pas d'instance au niveau des chefs d'État de l'Union/Communauté en charge de la coordination des réformes économiques et financières au sein de la nouvelle Union/Communauté issue de la fusion de la CEEAC et de la CEMAC. Cette instance aurait permis non seulement d'anticiper des chocs futurs, mais aussi de parer à ceux qui surviendraient de manière inattendue, comme la crise de la pandémie de la COVID-19, qui, sans le PREF-CEMAC, aurait sérieusement affecté les grands équilibres macroéconomiques des économies de la CEMAC.

L'expérience réussie du PREF-CEMAC dans le rétablissement des équilibres macroéconomiques de la zone CEMAC nous montre qu'une telle instance au niveau des Chefs d'État de la nouvelle Union/Communauté et ayant pour Président Dédié, le Président de la République d'un des onze (11) États membres de l'Union/Communauté, est nécessaire en raison d'une part de son efficacité dans la mise en œuvre des réformes économiques et financières et dans la coordination des politiques d'intégration économique et financière et, d'autre part, du fait de son efficacité dans la coordination desdites réformes au sein de la nouvelle Union/Communauté.

1. Efficacité dans la mise en œuvre des réformes économiques et dans la coordination des politiques d'intégration économique

L'efficacité dans la mise en œuvre des réformes économiques et financières et dans la coordination des politiques d'intégration économique découle, tout d'abord, des gains de crédibilité des réformes menées et des politiques d'intégration qui en découlent, gains qui s'observent entre autres à travers la forte mobilisation et implication des États membres, des Institutions Communautaires, des Partenaires techniques et financiers, du secteur privé, des populations et de la communauté internationale. Pour illustrer cela, dans la CEMAC, toutes les sessions du COPIL du PREF-CEMAC sont très courues et cela se manifeste par la forte mobilisation et implication de tous les acteurs concernés que sont les États membres, les Institutions Communautaires, l'UNIPACE, le FMI, la BM, la BAD, la CEA et les autres partenaires financiers et techniques, preuve que les réformes menées dans le cadre de ce Programme ainsi que les politiques d'intégration économique qui en découlent sont crédibles. Il convient néanmoins de préciser que l'interaction stratégique entre les gouvernements et les agents privés est souvent source d'inefficacité lorsqu'il y a un défaut de crédibilité des pouvoirs publics.

Ensuite, on peut relever une accélération du rythme des réformes en ce sens qu'une telle instance de coordination des réformes réduit considérablement les délais d'exécution et de réalisation de celles-ci. On peut, à cet égard, mentionner dans le cas du PREF-CEMAC, l'effectivité, pour la première fois dans la zone CEMAC depuis les indépendances des États membres, de la collaboration avec les principales sociétés exploitant les ressources naturelles dans la zone en vue du rapatriement des recettes d'exportation.

En outre, on peut évoquer des gains de transparence et de lisibilité dans la mise en œuvre des réformes économiques et financières dans la région par une instance au niveau des chefs d'État. En effet, celles qui sont difficiles ou coûteuses à mettre en œuvre ne courent pas le risque d'être abandonnées, car non influencées par le cycle électoral national, qui détermine très souvent le comportement des décideurs publics à renoncer à mener à terme les réformes. En effet, le fait que cette instance soit présidée par un Chef d'État d'un pays de la région en tant que Président dédié accroit son efficacité, car il n'alignera pas ses décisions au sein de cette instance sur sa réélection comme Président de la République dans son pays.

Enfin, l'institution d'une instance de coordination des réformes économiques et financières au niveau des Chefs d'État de la nouvelle Union/Communauté de l'Afrique Centrale permet de remédier au problème d'incohérence temporelle qui est source d'inefficacité dans la mise en œuvre des réformes économiques et de la coordination des politiques économiques, telles que l'ont montré Kydland et Prescott. En effet, cette instance de coordination des réformes au niveau des Chefs d'État, à l'instar du PREF-CEMAC, définit des règles inscrites dans la matrice des actions devant être menées par tous les acteurs impliqués dans la mise en œuvre du programme de ces réformes, chacune ayant une échéance donnée avec des indicateurs de performance et une méthodologie d'évaluation bien spécifiés. Cet ensemble de règles permet de dissiper ce problème d'incohérence temporelle et garantit ainsi l'efficacité de la mise en œuvre des réformes économiques et financières.

2. Efficacité dans la coordination des réformes économiques et financières au sein de la nouvelle structure CEEAC/CEMAC

L'efficacité dans la coordination des réformes économiques et financières au sein de la nouvelle structure CEEAC/CEMAC tient par la prise en compte par cette instance de coordination des réformes dans la région des incidences des décisions prises par les uns sur les autres du fait de l'interdépendance existant entre les économies de ladite région. En effet, sans la prise en compte de ces incidences, on observerait une production sous optimale des biens publics régionaux (ou mondiaux) ou encore une multiplication d'effets externes.

S'agissant des biens publics régionaux (ou mondiaux), ceux-ci représentent entre autres la stabilité monétaire, la stabilité financière, la stabilité extérieure dans la région, la paix et la sécurité, ou encore la gestion durable des ressources naturelles, la préservation de la biodiversité, du climat et des écosystèmes forestiers. Il n'est donc pas étonnant de constater que, dans le cas de la CEMAC, la menace d'un ajustement monétaire qui pesait sur cette zone à la fin de 2016 a été dissipée après la mise en œuvre du PREF-CEMAC en 2017. La zone CEMAC a par ailleurs retrouvé la stabilité monétaire, financière et extérieure. Dans un autre registre, s'agissant de la CEEAC, cette Communauté a pu retrouver la paix et la sécurité depuis 2004, grâce à la mise sur pied le 25 février 1999, au niveau des Chefs d'État de ladite Communauté, d'un mécanisme dénommé Conseil de Paix, de Sécurité et de Stabilité de l'Afrique Centrale (COPAX).

Concernant les effets externes, on peut relever la guerre des monnaies entre les différentes banques centrales dans la région ou encore des politiques commerciales agressives entre les États membres de la région pour contrôler des parts de marché. L'instance de coordination des réformes économiques et financières au niveau des Chefs d'État de la nouvelle Union/Communauté permet ainsi d'éviter ces dysfonctionnements. Par ailleurs, l'efficacité de la coordination des réformes économiques et financières menée par cette instance tient à la maîtrise et à l'anticipation des externalités négatives pouvant être induites par ces réformes. En effet, la nouvelle Union/Communauté de l'Afrique Centrale aura une banque centrale et cinq banques nationales et donc six monnaies où cohabiteront un régime de change fixe et des régimes de change flottant. De sorte que, par exemple, une augmentation du taux d'intérêt par la Banque Nationale de la République du Congo (RDC) pourrait baisser les prix des actifs partout dans la région, précipitant ainsi des défauts de paiement dans d'autres pays de ladite région qui ont emprunté sur les marchés régionaux et suscité une baisse de la plupart des monnaies par rapport au franc congolais. C'est l'exemple type d'une externalité qui ne sera pas prise en compte par la Banque Centrale de la RDC. Ce type d'effet externe du fait des interactions entre les pays peut entrainer des représailles de la part des autres pays qui pourraient empirer la situation. Ceci implique que des décisions prises isolément ne seront pas optimales, d'où la nécessité d'une instance de coordination des réformes économiques et financières, comme le PREF-CEMAC, susceptible d'éviter des comportements opportunistes des États ou des institutions communautaires qui sont contreproductifs en réaction à un choc régional ou mondial.

B. L'agencement du PREF-CEMAC dans la nouvelle structure : pas une nouvelle instance, mais un modèle réussi de coordination efficace des réformes économiques et financières

La dynamique impulsée par la volonté politique des Chefs d'État de la CEEAC et de la CEMAC pour créer à l'horizon 2023 une Union/Communauté de l'Afrique Centrale issue de la fusion de ces deux Communautés, la capitalisation des acquis de chacune de ces deux Communautés marquée par une bonne performance de la CEMAC basée sur la solidité de son système monétaire et un maintien de la paix et de la stabilité politique dans la CEEAC, et l'élargissement du marché intérieur de la région, qui englobe près de 204,4 millions de consommateurs potentiels comparativement aux 56,8 millions de la CEMAC, pourraient augurer des lendemains meilleurs en termes de retombées économiques positives plus importantes au profit des populations.

Cependant, l'expérience des regroupements régionaux montre, dans le cas par exemple de l'Accord de libre-échange nord-américain (Alena), qu'on a observé des effets négatifs sur l'économie mexicaine, même si cet Accord a permis des entrées d'investissements directs étrangers (IDE) et des exportations de ce pays. Cet Accord aurait en outre aggravé les inégalités internes et les distorsions entre industries produisant pour le marché domestique et les industries exportatrices, en raison d'un manque de coordination des politiques et des réformes économiques et financières entre les États membres liés par cet Accord.

Aussi, dans le cadre de la nouvelle Union/Communauté de l'Afrique Centrale, pour éviter de tels effets négatifs issus de la fusion de la CEMAC et de la CEEAC, il importe d'instituer au niveau de la Conférence des Chefs d'État un programme régional de coordination des réformes économiques et financières dans cette nouvelle structure CEEAC/CEMAC sous le modèle du PREF-CEMAC enrichi des spécificités de la nouvelle configuration. En effet, le PREF-CEMAC est un des acquis majeurs de la CEMAC en ce sens qu'il est une référence en tant que modèle réussi de coordination efficace des réformes économiques et financières dans une union économique et monétaire en Afrique francophone au cours de ces cinq dernières années. On peut mentionner à cet effet que, sur la période 2017-2020, le PREF-CEMAC, avec la forte participation des États membres, des institutions communautaires, des partenaires techniques et financiers, ainsi qu'avec un suivi constant du COPIL du PREF-CEMAC, a donné des résultats positifs. Ceux-ci concernent notamment l'élargissement de l'assiette fiscale, l'amélioration de la qualité de la dépense publique des États, la fusion effective des deux marchés financiers de la sous-région, la priorisation et l'organisation réussie de la table ronde de Paris des 16 et 17 novembre 2020 pour la mobilisation des financements de onze projets intégrateurs, dont 70 % ont effectivement démarré ou sont en phase de démarrage moins de deux ans après la tenue de celle-ci.

Étant donné que la nouvelle Union/Communauté de l'Afrique Centrale vise à terme devenir une union économique et monétaire, il est souhaitable qu'un message politique fort soit donné à la communauté internationale et aux partenaires techniques et financiers régionaux et internationaux, comme cela fut le cas dans la zone CEMAC en 2016 par la décision de la Conférence des Chefs d'État de la CEMAC de créer le PREF-CEMAC lorsque cette zone était au bord du gouffre. La création au niveau des Chefs d'État de la nouvelle Union/Communauté d'un programme régional de coordination des réformes économiques et financières sous le modèle du PREF-CEMAC fera gagner la nouvelle Union/Communauté en crédibilité et en lisibilité dans sa volonté de mise en œuvre des réformes économiques et financières d'une part, et d'autre part, d'avoir de plus en plus de poids dans les négociations internationales.

Ce programme régional de coordination des réformes, compte tenu des spécificités de cette nouvelle Union/Communauté devrait se fonder, comme dans le cas du PREF-CEMAC sur une matrice d'actions déclinées en piliers, objectifs généraux, objectifs spécifiques, avec des indicateurs de performance et une méthodologie d'évaluation bien spécifiés, et pourrait renfermer sept piliers que sont l'harmonisation du cadre de gestion des finances publiques (pilier 1), la coordination des politiques macroéconomiques, monétaires et financières (pilier 2), le renforcement de la compétitivité et de la diversification économique (pilier 3), la création du marché commun (pilier 4), le développement des infrastructures et de l'intégration régionale (pilier 5), l'harmonisation des politiques environnementales (pilier 6) et la coopération internationale (pilier 7).

CONCLUSION GÉNÉRALE

La période 2010-2023 a été marquée par l'élaboration et l'implémentation des réformes économiques et financières dans la plupart des pays de l'Afrique centrale. Sur le plan national, pour faire face au triple choc économique, sécuritaire et humanitaire qui les a secoués à fin 2008 et début 2009, de nombreux pays de la CEMAC ont mis en œuvre des stratégies et mécanismes leur permettant de rétablir les grands équilibres macroéconomiques, de rendre plus résilientes leurs économies et de les placer sur une trajectoire de croissance inclusive. Ce fut le cas au Cameroun du DSCE 2010-2020, du RCPCA 2017-2021 en RCA, du PND 2012-2016, du PSGE 2011-2016 au Gabon et du PND 2013-2015 au Tchad. Face aux résultats mitigés obtenus par la mise en œuvre de ces stratégies de développement dans la plupart de ces pays, certains d'entre eux ont revu à mi-parcours ces programmes en fonction des enjeux et des défis auxquels ils étaient confrontés. C'est ainsi que le Cameroun a adopté le SND 2020-2030, le Congo le PND 2018-2022, le Gabon le PRE 2017-2019 et le Tchad le PND 2017-2021.

Sur le plan régional, après l'échec de la mise en œuvre du PER constaté par les Chefs d'État de la CEMAC, et à la suite de la crise pétrolière de 2014, causée en grande partie par la détérioration des termes de l'échange, la Conférence des Chefs d'État a créé en 2016, le Programme des Réformes économiques et financières de la CEMAC (PREF-CEMAC) pour « concevoir et mettre en œuvre des actions rapides, vigoureuses et coordonnées, aussi bien au niveau national que sous-régional, pour la stabilisation du cadre macroéconomique et une transformation profonde des économies de la sous-région ».

L'évaluation de la mise en œuvre de ce programme, à fin 2020, affiche un taux de réalisation de 68,3%, après des taux de 63,3%, 45,8% et 14,2% respectivement en 2019, 2018 et 2017. L'exécution de ce programme a donc conduit comparativement au PER à des résultats encourageants, notamment l'amélioration de la qualité de la dépense publique dans les États membres de la CEMAC, l'élargissement de l'assiette fiscale, la reconstitution des réserves de change, la fusion des deux marchés financiers de la sous-région, la mise en œuvre effective de la libre circulation des personnes et des biens, la poursuite du dialogue avec les principales sociétés exploitant les ressources naturelles dans la zone et la mobilisation des financements en faveur de la mise en œuvre des projets intégrateurs dans la CEMAC. On peut également relever en termes d'avancées dans la mise en œuvre du PREF-CEMAC, l'adoption du Plan communautaire de relance économique post-covid-19 des pays de la CEMAC, du Cadre stratégique pour la négociation des Accords de seconde génération avec les PTF, de la Stratégie communautaire d'import-substitution des produits du cru de la CEMAC, la mise en œuvre satisfaisante des projets intégrateurs prioritaires de la CEMAC.

Les résultats satisfaisants obtenus par la mise en œuvre du PREF-CEMAC, démontrent clairement que les conditions de réussite des programmes de réformes reposent sur la caution des pouvoirs publics, la qualité des institutions qui les conduisent ainsi que sur la convergence de vue des parties prenantes aux réformes. Par ailleurs, dans la perspective d'une fusion entre la CEMAC et la CEEAC, en vue de créer les conditions de réussite du processus de fusion de ces deux CER en une union économique et monétaire de l'Afrique centrale, il est primordial qu'il y ait un degré élevé d'engagement politique, une forte coordination des politiques économiques et monétaires et une intégration plus étroite des économies de la région. Pour relever les défis de la réussite de cette fusion de la CEEAC et de la CEMAC en une CER dynamique sur le plan économique, commercial, financier et social, il est essentiel de créer, au niveau de la Conférence des Chefs d'État de la nouvelle CER, une instance ad hoc de coordination des réformes économiques et financières dotée d'une personnalité juridique et placée sous la présidence dédiée d'un Chef d'État de la région à l'instar du PREF-CEMAC.

RÉFÉRENCES BIBLIOGRAPHIQUES

OUVRAGES

ABIAD, A. et MODY, A., Réformes financières, FMI, Washington, 2005.

ACEMOGLU, M. et ROBINSON, J., Prospérité, puissance et pauvreté ; Pourquoi certains pays réussissent mieux que d'autres ?, Markus Hailer, Paris, 2015.

BALASSA, B., The theory of Economic Integration. 1st Edition. Routledge Revivals, 1961.

BRAUD, Ph., *Science politique,* 1. *La démocratie,* Paris, Le Seuil, 1997.

CAHUC, P. et Zylberberg, A., Réussir des réformes en France, Hal open science, 2009.

COOPER, R. 1977. « Worldwide versus Regional Integration, The Optimum Size on the Integrated Area», *in Economic Integration, Worldwide, Regional, Sectoral*, F. MATCHLUP, (éd), Londres.

DJIENA WEMBOU, M-C., Manuel d'économie internationale, Berger-Levrault International, Paris, 1998.

KRUGMAN, P.R. et OBSTFIELD, Economie Internationale, Editions De Boeck, 2003.

MARTOR, B. et DIAWARA, O., Le financement de projet en Afrique, L.G.D.J, Droits africains, Paris, 2024.

ARTICLES, ÉTUDES

Acemoglu, D., Johnson, S., Querubin, P. et Robinson, J., 2008, Brookings Papers on Economic Activity.

Alesina, A., Drazen, A., 1991, « Why are Stabilizations Delayed? », *The American Economic Review*, 81 (5), pp.: 1170-1188.

Amprou, J. et Duret, E., 2000, « Réformes, groupes de pression et dépendance à l'aide : théorie et estimation économétrique », *Autrepart*, No. 13, pp. : 25-49.

Azmat, F. et Coghill, K., 2005, « la bonne gouvernance et les réformes de marché : études sur le Bangladesh », *Revue Internationale des Sciences Administratives*, vol. 71, pp. : 665-680.

Bakoup, F., 2013, « Promouvoir les réformes économiques dans les pays en développement : Repenser l'aide budgétaire ? », Working Papers Series No. 167, African Development Bank, Tunis, Tunisia.

Banque Mondiale, 1992, Governance and development, Washington D. C.

Banque Mondiale, 1993, Sénégal : stabilisation, ajustement partiel et stagnation, rapport n° 11506-SE, 24 septembre 1993, Washington DC.

Banque Mondiale, 2022, Investir dans le capital humain pour libérer le potentiel de croissance de la CEMAC : Problèmes et actions politiques prioritaires, Washington D. C.

Bourgault, J., 2006, « Conditions de succès d'implantation des réformes administratives en Afrique : leçons apprises au sujet des stratégies d'appui au changement », *Mondes en développement*, No. 133, pp. : 63-82.

Burkhart, R. et Lewis-Beck, M., 1994, Comparative democracy : The economic development thesis, *American Political Science Review,* vol. 88, n° 4.

Casella, A., Eichengreen, B., 1996, « Can Foreign Aid Accelerate Stabilization ? », *The Economic Journal*, 106, mai pp. : 605-619.

Caupin, V., Gravellini, J-M. et Périou, C., 2014, « L'action des bailleurs de fonds pour soutenir le développement financier en Afrique : le cas de l'Agence française de Développement », Revue d'économie financière, No. 116, pp. 177-192.

Coghill, K., 2003, Towards Governance of Uncertain Times : Joining Up Public, Business and Civil Society Sectors, ESRC Centre for Business Research, University of Cambridge, Working Paper No. 269.

Dalh, R., 1987, The Quest for Citizenship in a Relational Universe, WIRTH J.and al., (ed.), State and Society in Brazil. Continuity and Change, Boulder, Westview.

Dessus, S., Lafay, J.-D., Morrisson, C., 1993, La Faisabilité de l'ajustement dans les pays africains, document de travail n° 28, OCDE.

Dollar, D. et Svensson, J., 2000, « What Explains the Success or Failure of Structural Adjustment Programmes ? », *Economic Journal*, Vol. 110, pp. : 894-917.

Edison, H., 2003, Qualité des institutions et résultats économiques, un lien vraiment étroit ? Finances et Développement, juin, pp. : 35-37, FMI.

El-Qasemy, M. et Alaoui Omari, L. Z., 2020, « Impact de la bonne gouvernance et de la qualité institutionnelle sur le spread de la dette souveraine du Maroc, Alternatives Managériales et économiques, 3(3), pp. : 498-519.

Feng, Y., 1997, « Democracy, political stability and economic growth », British Journal of Political Science, vol. 27.

Fukuyama, F., 1995, Trust : The Social Virtues and the Creation of Prosperity, New York, The Free Press.

Haggard, S., Lafay, J.D. et Morrisson, C., 1995, La faisabilité politique de l'ajustement dans les pays en développement, Centre de Développement de l'OCDE.

Haggard S. (1997), Democratic institutions and economic policy, *in* C. Clague (ed.), *Institutions and Economic Development,* Baltimore (Md), The Johns Hopkins University Press.

Helliwell., 1994, Empirical linkages between democracy and economic growth, British Journal of Political Science, vol. 24.

Kindleberger, Ch. 1986. « International Public Goods without International Government». *American Economic Review*, 75(1).

Kydland, F. and E. Prescott. 1977. « Rules rather than Discretion: The Inconsistency of Optimal Plans ». Journal of Political Economy, 85(3): 473-492.

Laurent, E., 2009, « Peut-on se fier à la confiance ? », Revue de l'OFCE, No. 108, pp. : 5-30.

Maleki, M., 2007, Essais sur la nouvelle économie politique de la réforme, Thèse, Économies et Finances, Université Panthéon-Sorbonne-Parie I.

Marchesin, P., 2004, « Démocratie et développement », *Revue Tiers Monde*, No. 179, pp. : 487-513.

Muller, N. W., 1997, Economic determinants of democracy, *in* Midlarsky (ed.), *Inequality, Democracy and Economic Development,* Cambridge University Press.

North, D. C., 1991, Institutions, *The journal of Economic Perspectives*, 5(1), pp. : 97-112.

O'Donnell, G., 1996, « Illusions about Democracy », *Journal of Democracy,* 5, n° 2, pp. : 34-51.

O'Donnell, G., 2001, « Repenser la théorie démocratique : perspectives latino-américaines », *Revue internationale de politique comparée*, 8(2), pp. : 199-224.

Organisation de Coopération et de Développement économique, 2001, Construire aujourd'hui l'administration de demain, OCDE, Paris.

Otando, G., 2011, Institutions, gouvernance et développement économique : problèmes, réformes et orientation de l'économie gabonaise, *Marché et organisations*, No.14, pp. : 129-166.

Pierre-Louis, J., 2019, « La participation de la société civile à une réforme administrative : l'expérience du Programme de Modernisation de l'État PME-2023 en cours en Haïti », Revue internationale des francophonies, No.5, juin.

Quéré L., 2005, « Les 'dispositifs de confiance' dans l'espace public », *Réseaux*, n° 132, pp. : 185-217.

Rambourg, M., 1998, « L'échec des réformes en Afrique. Le cas des pays francophones au sud du Sahara », *Revue française d'administration publique*, No. 87, pp. : 405-422.

Schiff, M. W., 1995, « Capital socioculturel, diversité ethnique et réforme économique en Afrique subsaharienne », Revue d'économie du développement, No. 3, pp. : 41-53.

Sedjari, A., 1997, la Modernisation administrative au Maroc, in Claisse A. et M.-C., Meininger (eds.), pp. : 229-248.

Streeck, W. et Trampusch, C., 2005, « Economic Reform and the Political Economy of the German Welfare State », *German Politics*, Vol.14, n°2, June, pp. : 174-195.

Williamson, J. (ed.), 1994, The political Economy of Policy Reform, Washington DC, Institute for International Economics.

Williamson, O. E., 1993, « Calculativeness, Trust, and Economic Organization », *Journal of Law and Economics*, Vol. 36, n° 1, Part 2, John M. Olin Centennial Conference in Law and Economics à l'Université de Chicago, avril, pp. 453-486.

DOCUMENTS OFFICIELS

CEMAC, 2009, CEMAC 2025 : Vers une économie régionale intégrée et émergente, Programme économique régional 2010-2015, Volume 1, Rapport final.

CEMAC, 2016, Programme économique régional Phase II 2017-2021, Performances Group.

CEMAC. Programme économique régional (PER) phase I 2011-2015, Douala, octobre 2010.

CEMAC. Programme économique régional (PER) phase II 2017-2021, Douala, novembre 2016.

CEMAC, 2017, Programme des Réformes économiques et financières de la CEMAC (PREF-CEMAC), août.

CEMAC. 2019. Note conceptuelle de la réunion de concertation régionale sur les projets intégrateurs, Douala, 4-6 juillet.

CEMAC. 2020. Communiqué final Table ronde pour le financement des projets intégrateurs de la CEMAC, Paris, 16 et 17 novembre.

Gabon Vision 2025. 2017. Le Programme de Relance économique 2017-2019. République gabonaise.

Groupe Banque Mondiale. 2016. République centrafricaine : Plan national de Relèvement et de Consolidation de la Paix 2017-2021.

Ministère de l'Économie, du Plan et de l'Aménagement du Territoire. 2009. Stratégie nationale de Développement pour la Transformation Structurelle et le Développement Inclusif. République du Cameroun.

Ministère de l'Économie, du Plan, de l'Aménagement du Territoire et de l'Intégration. 2013. Plan national de Développement PND 2012-2016. Livre 1 Document de Stratégie pour la Croissance, l'Emploi et la Réduction de la Pauvreté. République du Congo.

Ministère de l'Économie et de la Planification du Développement. 2017. Plan national de Développement PND 2017-2021. République du Tchad.

Ministère du Plan, de la Statistique et de l'Intégration régionale. 2017. Plan national de Développement 2018-2022. Cadre Stratégique de Développement : Document central. République du Congo.

Ministère de l'Économie, du Plan et de l'Aménagement du Territoire. 2020. Document de Stratégie pour la Croissance et l'Emploi. République du Cameroun.

PREF-CEMAC. 2019. Communiqué final de la huitième session ordinaire du COPIL du PREF-CEMAC, Douala, 31 mars.

PREF-CEMAC. 2019. Rapport sur la priorisation et la mobilisation des financements des projets intégrateurs dans la zone CEMAC, Yaoundé, 3 octobre.

PREF-CEMAC. 2019. Communiqué final deuxième session extraordinaire du COPIL du PREF-CEMAC, Yaoundé, 3 octobre.

PREF-CEMAC, 2020, Rapport annuel 2019 sur la mise en œuvre du PREF-CEMAC, avril.

PREF-CEMAC, 2021, Rapport annuel 2020 sur la mise en œuvre du PREF-CEMAC, avril.

PREF-CEMAC, 2022, Rapport annuel 2021 sur la mise en œuvre du PREF-CEMAC, avril.

PREF-CEMAC. 2020. Rapport des travaux de la première réunion du Comité technique de suivi de la mobilisation des financements et de la mise en œuvre des projets intégrateurs de la CEMAC, Brazzaville, 28-30 décembre.

PREF-CEMAC, 2021, Document Cadre Révisé du Programme des Réformes économiques et financières de la CEMAC (PREF-CEMAC) Phase 2 (2021-2025), avril.

PREF-CEMAC. 2021. Rapport des travaux de la deuxième réunion du Comité technique de suivi de la mobilisation des ressources et de la mise en œuvre des projets intégrateurs de la CEMAC, Douala, 15-19 février.

PREF-CEMAC. 2021. Rapport des travaux de la troisième réunion du Comité technique de suivi de la mobilisation des ressources et de la mise en œuvre des projets intégrateurs de la CEMAC, Douala, 25-28 mai.

PREF-CEMAC. 2021. Rapport des travaux de la quatrième réunion du Comité technique de suivi de la mobilisation des financements et de la mise en œuvre des projets intégrateurs de la CEMAC, Brazzaville, 26-30 octobre.

PREF-CEMAC. 2022. Rapport des travaux de la cinquième réunion du Comité technique de suivi de la mobilisation des ressources et de la mise en œuvre des projets intégrateurs de la CEMAC, Brazzaville, 20-24 juin.

République gabonaise. 2012. Plan Stratégique Gabon Émergent : Vision 2025 et Orientations Stratégiques 2011-2016.

TABLE DES MATIÈRES

Structures éditoriales du groupe L'Harmattan

L'Harmattan Italie
Via degli Artisti, 15
10124 Torino
harmattan.italia@gmail.com

L'Harmattan Hongrie
Kossuth l. u. 14-16.
1053 Budapest
harmattan@harmattan.hu

L'Harmattan Sénégal
10 VDN SICAP AMITIE 3
BP 45034 Dakar-Fann
direction@senharmattan.com

L'Harmattan Cameroun
Tsinga/Derrière polyclinique FECAFOOT
BP 11486 Yaoundé
Jacques.koukam@harmattan.fr

L'Harmattan Burkina Faso
Villa 281, secteur 23 623, rue 14.32
Ouagadougou
zagbie@outlook.fr

L'Harmattan Guinée
Almamya, rue KA 028 OKB Agency
BP 3470 Conakry
harmattanguinee@yahoo.fr

L'Harmattan RDC
185, avenue Nyangwe
Commune de Lingwala – Kinshasa
matangilamusadila@yahoo.fr

L'Harmattan Congo
219, avenue Nelson Mandela
BP 2874 Brazzaville
deunovmikhael@gmail.com

L'Harmattan Mali
Immeuble Mgr Jean Marie Cissé
Aci Hamadallaye
BP 145 Bamako
syllaka@yahoo.fr

L'Harmattan Togo
Djidjole – Maison Amela
face EPP BATOME
02 BP 20680 Lomé
didieramela11@gmail.com

L'Harmattan Côte d'Ivoire
Résidence Karl – Cité des Arts
Abidjan-Cocody
03 BP 1588 Abidjan
harmattan.ivoire@gmail.com

L'Harmattan Bénin
Rue 604, (Immeuble à l'entrée
de la rue UCAO- Cite de Saint-Jean)
Cotonou
stepcorpus@gmail.com

Nos librairies en France

Librairie internationale
16, rue des Écoles
75005 Paris
librairie.internationale@harmattan.fr
01 40 46 79 11
www.librairieharmattan.com

Librairie des savoirs
21, rue des Écoles
75005 Paris
librairie.sh@harmattan.fr
01 46 34 13 71
www.librairieharmattansh.com

www.ingramcontent.com/pod-product-compliance
Lightning Source LLC
LaVergne TN
LVHW021152061026
849535LV00002B/441

* 9 7 8 2 3 3 6 5 4 8 6 6 1 *